"깨어있는 삶, 길 찾기"

한상석의

골프장 이야기 3

" 마음 비우니 잘 맞네
역시 虛心過打 야"

격려사

2001년부터 사업 착수한 더케이(The-K) 소피아그린CC가 2006년부터 시범 라운드를 하다가 2007년 정식 개장하여 오늘에 이른데, 골프장 부문 '2022 올해의 브랜드 대상'도 받았습니다.

'소피아그린'은 '지혜의 땅'이란 명칭인데, 전국 87만 명에 달하는 더케이(The-K) 교직원회원 중에서 매년 1만 5,000명 이상 이용하고 있는바 한 번 다녀간 고객들이 다시 찾아오도록 고객들과 소통하려고 힘쓰며 즐거움을 제공하는 "지혜(智慧)"의 땅(골프장)입니다.

완만한 산악지형인 오갑산 자락에 더케이 소피아그린 골프장이 들어서서 "과거 마을과 묘지 그리고 산골에 흑염소 목장이었다."는바, 21년 자연훼손을 최소화시키며 가꿔오면서 자연스럽게 안착시켰습니다.

지척에 위치한 남한강이 있어서 골프장 잔디 생육을 위한 수자원은 비교적 괜찮았고, 환경부가 규제하는 맹독성 농약은 일체 사용하지 않고서 재자연화(在自然化)가 이뤄졌습니다.

친환경 골프장 협약을 맺고 있는 더케이 소피아그린은 초기부터 노력하였으며, 야생동물 분변(糞便)과 지렁이 출현으로 골퍼들에게 불편을 준 사례가 다수 발생해 애로가 많았습니다.

골프장에 방생(放生)하여 놓은 거위들도 조류독감에 걸린 구입농장이 밝혀져, 휴일 전(全) 직원들 모두 비상 출동시켜 거위 잡는 큰 소동도 있었는데, 적정한 조치로 처리했다고도 합니다.

지난해 3월 29일 더케이 소피아그린에 첫 출근한 한상석 상임감사가 지난해에도 골프장이야기 1권과 2권을 내 전문성을 드러낸바 있는데, 이번에 골프장이야기 3권을 또 낸다고 하니 축하합니다.

골프장이야기 3권에선 특히 골프 역사와 정책 그리고 코스 설계를 많이 실었는데, 이 원리를 완전히 터득하고 난 뒤에는 라운드 중에 코스를 정확하게 읽을 수 있을 것이며, 게임 전략과 코스 선형의 미묘한 점까지 고려하여 여러 가지 스윙샷을 구사하므로 골프 실력 향상에도 많은 도움이 될 것입니다.

“잔디와 캐디, 2디(D) 산업”이란 골프장은 ‘골프장 이용료(그린피)만 장사하는 곳’이라기보다는 ‘종합예술을 파는 곳’이며, 소피아그린도 코스관리로 좋은 잔디에 신경을 많이 쓰며 캐디 관리에서도 세심한 주의를 기울여 항상 최상의 서비스를 제공하도록 힘써 왔습니다.

골프장 설계와 관련한 업무를 완전히 파악한 골퍼라면, 뜻 한 바대로 골프코스 설계에 대해 아는 것은 물론이고 골프 게임에 대한 이해도 깊어지므로 한층 완숙한 라운드가 될 것입니다.

한상석 감사의 골프장이야기 1, 2권에 이은 3권이 골프 애호가들 여러분에게 많은 참고가 되기 바랍니다.

2023. 2.

더케이(The-K) 한국교직원공제회 이사장 김상곤

책머리에

'G. O. L. F.'는 파란 잔디 위를 맑은 공기 마시면서 태양 아래에서 동반자와 함께 두발로 걷는 운동으로, 거꾸로 배열하면 'F. L. O. G.' 즉, '개구리'가 되니 골프공이 어디로 튈지를 모릅니다.

'모사재인 성사재천(謀事在人 成事在天, 일을 꾸미는 것은 사람이로되, 그 일을 이루게 하는 것은 하늘의 뜻이로다)'이라서, 날씨에 민감한 골프장에서 정성을 다 하는 것은 우리 인간들의 일이고 이뤄지는 것은 하늘의 뜻입니다.

한국골프산업백서에 따르면 2022년 기준 국내 골프 콘텐츠(용품·의류) 시장 규모는 14조원에 달해, 2019년 10조원이었던 국내 시장 규모는 3년 만에 14조원까지 확대됐습니다.

골프용품이 8조원, 의류를 비롯한 골프웨어가 6조원 상당 비중을 차지하고 있는 바 전 세계 골프용품 시장의 40%를 차지하는 규모로, '미국 시장보다는 4배, 일본 시장보다는 약 8배 크다'고 합니다.

2023년 1월 25일(한국시간) 세계 최대 골프종합전시회인 PGA쇼를 통해 미국에 기반을 둔 골프 데이타테크와 일본의 야노리서치 연구소는 2019년 이후 3년 만에 '세계 골프시장 분석 자료'를 발표했습니다.

이들은 세계 1·2위 골프산업 분석 연구회사로 2015년 이후 2년마다 세계 골프 시장을 분석한 보고서를 발표하고 있는데, "세계 골프용품 시장은 팬데믹 기간에 무려 30% 성장했다"면서, 지난해 세계 골프의류 시장에서 한국의 점유율 자료는 무려 45%. "세계 골프의류 시장의 절반 가까이가 한국에서 소비됐다"는 것입니다.

K-Golf 한류 속에 골프 흥행 지속 마케팅이 펼쳐지고 있으며, 세계 3대 골프 브랜드 중 2곳인 '타이틀리스트'와 '테일러메이드'도 한국 소유이고, 우리나라 교민 소유의 해외 골프장 수도 무려 200개 이상으로 추산되고 있습니다. 세계 골프 콘텐츠 시장 전체 40%를 차지하는 1위도 한국입니다.

전문가들은 골프 산업의 주요 성장 요인으로 경제 성장, 인프라 확대, 콘텐츠 증가 등을 꼽는바, 골프가 대중화되는 데 선진국에서는 1인당 국내총생산(GDP)이 3만 달러를 넘어서면서 주52시간제가 불 붙였습니다.

한편, "원산에서 영국인이 골프를 했다"는 사실을 들며 '한국의 골프 발상을 1897년으로 잡자'고 주장하는데, 필자는 참 거시기하여 동의(同議) 못합니다.

1921년 6월 1일 일본 조선철도회사가 개장한 효창원 골프코스는 일제식민지 고관대작과 철도관광객 상대로 했음에 외세들이 들어와 이 땅에 만든 골프 시대의 막을 올려 주체가 소외된 '특권층 스포츠'라고 불릴 만합니다.

해방이후 1949년경에 "주말이면 한국에 골프장이 없어서 일본 오끼나와 등으로 간다."는 미군장성들 얘기에 놀라 호국불교처럼 안보 골프(?)로 군자리 골프장을 다시 열었다고 하니, '대중화'나 '참여스포츠'는 아니었습니다.

IMF 사태로 국민들이 고통을 겪었던 시기에 1998년 7월 7일 US여자오픈에서 박세리 선수를 필두로 해외무대에서 승전보를 전해오면서 우리 국민들에게 큰 기쁨과 희망을 안겨주었던 골프가 일반대중에게는 거리가 멀게만 느껴졌던 스포츠였으나, "골프는 싫어도 박세리는 좋다"고 해 비약적으로 발전했습니다.

1999년 김대중 정부의 '골프 대중화 정책'을 계기로 등장한 대중제(퍼블릭, Public) 골프장은 회원제와 달리 개별소비세를 부과하지 않고, 재산세도 낮춰주는 등 여러 혜택을 줘서 1989년 47개였던 골프장이 2007년 회원제 175개, 대중제 102개 등 도합 277개로 늘었습니다. 물론 골프장 수는 조사기관과 기준 그리고 시기마다 다릅니다.

코로나19라는 길었던 팬데믹도 이제 엔데믹을 향해 가 일상 회복을 위해 노력하고 있는 지금, 스포츠는 '통합'에 가장 좋은 도구이며 스포츠는 강력한 힘이 있어서 베이징 동계올림픽, 카타르 월드컵 등 국제대회에 출전한 선수들의 투혼(鬪魂)은 스포츠를 통한 사회 통합을 경험하게 해줬습니다.

‘스포츠 3법’으로 일컬어지는 스포츠기본법, 스포츠클럽법, 체육인복지법 시행 원년인 2022년에는 우리나라 스포츠 법에서 한 획을 긋는 전환점이었고, 국민 모두가 스포츠를 마땅한 권리로 즐길 수 있도록 체육인들은 안정된 환경 속에서 스포츠를 지속해 나갈 수 있는 법적 근거도 마련했습니다.

윤석열 정부 110개의 국정과제 중 60번째 과제가 ‘모두를 위한 스포츠, 촘촘한 스포츠 복지 실현’이고, 유네스코와 국제올림픽위원회의 헌장에서도 ‘모든 사람이 평등하게 스포츠를 할 권리’를 이야기한바, 스포츠 3법이 현장에서 안착할 수 있도록 뒷받침해 줄 제도 개선과 정비가 필요합니다.

최근 “2021년 기준 국내 골프 활동 인구는 1,176만 명으로 2017년 대비 16.4% 증가했다.”고 합니다.(대한골프협회가 경희대학교 골프산업연구소와 실시한 조사)

이 조사에 따르면, 골프 활동 인구는 우리나라 20세 이상 인구 가운데 10명 중 3명꼴인 31.5%로 나타났고, 이중 지속 골프 활동 인구는 23.2%, 신규 골프 활동 인구는 8.3%라고 합니다.

2021년 말 기준 우리나라 골프장은 541개에 이르고, 대중골프장 349개에 회원제 156개로 모두 505개며, 6홀 이상 운영하고 있는 전국 505개 골프장의 이용객은 2021년 5,056만 명입니다.(한국골프장경영협회의 자료)

또한, 2008년도 20세 이상 남녀 중 9.6%가 골프를 쳐 봤다며 국내 골프 인구는 275만 명으로 추산되었고, 프로 야구 관중 5백만 명 돌파, 프로 축구 3백만 명 돌파 등을 기념하는 당시, 관중이 아닌 참여자가 2백만 명이 넘는 운동은 오직 골프 밖에 없었습니다.(2008년 대한골프협회와 골프산업연구소가 공동 조사한 ‘한국의 골프 지표 조사’)

1990년대는 일본보다 한국 그린피가 낮고 원 그린에 첼린지형 골프장이 들어서서 일본인 골프관광으로 한국 골프장마다 일본 엔(¥)화를 게시하던 때도 있었다는데, 격세지감을 느낍니다.

골프장이야기 1권과 2권에 겹치지 않는 골프장이야기 3권은 최근까지 국내 보도된 내용을 최대한 반영했고 '한국 골프장 이야기를 정리한다'는 자세로 임한 골프관련 심화도서입니다.

'1장 골프란?'에선, '허심적타(虛心適打)', 골프 규칙(룰), 골프관련 통계를 소개하며, 특히 한국 골프역사, 골프단체와 골프장 역사도 집중해 다뤘습니다.

'2장 한국 골프 정책'에선, 제1, 2 골프 대중화정책, 세미나, 골프장 소개를 하며, 최근 도입한 3체제 골프장 제도를 중점 설명합니다.

'3장 골프장 설계'에선, 골프장 설계와 골프코스 설계자, 한국 골프코스 설계자와 골프장 시설 관리를 소개하는데 최선을 다 했습니다.

'4장 골프 경기'에선, LIV 골프와 PGA, KPGA와 KLPGA 소식도 서술하면서 프로골프 세계와 캐디를 조망했습니다.

'5장 골프 산업'에선 골프 산업 흐름, 골프용품(공과 장비), 골프 의류, 스크린 골프 등 다양하게 골프 산업 소개를 하며 마무리합니다.

공공성과 수익률을 함께 추구해야 하는 더케이(The-K) 소피아그린CC가 좀 더 고객과 지역주민에게 다가갈 수 있는 '상생' 프로그램을 마련 중인데, 우선 클럽하우스에 골프관련 책방을 차려서 필자가 구한 책 2백 65권을 항시 비치하는바, 방문한 골퍼들도 좋아하며 모두가 하나 되는 '지혜(智慧)의 땅'을 실현하려고 합니다.

2023. 2.

더케이(The-K) 소피아그린CC 상임감사 한상석

차례

2장 한국의 골프정책 _ 103

4장 골프 경기 _ 223

5장 골프 산업 _ 271

1

골프란?

1장 | 골프란?

1 '허심적타(虛心適打)'

"마음을 비우면 원하는 스윙샷을 얻는다."

골프(Golf)는 코스 위에 정지하여 있는 4㎝(42.67㎜) 정도의 작은 골프공을 막대기라 할 골프클럽(채)으로 쳐서 코스 상에 있는 작은 구멍(홀, 108㎜)에 넣는 운동(club-and-ball sport)이며, 그때까지 소요된 타수(打數)로 우열(優劣)을 겨루는 경기다.

정식 경기는 18홀에서 진행되며 타수가 적은 순서대로 선수들의 순위가 결정된다. 경기 종류에는 홀마다 개별적으로 대결하는 '매치플레이방식'과 전체 코스에서 소요된 타수를 세는 '스트로크 플레이방식'이 있다.

'골프'는 1번 홀부터 18번 홀까지 차례로 규칙에 따라 골프공을 골프채로 쳐서 총 72타에서 핸디캡(handicap)이 1~9까지를 기록한 경우 로우 핸디캐퍼이다.

'싱글 플레이어'(Single player)라고 하면 자신이 커플이 아니라고 하는 '싱글'로 오해가 돼 틀린 콩글리쉬가 되는데, 한 자리 수 핸디캡의 선수는 프로에 준한다.

골프코스는 따로 정해진 규격 없이 고유한 디자인과 지형에 따라 다양한 모습을 가지고 있으며 넓은 면적이 필요한 것이 특징인데, 각 홀은 경기를 시작하는 티잉 구역(Teeing area)과 내경 108mm(4¼inch)의 홀컵을 포함한 퍼팅 그린(Putting Green)이 있어야 한다.

골프 코스는 보통 18번 홀이 기준이며 전체 길이 5,500-6,300m, 너비 100-180m, 전체 지역은 약 70만m2 정도이다. 각 홀마다 번호가 매겨져 있으며, 전반의 9홀을 '아웃코스', 후반의 9홀을 '인코스'라 한다.

350m 전후인 중거리(미들)의 홀을 중심(10홀)으로 쇼트 홀(4홀), 롱 홀(4홀) 등 합계 18개 홀인데 쇼트는 229m 이하, 미들은 230~430m, 롱은 431m 이상이며, 쇼트의 표준 타수 3, 미들 4, 롱을 5로 하여 이것을 파(par)로 한다.

여자의 경우는 527m 이상의 롱홀 파(par)는 6으로 되어 있다. 홀의 거리는 티잉 구역의 중심에서 그린(Green) 중심까지 수평으로 계측하고 구부러진 홀에서는 설계자가 의도한 페어웨이(Fairway)의 중심을 통하여 계측한다.

평균 4타로서 18개 홀 전체의 기본 타수는 4타×18홀=72타이다. 프로 경기에서는 규정 타수를 70~71타로 줄여서 난이도를 높이기도 한다. 간혹 파6, 파7홀도 있기는 하지만 매우 드물다.

또한 골프는 '자연을 배경으로 자신에게는 엄격하면서도 상내방에게는 배려하고 예절을 지키면서도 동반자와 함께 즐기기'라는 속성으로 출발했고, 골프가 심판 없이 경기를 진행할 수 있는 것은 '양심에 따라 플레이하겠다'는 골퍼의 에티켓이 기본이다.

'절대 공은 건드려서는 안 된다'라고 했고, 공을 끝까지 봐야한다, 팔을 뻗어라, 헤드업(head up, 임팩트를 보지 못하고 시선을 목표 방향으로 미리 들어 올리는 현상) 하지 말라, 힘 빼고 체중 이동하라, 스윙으로 쳐라, 골프 장갑 벗기 전에는 끝난 게 아니다, '허심적타(虛心適打)' 등 많은 주의사항이 따른다.

정부가 골프장 사용료(그린피, Green Fee) 상한금액이 4~6월과 9~11, 계절별 평균요금이라는 것처럼, 골퍼들은 늘 푸른 잔디밭에서 맑은 공기와 청명한 하늘을 만끽할 수 있는 계절을 맞아 "4.19(혁명기념일)부터 11.3(학생독립운동기념일)까지는 골프하기 좋다"고 하며, 특히 '운동하기 좋다는 5월과 10월에는 빚을 내서라도 골프를 해야 한다'고 한다.

골프 라운드 하기 좋은 골프장은 접근성이 우선 가까우면 하겠고, 라베(Lifetime Best Score, 골프 공식용어는 아니나 최고 점수를 의미)가 자주 나온 골프장임을 잊지 못하는 골퍼도 많은데 "지금, 여기서(Now And Here)"로 모든 스윙샷 중에서 "지금 스윙샷"이 중요하다.

한편, 우리나라 골프 인구는 코로나19 발생 이후 폭발적으로 증가했다. 대한골프협회(KGA)가 최근 발표한 자료에 따르면 2021년 기준 국내 골프 활동 인구는 1,176만 명으로 2017년 대비 16.4%가 늘어났다. 골프 활동 인구는 20세 이상 인구 10명 중 3명이나 된다.

이는 골프장에 직접 가서 플레이를 하지 않더라도, 스크린 골프장을 이용했다면 골프 활동 인구에 포함했다. 그리고 골프 활동인구의 평균 타수는 120타 이상이 가장 많은 것으로 나타났다.

현행법상 골프장은 체육시설로 규정돼 있지만 지방세법에는 회원제 골프장이 여전히 도박장, 유흥주점 등과 함께 재산세 중과세 대상으로 묶여 있다. 개별소비세가 내국인 카지노의 2배, 경마장의 12배, 경륜장의 30배로 가장 높다.

세계 10위권 선진국 진입으로 국민 수준이 바뀌었는데, 골프는 호화, 사치 스포츠라는 과거 수십 년 전 인식에 머물러 있는 것이 아직도 사회 전반에 깔려있다. 골프가 당당한 스포츠의 한 종목으로 인식될 수 있도록 '골프가 건강에 이롭다'는 것을 알리며 청소년에게도 골프를 쉽게 접하도록 해야 한다.

1) 골프의 기본

골프는 대표적인 타깃(과녁이나 표적) 스포츠로서 사냥, 다트, 양궁과 같은 속성을 띠고 있고 바둑, 체스처럼 어떤 길을 따라 타깃을 향해 나아갈지 결정하는 '길 찾기 게임'이다.

골프는 코스가 있어서 그 이상의 의미를 지니고 집중과 몰입에서 해방되어 주위 풍광을 즐기는 여유를 가져볼 때, 비로소 본 모습과도 만날 수 있다.

자연에서 정해진 길(루트)을 따라 게임을 진행하는 크로스컨트리의 속성도 지니고 있어 한 편의 영화와 음악을 물 흐르듯이 체험하는 연속적 경험을 중요시하는 스포츠다.

대부분의 필드(넓은 경기장) 스포츠가 평지의 규격화된 경기장에서 이뤄지는 것에 비해, 골프는 경기장 규격이 정해져 있지 않고 다양한 지형과 환경에 노출되어 있다. 심지어 이러한 지형과 환경의 다양성과 불규칙성을 골프 게임의 흥미 요소로 적극 활용하기까지 한다.

벤 호건의 〈다섯 가지 레슨: 현대 골프의 기본〉(Five Lessons: The Modern Fundamentals of Golf)에서도 강조한바, 골프의 기본은 '그립', '스탠스와 자세', '스윙 그리고 정렬'이다. 세종대왕도 용비어천가에서 '뿌리가 깊은 나무는 바람에 아니 흔들릴세'라고 하셨다.

골프는 '심판이 없는 경기'로 비교적 부상이 적은 스포츠이기에, 기량의 탁월성만 평가되는 것이 아니라 인간성의 심화가 더 중요시되는데, 자신을 속이지 않고 상대방을 불편하게 하지 않는 '배려심(配慮心)'도 우선이다.

매너가 좋은 골퍼는 규칙과 에티켓을 잘 지키려고 노력하고 캐디나 초보자(초심자, 비기너)들을 따뜻하게 배려하는 정감 있는 사람, 스코어보다 매너와 대인관계에 더 비중을 두는 사람, 코스에서 공을 쉽게 못 찾게 되었을 때 어서 가자고 스스로 분실구(로스트 볼)를 선언하는 성실한 사람이다.

남의 공도 열심히 찾아주는 자상한 사람, 미스 샷에도 마음을 구기지 않고 냉정하게 경기(플레이)를 하는 사람, 자신 능력의 한계를 알고 무모한 플레이를 하지 않는 사람이 좋다.

성공한 골퍼는 언더파를 치는 것도 아니요, 남들이 부러워하는 싱글이 되는 것도 아니다. 골프를 즐기면서 행복(幸福)하다면 이미 성공한 골퍼다.

인생이란 성공해야 행복한 것이 아니라 행복해야만 성공한다. 그런데 행복이란 성취를 욕망으로 나눈 값이다. 〈행복 = 성취 ÷ 욕망〉. 또한 행복한 사람은 감사하는 사람이다.

골프는 중독성이 높은 운동이며 주말골퍼들에게 라운드 내내 집중과 몰입을 요구하여 18홀 라운드를 마치면 지칠 수밖에 없는바, 골프에 코스가 빠진다면 단순히 막대기와 공으로 하는 놀이에 불과하다. 허나 골프 매너의 칠거지악(?)은 '지연(遲延) 플레이'다.

'자신에게 맞는 골프채를 선택할 것' '자신의 몸과 자신의 스윙을 제대로 파악하고 자주 체크할 것' '롱 게임보다 숏 게임 연습에 집중할 것' '샷을 하기 전 프리 샷 루틴도 중요하지만, 라운드 전날 프리라운드 루틴도 중요하다' 등등 여러 조언(助言)이 많다.

골프는 평소 쓰지 않는 근육, 특히 '왼쪽을 많이 쓰는 운동'이다. 그래서 배우기도 어렵고 시간도 많이 걸린다. 배우는 사람 입장에서도 힘든데 지적(指摘)까지 받게 되면 울화통이 터져 멈춘다.

물론 골프를 잘 하려면 우선 좋은 교습가를 만나며 자기를 잘 알아야 하고, 또한 근면하게 노력하는 것이다. 교습하는 지도자라면 경청하고 칭찬하는 사람으로 상대가 몸과 마음이 춤추도록 하자. '워런 버핏과 수 억 원 내고 점심 한 번 먹겠다고 줄 선다' 는바, 그와 함께 대화하고 내공을 전수받는 수업료로 본다.

골프에서 스윙샷이 무너지는 것은 기술 부족에도 원인이 있겠지만, 대부분 평상심(平常心)을 잃었기 때문이라 '멘탈 운동'이다.

'일희일비(一喜一悲)하지 말아야지' '욕심 부리지 말아야지' '헤드업 하지 말아야지' '내 샷에만 집중해야지' '오늘은 신기록 달성해야지' 등등의 온갖 주문에 지나치게 집착하다 보면 몸과 마음이 경직되어 오히려 자연스러운 샷을 방해하고 리듬을 잃게 만든다.

어려운 말을 하거나 너무 예의바른 사람과 만나 피곤해 질 필요가 없다. 골프할 때마다 자신의 영혼을 돌보자. 어쩔 수없이 비즈니스(business) 목적으로 골프를 하면 상대를 위한 골프를 해야 하는 것이다.

골프가 종교와 비슷한 것은 평상심(平常心)을 잃게 한 욕심과 화내고 우쭐대는 희로애락(喜怒哀樂)의 감정파도를 적(賊) 삼아 평상심을 유지하는 것이 도(道) 닦는 것이며, 곧 골프도 잘 치는 것이라 골프는 영(靈)적인 운동이다.

'허심적타(虛心適打)'의 진리. 연습장에선 신중하게 연습하지만 '필드에선 아이처럼 마음 비우고 라운드를 즐기겠다'는 자세를 가지면 의외로 좋은 결과를 얻을 수 있다.

한편, 코로나19 확산 속에 야외 스포츠가 인기를 끌며 골프가 급부상했지만, 엔데믹(endemic) 전환과 함께 골프 입문자의 이탈 현상이 가속화하고, 골프업계에서는 "원래 골프를 치던 사람들만 남았다"는 얘기도 나온다.

코로나19 이후 유례없는 호황 덕에 최성수기를 거쳤던 골프 산업에도 변화가 감지되는데, '골프 붐을 주도했던 20 · 30세대가 빠져나가고 중고 시장에는 골프채 매물이 쌓이며 코인과 주식이 급락하고 골프장 회원권 시세도 하락세로 돌아섰다'고 한다.

각종 기술과 세대의 결합에 힘입어 스크린골프장이 늘면서 골프장(필드) 골프 수요가 많아져 공급이 달리고 있고, 이미 3만 5천불 소득과 주52시간제 등 노동시간 유연화로 누구나 골프를 할 수도 있게 되었으니 자연 여성 골퍼도 늘어서 접대 골프를 벗어난 레저스포츠(명랑골프)로서 자리도 잡았다.

2) 멘탈 골프

멘탈(mental, 생각하거나 판단하는 정신. 또는 정신세계) 게임인 골프를 하다보면 여러 가지 심리(心理)적인 문제에 직면하게 된다. '이 심리상태를 어떻게 유지하고 다스리냐'에 따라 스코어(경기의 득점)가 좌우된다. 그만큼 "선수의 심리상태가 시합에 미치는 영향이 크다"는 뜻이다.

평소 연습 때는 좋은 스코어로 주위의 칭찬을 받던 선수가 시합에 나가면 제 실력을 발휘하지 못하고 번번이 고배를 마시는 것은 기술의 문제가 아니라 정신력에 문제가 있기 때문이다. 정신력이란 경기를 수행하는 데 절대적으로 필요한 자신감, 집중력, 침착성, 인내심을 포함한 포괄적인 감정조절 능력이다.

18홀을 마무리하고 장갑을 벗을 때까지 승부는 아무도 모른다. 골프 황제 잭 니클라우스는 “경기의 승리를 좌우하는 것은 기술 20%, 정신력 80%” 라고 하였다.

비기너(초보자, 골프를 처음 시작한 사람)들이 부담 없는 라운드를 하면서도 연습 때와 달리, 정신적으로 엄청난 압박을 받는 이유는 골프가 ‘멘탈 운동’이기 때문이다.

동반자들에게 잘 보이려고, 스코어를 잘 내려고 하다보면 게임이 순조롭게 풀릴 때는 별 문제가 없지만 조금만 흐트러져도 제 페이스를 찾지 못하는 것이 골프다. 흐트러진 페이스를 빠른 시간에 되찾지 못하면 그날 게임은 망치고 만다.

골프는 걸어가면서, 차례를 기다리면서 생각할 시간과 여유가 있는 탓에 많은 생각들이 꼬리에 꼬리를 물고 일어난다. 잡다한 생각은 골프에서 중요한 집중력을 떨어뜨리고 자신감도 상실시켜 초조하게 만든다. 이러한 불안은 또 다른 불안을 불러와 마음은 더욱 위축되고 급기야 그날 게임을 포기하게 된다.

정신력이 강한 골퍼는 어떤 상황에서도 자신감을 잃지 않으며 초반에 게임이 잘 풀리지 않더라도 끝까지 포기하지 않는 인내심이 있으며 위기(危機)를 맞아도 당황하지 않고 집중력을 발휘한다.

유독 골프를 ‘멘탈 스포츠’라고 하는 것은 라운드의 흐름이 골퍼의 심리상태에 의해서 좌우되기 때문이다. 아이처럼 평상심(平常心)으로 라운드를 한다면 누구나 좋은 스코어를 낼 수 있다.

아마추어 골퍼들은 압박감이 느껴지는 상황에서 대처법은 부딪히는 압박감을 피하지 않고 ‘긍정적으로 대하라’는 것이다.

압박감이 전혀 느껴지지 않는 연습장에서 아무리 많은 연습을 하고 좋은 샷을 날리더라도 그것은 실제 라운드에서는 거의 사용할 수 없는 기술이다. 압박감이야말로 자신을 성장시키는데 필요한 멘탈 트레이닝이다.

갑작스럽게 찾아드는 압박감에 과잉반응해서는 안 된다. 압박감에서 도망치려는 의식이 집중력을 없애기 때문이다. 압박감을 내편으로 끌어안고 샷을 하는 것을 즐길 수 있어야 한다.

의식적으로 압박감이 느껴지는 상황에서 연습과 라운드를 거듭하는 긍정적인 성격이야 말로 당신을 크게 성장시키는 자양분(滋養分)이 될 것이다.

운동을 하다보면 전부 잘 되거나 전부 잘못되지 않는 운동이 골프이다. 인내와의 싸움에서 더 잘 인내하는 골퍼가 마지막에 이기는 운동이 골프라는 사실을 명심하자.

멘탈이 강한 골퍼는, 탓하며 시간을 낭비하지 않고 자신의 독립성을 포기하지 않는다. 변화를 피하지 않고 어쩔 수없는 일에 에너지를 낭비하지도 않는다. 모든 사람들의 마음에 들려고 하지 않으며 계산된 리스크라면 떠안기를 두려워하지 않는다.

또한 과거에 연연해하지도 않고 같은 실수를 반복하지도 않는다. 다른 사람의 성공을 질투하지도 않고 한 두 번의 실패로 포기하지 않는다. 혼자 있는 걸 두려워하지 않고 세상이 자신에게 빚진 것은 없다고 생각한다. 즉각적인 결과를 기대하지도 않는다.

3) 골프 교습서

골프 기원에 있어서 중국(中國) 등 많은 이견들이 대립하는 가운데 골프가 스코틀랜드에서 시작되었음을 입증해주는 역사적인 사건으로 '골프 금지령(禁止令)'이 내린 증거가 나왔는바, 동시에 골프의 발생 연대는 이보다 훨씬 이전까지 거슬러 오른다.

1457년 스코틀랜드왕인 제임스 2세가 내린 골프 금지령은 "골프가 너무 성행하여 이웃 잉글랜드와의 전쟁에서 국가방위에 필요한 궁술연습에 심각한 방해가 되므로 12세 이상 50세까지의 국민에게 골프를 금한다." 고 하였다.

전쟁의 위협 속에서도 영토 방위의 제일 중요한 활쏘기 훈련보다는 골프에 빠져 이를 금지하는 포고령이 떨어졌으나, 1502년 잉글랜드의 헨리 5세와의 '글래스고 협약' 체결로 평화가 깃들면서 골프금지령이 명분을 잃어 폐지되었고, 이후 왕실의 보호를 받으며 끊임없이 발전을 하였다.

한편, 1857년 골프 역사상 최초의 골프 이론서이자 교습서인 〈골퍼의 매뉴얼〉(The Golfer's Manual)이 탄생되면서 골프 이론과 교습이 보다 체계화됐다.

1848년부터 1919년 사이 골프 레슨은 골프를 직업으로 하는 투어 프로들의 등장과 함께 더욱 발전했다. 디 오픈을 6차례나 제패하고 US오픈마저 우승하면서 당대 최고의 인기와 명성을 누린 해리 바든(Harry Vardon, 1870~1937·영국)은 이 시기 골프 레슨계의 최고 스타였다.

특히 그가 창시한 바든 그립은 오늘날 오버래핑 그립(Overlapping Grip)으로 불리며 대중적인 골프 그립 중 하나가 됐다.

'완벽한 스타일리스트' '시화(詩化)한 스윙의 창시자'라는 찬사가 따라다닌 해리 바든은 샷이 너무 정확하고 일정해 오후에 라운드 할 때는 오전에 라운드하면서 생긴 디봇(divot, 골프공을 칠 때 골프채에 뜯기거나 한 잔디 조각)에 볼이 들어가 버리기 때문에 같은 날 같은 코스에서 절대 두 번 라운드하지 않는 것으로 유명하다.

1920년대에 등장한 잘생긴 외모의 하버드대 출신 엘리트 바비 존스(로버트 타이어 존스 주니어, 1902~1971, 미국)는 한해에 4개 메이저대회 우승이라는 기록을 달성했고, 1930년 영국의 디 오픈에서 우승하며 영웅이 됐다.

1953년 유명 투어 프로 출신 토미 아머(Tommy Armour)와 퍼시 부머(Percy Boomer)가 골프 교습가로 인기를 누렸고, 벤 호건(Ben Hogan, 1912~1997·미국), 샘 스니드(Sam Snead, 1912~ ·미국), 바이런 넬슨(Byron Nelson, 1912~ ·미국) 등 전설적인 골퍼들이 등장하면서 골프에 대한 인기가 더욱 높아졌다.

불세출의 골퍼 벤 호건의 샷은 정교함으로 유명했는데, '1야드 단위로 거리를 조절했다'고 한다. 연습할 때 다른 캐디들은 흩어진 공을 줍느라 연습장 여기저기를 헤매야 했지만 호건의 캐디는 공이 날아올 지점 근처에서 기다리다가 '한군데 쏟아부은 듯 모인 공을 담아오면 되었다'고 한다.

잡지에 연재됐던 레슨을 묶어 펴낸 벤 호건의 〈다섯 가지 레슨: 현대 골프의 기본〉(Five Lessons: The Modern Fundamentals of Golf)과 잭 니클라우스(Jack William Nicklaus, 1940~ ·미국)가 쓴 〈골프 마이웨이〉(Golf My Way)는 골프역사상 가장 많이 팔린 베스트셀러 중 하나로 오늘날까지 회자되고 있다.

한편, 벤 호건, 진 사라젠(Gene Sarazen, 1902~1999·미국), 잭 니클로스, 게리 플레이어(Gary Player 1935~ ·남아프리카공화국), 타이거 우즈(Eldrick Tiger Woods, 1975~ ·미국)와 함께 4대 메이저대회를 제패한 5명의 커리어 그랜드슬래머 들이다. 한 해에 당시 미국과 영국의 메이저 4개를 우승한 진정한 그랜드슬래머는 구성(球聖) 바비 존스가 유일하다.

또한, 하비 페닉(Harvey Penick, 1904~1995)이 쓴 'Little Red Book'은 골프가 무엇인지를 알기 위해 가장 먼저 읽어야 할 책이며 또한 골프가 무엇인지를 알고 난 후에야 비로소 이해하고 공감할 수 있는 책이라 권한다.

메이저대회 5승을 포함해 미국프로골프(PGA) 통산 54차례나 우승했던 바이런 넬슨(1912~2006)도 생전에 골프 역사상 가장 위대한 선생으로 하비 페닉을 꼽았다.

'골프계 소크라테스'로 불린 하비 페닉은 10살이 넘어 미국 텍사스주 오스틴에 있는 컨트리클럽에서 캐디 일을 하는 것으로 골프 인생을 시작해 타계할 때까지 80년가량 같은 골프장에서 프로부터 아마추어까지 남녀노소를 막론하고 수많은 골퍼를 가르쳤다고 한다.

그가 골프 인생을 통해 배운 것과 자신이 가르친 골프계 인물들에 대한 단상을 메모해놓은 '리틀 레드북'(그가 늘 지니고 다니면서 기록했던 빨간 노트 때문에 붙은 이름)은 프로 선수부터 갓 골프를 배운 초보자에게까지 '골프 경전'이라고 해도 좋을 만한 가르침을 준다.

이 책에는 일반 골프 서적에 있는 흔한 스윙 사진이나 일러스트 한 장 없고, 오직 하비 페닉의 골프에 대한 통찰과 혜안이 빚어낸 글뿐인데, 중요한 레슨 포인트도 쉽게 이해된다.

하비 페닉은 "당신이 내 책을 읽는다면 내 제자이고, 당신이 골프를 한다면 내 친구"라며 세계 모든 골퍼에게 애정 어린 교습을 해주듯 손을 내민다.

미국에서는 출판된 첫해에만 150만부 이상 팔렸으며 단순한 골프 레슨서가 아닌, 93세 노인이 골프를 통해 말하는 '인생 잠언집'에 가깝다.

1970년대에 들어 메탈 우드, 그라파이트 샤프트 등 골프 장비기술의 성장과 함께 탄도학, 운동역학, 통계학, 물리학 등 다양한 분야의 과학자들이 모여 공동으로 집필한 〈완벽한 골프스윙 연구〉(Search for the Perfect Swing)는 지금까지도 골프의 원리를 과학적으로 규명한 서적으로 손꼽힌다.

이 책에서 "비록 합당한 원칙을 가진 모델은 제시할 수 있으나 모든 사람에게 완벽한 한 가지 스윙은 없다. 그렇지만 다양한 좋은 스윙은 있으며, 물리적인 법칙을 깨지 않는 한 바람직한 것으로 간주할 수 있다"고 결론을 내리고 있다.

1980~1990년대에는 골프 레슨이 골프계에서 하나의 독립된 영역으로 인정받기 시작했다. 특히 비디오카메라를 활용한 스윙분석 레슨은 무명이었던 영국의 닉 팔도(Nick Faldo, 1957~ ·영국)를 메이저대회에서 6차례나 우승할 수 있게 했다.

2000년대로 들어오면서 골프 레슨은 스윙, 숏 게임, 퍼팅, 피트니스 등과 같이 세분·전문화되는 경향이 커졌다. 레슨방식도 동영상, 스크린골프, 실내골프장 등으로 다양하게 확대됐으며 인터넷의 보급 및 확산으로 유명한 티칭 프로들의 영상을 손쉽게 접할 수 있게 됐다.

그리고 소설이 인간의 삶과 심리를 다루고 있는 만큼 인생의 축소판인 골프를 그 주요 소재로 한 골프소설은 독자의 구미를 더욱 당길 수 있다. 골프소설과 골프여행기도 또 하나의 골프 교습서로 필자는 추천하고 싶다.

골프만큼 사람의 인생을 잘 대변하는 스포츠는 없을 듯싶다. 골프 평론가 헨리 롱허스트는 "골프를 하면 할수록 인생을 생각하게 되며 인생을 보면 볼수록 골프를 생각하게 된다."고 말했다.

골프는 인생을 닮았고, 소설은 인생을 이야기한다. 인생을 닮은 골프를 소설과 여행기에 담아낸 책은 이보다 흥미롭고 재미있는 이야기가 없다. 지면 관계상 골프 여행기 3권만 아래 소개하고 265권의 골프 책 목록은 별책으로 가름한다.

이다겸·최영묵 저술한 '골프의 정신을 찾아서-유럽 골프인문기행'(수류산방 발행)은 '골프 속의 유럽'을 들여다본다. 골프문화를 통해 유럽의 속살을 들추고, 그 기저를 이루는 인문을 발견한다.

골프 컨설턴트 등으로 업계에 몸담았던 이다겸과 성공회대 신문방송학과 최영묵 교수 부부가 유럽 골프코스 여행을 하면서 발견한 각 지역의 골프 문화와 역사, 인문적 지식이 이 책 곳곳에 녹아 있다.

저자들은 골프의 근원적인 매력과 정신을 느끼기 위해 180일간 영국 런던에서부터 유럽의 땅 끝 포르투갈 호카곶까지 유럽 15개 나라를 넘나들며 82개 골프코스를 돌았다.

책은 일반적인 골프여행 서적과는 다르다. 여행의 생동감을 살리기 위해 저자들이 직접 찍은 1,500여 장의 사진이 수록돼 있다. 200개가 넘는 팁, 13장의 지도를 더해 입체적인 책이 완성됐다.

사진을 가급적 스토리에 맞게 배치하고 골프 용어는 물론 해당 골프장 지역에 관한 문학 · 역사 · 지리 · 경제 등 다양한 분야의 팁을 꼼꼼히 배치해 기행문과 문화사전을 동시에 읽는 듯한 입체적 재미를 더했다.

『60일간의 미국 골프횡단』(푸른영토 발행)은 '에이지 슈터를 꿈꾸는 미국횡단 골프여행 모임(DAS·Dreaming Age Shooter) 1차 원정단'으로 평균 연령 64세의 미국 골프장 횡단기이다.

캠핑카를 타고 미국 50개 주 2만 4,839㎞를 돌며 각 주당 최소 1개씩의 골프장을 방문, 61개의 골프 코스에서 '라운드'를 하고 2017년 6월 23일 귀국했다. 이들이 같은 해 3월 26일 인천공항을 출발한 지 91일 만이었다.

이들은 "골프가 아직은 한국 사회에서 귀족 스포츠로 인식되는 만큼 '핫 딜' '시니어 할인' 등 가장 싼 비용으로 이용할 수 있는 골프장을 주로 선택했다"고 말했다.

우선 구글을 이용해 50개 주에 숙박할 캠핑장을 먼저 정했다. 그리고 주변에 있는 골프장을 선택해 운동을 했다. 여행기간을 90일로 잡은 것은 미국은 전자여행 허가증(ESTA)을 발급받으면 여행을 하는 90일 동안 비자 면제를 받기 때문이었다.

이들은 비용을 최대한 아끼기 위해 캠핑카를 이용해 미국 동부에서 출발하여 조지아주, 플로리다, 텍사스를 거쳐 샌프란시스코에 도착하는 일주를 했다. 먹고 자는 것을 모두 캠핑카에서 한 것이다. 숙박비와 음식 값을 최대한 아껴가며 여행을 했다.

2019년 출간되어 골퍼들에게 공전의 인기를 끌고 있는 〈한국의 골프장이야기〉(집사재 발행) 제3권도 나왔다. 뿌리깊은나무 편집장을 지낸 류석무 작가가 펴낸 책은 최근의 골프 붐과 아울러, “골프공만 좇다 오지 말고 골프장을 제대로 알고 즐기자”는 골퍼들의 반향을 불러 일으켰다.

‘한국의 골프장이야기’ 제1권에서 안양CC와 클럽나인브릿지, 사우스케이프를 비롯한 국내 유명 24개 골프장을 샅샅이 살펴보았으며, 제2권에서는 우리나라에서 가장 오래된 서울한양CC에서부터 프레지던츠컵이 열린 잭니클라우스GC, 아름답기로 유명한 파인비치골프링크스 등 23개 골프장을 입체적으로 분석하고 유장한 해설을 펼쳐냈다.

제3권에서도 전통의 수원CC를 비롯해 라데나GC, 오크밸리CC, 블랙스톤 이천과 제주, 가장 최근 개장한 오렌지듄스영종까지 23개 골프장을 상세히 살펴 적었다.

한 골프장 당 20~26 페이지를 할애하여 각각 20~30장의 사진과 상세한 설명을 편집해 인문학적인 소개와 함께 전문적인 식견이 녹은 코스 분석을 곁들였다.

이 책은 여행기로 골프장을 문화유산의 한 갈래로 이해하고 꼼꼼히 탐사한 인문기록이다. 또한 코스 설계가는 물론 관계자들의 견해와 입장을 분석한 골프장에 대한 해설서이자 비평서로도 읽힌다.

각 골프장에 대한 자료를 여러 방면으로 조사해 실질 항목으로 분류 정리하고, 골프 코스 설계가, 골프장 운영자, 조경 디자이너, 코스 관리 전문가, 골프 선수, 건축가 등 전문인들의 이야기를 듣고 정돈해서 적은 위에 지은이의 해석과 감상, 그리고 제안을 얹었다.

4) 골프스타일이 곧 '경영스타일'

인맥을 형성하고 발전시키는 데 있어 골프는 다른 무엇보다 훌륭한 도구다. 인간적 관계를 돈독히 하는 방법에는 여러 가지가 있는데, 그 중 오래 전부터 정(情)을 나누는 중요한 매개체 역할을 한 것은 과거 '식사'였고, '술'도 사람을 가깝게 만드는 마력을 지니고 있다.

그래서 '술=비즈니스'라는 공식이 있었다. 다음으로는 함께 목욕을 하거나 땀을 흘리며 운동을 하는 것도 친밀감을 조성하는 데는 그만이다. 이러한 식사, 술, 운동, 목욕 등 사람을 친밀하게 만들어 주는 모든 매개체를 총 망라한 것이 바로 '골프'다.

2008년 미국의 한 조사에 의하면 기업 CEO의 98%가 골프를 치는 것으로 나타났다. 국내에서도 한 신문사에서 144명 기업가를 대상으로 한 조사결과, 응답자의 28%가 '매우 효과적', 나머지 72%가 '효과적'이라고 응답했다.

이처럼 사업가에게 '골프는 긴장을 풀어 주는 운동'이라고들 한다. 뿐만 아니라 골프를 통해서 중요한 거래가 이루어지는가 하면, 서로의 신뢰 관계를 확인시키는 기회이기도 하다.

흔히 골프를 치러 갈 때 "필드(Field)에 간다."고 한다. 마찬가지로 경영 현장 역시 '필드'라고 부른다. 필드에는 두 가지 공식이 있는 데 하나는 '뿌린 만큼 거둔다'는 것과 다른 하나는 '콩 심은 데 콩 나고 팥 심은 데 팥 난다'는 것이다. '노력'과 '정직'이라는 공통분모가 있다.

비즈니스(사업(事業), 어떤 일을 일정한 목적과 계획을 가지고 짜임새 있게 지속적으로 경영함. 또는 그 일) 이상의 중요한 무엇이 숨어 있는 골프라는 '야외 사무실'에서 '사람 게임'에 관한 규칙을 확실하게 이해할 필요가 있다. 인간관계 형성, 정보 입수, 거래 성사 그리고 사람들과 교제하는 중요한 방법이다.

골프를 통해 비즈니스나 인간관계에서 성공하기 위해서는 많은 준비와 노력이 필요하다.

우선 빈틈없이 게임 계획을 잡고, 시간과 장소를 정하기 위해 전화를 걸고, 그 전날 저녁 알맞게 준비를 갖추고, 필드에 도착해서는 좋은 첫 인상을 주고, 능숙한 호스트가 되며 예의 바른 손님이 되고, 라운드가 있기 전 연습을 하는 동안 상대방의 마음을 열 수 있는 비결을 알아야 하고, 너무 지나치게 승부욕에 사로잡히지 않도록 주의해야 한다.

그리고 플레이(운동 경기)에 들어서기 전, 잠시 동안의 휴식에서 인용할 만한 적절한 유머도 준비해야 한다. 골프는 단순한 운동이 아니라 치밀하게 계획된 비즈니스 한 부분인 것이다.

비즈니스 골프에서 고수는 '멀리건'(최초의 티 샷이 잘못되어 벌타 없이 다시 한 번 치게 하는 것)이나 '컨시드'(마지못해 내주거나 허락하다)를 남발하여 접대할 상대 기분 맞추기를 할 것이 아니라, 상대 따라 타구 방향을 같이 하며 OB가 나더라도 동고동락하며 기분을 맞추는 것이고, 실력이 출중하여 점수가 너무 적게 나면 벙커 등 페널티 구역(헤저드 등)에라도 보내 조정을 해주면 좋다.

정보와 변화로 넘쳐 나는 비즈니스 세계에서 여유와 마음의 평화를 유지하는 일은 매우 중요하다. 어렵게 만든 비즈니스 기회를 원만하게 이끌기 위해서는 스트레스가 쌓여 있다면 최선의 실력을 발휘하고 게임을 즐기기란 불가능하다. 무엇보다도 자기 자신을 컨트롤 하는 것이 중요하다.

'골프는 비즈니스'로 그만큼 사업가들이 많이 즐기는 스포츠다. 약 5시간의 라운드 동안 수백억 원에 달하는 계약이 오가거나 회사의 미래를 좌우하는 중요한 결정이 내려지기도 한다.

기업 오너나 CEO들이 골프를 잘 치는 이유는 물론 경제적인 여유가 있어 대부분 골프를 일찍 접해 스윙이 유연하기 때문이다. 시간이 부족하지만 마음만 먹으면 언제든지 라운드 할 수도 있다. 재벌 2, 3세들도 해외유학시절 골프에 입문하고, 이후 비즈니스가 가미되면서 골프를 단련한다.

한번 목표가 정해지면 끝까지 파고드는 사업가 특유의 기질도 핸디캡(Handicap, 골퍼의 평균 스코어 수준을 나타내는 지표로 한 라운드를 할 때 예상하는 스코어)을 낮추는 요인으로 작용한다.

5) 삼성과 현대 골프 차이

대부분의 사람들이 골프라는 운동이 무엇인지도 잘 모르던 1950년대부터 골프를 시작해 1968년 아예 안양골프장(현 안양 베네스트)을 만든 삼성 창업주 고(故) 이병철 회장(1910~1987, 호는 '호암')은 타계할 때까지 매주 2~3회 골프를 즐겼다.

호암은 수시로 새로운 골프채와 서적을 구입하며 연구하기도 했다. 아들 이건희 회장 역시 골프와 럭비를 '삼성의 전용 스포츠'라고 거듭 강조했다.

반면 고 정주영 현대그룹 회장(1915~2001, 호는 '아산')은 '1970년대 말 전국경제인연합회장을 맡으며 골프를 본격 시작했다'고 알려져 있다. 즉 골프 자체를 즐긴다기보다 외부 사람들을 만나기 위한 업무적 목적이 우선이었다.

이 회장과 정 회장은 골프를 즐겼지만, 고 김우중 대우그룹 회장(1936~2019)은 골프를 하지 않았다. '워커홀릭(일 중독자)' 소리를 들을 정도로 자나 깨나 일에만 매달린 김 회장은 골프 하는 시간이 아까웠을 것이다.

1989년 "세계는 넓고 할 일은 많다."라는 제목의 베스트셀러를 썼던 대우그룹 창업주 김우중 회장은 자본금 500만원을 20조로 불리고 포춘지에도 대서특필된 기업가로 명성을 떨쳤으나, 21조원이라는 어마어마한 규모의 분식회계를 통해 일궈낸 허황된 신화였고 17조원이라는 어마어마한 추징금을 받았다.

골프를 즐기는 사람이 극히 드물던 1980년 대 말 삼성 조직원은 골프가 '도전하고 성취야 할 목표물'이었다. 회사에서 무엇을 해도 당시 삼성에서는 피 터지는 경쟁을 벌여야한다. 회사 상사나 동료들과 친목 도모를 위해 골프장에 간다 해도 치열하게 스코어 경쟁을 벌인다.

한국 아마추어 골퍼들에게 흔히 통용되는 '멀리건'과 '컨시드'는 상상할 수도 없다. 악착같이 벌타(반칙이나 부정행위 따위에 대한 벌로 받는 타수)를 매기고 악착같이 소소한 돈 내기를 한다. 이런 경쟁은 골프 뒤의 술자리로까지 이어진다.

반면 현대차그룹 조직원들에게 골프가 지니는 의미는 공동체 의식의 발현이나 단체 행동의 일환이었다. 아산이 현대그룹을 건설했을 때부터 직원들 먹이는 일에 치중했기에 어느 장소에 건물을 지어도 제일 먼저 직원들 밥을 먹인다고 한다.

정 회장에게 직원들은 문자 그대로 함께 밥을 먹는 '식구(食口)'이자 '운명 공동체'였기에 골프는 구내식당에서 함께 밥을 먹고, 회식에 일사불란하게 모이는 일과 비슷하다. 누가 더 높은 점수를 올렸는지, 누가 드라이버 비거리를 더 멀리 보냈는지, 누가 숏 게임을 잘했는지 같은 경쟁은 별 의미(意味)가 없다고 들린다.

현대차그룹 임원들은 타 그룹, 특히 삼성에 비해 골프 치는 횟수 자체가 적다. 그래도 임원들의 평균 타수도 높은 편이다. 골프는 자주 칠 필요도, 점수에 연연할 필요도 없다.

정 회장은 가냘픈 선비 상으로 회사경영 관련 직접 서류에 결재도 하지 않는 무관(無冠)의 제왕으로 군림하는 것으로 비교된다. 그렇지만 시간관리, 업무결과 확인 등은 너무나 철저하고 꼼꼼하여 한 점 빈틈이 없다는 평이다. "임자 해봤어?"가 대표적인 언어였다.

이 회장은 1976년 9월 위암 수술 후 건강관리에 전념하면서 서예 취미, 특기를 살려 삼성경영 관련, '인재 제일' '영빈관' 등 명필 급 작품을 많이 남겼다. 골프는 건강관리 차원에서 즐겼지만 꼭 마음에 맞는 파트너를 초청한 형식이었다.

6) 재계인사 "골프최고수는 누구?"

2022년 11월 7일 아시아경제 김현준 골프전문기자, 김세영 기자의 재계인사 "골프최고수는 누구?"를 참고삼아 다른 자료도 보완해 게재한다.

국내 굴지의 기업 오너나 최고경영자(CEO)들의 골프실력은 최근 누가 최고수인지는 사실 우열을 가리지 힘들 정도다. 공인핸디캡이 없어 입소문으로만 기량을 가늠할 수밖에 없기 때문이다.

재계에서는 일단 이웅열 코오롱그룹 회장(1956~)이나 이만득 삼천리 회장 등을 첫손에 꼽는다. 이 회장은 미국 유학시절 골프스쿨을 한 학기 이수했을 정도로 골프에 대한 열정이 특별하다. 핸디캡은 5 정도로 알려져 있다.

이만득 삼천리 회장(1956~)도 프로급 실력이라는 평가를 받고 있다. 선친인 고(故) 이장균 회장의 권유로 골프를 시작한 이후 한국프로골프계의 원로인 한장상 프로(1938~)에게 3년간 레슨을 받아 기본기가 탄탄하다. 지인들은 그를 '퍼팅의 귀재'로 부른다. 컨디션이 좋은 날은 이븐파 전후를 친다.

허광수 삼양인터내셔널 회장(1946~)도 빼놓을 수 없다. 아시아태평양골프연맹(APGC) 회장을 맡고 있는데다가 골프용품브랜드 핑까지 수입하고 있어 골프계와 이래저래 다양한 인연을 맺고 있다.

1967년 한국아마추어선수권챔피언을 지냈고, 1982년에는 동해오픈(현 신한동해오픈)에 출전해 7위에 입상했던 '준 프로'다. 예전만은 못하지만 지금도 70타대 중반은 거뜬하다.

박문덕 하이트맥주 회장(1950~)이 '숨은 고수'다. 골프실력 뿐만 아니라 경기도 여주의 클럽700골프장을 인수해 현재의 블루헤런으로 재탄생시키는 과정을 진두지휘했을 만큼 골프사업에 대해서도 해박한 지식을 갖추고 있다. 핸디캡 3 정도로 알려져 있다.

LG 창업주 고 고인회 회장의 맏손자이며, 구자경 LG명예회장의 4남 2녀 중 첫째였던 구본무 LG그룹 회장(1945~2018)은 핸디캡 5 정도로 곤지암리조트를 너무 좋아했다. 매주 목요일 오후면 곤지암에 내려와 일요일 오전까지 머물렀고, 고인의 뜻에 따라 유족들은 곤지암 인근에 '수목장'으로 매장했다.

곤지암리조트는 중부고속도로 곤지암IC에서 4km 거리에 있다. '서울 강남에서 40분 만에 도착한다'는 점이 가장 큰 매력. 수도권 최대 규모인 스키장과 476실의 콘도미니엄, 스파와 수목원 등 다양한 부대시설을 갖췄다.

그중에서도 곤지암골프장은 남성적이고 도전적인 '마운틴 코스'와 여성적이고 섬세한 '레이크 코스'를 갖춘 32만평(106만 9,667㎡) 규모의 18홀이다. 당시 노태우 대통령이 '여신관리대상 기업은 비업무용 토지를 다 내놔라'고 발표를 해 처음엔 3개 골프장, 54홀을 허가받았는데 18홀만 남기고 반납해 버렸다.

구 회장은 곤지암이 제2의 집무실처럼 골프도 치고 생각도 하고 중요한 사람도 만나고 의사결정도 내리고 하여 근 20년 넘게 LG그룹의 미래 청사진을 그곳에서 그렸다.

이재용 삼성전자 부회장(1968~)도 핸디캡 6의 실력파다. 이 부회장은 특히 드라이버 샷 비거리가 250야드를 넘나드는 아마추어로서는 장타자다. 승마 국가대표로도 활동했던 이 부회장은 계열골프장인 안양베네스트에서 홀인원을 한 경험도 있다. 이건희 삼성그룹 전 회장은 핸디캡 13 정도로 전해졌다.

금융권에서는 강정원 국민은행장과 최현만 미래에셋증권 대표의 실력이 뛰어나다는 소문이다. 싱글핸디캐퍼인 강정원 행장은 올 초 한국여자프로골프협회(KLPGA) 사외이사를 맡으면서부터 골프에 대한 관심이 부쩍 높아졌다. 역시 싱글핸디캐퍼인 최현만 대표는 군더더기 없는 스윙이 일품이다.

업종에 따라 골프스타일은 약간씩 다르다. 윤은기 서울과학종합대학원 총장은 "일반적으로 건설업계 인사는 드라이브 샷 비거리, 숫자를 다루는 금융계는 스코어에 집착하는 편이고, 정밀함을 요구하는 전자업종 관계자들은 퍼팅에 관심이 많다"고 분석했다.

윤 총장은 이어 "공격적인 샷이나 퍼팅을 즐기는 사람은 실제 회사도 매우 도전적인 방향으로 이끌고 나간다"고 덧붙였다.

한편, 오너나 CEO들은 골프매너나 룰에 대해서는 매우 엄격한 편이다. 필드에서의 행동이 곧 개인이나 회사의 이미지나 신뢰도로 직결되는 까닭이다. 게임의 묘미를 위해 당연히 내기골프도 즐기는 편이다. 하지만 일부 '벼락부자'들처럼 큰돈을 걸고 하지는 않는다. 사업가들은 작은 돈을 걸고도 치열한 게임을 전개한다.

내기골프에서 주의할 사람은 첫째 느낌이 안 좋은 사람이고, 둘째는 '데이비드 마'라는 미국의 프로 말처럼 '피부가 까맣게 그을린 사람', '1-2번 아이언 가지고 다니는 사람', '집념의 눈초리가 빛나는 사람'이며, 셋째는 매너가 불편한 사람이라고 한다.

또한, 이승헌 글로벌사이버대학교 총장이 〈나는 100세 골퍼를 꿈꾼다〉란 책을 펴냈다. 나이가 들어서도 골프를 즐기고 싶어 했던 이 총장에게 영감을 선사한 사람은 102세 골퍼 이종진 옹(翁)이었다. 이 옹과의 감동적인 라운딩은 짜릿했다.

102세 나이가 무색하게 티 샷이 100m를 넘겼다. 18홀을 카트도 타지 않고 가뿐하게 걸어서 라운딩을 마치는 모습은 탄성과 존경심을 자아냈다. 타수 보다는 마음의 여유와 즐거움을 먼저 생각하는 '이 옹을 보며 100세 골퍼는 마음먹기에 따라 가능한 것임을 확신했다'고 한다.

2 골프 규칙(룰)

골프는 어려운 운동이고 한번 들어서면 오랫동안 해야 할 운동이니, 골프에 입문해서는 결과(스코어) 향상보다 과정(에티켓·규칙)을 소중하게 여겨 '항상 즐기는 자세로 임한다'는 생각이 중요하다.

골프규칙은 잘 알면 알수록, 특정 상황에서 그만큼 선택의 여지가 넓어져 골퍼에게 유리해진다. 혹 복잡한 면이 있으나 조금 공부하면 웬만한 상황은 스스로 대처할 수 있게 된다.

올해부터 최근 대폭 개정된 골프규칙이 적용된다. 골프에 입문하는 사람들이나, 기존 골퍼들이나 골프규칙을 새롭게 받아들일 수 있는 기회다. 한국이 진정한 '골프 선진국'이 되려면 아마추어골퍼 · 선수 가릴 것 없이 규칙과 에티켓을 잘 지켜야 한다.

1) 골프 규칙(룰)의 현대화

2022년 12월 7일 보도에 따르면, 2019년에 미국골프협회(USGA)와 영국왕립골프협회(R&A)가 골프 룰의 현대화를 표방하며 전면적인 변화를 단행했을 때 내건 가치가 '단순과 명확'이었다면, 2023년에 지향하는 것은 '포용과 지속가능성'이다.

골프 규칙은 4년에 한 번씩 개정되며 지난해 11월에 세계 골프 룰을 관장하는 두 단체의 관계자들은 2023년 1월 1일부터 적용될 변경 내용을 발표했다. 지난번만큼 대대적인 개편은 아니지만 몇 가지 주목할 만한 변화가 이루어질 예정이다.

손상된 클럽의 대체와 관련한 규칙을 완화했으며, 자연의 힘에 의해 움직인 공에 대해서는 직관적인 예외를 적용한 것, 선수가 스코어카드에 서명하는 걸 잊어버렸을 때 실격 처리를 토너먼트의 재량에 맡긴 것 등이 눈에 띈다.

무엇보다 중요한 변화는 USGA가 지난 7월에 제1회 US어댑티브오픈을 개최한 데 이어, 장애를 지닌 선수들에게 맞춰 수정 적용하던 규칙들을 '룰 25' 항목으로 '골프 룰에 통합했다'는 것이다. 이로써 앞으로 대회를 개최하는 위원회에서 장애인 골퍼들에게도 로컬룰을 적용할 필요가 사라졌다.

한편, 2019년 웨이스트매니지먼트피닉스오픈이 열렸던 TPC스코츠데일의 11번 홀 그린 주변에서 어프로치 샷을 시도한 리키 파울러의 공이 페널티 구역인 연못에 빠졌다. 1 벌타를 받고 드롭 지점에 공을 내려놓은 파울러는 그린의 상태를 살피기 위해 이동했고, 그사이 공이 스스로 연못으로 굴러 내려갔다.

그는 한 번 더 벌타를 추가해야 했고, 결국 트리플 보기를 기록했다. 다행히 파울러는 우승을 거뒀지만, 명백하게 부당해 보이는 이 상황에 적용된 골프 룰은 그야말로 뭇매를 맞았다.

이제 그 골프 룰이 진일보함에 따라 페널티 구역에서 구제를 시도한 볼이 또 다른 페널티 지역으로 저절로 움직였을 경우, 해당 골퍼는 더 이상의 벌타를 추가하지 않고 처음 드롭 했던 위치로 볼을 되돌려 놓을 수 있다.

아마추어보다 프로 골프에 더 큰 영향을 미칠 것으로 보이는 또 다른 변화는 페널티 구역에 적용되던 구제 시의 라인과 관련된 규정 변화와 플레이 불가 공의 구제에 대한 내용이다.

이 부분에서 USGA와 R&A는 선수들이 홀과 공의 연장선상에 공을 바로 내려놓을 수 있었던 2019년 이전의 규정으로 골프 룰을 되돌렸다. 공이 드롭한 지점으로부터 어느 방향으로든 한 클럽 거리 밖으로 나가지만 않는다면(2019년 이전에는 두 클럽 거리였음) 드롭한 공을 플레이할 수 있다.

기존의 라인으로 돌아가서 드롭을 하는 것이 부자연스럽고, 아마추어 골퍼들이 기존 습관을 사실상 바꾸지 않았다는 사실을 감안하면 2019년 이전의 기준으로 돌아가는 것은 타당하다고 여겨진다.

2) 아마추어 골퍼 배려

스트로크 플레이 방식의 대회에서 스코어카드에 자신의 핸디캡을 적지 않은 것에 대한 벌칙을 폐지한 것도 사소하지만 아마추어 골퍼를 배려한 변화다. 앞으로 각 선수들의 핸디캡을 적용하고 그 정확성을 확보할 책임은 대회 위원회의 몫이 된다.

일정한 규칙 위반에 적용되던 벌칙을 2타(일반 벌칙)에서 1타로 줄이기로 한 것은 공정함과 형평성을 기하려는 노력이며, 가장 대표적인 경우는 공을 잘못 교체했을 때다.

모범 로컬룰 L-1이 도입된 것도 같은 맥락이다. 이는 라운드를 마치고 스코어카드에 서명하지 않았을 때 실격 처리하던 벌칙을 마지막 홀에 2 벌타를 추가하는 것으로 줄이는 내용이다.

대부분의 프로 대회에서 이 룰을 적용할 것으로 예상된다. 규칙으로 확정되기 위해서는 많은 대회에서 이 로컬룰을 선택해야만 한다.

룰 북은 디지털 포맷, 또는 USGA와 R&A의 골프 룰 앱을 통해서만 접할 수 있다. 운영기구들은 규칙관들을 위한 소량의 책자를 인쇄할 예정이지만, 지속가능성을 추구하는 차원에서 골퍼들에게 골프 룰을 가방에 소지하고 다닐 것을 권하던 기존의 관행에 종지부를 찍기로 한 것이다.

이로써 USGA 한 곳에서만 200만 부를 발행해 거의 5억 장에 가까운 종이를 사용하던 것을 아낄 수 있게 되었다.

3) '공인핸디캡' 도입

국내외 어디서나 인정받을 수 있는 공인핸디캡을 가진 골퍼가 드물어 몇 년 전부터 '공인핸디캡' 도입의 필요성을 강조하던 대한골프협회(이하 KGA)가 스마트스코어, 네이버와 손잡고 올해 본격적으로 '공인핸디캡 사업'에 나섰다.

2023년 1월 9일 KGA는 경기도 파주 사옥에서 '공인핸디캡 사업 계약'체결에 따른 업무 협약식을 진행했다. '공인핸디캡 사업'은 KGA가 보유한 국내 핸디캡 사업 권한 중 골퍼의 핸디캡인덱스 계산과 표출 및 실제 라운드 할 때 골프 코스의 난이도와 경기 방식(라운드 유형 - 스트로크, 매치 등)에 맞게 변환하는 내용을 기본으로 한다.

스마트스코어는 KGA에서 2017년부터 중앙 핸디캡 프로그램으로 채택하고 사용하던 진(GHIN)을 대신하여 핸디캡 산정을 위한 시스템을 제공하며 골퍼의 스코어 입력을 관장하게 된다.

나아가 스마트스코어는 R&A와 USGA가 주관하는 월드핸디캡시스템의 '전 세계 공용 핸디캡 인터페이스(Interoperability Standard)'에 한국의 대표 기술 공급자로 참여하여 국내 골퍼가 해외 어디에서나 핸디캡을 쉽고 편하게 적용할 수 있도록 지원할 예정이다.

스마트스코어는 기존 앱에서 제공하던 스코어 서비스뿐만 아니라, 이번 사업을 통해 공인 핸디캡을 국내 골퍼가 간편하게 신청·보유할 수 있는 서비스를 제공한다.

네이버는 스포츠 뉴스의 N Golf를 통해 골퍼의 객관화된 실력의 제공과 추이를 안내할 뿐만 아니라 골프 대회 플랫폼 제공, 멤버십 등 다양하고 재미있는 서비스를 선보이기로 했다.

KGA는 핸디캡의 기본이 되는 코스 레이팅 시행을 회원사 골프장에 국한하지 않고 4개의 산하단체(초등연맹, 중고연맹, 대학연맹, 미드연맹) 및 17개 시도골프협회에서 주관하는 골프대회의 코스와 회원사 골프장의 계열사 코스까지 확대 시행할 계획이다.

KGA는 공인핸디캡 보급을 골퍼가 알아야 할 기본적인 규칙과 에티켓이 포함된 골프 저변 확대 사업의 하나로서 역점을 두기로 해서 대한골프협회 주최 · 주관 대회부터 월드핸디캡시스템이 적용된 공식 핸디캡 경기를 올해부터 운영한다.

공인핸디캡을 원하는 골퍼들은 1월 말부터 KGA와 스마트스코어 앱 및 홈페이지를 통해 이용할 수 있으며 올해는 서비스 사용료를 받지 않기로 했다.

4) 2019년 1월부터 적용한 골프 룰

세계 골프 룰을 관장하는 영국 R&A와 미국골프협회(USGA)가 2019년 1월부터 적용하고 있는 새 규칙은 "경기진행 속도를 빠르게 하고, 프로선수들은 물론 입문자들도 쉽게 이해하게 한다."는 취지로 개정됐다.

그러나 일반 팬들이 뉴스로 접한 정보는 '깃대를 꽂고 퍼트해도 된다', '캐디가 선수의 퍼트 라인을 뒤에서 봐줄 수 없다'는 등의 제한적 내용이다 보니 오해할 만도 하다.

대한골프협회(KGA)는 새 룰을 선수와 팬들이 쉽게 이해할 수 있도록 여러 방법으로 홍보하고 있으나 아직 많은 시간이 필요한 게 현실이다. 새 룰을 자세히 알고자 하는 팬은 KGA 홈페이지(http://www.kgagolf.or.kr/GolfRule/GolfRule.aspx)를 접속하거나 앱(R&A Rules of Golf)을 다운 받아 한국어를 선택하면 언제든 확인할 수 있다.

2019년 3월 29일 스포츠경향 김경호 선임기자의 보도를 아래 소개한다. KGA가 선정한 '반드시 알아야 할 새 골프규칙 20가지'를 위주로 주말 골퍼와 일반 팬들이 알아두면 유익한 규정을 간단히 정리했다.

① **드롭, 구제 구역** = 드롭은 반드시 무릎 높이에서 해야 하며, 과거처럼 어깨 높이에서 드롭하면 1벌타를 받아야 한다. 드롭은 꼭 서서 할 필요는 없다. 드롭은 반드시 구제구역에서 해야 하고 그 안에서 플레이해야 한다.

구제를 받는 경우 기준점으로부터 한 클럽 또는 두 클럽 길이 이내로 제한되며 골프백에서 퍼터(길이 제한이 없기 때문)를 제외한 가장 긴 클럽으로 측정한다.

② **퍼팅 그린**(Green) = 종전에 공 마크나 전에 팠던 홀 자국으로 제한됐던 그린 수리 조건은 웬만한 손상은 거의 다 허용되도록 바뀌었다. 공 자국, 스파이크 자국 등 신발로 인한 손상, 장비나 깃대에 긁히거나 찍힌 자국, 지면에 박힌 물체(돌, 티 등)를 제거할 수 있다.

다만 퍼팅 라이를 개선하기 위한 지나친 행동은 벌타를 받는다. 깃대를 꽂고 퍼트할 수 있고, 이 경우 공이 깃대를 맞아도 벌타가 없다.

당시 뱅크 오브 호프 파운더스컵에서 우승한 LPGA의 고진영은 깃대를 꽂고 퍼트하는 대표적인 선수다. 깃대에 기댄 채 정지한 공은 일부라도 그린 표면 아래의 홀 안에 있으면 들어간 것으로 인정한다. 그린(Green) 위에서 움직인 공은 마크 여부에 따라 갈린다.

예를 들어 파3홀에서 티샷이 홀 옆 10㎝에 붙은 경우 그 공을 마크하기 전 바람이 불어 공이 홀로 들어가면 홀인원이다. 마크 하고 공을 닦아 내려놓은 뒤바람으로 굴러 들어가면 원래 자리에 놓고 플레이해야 한다.

③ 공 찾기·공 플레이 = 플레이어나 캐디가 공을 찾기 시작한지 3분 안에 공이 발견되지 않으면 분실구다. 종전 5분에서 단축됐다. 공이 놓은 그대로는 누구의 것인지 확인하기 어려울 때 마크 한 뒤 동반자에게 알리지 않고 들어 올려도 된다.

라이 개선을 위해 슬쩍 공을 들어 올릴 수도 있지만 플레이어의 양심을 신뢰하는 룰이다. 하지만 공 확인 필요성 등의 이유 없이 공을 들어 올리면 1벌타다. 한 스트로크에 권장되는 시간은 40초다. '시간 끌지 말고 빨리 하라'는 뜻이다. 종전 벌타 대상이던 투 터치(한 번 스트로크로 공을 두 번 맞히는 일)엔 이제 무벌타다.

④ 벙커 플레이 = 벙커에서 루스 임페디먼트(loose impediment, 코스 안에 있는 자연적인 장애물로 낙엽, 잔디, 벌레, 돌 등)를 제거할 수 있다. 벙커로 들어가다 무심코 모래를 건드리거나, 순서를 기다리다 클럽을 모래에 대고 서 있을 수도 있다. 하지만 모래 상태를 테스트하기 위해 고의로 모래를 건드리거나, 공 바로 앞 · 뒤의 모래를 건드려선 안 된다.

연습 스윙을 하면서 모래를 건드리거나 백스윙을 하면서 모래를 건드려도 여전히 벌타를 받는다. 이제까지 벙커로 여겼던 흙벽 부위는 벙커 아닌 일반구역으로 규정돼 여기에 박힌 공은 구제받을 수 있다.

벙커에서도 언플레이어블(공이 떨어진 위치에서 다음 샷을 진행하기 어려울 때 하는 선언. 1벌타를 부가 받은 후 공을 치기 쉬운 쪽으로 이동시켜 다음 샷을 치는 행위)을 선언하고 2벌타 후 구제를 받을 수 있다.

⑤ **페널티 구역** = 벙커와 달리 페널티 구역에서는 과거 허용되지 않던 연습스윙도 할 수 있다. 종전 워터 '해저드'라는 용어는 사라지고 '페널티 구역'으로 바뀌었다. 종전엔 페널티 선 안에서 클럽을 지면, 또는 풀 등에 댈 수 없었으나 이젠 마음껏 지면을 파는 연습스윙을 해도 된다.

⑥ **무 벌타 구제** = 일반지역(페널티구역 반대개념)에서 지면에 박힌 공은 거의 대부분 구제받고 드롭할 수 있다. 구제를 받을 때 언제든 공을 바꿔도 된다.

⑦ **로컬룰** = 주말 골퍼들이 애용하는 '양파(더블파) 이상은 없다'는 룰이 미리 정할 경우 허용된다. OB나 분실 시 로컬룰을 정하면 2벌타를 받고 앞으로 나가 페어웨이에 드롭하고 칠 수 있다.

5) 골프장 내 '반칙'

2022년 9월 17일 아시아경제 이서희 기자가 쓴 골퍼들 반칙 규정 몇 가지를 아래 소개한다. 특히 '거리 측정기'도 잘 보고 사야 한다.

2022년 7월 경기도 이천 H1 클럽에서 열린 한국여자프로골프(KLPGA) 투어 호반 서울신문 위민스 클래식 1라운드.

데뷔 첫해인 지난해 하나금융그룹 챔피언십 우승을 거머쥐며 신인왕까지 차지했던 송가은은 보기 2개와 버디 1개로 1오버파 73타를 치며 선방했다. 그러나 경기가 끝난 뒤 받아들인 결과는 '실격'. 사유는 '장비 부정사용'이었다.

문제는 송가은이 경기 도중 사용한 '거리 측정기'였다. KLPGA는 올 시즌부터 경기 중에 거리 측정기 사용을 허용했다. 단 거리나 방향에 관한 정보를 얻는 용도로만 기계를 사용하도록 했다. 고저 차에 따른 실거리 측정(슬로프)기능이 탑재된 거리 측정기는 사용할 수 없다.

이날 송가은은 슬로프 기능이 탑재된 거리 측정기를 고도 측정 기능을 끈 채 사용했지만, 경기 후 해당 사실을 경기위원장에 자진 신고해 실격 처리됐다. KLPGA 규정에 따르면, 고도 측정 기능을 실행하지 않더라도 기능이 탑재된 거리 측정기를 사용했다면 규정 위반이다.

송가은은 경기를 마친 뒤 "매니지먼트 측에서 경기위원회에 문의했을 땐 (고도 측정 기능이 탑재된 거리 측정기를) 사용해도 된다고 들었다. 커뮤니케이션에 실수가 있었던 것 같다. 규정을 제대로 숙지하지 못한 내 잘못"이라고 밝혔다.

장비 부정사용으로 황당하게 대회장을 떠나야 했던 선수는 또 있다. 일본여자프로골프(JLPGA) 투어에서 활약하는 안선주는 2013년 일본 지바현 소데가우라 컨트리클럽에서 열린 니치 레이디스 2라운드에서 하우스 캐디의 장비 부정사용으로 실격됐다.

안선주가 5번 홀에서 두 번째 샷을 하기 직전 하우스 캐디(House Caddie, 골프장의 전속 캐디)가 바람의 방향을 확인하기 위해 사용한 '나침반'이 화근이었다.

일본 프로 골프 규칙 14조 3항에는 "플레이어는 라운드 도중 바람의 방향이나 잔디 결의 방향을 판단하는 데 도움을 주는 나침반을 사용할 수 없다"고 명시돼있다.

하우스 캐디를 제공한 경기장 측은 이러한 규정을 사전에 제대로 교육하지 않았다. 캐디의 어처구니없는 실수로 안선주는 대회 이틀째 날 경기장을 떠날 수밖에 없었다.

의도치 않게 '라이 개선 위반'으로 벌타를 받게 되는 경우도 있다.

지난해 7월 강원도 평창군 용평의 버치힐 골프클럽에서 열린 KLPGA 투어 맥콜 모나파크 오픈 최종 3라운드에서 박결이 15번 홀(파4)에서 세 번째 샷으로 날린 공이 하필이면 벙커의 가파른 턱 앞에 박혔다.

샷 자세를 잡기 위해 벙커 안으로 들여놓은 오른발이 부드러운 모래와 함께 자꾸만 미끄러지는 상황. 박결은 발로 여러 차례 모래를 다진 뒤 자세를 잡고 샷을 했다. 결과는 '2벌타'였다. 박결은 15번 홀에서만 '퀀튜플 보기'(5오버파)를 범해 우승 경쟁에서 탈락했다.

R&A 골프 규칙 8.1A 6에 따르면 "플레이어는 스탠스를 만들기 위해 지면을 변경해선 안 된다." 골프가 자연과 함께 진행되는 스포츠인 만큼 플레이어가 '있는 그대로의 상태'를 지키는 것을 매우 중요하게 생각하기 때문이다.

다만 스윙 과정에서 어쩔 수 없이 골프채가 나뭇가지나 덤불 등에 걸리는 것은 규정 위반으로 치지 않는다. 이때도 연습 스윙을 하는 척 지형을 건드리는 행위는 반칙으로 인정돼 벌타를 받는다.

연습 스윙 과정에서의 행위를 제한적으로 허용한 골프 규정을 악용했다가 낭패를 본 골퍼도 있다. '필드 위의 악동'이라 불리는 미국의 패트릭 리드가 대표적이다.

패트릭 리드는 2019년 히어로 월드 챔피언십에서 연습 스윙을 하는 척 웨이스트 에어리어(주로 모래로 채워져 있으나 벙커가 아니라 일반구역으로 규정된 지역)에 있는 공 뒤에 있는 모래를 두 차례나 걷어냈다가 라이 개선으로 2벌타를 받았다.

반칙 의혹이 일자 리드는 카메라 각도에 의한 것이라며 항변했지만, 중계 화면엔 그가 백스윙하는 척 모래를 걷어내는 장면이 또렷이 담겨 있었다. 이로 인해 리드는 오랜 시간 '양심 불량'이라는 오명까지 썼다.

6) 경기 규칙을 잘 활용한 사례

경기 규칙을 잘 활용한 사례도 있다. 1999년 PGA 투어 피닉스오픈 최종 라운드에서 벌어진 타이거 우즈(1975. 12. 30. 출생, 미국)의 전설적인 '자연장애물(루스 임페디먼트, loose impediment)' 사건이다.

타이거 우즈가 13번 홀에서 티샷한 공이 300야드 넘게 날아가 사막 모래밭 커다란 바위 앞에 떨어졌다. 바위가 공을 가리는 탓에 언플레이어블 볼을 선언해야 할 상황. 하지만 우즈의 판단은 달랐다. 이 바위를 '루스 임페디먼트'라고 주장한 것이다.

"루스 임페디먼트란, 나뭇가지·나뭇잎·작은 돌·동물의 배설물 등 땅에 박혀있지 않은 코스 내 장애물"을 말한다. 골프 규칙에 따르면, 선수는 경기에 방해가 되는 루스 임페디먼트(자연 장애물)를 제거할 수 있다.

경기위원이 우즈의 주장을 받아들였고 갤러리 수십 명이 달려와 거대한 바위를 함께 들어 옮겼다. 이는 구름 관중을 몰고 다니던 우즈의 전성기를 보여주는 명장면이자, 골프 규칙을 제대로 숙지하는 일이 선수에게 얼마나 중요한지를 보여준 사건이었다.

골프는 유일하게 심판 없이 진행되는 스포츠인 만큼 선수의 양심과 투명성이 중요한 스포츠다. 플레이어는 동료 선수와 캐디에게 플레이할 공과 드롭 위치 등을 계속해서 알리고 보여줘야 한다.

투명성이 중요한 골프에서 동료 플레이어에게 '말 한마디'를 하지 않은 게 화근이 돼 대회 3연패를 놓친 사례도 있다.

지난해 8월, 대회 3연패와 시즌 7승에 도전하던 박민지는 경기도 포천 대유몽베르 컨트리클럽에서 열린 KLPGA 투어 대유위니아 MBN 여자오픈 1라운드에서 동료 플레이어에게 '프로비저널 볼'(아웃오브바운즈의 가능성이 있을 때 한 번 더 치는 공. 확인 결과 처음 친 공이 아웃오브바운즈가 되었다면 두 번째 친 공으로 경기를 진행) 선언을 하지 않아 4벌타를 받았다.

발단은 박민지가 6번 홀(파5)에서 친 공이 깊은 숲속으로 들어가면서였다. 공이 분실됐다고 판단한 박민지는 분실된 공에 대한 1벌타를 받는 대신 그 자리에 새로운 공을 놓고 다시 쳤다. 그러면 이때부터 새롭게 드롭한 공이 인플레이 볼이 된다.

박민지가 동료 플레이어에게 "프로비저널 볼 하겠다."란 말을 하지 않았기에 원래 치던 공은 OB(out-of-bounds, 플레이 금지구역. 공이 이 구역에 들어가면 벌로 타수를 하나 더하고, 다시 치게 됨) 밖으로 나가든 안 나가든 '아웃'이다(1벌타).

그러나 박민지가 처음 친 공은 예상과 달리 나무를 맞고 샷이 가능한 위치에 굴러와 있었다. 이를 발견한 캐디는 공을 찾아왔고, 박민지는 캐디가 찾아온 원래 공을 다시 쳤다(오구 2벌타).

이어서 박민지는 그린으로 걸어가면서 이제는 필요 없어졌다고 여긴 두 번째 공을 집어 들었다(1벌타). 이렇게 6번 홀에서만 총 4벌타를 받게 된 박민지는 대회 3연패의 꿈을 이루지 못하고 결국 컷 탈락으로 대회를 마감했다.

7) 골프 규칙 위반 아이템

최근 포털 사이트에 '간단한 방법으로 비거리를 늘이고 정확성을 높여준다'는 골프용품 광고가 심심찮게 발견된다. 광고를 보고 호기심을 갖거나 별생각 없이 구입해 사용하는 골퍼들이 많지만 이런 골프용품이 골프 규칙을 위반하는 물건은 아닌지 따져볼 필요는 있다.

골프 규칙에 깐깐한 동반자와 라운드를 하거나 작은 내기라도 걸린 라운드에서는 골프용품 하나로 시비가 붙을 가능성이 농후하기 때문이다.

▲ **정렬 도우미** : 골퍼라면 누구나 티와 공 마커를 가지고 다닌다. 골프 규칙에 따르면 공 마커는 티, 동전, 공 마커용으로 만들어진 물건, 그 밖의 자그마한 장비처럼, 집어 올릴 공의 지점을 마크하기 위해 사용하는 인공물이라고 정의되어 있다.

인공물인 것 말고는 특별한 제한이 없다 보니 동전이나 그와 유사한 전통적인 공 마커 대신 여러 기능이 포함된 공 마커가 등장했고, 공 마커가 플레이에 영향을 미치기 시작하면서 영국왕립골프협회(R&A)와 미국골프협회(USGA)는 2020년 골프 장비 규칙 6.7에 정렬 도구를 정의하고 공 마커에 대한 규정을 만들었다.

공위치를 마크하기 위해 만들어진 물건이 정렬을 도와주는 도구인지 판단하는 기준은 크게 세 가지다.

① 경사, 그린 스피드 또는 기타 상태를 측정·평가·해석하도록 디자인된 기구나 광학적 · 전자적 부품을 포함한 물건. ② 수직 높이가 1인치(2.54㎝)를 넘는 물건. ③ 수평(옆) 방향의 최대 크기가 2인치(5.08㎝)를 넘고 2인치 이상의 선이나 화살표 등이 표시된 물건.

세 가지 중 하나라도 해당하면 그 공 마커는 정렬 도구로 간주하며 골프 규칙을 위반하는 공 마커다.

만약 퍼트하기 전에 2인치 이상의 선이 그려진 정렬 도구(공 마커)로 마크하면서 플레이 선을 표시한 후, 공을 내려놓으며 공에 그어진 표시(라인, 화살표 등)와 일치시키면 스트로크하지 않았더라도 페널티가 부과된다. 또 경사를 측정할 수 있는 수평계를 포함한 공 마커도 마찬가지로 골프 규칙 위반이다.

티잉 에어리어에서 방향 설정을 도와주는 기능이 있는 티와 끈으로 연결된 티를 잘못 사용하는 경우도 규칙 위반이다. 골프 장비 규칙 6.2에 따르면

① 티의 길이는 4인치 이하여야 한다. ② 플레이 선(에이밍)에 도움을 주도록 설계되거나 만들어지면 안 된다. ③ 공의 움직임에 영향을 주어서는 안 된다. ④ 스트로크에 도움을 주어서는 안 된다.

따라서 티에 부착된 방향 설정 보조 도구를 이용해 플레이 선을 설정하면 규칙 위반이 되며 끈으로 연결된 티 자체는 문제없지만, 끈을 이용해 방향 설정을 하면 이 또한 규칙 위반이다.

혹시라도 공식 대회에 출전할 상황이 생긴다면 끈으로 매달린 티를 되도록 사용하지 않는 것이 좋다. '오얏나무 아래서는 갓끈도 고쳐 매지 말라'는 속담을 기억하자.

▲ 비거리 치트키 : 장타는 모든 골퍼의 꿈이다. 비거리가 충분한 골퍼라도 더 먼 비거리를 위해 노력한다. 비거리만큼은 지기 싫은 골퍼의 심리를 이용해 '손쉽게 드라이버 비거리를 늘인다'고 광고하는 용품들이 있다.

가장 인기 있는 아이템은 클럽 페이스에 붙이는 장타 필름이다. '장타 필름은 부착과 동시에 비거리가 획기적으로 늘어난다'고 광고한다. 게다가 '페이스 보호 효과까지 있다'고 하니 골퍼들이 관심을 갖는 것은 당연지사.

장타 필름이 비거리를 증가시킨다고 내세우는 원리는 스핀 감소다. 특수 재질의 필름이 공과 페이스의 마찰을 줄여 스핀이 줄어들게 되고 비거리가 증가한다는 것이다.

또 사이드 스핀도 감소 효과로 훅(hook, 왼쪽으로 사이드 스핀이 생긴 공이 오른쪽에서 왼쪽으로 회전하여 왼쪽으로 휘어지는 것)과 슬라이스(Slice, 대부분의 초보자가 빠지게 되는 대표적인 미스샷 중의 하나, 볼이 목표한 방향의 오른쪽으로 휘어져 나가는 잘못된 샷)까지 개선한다고 광고한다.

이 필름의 효과는 차치하고 먼저 이 필름이 골프 규칙에 적합한지 살펴봐야 한다.

골프 규칙 4.1a(3)에 따르면 스트로크를 할 때 클럽 헤드의 작용에 영향을 미치기 위해 클럽 헤드에 어떤 물질(세척용 물질은 제외)을 발라 변화시킨 클럽으로 스트로크를 해서는 안 된다.

장타 필름의 경우 헤드에 바르는 것은 아니지만 헤드의 작용에 영향을 미치는 물질을 부착하는 것이므로 골프 규칙 위반에 해당한다.

필름 제조업체들은 '클럽 페이스에 부착해도 눈에 잘 띄지 않는다'고 광고하지만 조금만 자세히 봐도 필름 부착 여부를 알 수 있다. 동반자를 속이기 위해 필름을 부착하는 행위는 금물이다.

'비거리 향상과 안정된 방향성에 도움을 준다'고 광고하는 티도 있다. 이 티는 공의 타격면을 감싸는 구조로 만들어져 드라이버 페이스로 골프공을 직접 타격하지 않고 티를 타격하게 디자인되어 있다.

장타 필름과 유사한 효과를 노리고 만든 것으로 이 또한 골프 장비 규칙 6.2를 위반한다.

▲ 오직 재미를 위해 : 아마추어 골퍼는 공식 대회에 출전하는 일이 많지 않은 만큼 골프 규칙을 위반한 용품을 사용한다고 해서 골퍼가 피해를 입는 일은 거의 없다.

또 골프 규칙을 위반한 용품인 줄 모르고 사용하는 경우도 비일비재하다. 하지만 동반자를 속이기 위해 무분별하게 사용하면 결국 신뢰를 잃어버리고 골프 실력도 제대로 인정받지 못하게 된다.

비공인 딱지가 붙은 용품은 공정한 골프 게임에 영향을 미치는 장비라고 인정된 것과 다름없다. 혼자서 골프를 더 재미있게 즐기려는 목적에서 사용하면 합법, 또 다른 속내를 가지고 사용하면 불법 아이템이다.

3 골프 관련 통계

코로나19로 '골프 열풍'이 불면서 중장년층뿐 아니라 MZ세대(밀레니얼+Z세대)까지 참여하는 연령대가 확대됐다. '종목에 대한 관심과 흥미가 높아졌다'는 점에서는 같지만 골퍼들이 골프에 매료된 이유는 세대별로 차이가 있었다. 그런데 통계 기관마다 조사 기준이나 시점은 달라 혼란스럽다.

1) 골프인구 1천 1백 7십 6만 명

2023년 1월 31일 보도에 따르면, 국내 골프 인구가 1,000만 명을 넘어선 것으로 나타났다. 조사 결과 대상 시점인 2021년 한 해 동안 국내 20세 이상 인구 10명 중 3명 정도인 31.5%가 골프 활동을 한 것으로, 골프장에 직접 가서 플레이를 하지 않더라도 스크린 골프장을 이용했다면 골프 활동 인구에 포함했다.

대한골프협회가 최근 경희대학교 골프산업연구소와 실시한 조사에 따르면 2021년 기준 국내 골프 활동 인구는 1,176만 명으로 2017년 대비 16.4% 증가했다.

조사에 따르면, 골프 활동 인구는 우리나라 20세 이상 인구 가운데 10명 중 3명꼴인 31.5%로 나타났으며 이중 지속 골프 활동 인구는 23.2%, 신규 골프 활동 인구는 8.3%이다. 골프 활동인구의 평균 타수는 120타 이상이 가장 많은 것으로 나타났다.

2021년 한 해 동안 1인당 골프에 지출한 비용(용품비 제외)은 월 평균 26만원 수준이었다. 유형별 평균 비용은 골프장 이용 시 57만 5,000원, 실내 연습장일 경우 24만원, 실외 연습장은 23만 9,000원 실내 스크린은 18만 9,000원이다.

골프 활동의 주 이용 장소는 스크린 골프장, 실내 연습장, 실외 연습장, 골프장 순으로 나타났다. 스크린 골프장은 2007년 이후 지속적인 증가세를 보인 반면, 골프장은 2017년 대비 4.8% 감소했다.

지금은 골프를 칠 줄 모르지만 앞으로 골프를 배울 의향이 있다는 잠재 골프 활동 인구 역시 32.8%로 2017년 대비 5% 증가했다.

이번 조사는 전국 17개시 · 도 20세 이상 성인 남녀 4,512명을 대상으로 진행됐으며 95% 신뢰수준에서 표본오차는 ±1.45다.

2) 스포츠산업 조사

2021년 스포츠산업 매출액은 전년 대비 20.7% 증가한 63조 9,000억 원으로 조사됐다. 특히 종합스포츠시설 등 스포츠 교육기관의 매출액 증가세가 두드러졌다.

2022년 12월 30일 문화체육관광부는 2021년 12월 기준으로 국내에서 스포츠산업을 영위하는 사업체를 대상으로 진행한 '스포츠산업조사'의 주요 결과를 발표했다.

〈2021년 기준 스포츠산업조사 주요 결과〉

구분	사업체 수(개)			매출액(십억 원)			종사자 수(명)		
	2020	2021	증감률	2020	2021	증감률	2020	2021	증감률
전체	97,668	116,095	18.9%	52,918	63,882	20.7%	376,307	406,022	7.9%
스포츠시설업	38,279	44,168	15.4%	13,316	16,469	23.7%	162,206	172,158	6.1%
스포츠용품업	30,876	36,939	19.6%	25,412	30,624	20.5%	120,032	133,062	10.9%
스포츠서비스업	28,513	34,988	22.7%	14,190	16,790	18.3%	94,070	100,803	7.2%

* 문화체육관광부 제공

'스포츠산업 조사'는 스포츠산업 진흥법 제7조 및 통계법 제18조에 따른 국가승인 통계조사로서, 스포츠산업 규모와 경영실태 현황을 파악하기 위해 2010년부터 실시하고 있다. 이번 조사는 11만 6,095개 기업 중 1만 4,000개 표본을 대상으로 2022년 9월부터 11월 사이에 방문, 팩스, 전자우편 조사를 병행해 실시했다.

조사 결과 2021년 기준 사업체 수는 11만 6,095개로 전년 대비 18.9%(9만 7,668개) 증가했다. 매출액은 63조 9,000억 원으로 전년 대비 20.1%(52조 9,000억 원) 증가했고, 종사자 수 역시 40만 6,000명으로 전년 대비 7.9%(37만 6,000명) 증가한 것으로 집계됐다.

업종별로는 스포츠시설업, 스포츠용품업, 서비스업의 사업체 수, 매출액, 종사자 수가 전반적으로 늘어났다. 골프장 운영업의 매출액은 완만하지만 꾸준한 상승세(6조 원, 3% 증가)를 보였다.

특히 종합스포츠시설 운영업(1조원, 114% 증가), 체력단련시설 운영업(1조 8,630억 원, 146% 증가), 골프연습장 운영업(2조 7,520억 원, 27.8% 증가), 요가학원, 축구교실 등 스포츠 교육기관(1조 3,000억 원, 80% 증가)의 매출액이 큰 폭의 증가세를 나타냈다.

아울러 스포츠의류와 신발 등 스포츠용품업 관련 업종에서도 매출액 증가가 나타났다. 세부적인 조사 결과는 2023년 1월 중에 문체부 누리집에 게시할 예정이다.

3) 미국골프재단(NGF) 조사

2023년 1월 22일 골프업계에 따르면 미국골프재단(NGF)은 최근 미국 내 연령대별 골퍼 1,084명을 대상으로 골프를 치는 이유에 대해 설문 조사했다. 그 결과 18~34세 골퍼의 40%는 친구나 가족, 동료와 시간을 보내고 특별한 이벤트로 여기는 '사회적 혜택'이 가장 중요하다고 답했다.

젊은 층일수록 '추억거리'에, 연령이 높아질수록 '정서적·육체적인 관점에서 라운딩에 초점을 맞춘다'는 분석이 나왔다.

18~34세는 또 새로운 코스를 경험하고 여행하면서 추억을 만들 수 있다는 점이 좋아 골프를 친다는 응답자가 19%로 10% 안팎인 다른 연령대보다 높았다.

또 정신·감정적 휴식(23%), 신체 운동(10%), 경쟁(8%) 등을 선택했다. NGF는 "어린 골퍼일수록 골프를 통한 동지애와 경험을 중요하게 여긴다"고 평가했다.

35~49세 골퍼에게 골프는 '정신적 휴식'을 위한 창구로 나타났다. 이른바 샌드위치 세대로 분류된 이 연령대 골퍼의 34%는 '현실에서 벗어나 잘 쉬고, 스트레스를 풀고, 희열을 느끼기 위해서'라고 답했다. 대체로 정신적, 감정적인 측면에서 골프를 바라보는 것이다.

50세 이상은 신체 활동 목적이 강했다. 50~64세 골퍼 27%와 65세 이상 39%가 야외 활동과 걷기, 운동, 칼로리 소비 등을 위해 골프를 친다고 각각 설명했다. NGF는 "나이가 들수록 신선한 공기를 마시며 운동할 수 있는 종목을 선호하는 결과"라고 분석했다.

35~49세는 정신적 휴식 외에 사회적 혜택(28%), 신체 운동과 경쟁(14%), 경험(11%) 순으로 이유를 꼽았다. 50~64세는 사회적 혜택에 이어 신체 운동(27%), 정신·감정적 휴식(21%), 경쟁(14%), 경험상 이유(8%) 순이었다.

이 밖에 65세 이상은 신체 운동 다음으로 사회적 혜택(31%), 정신·감정적 휴식(14%), 경쟁(11%), 경험(5%)을 선택했다.

한편 지난해 미국 내 골퍼 중 한 번이라도 골프장에 간 이 들은 2,500만 명이 넘은 것으로 파악됐다. 이는 "돈을 내고 즐기는 야외스포츠 가운데 가장 많은 것이라"고 NGF는 설명했다.

4) 2022년 국민생활체육조사

문화체육관광부가 우리 국민 9,000명을 대상으로 진행한 2022년 국민생활체육조사에 따르면 '최근 1년간 골프를 해봤다'고 응답한 국내 골퍼 비중은 9.3%였다.

2023년 1월 12일 발표한 '2022년 국민생활체육조사'에 따르면, 문화체육관광부가 지난해 9월부터 11월까지 전국 17개 시 · 도 만 10세 이상 국민 9,000명을 대상으로 실시했는데, 규칙적으로 운동하는 사람들이 주로 참여하는 운동은 걷기(36.8%)였다. 이어 보디빌딩(12.8%), 등산(10.5%) 순이었다.

등산은 최근 청년층에서 인기를 끌었지만, 참여율은 2021년(13.5%)보다 3%포인트 하락했다. 대신 같은 기간 골프 참여율은 6.8%에서 7.8%로, 수영 참여율은 4.0%에서 8.5%로 높아졌다. 축구·풋살 참여율은 5.8%에서 8.2%로 높아졌다.

시간적 여유가 된다면 참여하고 싶은 종목으로는 수영(9.3%)이 가장 많이 꼽혔다. 금전적 여유가 생긴다면 가장 많이 하고 싶은 종목은 골프(16.2%)였다.

골프 인기가 높아졌지만, 동호회 가입률은 하락했다. 학교 동아리나 스포츠클럽 등 체육 동호회에 가장 많이 가입한 종목은 축구·풋살(18.4%)이 가장 높았다.

이어 골프동호회 가입률은 16.7%로 2위였지만, 전년(21.8%)보다 5.1%포인트 하락하며 한 계단 내려왔다. 테니스(7.1%)와 게이트볼(3.1%)은 올해 10위권 내로 진입했다. 앞으로 가입하고 싶은 동호회 종목은 수영(14.4%)이 가장 많았다.

주 1회 30분 이상 규칙적인 체육활동을 하는 '생활체육 참여율은 지난해 61.2%로 집계됐다. 전년보다 0.4%포인트 증가한 수치다. 코로나 사태 전이었던 2019년에는 66.6%였다.

문체부는 "코로나19 수준에는 못 미치지만, 전년에 이어 회복세"라고 설명했다. 30대 인구의 생활체육 참여율이 직전 조사보다 7.8% 포인트 오른 65.3%로 전 연령대 중 가장 높았다.

전 연령대 중 생활체육 참여율이 가장 낮게 나타난 10대의 스포츠 참여는 숙제로 떠올랐다. 10대의 생활체육 참여율은 52.6%로 평균에 미치지 못했다.

문체부는 "지정 스포츠클럽과 종목단체 등 전문 체육단체가 학교 정규수업과 방과 후 시간에 전문 지도자를 파견해 다양한 스포츠 프로그램을 제공할 수 있도록 적극 지원할 계획"이라고 밝혔다.

문체부는 '운동하는 국민 인센티브 프로젝트'(1인당 최대 5만원 지급)와 체육시설 소득공제 추가 도입 추진을 통해 국민체력증진을 위한 기반을 마련할 계획이다.

또 '시니어 친화형'(23년 3개소) 등 지역 수요에 맞는 국민체육센터 신규 유형을 개발해 공공체육시설 확충도 지원한다.

5) 한국골프장경영협회 자료

한국골프장경영협회의 자료에 따르면 6홀 이상 운영하고 있는 전국 505개 골프장의 이용객을 조사한 결과 지난 2021년 무려 5,056만 명이 다녀간 것으로 나타났다. 코로나 발생 이전이던 2019년 전국 494개 골프장 이용객이 한해 4,170만 명이었던 것과 비교하면 거의 1,000만 명이 증가한 셈이다.

'골프장 수용 인원 부족' 현상이었다. 개장 골프장 수가 꾸준히 늘고 있기는 하나, 폭증한 골프 인구를 수용하기엔 여전히 부족하다. 코로나19 이후 골프 인구는 지난해 1,176만 명까지 늘었다.

대중골프장의 주중 그린피(골프장 이용료, 2021년 5월 기준)가 17만 3,700원으로 일본 골프장 그린피의 3.1배까지 올랐지만, 여전히 많은 골퍼가 '부킹 대란'에 시달리고 있었다.

국내 골프장 내장객은 2021년 처음으로 5,000만 명을 돌파했으며 2022년에도 이 같은 수준을 유지한 것으로 관측된다. 새해에는 내장객 증가세도 주춤할 것으로 보인다. 연간 220만 명가량 떠나던 해외 골프 관광도 다시 열리고 있다.

2023년 1월 골프장 그린피는 각 골프장 홈페이지 내 고지된 요금을 기준으로 전국 평균을 산출했는데, 경기 침체로 인한 골프 인구 이탈에 대한 우려와 지난해 12월 30일부터 시행된 '대중형 골프장 지정에 관한 고시'에 의해 그린피 하락세다.

전국 골프장 그린피가 전반적으로 하강 곡선을 그리지만, 강원도와 전라도 등은 아직까지 5% 미만 소폭 상승했다. 다만 그린피 상승 폭이 줄어들어 올해 상반기부터는 전국 그린피(골프장 이용료)가 점차 하락할 것으로 예상했다.

올해부터 대중형 골프장 분류체계 개정안이 본격적으로 시작해 전국 골프장의 그린피 변화 추이를 확인 중이다. 투명한 골프장 이용요금 공개를 통해 골프의 진입 장벽을 낮추고, 모두의 레저로 자리 잡는 골프 문화를 지향할 것이다.

6) 2019년과 현재 그린피(골프장 이용료) 비교

2022년 11월 1일 한국스포츠경제가 유명 전국(제주도 제외) 대중제 골프장 5곳, 회원제 5곳(혼합제 포함)을 선정해 코로나19 이전인 2019년과 현재 그린피를 비교해 본 결과, 그린피 가격은 적게는 2만 원에서 많게는 4만 원까지 치솟았다.

특히, 대중제 골프장 중 가장 비싼 곳의 가격은 코로나19 이전 가장 저렴한 곳에서 2회를 치고도 3만 원이 남을 만큼 가격 상승 폭이 심했다.

〈코로나19 이전과 이후 일부 골프장 그린피〉

골프장명	구분	코로나19 이전 주중	코로나19 이전 주말	코로나19 이후 주중	코로나19 이후 주말
칠곡 세븐벨리	대중제	13만원	17만원	15만원	19만원
스카이밸리CC	대중제/회원제	15만원/7만원	21만원/8만원	19만원/9만 5천원	26만원/11만원
오너스GC	대중제	16만원	21만원	19만원	25만원
아덴힐CC	대중제	19만원	23만원	19만원	29만원
사우스스프링스CC	대중제	15만원	25만원	19만원	27만원
청도 그레이스CC	회원제	2부 13만원	18만원	2부 15만원	19만원
그린힐CC	회원제	6만 2천원	6만 2천원	7만 5천원	8만원
마이다스 구미CC	회원제	2부 주중 7만 5천원	10만 5천원	2부 주중 11만원	15만원
서울한양CC	회원제	신코스 6만 5천원	6만 9천원	신코스 8만원	9만원
		구코스 5만 5천원	5만 9천원	구코스 7만원	8만원

대중제 골프장은 골퍼들에게 받는 개별소비세, 교육세, 농어촌세, 부가세 등을 면제받는다. 회원제보다 1회 1인 기준 4만 5,000원 정도 세제 혜택을 받는데다 토지세도 회원제 골프장의 10분의 1 수준이다. 하지만 일부 골프장들은 이 코로나19 기간 폭리를 취해 골퍼들의 주머니 사정을 어렵게 했다.

골프장들은 '높은 가격에 비해 평범한 수준의 서비스를 제공한다'는 지적에도 아랑곳하지 않고 있다. 이런 현상이 계속될 경우 MZ 세대를 포함한 골퍼들은 다른 레저스포츠를 찾아 떠날 가능성이 높다.

7) 한국 골퍼, 일본보다 4배 더 지출

2022년 12월 15일 보도에 따르면, 한국 골퍼들이 일본 골퍼보다 비용은 최대 4배 가까이 쓰고도 골프장을 방문하는 횟수는 일본의 절반에 그쳐 골프장 이용에 대한 욕구를 만족시키기엔 아직 요원한 것으로 나타났다.

한국 대중골프장의 주중 골프장 이용료는 지난해 5월 기준으로 17만 3,700원이다. 일본 골프장의 주중 골프장 이용료 5만 5,800원(5,621¥)에 비하면 우리나라 골퍼는 일본 골퍼보다 3.1배나 더 비싼 돈을 내야 골프장 이용이 가능한 상황이다.

카트 사용료와 캐디피(봉사료)까지 포함하면 한국과 일본의 골프장 이용료 격차는 더욱 커진다. 카트 사용료와 캐디피가 모두 포함된 국내 대중골프장의 1인당 주중 이용료는 지난해 5월 기준 23만 원이다.

한국·일본 골프 산업 비교 지표(2021년)

구분	골프장 시장규모(캐디피 포함)	골프인구	골프참가율	골프장 연간 이용횟수	주중 그린피
한국	8조 5,533억원	564만명	10.2%	8.8회	173.7천원
일본	8조 6,857억원	560만명	5.7%	17.2회	55.8천원

KBS 자료 한국레저산업연구소

일본 골프장들은 대부분 '노 캐디 셀프라운드'가 보편화돼 있다. 캐디를 동반하더라도 일본의 캐디피는 1인당 3천 엔(¥) 수준이고 카트 사용료는 받지 않는 곳이 대부분이다.

일본에서 캐디를 동반하고 지출하는 평균 5만 8,800원의 골프장 이용료보다 한국 골퍼는 3.9배나 비싼 돈을 내고 라운드를 한다.

이렇게 비싸다보니 우리나라 골퍼의 연간 골프장 이용 횟수는 2021년 8.8회로 2019년에 비해 0.5회 느는 데 그친 반면 일본은 2020년보다 2.3회 증가해 2021년 17.2회로 늘었다.

한국과 일본 금융감독원의 전자공시 시스템을 바탕으로 『한국과 일본의 골프장 산업 비교』 자료를 조사한 한국레저산업연구소 서천범 소장은 골프장 이용 횟수에서 일본의 절반 수준에 불과한 것은 역시 턱없이 비싼 한국 골프장 이용료를 주원인으로 지목하고 있다.

2011년에서 2022년까지 10년 동안 주중 골프장 이용료 인상률을 보면, 국내 대중 골프장 이용료는 57.8% 급등했다. 반면, 같은 기간 일본의 골프장 이용료는 14.7% 하락했다.

일본은 골프장 공급 과잉 현상과 전반적으로 골프 인구가 감소하는 상황이 맞물리면서 그린피가 하락했다. 이에 비해 한국은 20~30대 골퍼 유입으로 골프 인구가 폭발적으로 증가하는 등 골프 산업 성장세가 가파르게 지속했던 것이 그린피 상승의 요인으로 분석된다.

'코로나 19사태로 해외여행이 제한되다' 보니 국내에서 즐길 수 있는 대표적인 실외 운동으로 골프를 많이 선택한 것은 한일 두 나라가 비슷한 상황이다. 이 같은 요인으로 골프 산업은 성장했지만, 연간 이용 횟수가 현저히 적은 한국 골퍼는 일본 골퍼가 부러울 수밖에 없는 처지다.

8) 골프장 영업이익률 39.7%

2022년 10월 14일 국민의 힘 윤창현 의원실이 발표한 자료에 따르면, 군 골프장 36개를 제외한 505개 국내 골프장의 2021년 한 해 전체 매출액은 6조 9,599억 원에 이를 정도로 성장했다. 코로나 19 특수 상황과 맞물린 것이 골프장 영업 이익률을 가파르게 끌어 올린 것으로 분석되고 있다.

2018년 16.0%에 그쳤던 전체 골프장 영업이익률은 2020년 31.8%로 올랐고, 2021년 39.7%로 급성장했다. 캐디피를 제외하고 이용객 한 명이 20만 원을 지출한 경우 골프장은 7만 9,400원을 이익으로 가져간 셈이다.

특히 대중 골프장의 영업 이익률이 크게 올랐다. 2021년 대중 골프장 349개의 영업이익률은 48.6%로 코로나19 이전인 2년 전보다 15.4%P가 올랐다.

대중골프장보다 재산세를 많게는 최대 20배 무겁게 부과 받는 회원제 골프장의 영업이익률은 2021년 24.2%로 대중 골프장보다 낮았으나 이 역시 2년 전보다 17.0%P가 더 올라 영업 이익률이 크게 상승한 것으로 조사됐다.

이자 상환과 세금 납부 전 그리고 감가상각비를 제외하기 전 영업이익률을 나타내는 EBITDA률을 따지면 2021년 대중골프장은 56.5%를 기록했고 회원제 골프장은 32.8%로 훨씬 더 높아진다.

전체 골프장 매출액인 6조 9,599억 원 대비 영업 이익이 2조 7,630억 원에 이른다는 계산이다. 같은 해 국내 유가 증권 시장에 상장한 595개 사의 영업이익률은 8.06%에 그쳤다. 삼성전자의 영업이익률 18.5%보다 골프장 영업 이익률이 훨씬 더 높은 상황이다.

국내 기업들이 앞 다퉈 골프장을 소유하려고 하는 이유는 이처럼 높은 영업이익률 때문으로 해석된다. 이는 또 골프장 회원권 가격 상승과 골프장 매매 가격 상승으로 이어지고 있다.

그럼에도 불구하고 대기업이 소유하고 있는 회원제와 대중제 골프장도 다른 골프장과 마찬가지로 '골프장 이용료를 많이 인상했다'는 것이 한국 레저산업연구소의 자료 조사로 드러났다.

대기업이 소유한 회원제 골프장 43개의 비회원 그린피 평균 인상률은 코로나 19사태가 발생한 직후인 2020년 5월 이후 올해 9월까지 주중 18.3%, 토요일

13.8%로 회원제 전체의 비회원 그린피 인상률(주중 16.9%·토요일 13.9%)과 별반 차이가 없는 것으로 조사됐다.

또 대기업이 소유한 대중 골프장 16개의 그린피 평균 인상률은 같은 기간에 주중 31.5%, 토요일 20.4%로 대중제 전체의 그린피 인상률(주중 33.1%·토요일 24.6%)보다 약간 낮은 것으로 나타나 '기업의 사회적 책임보다 돈벌이에 더 치중했다'는 비판을 피하기 어려운 상황이다.

우리나라 전체 골프장 수는 대중골프장 349개에 회원제 156개다. 여기에 국군복지단이 운영하는 군 골프장 36개를 더해 2021년 말 기준 우리나라 골프장은 541개에 이른다. 현재까지 군 골프장은 '대외비'라는 이유를 들어 이용객 수와 매출액 등을 공개하지 않고 있다.

2021년 한 해 동안 국내 골프장을 방문한 내장객은 4,927만 명으로 2020년과 비교해 8.3% 더 늘어났고, 코로나 19 확산 전인 2019년과 비교하면 26.5%나 상승했다.

9) 한국의 골프 지표 조사

1989년 47개였던 골프장이 2007년 회원제 175개, 대중제(퍼블릭, Public) 102개 등 도합 277개로 늘었고, 골프장 내장객도 320만 명에서 2,234만 명으로 늘었다.

2008년 대한골프협회와 골프산업연구소가 공동 조사한 '한국의 골프 지표 조사'에 따르면, '20세 이상 남녀 중 9.6%가 골프를 쳐 봤다'고 했다. 이를 전체인구에 확산했을 때 국내 골프 인구는 275만 명으로 추산된다.

프로 야구 관중 5백만 돌파, 프로 축구 3백만 명 돌파 등을 기념하는 이 시점에 관중이 아닌 참여자가 2백만 명이 넘는 운동은 오직 골프 밖에 없다.

골프 참여 인구 중 남자는 85.8%이고 여자는 14.2%로 나타났으며, 연령대로는 40대가 30.2%, 30대가 21.8%, 50대가 18.4% 순으로 나타났다. 이는 골프가 이제는 귀족 스포츠가 아니고 점차 대중화 되어 가고 있고, 즐기는 연령층도 점차 낮아지고 있는 추세이다.

골프는 스포츠나 취미 활동과 같은 일상생활뿐만 아니라, 비지니스 측면에서도 골프는 매우 중요한 역할을 하고 있다. 비즈니스를 유지, 발전시키는 데 있어서 인간관계는 매우 중요한 가치를 가진다.

10) 전 세계 골프장 수

2023년 2월 24일 여성경제신문 오상준(아시아골프인문학연구소 대표)의 "美 골프 매거진 사상 최초 아시아랭킹 발표 임박" 칼럼 일부에 따른다.

2021년 영국 왕립골프협회 R&A 골프어라운드월드 리포트에 보면, 국가의 골프장 숫자는 미국 : 1만 4,139개소, 영국 : 2,660개소, 일본 : 2,202개소, 호주 : 1,501개소, 한국 : 447개소(18홀로 환산 시 520개소), 뉴질랜드 : 399개소, 태국 : 235개소, 베트남 : 80개소라고 한다.

한편, 2022년 5월 11일 전주MBC의 "전 세계 골프장은 몇 개나 될까?" 보도에 따르면, 지난 2011년부터 영국왕실골프협회인 R&A는 72억 명의 세계 인구 중 몇 명이 골프를 치는지, 그리고 세계 2백 여 국가에는 몇 군데의 골프장이 있는지를 계산해 봤다.

지난 2020년 말을 기준으로 전 세계 251개 국가들 가운데 206개국에 38,081개의 골프장이 있고, 이 가운데 80%의 골프장들은 단 10개국(한국 포함)에 집중되어 있다.

골프장을 가장 많이 보유한 나라는 역시 미국으로 무려 16,156개, 전체 골프장의 42%에 달할 정도다. 이어서 일본이 3,140개로 골프의 발원지인 영국 3,101개보다도 많았다.

가장 빠르게 골프인구가 증가하는 중국은 617곳이 있지만 물 부족과 개발 제한을 이유로 골프장 건설 규제를 강화하고 있다고 하며, 우리나라는 810개로 전 세계에서 8위, 아시아권에서는 2위에 달할 만큼 골프시장이 폭발적으로 증가하고 있는 국가다.

또한, 2020년 5월 21일 포춘코리아(FORTUNE KOREA)의 "지구촌 골프장 수는? 한국은 세계 8위" 보도에 따르면, 영국왕립골프협회(R&A)가 2018년을 기준으로 집계해 홈페이지를 통해 밝힌 세계 각국의 골프장 현황은 골프장 수는 3만 2,471개, 코스 수로는 3만 8,864개였다.

전 세계 249개 국가 중 209개국이 골프장을 보유하고 있다. 지구촌 84%의 나라에서 골프를 하고 있다는 뜻이다. 그 중 47개 국가는 1개 코스만 가지고 있고 그 중에서도 28개 국가는 9홀 코스만 보유하고 있는 것으로 조사됐다. 이들 골프장의 전체 홀수는 55만 6,176개 홀이다. 개발 중인 골프장은 534개로 집계됐다.

전체 3만 8,864개 코스 중 회원제는 9,576개, 대중제는 2만 9,288개로 대중제 코스가 75%로 월등히 많았다. 세계 78%에 해당하는 골프장들은 골프코스 보유 상위 10개국인 미국, 일본, 캐나다, 잉글랜드, 호주, 독일, 프랑스, 대한민국, 스웨덴, 스코틀랜드에 있으며 미국은 전체 43%의 압도적인 수치를 보였다.

대륙별로 살펴보면 미국이 포함된 북아메리카가 1만 9,826(골프장 수 1만 7,298개)개의 코스를 보유해 51%로 가장 많았다. 이어 유럽이 8,940개(23%, 골프장 수 7,132개), 아시아 6,349개(17%, 골프장 수 4,517개), 오세아니아 2,109개(5%, 골프장 수 1,998개), 아프리카 932개(2%, 골프장 수 875개), 남아메리카 708개(2%, 골프장 수 651개) 순이다.

특히 아시아의 경우 전체 57개 국가 중에 52개국이 1개 이상의 골프장을 보유하고 있으며 회원제 골프장이 2,876개, 대중제 3,473개로 나타났다.

국가별로는 미국이 1만 6,752개(골프장 수 1만 4,640개)의 코스를 보유해 가장 많았다. 이어 일본 3,169개(골프장 수 2,227개), 캐나다 2,633개(골프장 수 2,265개), 잉글랜드 2,270(골프장 수 1,936개), 1,616개(골프장 수 1,532개)의 호주가 2~5위를 차지했다.

독일(코스 수 1,050개, 골프장수 736개), 프랑스(코스 수 804개, 골프장 수 643개)가 6, 7위에 오른데 이어 한국은 코스 수 798개(골프장 수 440개)로 8위의 톱10에 이름을 올렸다.

스웨덴(코스 수 662개, 골프장 수 471개), 스코틀랜드(코스 수 614개, 골프장 수 568개)가 9,10위에 자리했다. 중국(코스 수 599개, 골프장 수 385개)은 10위권 밖인 11위였다.

2014~2018년 5년 사이 오픈한 신설 골프장은 모두 414개였다. 이 가운데 북아메리카는 131개를 오픈해 전체의 32%로 가장 많았고 아시아가 126개(30%)의 근소한 차이로 뒤를 이었다. 이어 유럽 99개, 아프리카 25개, 남아메리카 18개, 오세아니아 15개 순이다.

개발 중인 골프장은 모두 534개다. 유럽이 151개로 가장 많고 이어 아시아가 149개, 북아메리카 133개, 아프리카 56개, 오세아니아 26개, 남아메리카 19개 순이다.

한국골프장경영협회가 2020년 1월 기준으로 집계한 한국의 운영 중인 골프장은 494개이며 회원제 골프장이 169개, 대중제가 325개다. 지역별로는 경기도가 150개로 가장 많고 강원도가 57개로 두 번째였다. 제주도는 41개로 경북(49)에 이어 4번째로 골프장이 많은 지역에 이름을 올렸다.

전국적으로 건설 중인 골프장은 19개이며 미착공 골프장은 20개로 집계됐다.

그런데, 2015년 한은구 기자의 한국경제신문 보도를 보면, 전 세계 골프장 수가 3만 4,011개이며 이 중 45%가 미국에 있는 것으로 조사됐다. 이 같은 내용은 내셔널골프재단이 4년간 조사 끝에 발표한 보고서 '골프 어라운드 월드'에서 공개됐다.

2015년 3월 12일 AP통신에 따르면 세계에서 가장 많은 골프장을 보유한 미국에서는 골프장 수가 점차 줄어들고 있는 것으로 나타났다. 미국의 골프장 수는 한때 1만 6,052개로 정점을 이뤘으나 4년 전부터 줄기 시작해 2015년 현재 1만 5,372개가 있는 것으로 조사됐다.

이 보고서는 1960~2000년대 과잉 공급됐던 골프장이 이제 조정 국면에 들어간 것으로 분석했다. 미국 골프장 수는 줄어드는 대신 다른 국가의 골프장 수는 늘어나기 시작했다.

전 세계적으로 700개의 골프장이 세워지고 있으며 지난 2년 동안 벨라루스, 아제르바이잔, 조지아에는 사상 처음 골프장이 건설됐다.

국내 골프장도 계속 늘고 있다. 한국골프장경영협회에 따르면 2015년 국내 골프장은 총 549개, 홀수로는 1만 303홀이다. 18홀 기준으로 환산하면 572개다. 2014년 새로 승인받은 골프장은 9개이며 회원제가 2개, 대중제가 7개였다.

4 한국 골프 역사 ❶

1970년 5월 월간지 사상계(思想界)에 실린 김지하(金芝河, 1941~ 2022, 본명 김영일(金英一)의 담시(譚詩:이야기 시)에도 '오적(五賊)'이 나온다. 이 시로 인해 사상계는 폐간됐다.

오적으로 당시 박정희 정권의 재벌, 국회의원, 고급공무원, 장성, 장·차관을 꼽았다. 당시 사회 상층부를 구한말 한일합방 당시의 을사오적(乙巳五賊)에 비유, 신랄한 풍자와 비판을 한 시였다.

5적(五賊)은 이렇게 말한다. "일국의 재상더러 부정이 웬 말인가~ 자네 핸디 몇이더라?" "괜히 시끄럽게 하지 말고 골프나 한번 치자"며 회유하는 것이다.

김지하가 "삐까 뻔쩍 골프채를 휘두르고!"라며 장단에 올렸던 바로 그 재벌들의 운동, 골프는 지금은 중산층의 사랑을 받는 대중 스포츠가 됐다. 시간은 그렇게 흘렀다.

최근 "2021년 기준 국내 골프 활동 인구는 1,176만 명으로 2017년 대비 16.4% 증가했다."고 한다.(대한골프협회가 경희대학교 골프산업연구소와 실시한 조사) 이 조사에 따르면, 골프 활동 인구는 우리나라 20세 이상 인구 가운데 10명 중 3명꼴이다.

2008년 대한골프협회와 골프산업연구소가 공동 조사한 '한국의 골프 지표 조사'에서도 '20세 이상 남녀 중 9.6%가 골프를 쳐 봤다'고 했다. 이를 전체인구에 확산했을 때 국내 골프 인구는 275만 명으로 추산된다. 프로 야구 관중 5백만 명 돌파, 프로 축구 3백만 명 돌파 등을 기념하는 이 시점에 관중이 아닌 참여자가 2백만 명이 넘는 운동은 오직 골프 밖에 없었다.

골프는 여야 가릴 것 없이 국회의원들의 일상사(日常事)가 된 지 오래다. 비단 정치인뿐만 아니라 스포츠 단체 관계자들도 골프를 매개로 기자들을 섭외하거나 달래는 수단으로 적극 활용하고 있는 것이 숨길 수 없는 사실이다.

"운동하세요?"라고 물으면 "골프를 하느냐"는 이야기가 된 지 오래다. '국회의원 선수(選數)에 비례해 골프 실력이 는다'는 이야기도 있다.

'한국에서 정치와 골프는 너무 친한 사이'가 되었는데, 『대통령과 골프』의 "왜 정치인 골프에 부정적인가"에서 그 이유를 국회의원 우상호 국회의원이 세 가지로 요약한 적이 있다.

첫째는 어느 정도 익명성이 보장되는 운동이기 때문이다. 테니스, 축구, 배드민턴 같은 것을 한다고 해보자. 동호회에 들어야 하고, 얼굴 서로 익히고, 서로 속속들이 개인 사정도 알게 되는 불편함이 있다. 그런데 골프는 필요할 때 약속이 만들어지는 대로 운동을 하고 헤어진다는 것이다. 깔끔하고 홀가분한 느낌을 주는 것이다.

둘째는 소풍 가는 기분으로 가는 것이 좋기 때문이다. 골프장은 보통 산속에 있고 멋있는 풍광과 맑은 공기도 제공한다. 산을 오르내리면서 운동도 할 수 있다. 산에서 공을 가지고 노는 것이니 좋아할 수밖에 없다고 한다.

셋째는 주변 사람들이 대부분 골프를 하기 때문이다. 정치인 치고 골프를 안 하는 사람이 거의 없기 때문에 '자연스럽게 하게 된다'고 한다. 게다가 요즘은 기자들도 대부분 골프를 한다. 그러니 골프를 해야 언론과 접촉할 일이 많아진다. 후원자들도 골퍼들이 많아서 골프장에서 모임을 갖기가 쉽다고 한다.

골프만큼 사람의 성격이 잘 드러나는 스포츠도 없다. '백악관에서 그린까지'(아카넷 간)의 저자 돈 반 나타 주니어(뉴욕타임스 기자)는 "누가 최고의 대통령 후보인가를 판단하려면, 모든 경쟁자를 골프장으로 모이게 하라"고 주장한다. 그들의 성격과 인격, 심지어는 대통령으로서의 자질까지 드러날 것이라고 했다.

아래 글은 『대통령과 골프(2015. 12. 11.)』, 『골프는 세상을 바꾼다.(1997. 11. 17.)』 그리고 『한국의 골퍼들(2011. 6. 22.)』2: 발상의 전환편(신문에 결코 쓸 수 없었던 골프 이야기) 등을 특히 참고했다.

1) 1897년이면 한국 골프 도입(?)

1980년 원산항이 개항되자 중국 청인들이 세관업무를 보게 되었는데, 이때 영국인들이 중국 청인들의 세관업무를 지원하게 되었고, 1880년부터 1905년까지 원산에 한국 최초의 골프코스가 만들어졌다.

경성골프구락부 회원이자 일본의 골프사가(史家)인 다카하타(대한암흑기 동양연료회사 이사로 경성 거주)가 1940년 일본 '월간 골프'에 발표한 기고를 보면 "한국 최초의 골프 코스는 1900년 원산 세관 구내에서 시작됐다"고 했다.

'원산 거주 촌로(村老)들의 증언이 있었다'며 1905년 일본인이 영국인의 주택을 철거하다가 신문에 쌓인 골프클럽을 발견했는데, 그 '신문의 발간연도가 1897년이었다'는 것이다.

골프의 시초는 당시 함경남도 원산항의 한국정부 세관관리로 고용된 '영국인들이 세관 안의 유목산 중턱에 6홀의 골프장을 만들어 경기한 것이라' 한다.

한국의 골프 발상을 1897년으로 잡는 것이며, 1897년 이전 한국에서 골프가 시작됐다면 중국(1899년), 일본(1900년)보다 빠르다.

한국의 첫 골프 기자였던 최영정은 "이에 대한 증거가 없으며 다카하다의 주장이 일관되지 않다"고 평했다. 『한국 골프의 탄생』을 쓴 스포츠 사학자 손환 교수(중앙대

체육교육과)도 "실제 영국인들이 골프를 했다 하더라도 우리 국민과 상관이 없기 때문에 이를 골프의 시작으로 인정해서는 안 된다"고 했다.

또 1913년 원산 근처 갈마반도(葛麻半島)의 외인촌(外人村)과 황해도의 구미포(九昧浦)에도 외국인 코스가 있었고, '나무울타리로 막아 한국인은 물론 일본인 출입도 금지했기 때문에 규모는 알 수 없다'고 기록되어 있다.

우리나라 골프가 본궤도에 오르기 시작한 것은 영친왕(李垠)이 골프장 대지로 군자리 골프장(서울CC) 땅을 무상으로 대여해 주고, '경기장 건설비로 2만 원을 하사하여 만든 전장 6,500야드의 18홀 서울컨트리클럽이 1929년 개장되면서부터' 라고들 얘기한다.

영친왕은 순조 비인 순명황후 묘가 있던 유릉(裕陵)터 30만 평을 무상으로 임대하고, 3년간 운영비 1만 5,000엔을 내놓아 군자리(성동구 능동, 현 어린이대공원) 골프장 건립을 성사시켰다.

한국 골프사 연구자 조상우 교수(호서대)가 일본인 시노다 일기를 분석한 자료에 따르면, '영친왕의 유럽 여행 중 골프 라운딩은 최소 17번, 골프장 방문은 9번'이다. 특히 스코틀랜드 여행 출발 전인 '1927년 8월 23일 런던에서 골프 아카데미를 찾은 것'도 눈에 띈다.

1907년 11세 때 일본으로 끌려간 영친왕은 한국인 최초의 골퍼였다. 부부는 1924년 무렵부터 일본에서 골프를 치기 시작해서, 이따금 서울에 와서 골프를 즐기기도 했다. 1927년 6월 5일자 시노다 일기에 따르면, '홍콩에서 승선한 영국인 골프선수 로저스에게 영친왕 부부가 레슨을 받기로 했다'는 내용도 나온다.

한편, 2022년 7월 16일 "'골프 聖地' 세인트 앤드루스에서 라운딩 레슨, 영친왕의 각별한 골프사랑"이란 보도가 있었다. 대한골프협회가 2001년 펴낸 '한국골프 100년'엔 영친왕의 골프 촬영장소를 군자리 골프장으로 썼으나, 이후 세인트 앤드루스 골프클럽으로 바로 잡았다.

2) 한국 최초의 골프장 효창원 코스

미국에서 골프가 크게 확산되기 전까지 대부분은 스코틀랜드를 중심으로 발전했다. 19세기 말, 대략 1870년대가 되어서야 골프 전문가들이 골프 코스를 설계하기 시작했다.

대부분 스코틀랜드 이민자인 이 골프 전도자들은 유럽과 대영제국 그리고 미국에 골프를 소개하기 시작했고, 세계 여러 지역에 골프를 전파하는 데 적극적이었다.

뉴질랜드(1871), 캐나다(1873), 호주(1882), 미국 뉴욕(1888), 벨기에(1888), 스페인(1891), 스위스(1892), 네덜란드(1893), 독일·러시아(1895), 이탈리아(1898)를 거쳐 1921년에는 조용한 아침의 나라 조선에도 최초의 효창원 코스가 만들어졌다.

2021년 9월 2일 중앙일보 "성호준의 골프 인사이드, '은자의 나라'가 골프 선진국 되다"라는 기사에선 "1921년 개장한 효창원 골프장을 한국 골프의 효시로 봐야 해서 한국 골프도 100주년이 넘었다"고 주장한다.

효창원은 조선후기 1786년 정조의 아들 문효세자의 묘역인 '효창묘'로 조성 후 효창원으로 승격했다. 위치는 현재 효창공원과 숙명여대, 공덕동 일부다.

1921년 6월 1일 개장한 효창원 코스는 남만주철도주식회사의 한반도 내 철도를 위탁 경영하던 조선총독부의 조선철도국 직영 조선철도호텔의 부속호텔로서 관광객 유치뿐 아니라 투숙객 서비스 제공을 위한 목적으로 개발되었다.

골프장 터를 물색하던 조선철도국은 환구단 옆에 있던 조선철도호텔과 경성역에서 가깝고 자연환경이 뛰어날 뿐 아니라 토지 확보가 수월한 국유지인 조선왕실의 묘원 효창원을 낙점한 것으로 보인다.

조선왕실을 모욕하고 식민지 백성을 무시할 의도까지 있었는지는 알 수 없지만, 적어도 존중하는 결정이 아닌 것은 분명해 보인다. 제국주의식 식민지 약탈은 문명화와 근대화를 명분으로 내세웠고, 대표적인 시설이 철도였다. 그 당시 철도는 제국주의 국가의 식민지 수탈과 지배를 위한 수단이었다.

서울 청량리, 군자리 코스 외에 일제강점기에 만들어진 대구, 평양, 원산, 부산 골프장 등 대부분이 철도가 발달한 도시에 만들어진 것은 결코 우연이라고 할 수 없다.

1918년 5월 골프장 설립허가 후 스페인 독감과 3·1 운동 이후 긴장된 사회 분위기 속에서, 공사는 1919년 9월에 착공하고 공사비는 6,000엔이었다(강인구, 2020 재인용).

일본 고베에 거주하던 영국인 댄트(H.E. Dannt)가 1915년 일본골프선수권대회에서 우승하고 효창원 코스 설계까지 하게 되었다. 설계자 댄트는 '은자(隱者)의 나라에서의 골프(Golf the hermit kingdom)'라는 글을 썼다.

그는 "송림이 울창하고 잡초가 무성한 효창원에 코스를 만드는 건 쉬운 일이 아니었다. 묘를 치우는 것을 조선인들이 달가워하지 않았다"고 회고했다.

1919년 5월 13일 설계발표 후 철도국 공무과에서 공사를 감독했고, 1921년 6월 1일 준공했다(손환, 〈한국 골프의 탄생〉). 당시 소나무 수림 상태와 토목 기술을 고려하면 홀이 들어가는 지역만 소나무를 벌목하여 홀을 조성했지만 상당히 난공사였던 것으로 알려진다.

손환 교수는 효창원 골프장의 코스 맵이 그려진 그림엽서를 찾아냈다. 9홀, 전장 2,322야드이며 코스의 기준 타수는 기록되지 않았다. 등고선이 많은, 오르막 내리막이 심한 골프장이었다.

188야드 1번 홀의 이름은 '용산'이다. 2번 홀은 '파라다이스', 오르막의 200야드 3번 홀은 '알프스'다. 댄트는 "주변 풍경이 한눈에 들어오는 최고 명당자리고, 남산 중턱에 있는 성벽이 송림 사이로 보여 눈의 피로를 덜어 준다. 산길에는 서낭당이 있다. 길을 가는 사람들이나 나그네들은 그곳에서 무사 안녕을 비는 풍습이 남아 있다"고 썼다.

9번 홀 이름은 F. D. A, '모두에게 공짜 한 잔(free drink for all)'이라는 낭만적인 이름이다. 댄트는 "우거진 나무숲, 그린 주변 시냇물, 안쪽에는 바위로 둘러싸인 병풍. 모두 한 잔 마시자는 감탄사가 나오게 마련"이라고 했다.

효창원 코스 개장 후 3년 만인 1924년 6월 효창원의 일부는 효창공원(孝昌公園, 8만 1,640평)으로 바뀌었고, 1924년 12월 3일 골프장은 폐쇄됐다. 도시가 팽창하던 경성에서 당시 가장 큰 녹지였던 '효창원 일대를 유원지, 공원, 주택지로 개발하자'는 요구 때문이었다.

코스 레이아웃 분석은 효창원의 전반적인 지형이 크게 변형되지 않은 상태에서 각 홀이 배치되었을 것으로 가정하고 그림엽서의 홀 모양이 실제와 가장 유사하게 그려졌을 것이라는 전제하에 레이아웃을 분석해 거론한 주요 특징은 아래와 같다.

- 9홀, 2,322야드(파는 확인 안 됨).
- 원 그린, 원 티(One Green, One Tee, 우리나라 최초 그린은 원 그린이었음).
- 모든 홀의 플레이 방향을 다르게 하여 조망을 달리함.
- 코스 모양과 주위의 경치에 따라 홀 이름을 지음(매일신보, 1919년 5월 14일).
- 3번 홀까지는 짧은 홀, 마지막 홀은 가장 긴 홀로 구성.
- 직선과 도그레그 홀의 적절한 조화.
- 홀 업/다운(Up/Down)의 적절한 균형. 6개 홀 티 샷이 하향.
- 일출, 일몰 시 태양 눈부심 등 영향 홀은 없음.
- 페어웨이 I. P. 기준 거리는 일정하지 않음.
- 플레이 너비는 40m 내외로 추정. OB가 많았을 듯.

효창원 코스 레이아웃은 현재 기준으로 보더라도 상당히 이상적인 설계 기준을 준수한 것으로 보이며 홀별 이름을 보면 서정적인 느낌의 '길 찾기'(라우팅)이었을 것으로 추정된다.

다만 '골프장 근처를 산책하는 시민이나 행인과 골퍼 사이에 타구(打球) 사고에 대한 마찰이 빈번했다'는 기록으로 보아 주변 민가나 도로에 가깝게 홀이 배치된 것으로 추정된다.

효창원은 하루 그린피 1엔, 1개월 5엔, 1년 25엔의 회비(會費)제였다. 손환 교수는 "금값으로 비교해 보면 당시 1엔은 2021년 현재 2만 5,000원 정도"라고 봤다.

클럽 한 세트(4개)를 50전에 빌려줬다. 공은 귀중품이었다. 플레이 후 돌려받았는데 직원들에게 "화장품 이상으로 소중히 보관하자"고 했다.

조선철도국은 9홀의 코스를 만들었으나 1923년 일대가 효창공원으로 지정됨에 따라 폐장되고, 1924년 이왕가(李王家)의 육림 중심지인 청량리(淸凉里)로 옮겨 18홀이 완공되었다.

이를 계기로 한국 골프사상 처음으로 '경성골프구락부(京城俱樂部)'라는 골프클럽도 탄생하였다. 그 뒤 서울뿐만 아니라 지방에도 골프장 건설 붐이 일어났으며, 이 같은 영향으로 1937년 9월 전국 골프구락부 협의기관인 조선골프연맹 창립총회가 열렸다.

일반인에게 골프가 보급된 것은 1924년 경성골프구락부가 결성되면서 부터인데, 이 때 골프를 가르칠 지도자가 없어 1933년 일본에서 진청수(陳淸水)·나카무라(中村兼吉) 등을 서울에 초청하여 경기지도도 받고 시범경기도 하였다.

그 때 우리나라 사람으로는 박용균(朴容均)·장병량(張秉良) 등 약 50여 명의 골퍼가 있었다. 그 뒤 1937년 조선골프연맹이 결성되었고 1941년 우리나라 사람으로는 처음으로 연덕춘(延德春)이 일본 오픈대회에서 26세의 나이로 우승하였다.

1924년 청량리코스가 개장하기 이전에 원산코스와 함께 지방에서도 만들어졌다. 전국에 원산(1924년), 대구(1924년), 평양(1928년)에 이어 부산코스(1932년) 등이 차례대로 문을 열었다. 홍남에도 9홀의 코스를 만들었으며 신의주도 코스 후보지였으나 2차 대전으로 중지되고 대신 만주의 안동코스를 이용했다.

3) 원산부터 시작된 지방 골프코스

원산해수욕주식회사는 1923년 6월 원산 유지의 발기로 천혜의 명승지를 이용해 피서지 및 해수욕장으로서 완전한 설비를 갖추고 남만주철도주식회사의 후원을 받아 설립됐다.

여름철 유원지로 개발된 송도원해수욕장 근처에 조성된 원산골프장은 전장 2,127야드, 9홀 코스로 1924년 7월 준공하여 지방 골프코스로서는 첫 개장 코스로 통한다. 1924년 8월 3일 원산골프구락부가 조직됐다.

이어 1924년 8월 31일 대구 외곽 수성면 대명동 비파산 기슭에 대구골프장이 개장했다. 이 지역은 대한암흑기 일본군 80연대가 주둔하던 서쪽 지역으로 지금은 미군 부대가 자리하고 있다.

산기슭에 있는 코스에서 멀리 낙동강이 내려다보여 전망이 좋은 위치였던 대구코스는 비파산(琵琶山) 일대 약 7만평 부지에 전장(全長) 2,870야드, 9홀 규모, 파35의 골프코스로 태어났다. 효창원코스의 장점을 참고해 코스를 설계했고 4개월이란 짧은 시간 동안 9홀을 완성한 독특한 골프장이다.

최근 공개된 조선총독부 자료에 의하면, 다른 코스를 만든 단체가 '00칸트리구락부'였지만 대구 모임의 공식 명칭은 '사단법인 대구골프회'였고, 코스가 준공되기 전 1923년에 설립됐다.

평양골프구락부는 주로 철도 관계의 임원에 의해 1927년 5월 조직됐다. 대동강의 넓은 부지에 평양코스를 만들고 1928년 10월 28일 오전 9시 개장식을 했다. 평양코스는 명승지를 낀 평양 근교, 의암리에 자리한 전장 2,545야드, 9홀 파33 코스다.

회원들이 늘면서 9홀 코스를 18개 홀 운영으로 5,310야드, 파66으로 확장했지만 정식 골프코스가 아니라 그린에 두 개의 티를 사용하는 편법을 이용했다. 훗날, 태평양전쟁이 일어나자 일본 군부는 즉시 군사적 요새로 코스를 징발해 평양비행장으로 사용했고, 평양코스는 광복 후에도 복구되지는 못했다.

1932년 2월 8일, 부산부 대청정에 있던 부산은행 집회소(集會所, 지금의 동호회) 안에 구락부 사무소가 자리 잡았다. 부산골프구락부는 1932년 2월 26일 오후 7시부터 창립위원회를 열고, 부산의 관민, 특히 금융 및 상공인들이 모여 해변에 시사이드 코스를 건설했다. 1933년 10월 1일에 해운대에 9홀, 2,620 야드, 파 33의 평탄한 코스로 개장했다.

온천장 덕분으로 항구도시의 골퍼들이 불어나다가 태평양전쟁이 일어나자 수영천변에 펼쳐져 있던 코스는 일본에 의해 징발되어 페어웨이는 탄약을 실어 나르는 군용 비행장으로 탈바꿈 해버렸다.

1940년 일본 육군이 대륙 침략을 위해 인근 주민들을 강제로 동원해서 비행장을 건설해 일본군의 후방 비행장으로 개조된 후 영영 복구되지 못했다.

1941년 일본이 참전한 태평양 전쟁으로 전국에 분포됐던 골프장들도 군사훈련장이나 비행장 용도로 징발됐다. 대구코스(1924년~1942년), 원산코스(1924년~1942년), 평양코스(1928년~1942년), 부산코스(1933년~1942년)에 이어 1943년 수도권의 군자리 골프장(서울CC, 1930년~1943년)도 폐쇄되면서 한국 골프의 맥은 단절되고 말았다.

경성골프구락부는 1944년 3월 19일 오후 10시 군자리에 있는 사무실에서 임시총회를 열고 20년 동안 존속했던 경성골프구락부 해체를 선언하고 군자리 골프장(서울CC)의 폐장을 만장일치로 결정했다.

1924년 4월 20일 최초의 골프단체로 결성했던 경성골프구락부가 20년 만에 해산되고 말았는데, 해산 당시 경성골프구락부 회원은 600여 명에 달했다.

1943년 3월 군자리 골프장(서울CC)마저 폐장되고 몇몇 페어웨이는 글라이더의 이착륙 연습장으로 쓰이고 나머지 코스는 농경지로 개간되어 '식량 증산'을 위해 인근 농민들에게 소작(小作)으로 나눠주었다.

1943년부터 1950년까지 7년 기간 동안 한국엔 모든 골프장이 사라져버린 '골프 암흑시대'를 맞아 한국 골프의 맥이 끊겼다. 이로써 외세들이 들어와 이 땅에 만든 골프 시대의 막을 한꺼번에 내리게 된다.

일본 군국주위가 벌인 전쟁에 의해 일본 본토는 물론 강점 하의 조선 골프계까지 그토록 압박받아 희생을 강요당한 경우는 6백년 세계 골프사를 통해 비슷한 예(例)가 한 건도 없다. 우리 국민과 상관없이 전개되다 사라진 한 맺힌 우리의 골프 수난사다.

4) 안보(安保) 골프(?)

해방직후 1945년 9월 8일 인천을 통해 들어온 주한미군은 3년 동안 남한지역에서 군정을 실시했는데 당시 미군은 7만 명 정도였다.

1948년 8월 15일 이승만 정부가 수립되자 철수를 시작해 1949년 6월말 완료하여 500명의 군사고문단만 남았다. 이 과정에서 이승만 대통령은 미군 철수를 저지하려 했다.

우리 군사력은 미약했고, 북한은 이미 정규군 체계를 갖추고 있었다. 미군뿐만 아니라 서울에 와 있던 선진국의 외교관들도 주말이면 일본으로 골프를 하러 갔다.

이승만은 이들이 달러를 일본에서 사용하는 것도 못마땅했다. 당시 힘없고 자원 없고 인재도 없는 신생국가의 대통령으로서 거대 국가 미국의 눈치를 살필 수밖에 없었던 '이승만의 비애(悲哀)'였다.

『한국골프 100년』에서는 "해방 후 군자리 골프장 복구문제를 1949년 8월 정부수립 1주년 기념 축하연에서 불거져 나왔다"고 서술한다. 이날 행사에서 이승만은 초청된 한국 내 외교관들, 미군 장성들과 환담하면서 주말을 어떻게 보내는지에 대해 물었다.

미군 장성들이 "한국에 골프장이 없어 휴일이면 부득이 일본 오끼나와로 군용기 편으로 날아가 골프를 치고 돌아온다."는 얘기를 듣고 이승만은 경악을 금치 못했고, 당장 총무처장을 불러 "빠른 시일 내에 골프장을 재건하라"는 지시를 내렸다.

전규홍 총무처장에게 '조속한 시일 내에 미군들을 위한 위락시설을 만들도록 재촉했다'는 주장이지만 1949년 초 반민족행위 피의자들을 체포하기 시작했고, 4월 말에는 우여곡절 끝에 〈농지개혁법안〉이 국회에서 통과된 복잡한 정국이었다.

이승만은 골프를 치지는 않았지만, 골프를 이용할 줄 알았다. 주한 미군이 골프 때문에 주말마다 한국을 비우는 것은 안보(安保)문제라 여기고, 군자리 골프장을 복원했다. 허나 미군의 철수도 이미 1949년 여름까지 완료된 상황 이승만 대통령의 '지시'는 아이러니(?)하다.

『서울컨트리클럽 50년사』에 따르면 1949년 11월경 골프장 복구위원회가 구성되어 전규홍 총무처장이 위원장을 맡았고, 구자옥, 김동준, 오한영, 이용설, 전용순, 조주영이 위원으로 선출됐다.

실무는 전용순 대한상공회의소 회장, 간사는 최창규 비서실장과 송병희 대한상공회의소 사무국장이 맡았고, 골프장 현장 공사는 연덕춘(延德春) 프로에게 모두 맡겼다.

5) 역사 속으로 사라진 군자리 골프장

군자리 서울CC는 5.16 쿠테타 직후 없어질 뻔했다. 국가재건최고회의가 '사치시설'로 분류해 '갈아엎어 콩밭으로 만들기로 한 것'이다.

이 결정(決定)을 할 때 지방에 있었던 육사 8기생인 김종필은 좀 다르게 생각했다. "자유 진영에 골프장 없는 국가는 없다. 서울CC는 한·미간의 친선을 다지는데도 꼭 필요하다. 상공인들이 사업을 하는데도 필요하다." 라며 박정희 등을 설득해 지켜냈다.

1972년 이후락 중앙정보부장이 평양을 방문하여 북한 박성철 부수상으로부터 평양어린이대공원을 소개받고 박정희 대통령에게 보고하여 군자리 골프장(서울CC)을 고양시로 빼돌리고 그 자리에 어린이대공원을 개설하였다.

1972년 7월 4일 이후락 중앙정보부장은 내외신 기자회견을 자청, 이렇게 말했다. "서울의 이후락 정보부장은 1972년 5월 2일부터 5일간 평양을 방문했다. 김일성과 두 차례 회담했다. 평양의 김영주 노동당 조직지도부장을 대리해 박성철 부수상이 5월 29일부터 6월 1일까지 서울에 왔다. 박성철은 이 부장과 두 차례, 박정희 대통령과 한 차례 회담했다."

7·4 남북공동성명서의 내용은 총 3가지였다. 첫째, "민족 통일은 외세에 의존 혹은 간섭 없이 자주적으로 해결돼야 한다.", 둘째 "통일은 무력행사에 의거하지

않고 평화적 방법으로 실현해야 한다.", 셋째 "사상과 이념, 제도의 차이를 초월하여 우선 하나의 민족으로서 민족적 대단결을 도모해야 한다." 등이다.

이 3가지 원칙은 바로 자주·평화·대단결로 집약될 수 있다. 이 외에도 남북은 상대방에 대한 중상과 비방 중지, 무장도발 중단, 불의의 군사적 충돌사건을 방지하기 위한 조치 강구, 남북 간 제반 교류 등에 합의했다.

7·4 공동성명이 발표되자 미국 국무성은 즉각 환영성명을 발표했다. 당시 미국은 중국과 관계 개선을 타진하는 상황이기도 했다. 그해 11월 4일에는 남북공동성명의 합의사항을 추진하고 남북 사이의 관계를 개선, 발전시키기 위해 남북조절위원회의 설치에 합의했다.

그러나 북한의 도발은 계속됐다. 1974년 8월 15일 조총련의 사주를 받은 재일교포 문세광이 박 대통령을 저격, 영부인 육영수 여사(1925~1974)가 목숨을 잃었다. 같은 해 11월 남침땅굴이 발견됐다.

비록 7·4 공동성명은 남북 간 신뢰 구축에 실패했지만 남북이 서로 머리를 맞댄 체제상의 대변화라는 점에서 큰 의의가 있다. 또 1991년 남북기본합의서, 2000년 남북정상회담 등 남북 당국 간 대화의 첫걸음이 됐다.

한편, 1970년 12월 5일『경향신문』보도에 따르면, 전날 서울시청에서 박정희 대통령은 시정 브리핑을 통해 "이(서울CC) 주위는 이미 도시화되었고 마이카로 골프를 치는 사람들에게는 골프장이 도심지에서 떨어져 있어도 골프를 칠 수 있으니 이곳에 대규모의 어린이공원을 만들라"고 전격적으로 지시를 내렸다.

당시 시중의 여론은 서울 성동구 능동 438번지에 소재한 서울컨트리클럽을 미국의 디즈니랜드처럼 만들어 '어린이 낙원'으로 조성될 것이라고 한껏 꿈에 부풀었다.

그러나 서울CC 입장에서는 오랜 숙원사업이던 골프장 부지 문제의 해결을 거의 완성단계에 도달한 시점에 느닷없이 날벼락 맞은 셈이었다. 코스 부지 불하대금도 절반가량 지불한 상태였고, 새 클럽하우스에 막 입주하려던 차에 그 충격 속에서 서울CC 이사회가 열렸다.

『서울컨트리클럽 60년사』에 보면, 김성곤 이사장은 1970년 7월경에 군자리 골프장의 공원화에 대해서 서울시로부터 사실상 '제안'을 받았으면서도 3개월 이상을 비밀에 부치고 있었다.

김성곤 이사장은 당시 세간에 알려지기로 집권당의 '금고지기'로 유명했지만, 서울CC에서는 클럽의 지배인이 집이 없음을 알자 13번 홀 좌측 언덕에 사재로 집을 지어준 의인(義人)이기도 했다. 서울CC는 서울시와 '흥정'하기 전에 골프장 부지 불하대금을 완납해야만 불하계약도 유효할 수 있었다.

서울시는 1971년 4월에 '서울 어린이 대공원'의 마스터플랜을 확정하고 발표했다. 당시 『경향신문』 4월 20일자를 보면, "서울시 성동구 능동 438 번지에 위치한 서울CC 21만 2,991평에 들어설 대공원을 서울시 예산 17억 5,270만원, 민간자본 7억 5,130만 원 등 총 24억 5,400만 원을 들여 8월에 착공해서 2년 뒤에 완공할 것"처럼 포부를 대서특필했다.

1971년 6.3개각 조치 후 김종필 전 공화당 의장이 국무총리로 기용된 뒤 서울CC 집행부의 악재는 계속 겹쳐 '10.2 항명 파동'의 주동자로 지목된 김성곤 이사장이 '금고지기'로부터 물러나 의원직까지도 상실되고, 심지어 '중앙정보부에 끌려가 고문까지 당하게 됐다'고 한다. 소위 유신독재의 검은 연기가 드리워지고 있었다.

1972년 7월 20일 『매일경제』 보도에 따르면, 1972년 10월 말일 '어린이 낙원'을 위해 마침내 서울CC 군자리 골프장은 문을 닫고 역사 속으로 사라졌다.

최종적으로 서정귀 서울CC 이사장은 '골프장 부지 21만 3,000평 가운데 12만평을 서울시에 무상으로 기증하고, 나머지 9만 3,000평을 한신부동산 측에 27억원(평당 3만원)에 매도'한 것으로 세간에 알려졌다.

1971년 말 군자리 골프장 이전 문제를 떠안은 서울CC 새로운 집행부는 이사장에 서정귀 호남정유 사장, 부이사장 박종규 대통령 경호실장, 이보형 범한화재보험 사장을 각각 선출했다.

서정귀 신임 이사장은 박정희 대통령과 함께 대구사범대 동기동창이고, 줄곧 대통령 경호를 도맡아 한 박종규 부이사장은 대통령을 '그림자'처럼 따라다니는 실세 중 실세였다.

한편, 관악컨트리클럽(冠岳-, Gwanak Country Club, 관악CC)은 서울특별시 영등포구 신림동(현 관악구 신림동) 관악산 기슭에 있었던 골프장이다. 지금은 서울대학교 관악캠퍼스가 들어서 있다.

방림방적 대표이사 서순은이 안중희에게 설계를 맡겨 1967년 8월 26일 개장하였으나, 박정희 정부가 서울대학교 이전 부지로 확정하면서 징발되었다.

골프장은 1971년 경기도 화성군 동탄면으로 이전하였고, 2001년 신안그룹에 인수되어 리베라컨트리클럽으로 개칭되었는바, 신안그룹(회장 박순석)이 대농으로부터 관악골프장(36홀 경기도 화성)을 925억 5,100만원(당시 장부가 533억 51만여 원)에 인수했다.

현재 관악컨트리클럽 자리에는 서울대학교 관악캠퍼스가 들어섰으며, 지금도 클럽하우스(現 서울대학교 교수회관), 풀장(이후 서울대학교 실외수영장, 현재는 폐쇄) 및 옛 골프장의 필드 일부가 서울대학교 구내에 남아있다.

6) 골프 금지령 탄생 비화(祕話)

문민정부 시절의 에피소드는 한 편의 코미디 같았다. 김영삼 대통령이 외국정상을 만나 '골프 금지'와 골프산업에 대한 중과세를 자랑했다. 그러자 상대가 "한국에서는 운동하는데도 그 많은 세금을 냅니까?"라고 묻는 바람에 '머쓱해졌다'고 한다.

1989년 10월 2일 안양컨트리클럽(안양베네스트GC)에서 3당 합당을 앞두고 김영삼(YS, 1928~2015, 호는 거산) 통일민주당 총재가 골프 회동을 갖던 중, YS가 스윙을 하다 중심을 잃고 뒤로 넘어져 엉덩방아를 찧고 뒤에서 웃는 김종필(JP, 1926~2018) 신민주공화당 총재의 모습이 아래 사진처럼 인상적이었다.

* 월간조선 2018년 6월호 '마지막 3金' 金鍾泌 지다 기사, 사진=뉴시스

젊은 시절 YS에게 골프를 처음 권한 사람이 JP다. YS는 JP처럼 양손에 장갑을 끼고 골프를 했다. 당시 우리나라에는 오른손에 끼는 골프장갑을 구하기 힘들었다.

JP가 일본에 가면 양손 골프장갑을 몇 켤레 사 와서 YS에게 보내주곤 했다. YS가 골프를 끊은 것도 엉덩방아를 찧은 JP와의 골프 때문이다.

골프를 잘 못 치는 YS가 훗날 대통령이 된 후 공직자들에게 '골프 금지령'을 내리자, '골프 애호가'인 JP는 내심 '불만을 표했다'고 한다. 그만큼 JP를 이야기할 때 골프는 빼놓을 수 없는 소재다.

JP는 '5·16 쿠테타 직후 골프를 처음 접했다'고 한다. 극작가 한운사(韓雲史·1923~2009)가 펴낸 "한운사 골프 만유기"에 JP의 골프 입문기가 실려 있다. 내용은 대략 이렇다.

5·16 직후 한 혁명 주체세력이 골프를 치는 사람들을 가리켜 '저 사람들은 밥 먹고 할 일도 없나. 트럭에 실어다가 공사장에 투입해야 겠군'이라고 일갈하자, JP는 "아냐. 그들을 욕할 일이 아니지. 무슨 곡절이 있을 거야. 골프라는 것 좀 잘 알아봐"라고 지시했단다.

그때부터 골프를 차근차근 배운 JP의 실력은 탁월했다. 한창 때는 핸디캡 10을 자랑했을 정도다.

JP는 "골프는 누굴 이기려고 하는 운동이 아니다. 몸과 마음을 스스로 관리하면서 자연과 인생을 배우는 운동"이라며 "골프를 해 보면 그 사람의 인생관이나 성격이 드러나게 돼 있다"고 말했다.

골프 관련 책을 쓰기도 한 안문석(KBS 기자 출신)은 2001년 4월 경기도 용인 아시아컨트리클럽에서 'JP를 비롯해 김중권 당시 새천년민주당 대표와 권노갑 민주당 고문, 고 김윤환 민주국민당 대표 등이 골프를 치는 모습을 본 적이 있다'고 한다. '75세였던 JP는 원기가 왕성해 18홀로 모자라 27홀까지 치는 체력을 보여줬다'고 한다.

"자세, 비거리는 그다지 좋지 않았지만 공을 정확히 맞혔다"고 안씨는 기억했다. "어프로치 샷도 클럽을 미는 듯 어색하게 쳤지만 비교적 잘 들어맞았다"고 한다. 특히 "3번 우드로 치는 세컨드 샷이 일품이었다"고 했다.

7) 김대중 정부 골프대중화 정책 선언

1998년에는 박세리가 미국여자프로선수권과 미국여자오픈대회에서 우승했고, 그밖에 김미현·박지은·펄신·송아리 등이 세계프로골프대회에서 우수한 성적을 거두어 세계적인 스타가 되었다.

1999년 김대중 정부는 10월 11일 인천에서 개최된 전국체전에서 '골프대중화 정책'을 선언하였다. 이후 체육시설로 그린벨트지역에도 설립을 허용했고, 대중제 골프장 세금을 대폭 내리며 골프대중화 정책 기틀을 마련했다.

김대중(金大中, 1924~2009, 호는 후광, DJ)은 1997년 10월 자유민주연합(자민련 김종필 총재, JP)과의 야권 후보단일화를 이끌어낸 뒤 같은 해 12월 제15대 대통령선거에서 당선되어 한국 정치사상 최초의 평화적 여야 정권교체를 이룩하였으며, 1998년 2월 제15대 대통령에 취임하여 '국민의 정부'를 출범시켰다.

1997년 11월부터 시작된 IMF(국제통화기금) 관리체제의 외환위기(外換危機)를 재정·금융 긴축과 대외개방, 금융 및 기업의 구조조정 등을 통해 위기를 극복하였다.

1999년 5월 '아시아에서 가장 영향력 있는 지도자 50인' 중 공동 1위에 선정되었으며, 6월에는 미국 경제 주간 《비즈니스위크》가 선정하는 '아시아개혁을 주도하는 지도자 50인'에 선정되었다.

2000년 6월 13~15일 김정일 국방위원장의 초대로 평양을 방문하여 6 · 15남북공동선언을 이끌어냈다. 또한 동아시아와 한국에서 민주주의와 인권향상 그리고 50여 년간 지속되어 온 북한과의 평화와 화해를 위하여 노력한 공로로 2000년 노벨평화상을 받았다.

2003년 대통령 퇴임 후, 김대중도서관을 개관하였고, 2006년 김대중평화센터 이사장을 역임하였다. 2009년 8월 폐렴으로 병원에 입원하였다가 회복하지 못하고 사망하였다. 국립현충원에 안장되었다.

5 한국 골프 역사 ❷

1998년 박세리 선수 쾌거 이후 세계무대를 꿈꾸며 골프클럽을 잡는 주니어선수들이 급증하고 2000년 현재 국내 프로골퍼의 수효가 남자 약 360명, 여자 140여 명으로 늘어났고 레슨 프로도 1,500여 명에 이르고 있었다.

올림픽에서 112년 만에 골프가 정식종목으로 채택된 지난 2016년 리우올림픽 골프 여자부에서 박인비가 금메달을 획득했고, 대한골프협회가 다른 종목보다 많은 포상금(금메달 3억 원, 은메달 1억 5,000만원, 동메달 1억 원)을 내거는 등 적극적인 지원을 했다.

2021년 말 기준 우리나라 전체 골프장 수는 대중골프장 349개에 회원제 156개다. 여기에 국군복지단이 운영하는 군 골프장 36개를 더해 541개에 이른다.

한국골프장경영협회의 자료에 따르면 6홀 이상 운영하고 있는 전국 505개 골프장의 이용객을 조사한 결과 지난 2021년 무려 5,056만 명이 다녀간 것으로 나타났다. 코로나19 발생 이전이던 2019년 전국 494개 골프장 이용객이 한해 4,170만 명이었던 것과 비교하면 거의 1,000만 명이 증가한 셈이다.

이 땅에서 처음 결성됐던 '경성골프구락부' 맥(脈)을 이으면서 1954년 11월 11일에는 한국골프 전반과 군자리 골프장(서울CC)을 운영해 나갈 대표기구인 사단법인 '서울칸트리구락부'를 창설했다. 1965년 골프의 보급과 발전을 도모하기 위한 사업을 관장하는 경기단체인 대한골프협회(KGA)가 출범하였다.

이어 1968년 12월 연덕춘 프로를 비롯하여 한국프로골프협회(KPGA)가 창립하고, 1988년 12월 한국여자프로골프협회(KLPGA)가 창립하였으며, 1974년 1월 골프장 경영인들의 모임인 현 한국골프장경영협회와 2007년 대중골프장협회 등이 발족했다.

1) 한국 골프장 역사(歷史)

1921년 6월 1일 개장한 효창원 골프코스는 전장 2,300야드의 9홀 규모로 일제 강점기인 1919년 5월에 착공했다.

이 코스는 조선호텔 이용객을 위한 부속시설로 만들어져 처음엔 7홀만 사용됐으나 외국인 내장객만으로는 적자를 면하기 어렵게 되자 법인체인 경성골프구락부를 조직하게 된다.

경성골프구락부는 효창원코스가 공원으로 편입되며 폐장되자 청량리 골프코스를 개장했고(1924년), 이 코스가 폐장되자 다시 군자리 골프코스(1929년)를 개장한다.

1924년 청량리코스가 개장하기 이전에 원산코스와 함께 지방에서도 만들어졌다. 전국에 원산(1924년), 대구(1924년), 평양(1928년)에 이어 부산코스(1932년) 등이 차례대로 문을 열었다. 흥남에도 9홀의 코스를 만들었으며 신의주도 코스 후보지였으나 2차 대전으로 중지되고 대신 만주의 안동코스를 이용했다.

해방 이후 군자리 골프장이 1950년 복원된 지 한 달 만에 6·25 한국전쟁이 났고, 1954년 7월 11일, 기구한 운명을 타고났던 군자리 골프장(서울CC)은 폐장 4년 만에 전장 6,750야드 파 72의 국제규모를 갖춘 챔피언코스로 재 복구됐다.

같은 해 대통령배 한국 아마추어골프 선수권대회가 개최되고, 1958년 6월 군산 골프코스에서는 제1회 한국 프로골프 선수권대회가 열렸다.

지방 코스로는 1956년 10월 지금의 부산 해운대구 중동 와우산 달맞이고개 자리에 부산컨트리클럽이 개장했다. 부산컨트리클럽은 전장 2,900야드, 9홀(파 36) 규모였으나 1971년 7월 동래구 노포동에 18홀 6,402야드 규모로 재 조성됐다. 대한 암흑기 때 처음 만들어졌던 부산코스가 태평양 전쟁으로 폐장한 뒤 수영코스를 대신해 두 번째 조성된 것이다.

1958년에는 용산에 미8군전용의 9홀(나중에 18홀로 확보), 진해에 9홀 군용코스가 이어서 생겼고, 1964년 개장한 한양컨트리클럽과 1966년 태릉 컨트리클럽이 개장되면서 한국 골프가 견고하게 뿌리를 내릴 수 있었다.

1960년 비약적인 경제발전에 힘입어 골프인구가 증가한 이 시기가 우리 '한국 골프사의 육성기'라고 할 수 있고 이후에도 골프 코스 건설이 수도권을 벗어나 전국적으로 확산되는 경향이 나타났다.

1965년 제주컨트리클럽, 1966년 태릉CC와 뉴코리아CC, 1967년 관악CC, 1968년 안양 컨트리클럽(현 안양 베네스트 골프클럽), 1970년 용인 컨트리클럽(현 양지 컨트리클럽)과 부평 시-사이드CC(1970년, 현 인천국제CC)가 개장했고, 1971년에 부산과 동래, 남서울CC, 1975년 수원 컨트리클럽과 여주CC 등 1970년대 말에 모두 22곳의 골프장이 건설되었다.

한국 골프 발전에 많은 일을 해 온 서울 군자리 코스는 1970년 12월 4일 정부 방침에 의해 급작스럽게 어린이 대공원으로의 개조 지시로 1972년 10월 31일 폐장되고, 고양시에 있는 36홀의 한양골프장 주식을 인수해 이전했다.

1979년 제주도 오라골프장이 개장하고 경주에서는 조선컨트리클럽이 추진되었으며 1980년 경기도 정아 골프장과 프라자CC를 비롯해 1982년 창원골프장, 1983년 광주골프장, 1984년 태광CC, 1986년 경기 안산의 제일CC, 1987년 경주보문GC와 팔공CC, 1989년 개장한 중문CC 등 10년간 모두 20곳의 골프장이 건설되면서 1988년 서울올림픽을 지나 한국의 골프장은 1989년 말 42곳으로 증가했고, 전국적으로 골프 붐을 확산시켰다.

1989년 법률 제4106호로 '체육시설의 설치이용에 관한 법률'(이하 '체시법')을 제정, 공포했다. 이후 오늘날까지 '체시법'은 골프장에 관한 특별법으로 자리를 잡았다.

정부에서는 '소관부처가 분산되어 있거나 관계법령이 미비된 체육시설에 관한 업무를 체육부 소관으로 일원화하고, 체육시설업을 건전하게 발전육성시킴으로써 국민의 건강증진과 여가선용에 이바지하게 하려는' 취지를 내세웠다.

제정 당시의 '체시법'은 회원제 골프장에 관한 아무런 규정을 두고 있지 않았다. 그러다가 1994년 법률 제4719호로 '체시법'을 전면 개정하면서 비로소 회원제 골프장에 관한 규정을 두게 된다.

노태우 정부 때 골프장 승인이 중앙정부가 아닌 시 · 도지사로 위임되면서 120개 골프장이 승인을 받아 '골프공화국'이라 불릴 정도였다. 그러나 우리나라 골프장은 1997년 IMF 직격탄을 맞자 공사 중인 골프장 현장은 멈추고 많은 설계가도 경영난에 허덕였다.

1999년 김대중 정부의 골프 대중화 정책에 힘입어 2008년 전국 골프장의 수는 280곳으로 4.8배 증가했다. 2007년 회원제 175개, 대중제(퍼블릭, Public) 102개 등 도합 277개로 늘었고, 골프장 내장객도 320만 명에서 2,234만 명으로 늘었다.

여기에 골프장을 만드는 중이거나 사업 승인을 받은 122곳을 더하면 전국 골프장 수는 402곳에 이를 전망이었다.

2008년 대한골프협회와 골프산업연구소가 공동 조사한 '한국의 골프 지표 조사'에 따르면, '20세 이상 남녀 중 9.6%가 골프를 쳐 봤다'고 했다. 이를 전체인구에 확산했을 때 국내 골프 인구는 275만 명으로 추산된다.

당시 프로 야구 관중 5백만 명 돌파, 프로 축구 3백만 명 돌파 등을 기념하는 이 시점에 관중이 아닌 참여자가 2백만 명이 넘는 운동은 오직 골프 밖에 없었다.

아래 글은 골프단체 홈페이지와 관련 뉴스를 폭 넓게 참고하였으며, 2018년 1월 5일 헤럴드경제 스포츠팀의 남화영 기자가 쓴 "50년 맞은 KPGA 한국 남자 우승사"와 이후 "KLPGA의 탄생 전후 역사"에서도 많이 인용하였다.

2) 1965년 대한골프협회(KGA) 출범

우리나라에서 골프는 1924년 경성골프구락부가 조직되면서 일반에 보급되기 시작하였으며, 1937년 조선골프연맹이 결성되었다.

1945년 광복 후, 1957년부터 한국골프를 국제적으로 대표할 수 있는 단체결성의 필요성이 대두되어 창설 작업이 진행되었으며, 1957년 5월부터는 국제관계의 모든 활동이 한국골프협회 명의로 추진되었다.

그러나 실제로 한국골프협회는 그 정식 출범이 4·19의거와 5·16군사쿠데타 등 국내사정으로 지연되었다. 그 뒤 1965년 4월 아시아골프연맹이 한국골프연맹의 가입을 통보해오자, 당시 서울컨트리구락부 이사장이었던 박두병(朴斗秉) 등이 서둘러 1965년 9월 23일 창립총회를 열게 되었다.

1968년 대한골프협회는 골프산업 발전의 중추적인 역할을 해 오다가 KPGA를 설립하고 골프는 1987년 전국체육대회 정식종목으로 채택되었다. 1982년 2월 대한체육회 준 가맹단체로 가입하였으며, 1986년 2월 정규가맹단체가 되었다.

현재 아마추어 골프대회와 내셔널 타이틀 대회들을 주최하며 현재 아시아아마추어골프연맹 외에도 국제골프연맹과 아시아 · 태평양골프연맹에 가입되었고, 경기도 파주시 문발동에 위치한다.

협회의 설립목적은 "대한민국 골프계를 대표하여 골프운동을 진흥하여 국민의 체력향상에 기여하고, 건전한 정신을 함양하여 명랑한 국민생활을 영위하게 하며, 골프운동을 통한 국위선양과 국제친선을 함"이다.

주요 기능은 ① 국제경기, 이사회에서 필요하다고 인정하는 각종 경기대회의 개최 및 참가, ② 경기 제 규칙의 제정, ③ 골프장의 코스 레이팅 산정 및 부여, ④ 핸디캡 제도 제정 및 공인 핸디캡 발급, ⑤ 골프기술 향상연구와 경기자의 양성, ⑥ 산하연맹 및 각 시 · 도지부의 관리 및 감독, ⑦ 기타 본 협회 목적 달성에 필요한 사업 등이다.

조직은 기구로서 이사회 · 대의원총회 · 사무국이 있고, 회장 1인, 부회장 3인, 전무이사 1인, 이사 18인, 감사 2인 등 모두 25명의 선임위원과 139명의 대의원 및 위촉위원으로 구성되어 있다. 산하연맹체는 한국대학연맹 · 한국중고연맹 등이 있다.

대한골프협회는 초대 회장은 두산그룹 박두병 회장이었고 2대부터는 국회의원 김종락, 국회의원 김성곤, 중앙정보부장 김형욱, 청와대 경호실장 박종규 등 막강한 정치적 실세들이 회장을 맡았다.

골프를 부정적인 시각으로 보는 당시 분위기에서 정치적인 거물들에 기대어 협회를 유지해 나가는 것은 시대적인 해결책이었다.

6대 회장으로 삼양통상의 허정구 회장이 취임하면서 다시 기업인들이 협회를 이끌기 시작했는데, 9대 회장에 코오롱의 이동찬 회장, 12대에 조선일보 방우영 회장, 14대에 SBS 윤세영 회장, 16대에 현재 회장인 삼양인터내셔널 허광수 회장이 평균 8년 정도 협회를 이끌었다.

3) 1968년 한국프로골프협회(KPGA) 창립

한국프로골프협회(Korea Professional Golfers' Association, KPGA)는 대한민국 프로골프의 발전을 위해 프로골퍼의 자질과 기술 향상을 도모하며, 국제경기에 적극 참여함으로써 국제친선에 기여하고 국위를 선양하기 위한 목적으로 1968년 11월 12일에 설립되었다(한국프로골프협회, 2008).

1968년 한국프로골프협회(KPGA)가 창립된 지 올해로 55년을 지나고 있다. 세계 최대 무대인 미국프로골프(PGA)투어에서 활약하는 선수 중에 김주형, 임성재 등 한국 선수들이 아시아에서 맹주로 떠올랐다. 투어 선수(TP) 번호 1번 연덕춘(延德春, 1916~2004)에서 7,032번까지 늘어났다.

1968년 KPGA가 발족된 회원 1번은 연덕춘이었고 뒤이어 신봉식(2번), 박명출(3번), 배용산(4번), 김복만(5번), 한장상(6번), 한성재(7번), 김성윤(8번), 홍덕산(9번), 이일안(10번), 문기수(11번), 조태운(12번)이 초대 12명이었다.

① 프로골프회 활동

국내의 프로골프 역사의 시작은 연덕춘 부터이다. 대한민국 제1호 프로골프 선수인 연덕춘은 1934년 일본으로 건너간 후 이듬해인 1935년 2월 일본관동프로골프협회에서 프로골퍼 자격증을 획득했으며 1941년에는 '일본오픈 골프선수권대회'에서 우승했다.

1963년에는 연덕춘을 중심으로 친목단체의 성격을 띤 '프로골프회'가 결성되었고 이 모임은 프로골퍼 자격 부여 규정과 함께 골프선수들이 지켜야할 의무조항을 명시하고 있어 사실상 한국프로골프협회 창립의 출발점이 됐다.

'프로골프회'는 그 후 협회 창립을 위한 다각적인 노력을 기울였으며 1963년부터 1968년까지 프로 양성자는 더욱 늘어났다.

한국의 골프선수들이 국제무대로 진출하는 시점에서 행정적인 일을 맡아 처리할 곳이 없어 어려움을 겪게 되면서 '프로골프협회를 결성하자'는 움직임이 일었다.

당시 서울컨트리클럽이 이러한 업무를 관장하고 있었지만 대외적인 업무까지 처리하는 것에는 한계가 있었고 1966년 5월 30일 '대한골프협회'의 전신이라 할 수 있는 '한국골프협회'가 창립된 이후 '프로골프회'는 프로골프 선수들의 독자적인 기구 설립의 필요성을 인식하였다(한국프로골프 40년사, 2008).

② 한국프로골프협회(KPGA) 창립

1968년 5월 박명출, 배용산, 연덕춘, 이일안, 조태운, 한장상 등 프로골퍼들이 '창립준비위원회'를 구성했다. 프로골프협회 준비위원장직을 수락한 김형욱의 물심양면 뒷받침과 재계 인사들의 협력으로 한국프로골프협회(KPGA)가 창립되었다.

1968년 여름 서울CC 헤드프로 박명출과 홍덕산의 요청을 받은 김형욱은 프로골프협회에 필요한 기금을 모으는데 발 벗고 나섰다. 재계인사 21명으로부터 각각 1백만 원씩 모두 2천여만 원을 모금했다.(2천여만 원은 당시 9홀 골프장 조성비 상당이었다.)

한장상 프로골퍼의 회고에 의하면, 김형욱은 '중앙정보부장 취임 직후 골프를 배웠고, 중앙정보부 안에 인도어 연습장을 만들어 김성윤 프로를 데려다 레슨을 받았다'고 한다. 공교롭게도 김성윤 프로는 김형욱 중정부장 때문에 고초를 겪게 된다.

한국프로골프협회의 창립 임원에는 김형욱(고문), 허정구(회장), 박용학(부회장), 김흥조(전무이사), 연덕춘(상무이사), 이사에 구철회, 권철현, 김광균, 김종희, 김창원, 박건석, 유희춘, 이원천, 전택보, 정영호, 정주영, 정천석, 조봉구, 최준문, 하태 15인, 감사에 성상영, 장상태를 선임했다.

1968년에 KPGA가 창립된 이후 7월 25일 서울CC(지금 광진구 능동 어린이대공원 자리)에서 KPGA 초대 임원들과 후원회가 주축이 돼 프로 골프계의 발전과 프로골퍼들의 기량 향상을 위해 정규 프로 대회는 아니지만 프로들이 출전하는 '월례경기'가 생겨났다.

1968년부터 1984년까지 16년에 걸쳐서 KPGA 월례경기는 72회 정도 열렸다. 매년 골프 시즌이 시작되는 4~5월에 시작해 11월까지 월 2회 개최됐다. 세월이 흐르면서 골프대회가 늘어나고 회원도 증가했다.

연덕춘은 1941년 일본오픈에서 우승했지만 태평양전쟁과 2차 세계대전의 여파로 선수 생활이 짧았다. 생애 2승(일본오픈과 제1회 한국프로골프선수권)에 그쳤지만 그는 한국의 최초 프로이자 협회 창립을 주도했던 선구자적인 인물이었다.

1968년도 한국프로골프협회에 소속된 프로골퍼의 실력을 팩트체크 해보면, 한장상 프로(1938~) 1위(72.1), 이일안 프로 2위(73.5), 조태운 프로 3위(75.1) 등을 기록하고 있었다.

③ 한장상(韓長相) 선수, 1972년 일본 오픈경기 우승

연덕춘이 배출한 수많은 프로선수 중에서 한장상(韓長相)이 1972년 일본 오픈경기에서 한국인으로서는 두 번째로 우승하였다. 한장상·김승학(金承學) 조는 1971년 미국에서 열린 월드컵 골프에 출전하여 단체 5위에 들기도 했다.

한장상은 1960년 한국프로골프선수권에서 첫 승을 올려 1970년대 중반까지 톱스타였다. 특히 1972년에는 한국오픈에 이어 일본의 내셔널 타이틀인 일본오픈에서 우승했고, 그랜드모나코오픈에서도 정상에 오르면서 '아시아의 스타'로 자리매김했다.

일본오픈 우승은 연덕춘 이후 31년만의 일이었으며 그 자격으로 이듬해인 1973년 오거스타내셔널에서 열리는 마스터즈에 한국인으로는 처음 출전하는 영광도 안았다. 1982년 쾌남오픈에서 생애 22승째를 거둔 것이 그의 마지막 우승이다.

1970년대 후반의 스타는 김승학으로 1973년 아시아서키트 필리핀오픈에서 첫 승을 거두는 대박을 터뜨려 아시아 스타 대접을 받았고, 그 자격으로 한국인으로는 최초로 디 오픈에 초청받기도 했다.

진가는 1976년~80년에 발휘된다. 디 오픈에 다녀온 후 무리한 연습으로 허리 부상을 당하더니 절치부심 끝에 1976년부터 1980년까지 5년 동안 7승을 엮어내면서 상승세를 이었다.

하지만 허리 부상의 후유증을 이기지 못하고 30대 중반에 생애 9승을 끝으로 은퇴했다. 이후에는 KPGA 협회장도 지냈다.

1974년 조태운(曺泰雲)이 한국 오픈경기에서 우승을 차지함으로써 한국 프로선수들은 큰 타이틀 5개를 쟁취하는 사상 초유의 '황금의 3년'을 맞이하였다.

④ 덕춘상 11회 수상한 최상호(崔上鎬)

1977년 7번 만에 프로테스트에 합격한 최상호(崔上鎬, 1953~)가 생애 43승을 기록할지는 누구도 알지 못했다. 데뷔 이듬해인 1978년 여주오픈에서 첫 승을 올린 그는 1996년 영남오픈에서 정상에 오를 때까지 19년 동안 단 두 해(1979, 1988년)만 제외하고 매년 승수를 추가했다.

꾸준한 연습과 체형 및 체력을 고려한 스윙 개발, 철저한 자기 관리가 맞물린 결과였다. 이 기간에 최저타수상인 덕춘상을 11회나 수상했고 상금왕은 9회를 차지했다.

최상호는 1996년 최경주가 나타나기까지 1980년대부터 1990년을 아우르는 한국의 '간판스타'였다. 특히 그는 2005년 홈 코스(남서울CC)에서 열렸던 매경오픈에서 만 50세 나이에 최고령으로 정상에 오르면서 관록이 무엇인가를 증명했다.

1980년대는 최윤수, 이강선이 활동하면서 11승과 8승의 기록을 세웠고 1990년대엔 박남신이 활약했다. 최상호보다 5년 늦게 프로에 입문한 그는 '가리워진 스타'였다.

생애 21승을 기록해 프로 사상 최다승 4위를 기록하지만 '만년 2위'나 '2인자'라는 수식처럼 최상호의 그늘에 있었다. 2007년에는 금호아시아나오픈에서 48세에 연장 접전 끝에 우승하기도 했다.

재일교포 김영창(金榮昌)은 1981년 미국에서 열린 제22회 세계아마시니어선수권대회에서 우승하여 세계 정상에 올랐다.

1990년대 일본투어 시장을 개척한 1세대는 임진한, 김종덕이며 그 이후의 일본에서 꾸준히 선수생활을 한 2세대는 허석호, 장익제다. 김종덕은 일본JGTO투어에서 4승을 했으나 이후 일본 시니어투어까지 진출해서 활동하고 있다.

허석호는 2001년 일본에 진출한 이래 2009년까지 8승을 거뒀다. 2006년 미즈노오픈에서 우승하면서 디 오픈 출전권을 얻는다. 그해 디 오픈에서 거둔 11위는 역대 한국선수 중 가장 높은 순위다.

강욱순은 아시안투어의 개척자이자 최고 자리까지 정복한 스타다. 1995년 국내 첫 승(일간스포츠오픈)과 2승(챔피언시리즈)을 차례로 올린 후에 아시안투어(당시엔 아시안서키트)에 전념했고 이듬해인 1996년에 플레이어즈챔피언십과 쿠알라룸푸르오픈에서 2승을 올리면서 그해 상금왕에 올랐다.

1998년에도 2승(페리어홍콩오픈, 오메가PGA챔피언십)으로 2번째 상금왕에 등극했다. 아시안투어에서의 활약을 발판으로 1999년 한국에서 상금왕에 오르면서 톱스타로 군림했다. 강욱순은 2009년 제주도에서 열린 토마토저축은행오픈까지 KPGA는 총 12승을 거두었다.

1990년대 후반부터 2000년대 초반까지 강욱순이 활동하던 시기에 프로에 데뷔해 국내 투어를 3분한 이가 최광수, 신용진이다. 최광수는 우정힐스 소속프로로 있으면서 46세에 한국오픈을 우승하면서 통산 15승을 거뒀다. 신용진은 장타를 휘두르면서 8승을 거뒀다.

⑤ 2002년 한국인 최초 미국PGA투어 우승한 최경주(崔京周)

최경주(崔京周, 1970~)는 한국 남자 골프를 질적으로 한 계단 향상 시켰다. 1993년 프로에 입문한 지 2년 후에 팬텀오픈에서 첫 승을 올렸다. 1996년에는 한국오픈에서 우승하면서 상금 1위를 차지했고 이듬해는 3승(팬텀오픈, KPGA선수권, 슈페리어오픈)으로 상금 랭킹 1위를 군혔다.

1998년은 그에게 해외 진출을 위한 준비 기간이었다. 그해 12월 미국PGA투어 퀄리파잉 스쿨에 응시해 탈락했고 결국 일본으로 시선을 옮겼다. 1999년엔 일본에서 2승(기린오픈, 우베고산오픈)을 한 뒤 미국PGA투어도 재도전 끝에 턱걸이(35위)로 통과했다.

2000년 다시 퀄리파잉 스쿨로 내려가는 위기를 맞기도 했지만 2002년에 한국인으로는 최초로 미국PGA투어 컴팩클래식에서 우승하고 템파베이클래식에서 다시 우승을 추가했다.

최경주는 2007년 메모리얼토너먼트와 AT&T내셔널에서 우승했고, 2011년 더플레이어스 우승으로 PGA투어 통산 8승을 거두었다. 국내에서도 16승, 유러피언투어 1승, 일본투어 2승을 합쳐 종합 28승을 쌓아올렸다.

⑥ PGA챔피언십에서 타이거 우즈 꺾고 우승한 양용은(梁容銀)

양용은(梁容銀, 1972~)은 2009년 아시아 선수로는 최초로 메이저인 PGA챔피언십에서 타이거 우즈를 꺾고 우승하는 등 미국과 유럽에서 2승씩, 일본에서 4승, 그리고 국내 3승을 기록했다. 최근 몇 년간 저조했으나 2018년에는 일본JGTO투어에서 재기를 도모하고 있다.

한국프로골프협회 53년 역사에서 국내외 투어에서 생애 두 자리 수 우승을 차지한 선수는 2017년 진주저축은행 카이도오픈에서 우승한 강경남을 비롯해 12명에 불과하다.

가장 앞선 선수는 2007년 프로 데뷔한 김경태다. 아마추어 시절인 2016년에 2승을 거뒀고, 루키해에만 3승을 거뒀다. 2008년 일본에 진출한 뒤로 일본에서 13승을 쌓으면서 국내외 통산 19승(아마추어 2승 포함)을 기록했다.

김경태가 한국 선수 중에 일본투어 역대 최다승을 기록했다면 동갑내기인 배상문은 PGA투어 무대를 개척한 주목할 선수다. 국내 투어에서 9승을 쌓은 배상문은 2011년 일본투어에서 일본오픈 등 3승을 거둔 뒤로 이듬해 미국에 진출했다.

2013년 바이런넬슨챔피언십, 2년 뒤인 2015년 프라이스닷컴오픈에서도 우승했다. 이를 계기로 그해 송도에서 열린 프레지던츠컵에 한국 선수로 출전했다.

현대에 들어와서 골프 대회가 한 시즌에 20여개 안팎에 이르고 선수층이 두터워지면서 한 시즌을 휩쓰는 괴물 같은 선수의 출현은 좀처럼 기대하기 어렵게 됐다.

한국 남자 프로골프가 2018년 반백년을 맞아 5승 이상을 기록한 선수는 총 32명이다. 이중에 당시 투어에서 활동하고 있는 현역은 14명이다. 물론 이들은 아직 쌓아야 할 승수가 더 남아 있다.

의미 있는 건 처음에는 국내 투어에만 그쳤으나 최경주를 비롯해 해외 큰 무대로 과감하게 도전했고 김시우, 안병훈, 왕정훈 등의 20대 젊은 유망주들이 꾸준히 해외 무대를 두드리고 있다.

⑦ KPGA 코리안투어

한국프로골프협회(KPGA)는 1968년에 창설된 우리나라 남성 프로골프 단체로 KPGA 코리안투어를 운영하는 투어 기구다. KPGA 코리안투어는 따로 메이저 대회를 지정해 운영하고 있지 않다.

하지만 한국오픈, KPGA 선수권, 신한동해오픈, GS칼텍스 매경오픈 등 오래된 역사와 큰 상금 규모의 '메이저급' 대회가 있다.

KPGA는 2022년 11월을 끝으로 지난해 시즌을 마무리 지었다. 12월과 1월에도 별다른 일정은 없으며, 아직 2023년 일정도 명확히 발표되지는 않았다. 2023년 아일랜드CC 더 헤븐에서 열릴 '더 헤븐 챔피온십' 등 몇몇 일정만이 발표된 상황이다.

또 PGA와 DP 월드투어가 손을 잡고 아시아까지 끌어들이며 연합 전선을 형성한 가운데, KPGA 역시 그 혜택을 보기 시작한 점도 눈길을 끈다. 덕분에 KPGA에서는 '제네시스 대상' 수상자가 2023년 시즌 DP월드투어의 시드 1년을 획득했고, 올해의 대상자인 김영수가 유럽 무대 직행 티켓을 손에 넣었다.

KPGA 프로 선발전에는 어릴 때부터 체계적인 훈련을 받은 10 · 20대 프로 지망생들이 주로 참가한다. 김국진 등 여러 연예인 골프 고수들이 프로의 문을 두드렸지만 최홍림, 이훈성 등 소수만 관문을 통과했다.

KPGA 프로선발전에서는 상위 50명이 최종 선발된다. 이들에겐 프로 자격과 2부 투어 예선전 참가 자격 주어지고 이후 투어 프로 선발전까지 통과하면 1부 투어에 도전할 수 있다.

KPGA 프로 선발전에 도전하려면 참가비와 그린피 등 수백만 원이 필요하다. 기본기가 잡혀있지 않으면 성적이 들쭉날쭉하고 일정 경지 이상으로 성장할 수 없다.

역대 한국프로골프(KPGA) 596개 대회에서 탄생한 우승자는 모두 214명으로 집계됐다.

노보기(Bogey-free) 우승은 단 한 번 나왔다. 1990년 팬텀오픈에서 조철상이 대회 기간 내내 단 하나의 보기 없이 버디만 11개를 솎아내며 역대 최초로 노보기 우승을 일궈냈다. 노보기 우승은 현재까지도 조철상이 유일하다.

가장 많은 우승을 이끌어 낸 선수는 한국프로골프 전설 최상호다. 최상호는 1978년 여주오픈을 시작으로 2005년 매경오픈까지 국내 통산 43승을 달성했다. 박남신이 한국에서만 20승을 이뤄내 최상호의 뒤를 잇고 있다. 국내 다승자 3위는 19승을 기록한 한장상 고문이다.

국내에서 최초로 열린 프로골프 대회는 1958년 6월 12일부터 15일까지 나흘간 서울CC에서 진행된 제1회 KPGA 선수권대회다. 한국 최초 프로골프 선수이자 KPGA 회원번호 1번인 고(故) 연덕춘 고문이 정상에 올랐다.

제1회 KPGA 선수권대회부터 2022 시즌 최종전 LG 시그니처 플레이어스 챔피언십까지 65년간 596개 대회가 열렸다.

최고 역사를 자랑하는 대회는 KPGA 선수권대회다. KPGA 선수권대회는 지난해까지 65차례 열렸다. KPGA 선수권대회는 올해 66회를 맞이하며 경남 양산시 에이원CC에서 펼쳐질 예정이다.

한국 프로골프 역사상 처음으로 사기업이 타이틀 스폰서를 맡은 대회는 오란씨오픈 골프선수권대회다. 오란씨오픈 골프선수권대회는 1976년 동아제약이 자사 청량음료 제품 홍보, 국내 프로골프 육성, 골프 붐 조성을 목적으로 대회를 창설했다.

596개 대회를 치렀던 골프장 수는 140개다. 이 중 해외에서 열린 대회는 5개로 일본에서 2회, 중국에서 3회가 열렸다. 북한에서는 1회로 2007년 금강산 아난티 NH농협 오픈이 개최된 바 있다.

가장 많은 KPGA 코리안투어가 펼쳐진 골프장은 경기 성남 소재 남서울CC다. 남서울CC에서는 GS칼텍스 매경오픈을 포함해 신한동해오픈, 프로골프 토너먼트, 한국골프협회장배 선수권대회, 한국오픈 등 41개 대회가 열렸다.

경기 고양에 위치한 서울CC에서 37개 대회가 개최됐다. 현재 서울대학교 관악캠퍼스가 들어서 있는 서울 관악구 신림 소재 관악CC에서 36개 대회가 진행됐다.

⑧ 김형욱 중정부장

1963년 7월 김형욱은 중정부장으로 취임하자마자 제5대 대통령 선거를 지휘한다. 그해 10월 15일 치러진 대통령 선거에서 민주공화당 후보 박정희는 민주정의당 후보 윤보선을 겨우 15만 6,026표(1.5%) 차이로 누르고 당선되는데, 선거 승리의 일등 공신이 김형욱이었다.

그는 야당을 분열시켜 후보가 난립하도록 했고, 특히 자유민주당 후보였던 송요찬을 석연찮은 이유로 구속한 뒤 후보를 사퇴하도록 했다.

1967년의 이른바 6·8 부정선거에서도 신민당의 재정을 후원하던 김재화를 협박해 신민당 전국구 후보에서 사퇴시켰다. 김재화의 사퇴로 선거자금 유입이 차단된 신민당의 선거운동은 사실상 마비되었다.

김형욱은 주요한 정치적 고비마다 조직사건을 발표해 정권에 대한 국민적 저항을 무산시켰다. 1964년 8월의 '제1차 인민혁명당 사건'과 1967년 7월의 '동백림 사건'이 대표적이다.

조직사건은 피의자들에 대한 가혹한 고문을 수반하는 경우가 많은데, 1964년 10월 21일 국회 법사위 회의록을 보면, 도예종을 비롯한 인혁당 관련자 26명 중 20여 명이 전기 또는 물고문을 당했다. 심지어 김형욱 본인도 그의 회고록 〈혁명과 우상〉에서 '인혁당 수사가 무리한 수사였음'을 토로했을 정도다.

'동백림 사건'도 마찬가지였다. 시인 천상병은 친구인 강빈구가 독일 유학 중 동독을 방문했다는 이야기를 듣고 막걸리 값으로 1,500원을 받은 것이 빌미가 되어, 간첩과 내통하고 간첩자금을 수수한 '국사범'이 되었다. 중정에서 받은 극심한 고문의 후유증으로 시인은 출소 뒤 폐인이 돼버렸다.

4) 1988년 12월 한국여자프로골프협회(KLPGA) 창립

1988년 창립한 한국여자프로골프협회(韓國女子프로골프協會, Korea Ladies Professional Golf Association, KLPGA)는 한국프로골프협회의 여자프로부로 시작한 한국의 여성 프로골프단체로 서울특별시 강남구 대치동에 위치한다.

KLPGA는 한국여자프로골프의 발전을 위하여 여자프로골퍼의 자질 및 기술 향상을 도모한다. 또한 국제경기에 적극 참여함으로써 골프를 통한 국제 친선 및 국위선양을 이룩함과 아울러 국민건강 증진을 위한 사회적 책임을 수행할 목적으로 설립되었다.

KLPGA챔피언십, DB그룹 한국여자오픈골프선수권대회, KB금융 스타챔피언십, 하이트진로 챔피언십, 한화 클래식 총 5개의 메이저 대회가 있다.

1996년에는 46개국이 출전한 제17회 세계아마추어골프팀 선수권대회에서 대회 역사상 아시아 국가로는 처음으로 여자팀이 우승함으로써 세계최강이 되었다.

2017년 말 롤렉스 세계여자골프랭킹에서 한국은 100위 가운데 41명, 미국은 22명, 일본은 10명이었다. 역사가 일본보다 '20년이 뒤지는 한국이 일본의 프로선수들보다 뛰어난 선수가 4배나 많다'는 얘기다.

구옥희가 일본여자프로골프협회(JLPGA)투어에서 1985년 거둔 기분레이디스 우승을 시작으로 2018년 안선주는 요코하마타이어PRGR레이디스에서 통산 207승을 올렸다.

역시 구옥희가 미국여자프로골프(LPGA)투어에서 1988년 첫 승을 한 이래 한국 선수들은 지은희가 지난 2018년 KIA클래식에서 166승을 거두고 이후 2021년 10월 200승을 달성했다.

골프는 사실 그 나라의 국가 경제력이나 경쟁력과 맞물린다. 골프선진국을 보면 대개 강국이자 경제대국이다. 최고의 빅 스타 군을 갖고 있는 한국여자프로골프협회(KLPGA)가 오늘날 미국, 일본에 이은 '세계 여자 3대 투어'로 발전했다.

1988년 설립한 한국여자프로골프협회(KLPGA)는 2018년에 창설 30주년을 맞는다. 한국 여자프로골프의 가장 오랜 대회인 KLPGA챔피언십은 2018년 제 40회 대회를 치르고 있다.

한편, 2018년으로 68년째를 맞이한 미국여자프로골프(LPGA)협회는 1950년 13명의 선수가 중심이 돼 설립되었다. 1967년에 발족한 일본여자프로골프협회(JLPGA)는 2017년 50주년을 치렀다.

미국과 일본의 경우 여자 아마추어 선수들이 있었고 여자 대회가 있은 뒤에 자생적으로 이들이 협회를 구성하는 방식이었다면, 한국은 남자협회에서 여자부를 신설하고 프로를 선발해서 10년간 육성한 뒤에 협회를 만드는 방식으로 여자골프가 성장했던 것이다.

① 미국여자프로골프(LPGA)투어 통산 200승 달성

세계 여자 골프사에 한국 선수들이 남긴 족적은 꽤나 많고 또 진하다. 한국인이 미국여자프로골프(LPGA)투어를 제패한 것은 1988년 구옥희(具玉姬, 1956~2013)가 처음인데, 33년이 지난 2021년 통산 200승 달성했다.

수많은 스타들이 다양한 스토리를 써내려 간 미국 LPGA투어는 1950년에 출범하여 2023년 73년째를 맞는데 한국은 미국에 이어 2번째로 많은 우승을 달성한 국가다.

당시 미국 선수들은 총 1,527승을 합작, 압도적인 1위를 달리고 있다. 그리고 한국이 199승으로 스웨덴(118승), 호주(89승) 등을 제치고 이 부분 역대 2위에 올라 있었다.

2021년 10월 24일은 한국 골프의 기념비적인 날이다. 고진영이 LPGA투어 200승 쾌거를 이뤘다. 물론 한국 선수 48명이 이뤄낸 합작품이다. LPGA 무대에서 통산 200승을 거둔 나라는 1,527승의 미국 외에 한국이 유일하다.

2021년 외국 언론들도 일제히 한국의 통산 200승 달성을 집중 조명했다. USA투데이 자매지 '골프위크'는 "고진영은 한국 선수로 LPGA투어에서 첫 승을 올린 구옥희에 이어 김주미 50승, 유소연 100승, 양희영 150승에 이어 200승의 주인공이 됐다"며, "LPGA투어 역사상 가장 전설적인 선수인 박세리(1977~)부터 박인비(1988~), 김세영, 신지애, 고진영 등이 가장 크게 영향력을 발휘했다"고 이들의 활약상을 상세하게 보도했다.

골프위크는 "박세리는 1998년 US여자오픈에서 우승하며 한국 골프에 '혁명'을 일으켰다"며 "박세리는 통산 누적상금 1,258만 3,713달러(약 146억 8,393만원)를 획득했고, 123회 '톱10'과 25승 그리고 한국 선수 최초로 LPGA 명예의 전당 입성 등 타의 추종을 불허하는 기록과 함께 한국은 물론 아시아 전역을 휩쓸었다"고 칭찬을 아끼지 않았다.

또 하나의 의미는 통산 200승 달성이 한국 무대에서 달성됐다는 점이다. 물론 부산에서 열린 국내 유일의 LPGA 대회인 이번 BMW 레이디스 챔피언십 대회의 아쉬운 점도 있었다.

시즌 3승을 올리며 고진영과 세계랭킹 1위와 선수상을 놓고 치열하게 경쟁 중인 넬리 코다(미국)가 불참했고, 실제 톱10에 든 11명(공동순위 포함) 가운데 한국 선수가 8명이었으며, 나머지 3명도 국적만 미국·뉴질랜드일 뿐 모두 한국계 선수들이었다.

② 1988년 12월 KLPGA 창립

여자프로가 등장한 것은 1978년 5월. 경기 남양주시 레이크우드 컨트리클럽(구 로얄)에서 제1회 여자프로 테스트가 열렸다. 단독이 아닌 1968년 설립된 한국프로골프협회(KPGA)가 주관하는 제9회 프로월례경기에 끼어 남자 경기 조 뒤로 나가 프로테스트를 했다.

강춘자가 155타로 1위를 차지했다. 한명현과 구옥희가 1타 차로 공동 2위, 안종현은 4위였다. 이 때문에 강춘자 회장이 한국여자프로골프 1호가 됐다. 강 회장을 제외하고 한명현, 구옥희, 안종현 3명은 이미 작고했다.

1978년 8월에 한원컨트리클럽(구 오산)에서 열린 테스트에서 김성희, 배성순, 이귀남, 고용학 등 4명이 추가 합격해 여자프로는 8명으로 늘었다. 이때 남자프로는 80명이었다.

첫 대회는 KPGA 한장상 전 회장이 스폰을 받아 만들어 준 총상금 50만 원의 한장상배 코리아 레이디스 오픈이었다. 이후 총상금은 남자대회의 10% 수준인 100만 원 정도였다.

KLPGA 초대 회장을 맡은 김성희가 여자프로부 부장을 맡았다. 10년 뒤 1988년 김성희 회장이 김승연 한화그룹 회장의 도움으로 박철언 당시 체육부장관을 만나 사단법인 설립 허가를 받아냈다.

회원 수가 50명으로 늘어난 1988년 12월 총회를 열었다. '더부살이'였던 KLPGA 투어가 전 세계 그린을 움직이는 내로라하는 선수들을 보유한 '빅 하우스'가 되기 위한 첫 출발점이었다.

초대 KLPGA회장은 김성희 프로가 맡았고, KPGA회장을 지낸 한장상 프로가 2대(1989~1991년)회장을 맡은 뒤에 다시 김성희 프로가 3대 회장을 맡았다. 그 뒤로는 프로모터 개념의 대회를 유치할 수 있는 저명인사들이 회장을 맡게 된다.

대회가 많은 일본으로 눈을 돌린 것은 협회 설립되기 전이다. 재일교포가 가교 역할을 해 초창기 프로들이 일본으로 건너갔다. 한명현이 1983년 4월 일본여자프로골프협회(JLPGA) 프로테스트를 통과한 데 이어 3개월 동안의 현지적응 기간을 거쳐 7월 마침내 일본프로 자격증을 획득했다.

한명현은 한국 여자프로 골퍼 중 최초로 해외프로골프선수 자격을 따낸 선수다. 뒤이어 구옥희와 강춘자가 프로테스트를 통과했다. 이외에도 김만수, 김애숙, 이영미, 고우순 등의 선수가 일본으로 진출했다.

③ 구옥희 선수, 1988년 미국 LPGA 우승

1988년 구옥희가 미국 스탠다드레지스터 터콰이즈클래식에서 한국 여자선수로는 미국 LPGA 처음 우승을 달성했다. 구옥희의 LPGA투어 첫 우승은 한국 골프뿐 아니라 스포츠 역사에서도 큰 의미를 갖는다.

하지만 당시 1988년 서울올림픽 열기에 묻혔다. 그런 뒤 사실상 LPGA 1세대라 할 수 있는 박세리 · 김미현 · 박지은이 '트로이카'를 형성해 LPGA투어에서 우승을 보태기 시작했다.

여기에 '세리 키즈'들이 속속 등장하며 LPGA투어를 '한국판'으로 만들기 시작했고, 세리 키즈의 선두주자인 박인비를 보고 배운 '인비 키즈'까지 가세하며 한국 여자골프는 세계 골프 최강으로 우뚝 섰다.

특히 박인비는 120년 만에 부활한 2016년 리우올림픽 골프에서 금메달을 획득하며 방점을 찍었다.

KPGA는 KLPGA 창립 이전 10여 년간 여자 프로부를 운영하면서 내적으로 여자 프로 골프의 활성화를 도모했고, 1988년 KLPGA 창립 무렵 외적으로 구옥희를 세계적인 스타로 배출하는 성과를 거뒀다.

1984년에는 구옥희가 JLPGA 프로테스트에서 우승하고 이어서 1985년에 기분레이디스에서 JLPGA 정규 대회 첫 승을 올렸다. 그해 일본에서 3승을 거둔 구옥희는 연말에 미국여자프로골프(LPGA)프로 테스트를 통과해 미국 진출의 기회를 얻는다.

1978년 8명으로 시작한 여자프로들은 KLPGA가 창립되던 1988년까지 회원수가 44명에 불과했다. 1979년에는 이경승 한 명이 회원이 됐고, 1981년에는 정회원을 한 명도 선발하지 못했다. 1983년에 7명을 추가한 이듬해인 1984년에는 김만수 한 명에 그쳤다.

KLPGA가 총상금 1억 원 시대를 연 것은 1990년. 경기도 고양 뉴코리아 컨트리클럽에서 한화그룹이 주최한 제1회 서울여자오픈의 총상금이 30만 달러였다. 이 대회와 함께 1993년 동일레나운클래식과 FILA오픈 등 각종 국내 대회 총상금 1억 원 시대의 문을 열었다.

한국 골프사에 한 획을 그은 박세리와 김미현이 등장한 것은 1996년 4월. 함께 KLPGA에 입회했다.

1990년대는 '한국여자골프의 성장기'라고 할 수 있다. 특히 박세리의 등장은 골프에 대한 인식의 전환점이 되는 계기가 되었다. 골프에 대한 관심 증대뿐만 아니라 대회 수와 상금액이 크게 증가하면서 한국 골프 발전에 크게 기여하는 역할을 했다.

이 시기 한국여자프로골프협회에서는 한국여자프로골프 투어 중 하나인 삼성월드챔피언십을 1995년 파라다이스 골프클럽에서 최초로 개최하였다.

④ 박세리 선수, 1998년 미국 LPGA 챔피언십과 US여자오픈 우승

1998년 박세리는 LPGA 프로데뷔 첫해에 메이저대회인 '맥도널드 챔피언십(McDonald's Championship)'에서의 우승을 시작으로, 최고의 권위 있는 대회인 'US여자오픈(U.S. Women's Open)'에서 20홀 연장이라는 기록적인 승부를 통하여 우승함으로써 IMF 외환위기 시기 우리 국민들에게 큰 기쁨과 희망을 안겨주었다.

1998년 나온 샷은 절묘하게 우승을 두고 선두와 단 1타 차로 뒤지는 상황이었다. 이 상태에서 안정적으로 드롭을 하여 벌타를 받고 칠 경우 준우승으로 끝날 가능성이 높았지만 이를 포기하지 않고 드롭을 하지 않은 채 맨발로 연못에 들어가 샷을 날린 것이다.

양말을 벗고 연못에 들어갔을 때 까맣게 탄 종아리와 대비되는 하얀 발 역시 레전드 급 장면으로 화제가 되었다. 이후 다시 동점이 되어 재연장을 한 끝에 우승을 차지할 수 있었다.

이 대회에서 물 속 맨발 투혼의 명장면은 두고두고 사람들 기억 속에서 회자되며 당시 대한민국 50주년 기념으로 만들어진 공익광고에 들어갔고, '깨치고 나아가 끝내 이기리라'(양희은 '상록수' 中)는 가사와 함께 엄청난 시너지를 냈다. 더불어 그해에만 박세리는 4승을 거두면서 LPGA '올해의 신인왕'을 수상했다.

또한 1999년에는 한국과 일본의 스포츠교류 및 우호증진을 목적으로 '한·일 여자 프로골프 국가대항전'이 신설됐다. 제주도 핀크스 골프클럽에서 첫 대회가 열린 이후 현재까지도 꾸준히 이어지고 있다.

한국여자골프계의 '살아있는 전설'인 구옥희는 국내대회 20승, 해외대회 24승의 위업을 달성하였다. 2004년 설립된 'KLPGA 명예의 전당'에 헌액된 1호 선수로 입회하는 영예를 안았다.

2007년 박세리는 미국 LPGA 25승을 이루며 최연소, 최초의 아시아인으로 '미국 LPGA 명예의 전당'에 입성하는 동시에 'KLPGA 명예의 전당'에도 헌액되었다.

해외로 진출한 선수들의 활약이 주니어가 골프에 입문하는 자극제가 됐다. 1998년 박세리가 미국 LPGA US여자오픈에서 우승하는 등 대 활약을 보인 해에는 무려 51명이 정회원이 됐다.

한국 낭자들이 미국에서 11승, 일본서 10승을 석권한 2009년에는 99명이나 정회원이 됐다. 2017년도엔 68명이 새로 회원이 되어서 2018년엔 정회원 수는 1,221명에 이르렀다.

한국여자프로골프협회는 2016년 현재 정회원 1,084명, 준회원 802명, 티칭회원 201명, ITour 멤버 1명으로 구성되어 있다. 그 수는 지속적으로 증가하고 있다.

우연의 일치인지 몰라도 지금부터 40년 전에 로얄CC(레이크우드)에서 8명의 여자 프로가 탄생했다. 그리고 2018년 40주년 KLPGA챔피언십이 그 자리에서 135명의 프로가 출전했다.

현재, 최나연·지은희·박인비 등 '세리키즈(Seri Kids)'로 불리는 많은 선수들이 미국과 일본에서 두각을 나타내고 있다.

신지애는 2009년 LPGA 신인왕·상금왕·다승왕을 석권했고, 2010년 5월 세계랭킹 1위에 등극했다. 당시 한국의 여자프로골퍼들은 통산 LPGA 87승, JLPGA 100승의 큰 성과를 거두고 있었다.

한국인 골퍼로서 최초의 세계 랭킹 1위는 신지애 이며, 박인비, 유소연, 고진영, 박성현도 세계랭킹 1위에 올랐었다. 2018년 About.com 선정 역대 최고의 여자골퍼 50인에서 18위에 올랐다. 참고로 박인비는 28위, 신지애는 41위였다.

한국 골프사에 한 획을 그은 일등공신은 역시 박세리다. 박세리는 1998년 맥도날드 LPGA챔피언십을 시작으로 2010년 벨마이크로 클래식까지 한국 선수 중 최다승인 25승을 기록했다.

박세리는 US여자오픈에서 제니 추아시리폰(태국)과 92홀까지 가는 혈투 끝에 우승컵을 안아 IMF 경제위기 때 실의에 빠져 있던 국민들에게 '맨발의 희망 샷'을 날리며 큰 위안을 주기도 했다.

박세리 선수는 2016 리우데자네이루 올림픽 국가대표팀의 여성 팀 감독으로서 새로운 길을 가게 되었고, 남성 팀 감독은 최경주가 선임되었었다.

⑤ 박인비 선수, 2016년 리우올림픽 금메달 획득

박인비 선수는 2016년 리우올림픽에서 금메달을 획득해 '커리어 골든 슬램'이라는 새 이정표를 세웠다. 미국여자프로골프(LPGA)투어에서 메이저 7승을 포함해 통산 21승을 수확한 '살아있는 전설'이다.

세계랭킹 1위까지 올랐고, 5대 메이저 중 4개 대회에서 우승해 '커리어 그랜드 슬램'을 달성했다. 2012년부터 본격적으로 전성기를 맞았다.

세계랭킹 1위에도 네 차례나 이름을 올리며 역량을 입증했다. 박인비의 누적 1위 기간은 106주로 로레나 오초아(멕시코·158주), 고진영(152주), 청야니(대만·109주)에 이은 4위다. 가장 최근에는 2018년 7월 마지막 주에 1위 자리를 지켰다.

박인비는 2022년 12월 6일(현지 시각) 발표된 여자 골프 세계랭킹에서 랭킹 포인트 2.55점을 기록해 지난주보다 4계단 하락한 31위에 이름을 올렸다.

'골프 여제' 박인비가 세계랭킹 30위 밖으로 밀려난 것은 지난 2012년 4월 이후 10년 7개월 만이다. 당시 박인비의 세계랭킹은 39위였다. 이후 박인비는 5월 첫 주에 열린 일본여자프로골프(JLPGA)투어 살롱파스컵에서 공동 2위를 기록하며 29위로 뛰어오른 뒤 10년 넘게 30위권 밖으로 나가지 않았었다.

2022년 12월 13일 박인비는 자신의 사회관계망서비스(SNS)에 "저희 부부에게 새로운 가족이 생겼다. 정말 많은 분이 환영해주시고 축하해주셔서 감사하다. 저희에게 온 축복 소중히 잘 지켜나가겠다"라는 글을 올렸고,

박인비의 매니지먼트 회사인 와우매니지먼트그룹은 "2023년 4월 말에 출산 예정"이라고 했다. 2014년 스윙 코치였던 남기협 씨와 결혼했고, 아이의 성별은 딸인 것으로 알려졌다.

은퇴한 박세리에 이어 박인비가 21승으로 그 뒤를 잇고 있으며, '빨간 바지' 김세영이 12승, 미국에서 활약하다가 일본으로 옮긴 신지애가 11승, 고진영이 11승을 각각 올리고 있다.

LPGA 무대에서 여전히 맹활약 중인 박인비, 김세영, 고진영 등이 박세리의 기록을 넘어설지도 관심사다. 48명의 선수 중 2승 이상 올린 선수는 모두 29명이다. 올 시즌 현재 2개 대회만 남겨둔 가운데 한국은 고진영 4승, 박인비 · 김세영 · 김효주가 각각 1승씩으로 7승을 거뒀다.

최근도 LPGA, KPGA, PGA 등 국내외의 타 단체를 능가하는 시청률을 기록하며 '중계 대박'을 친 KLPGA는 12월에 2023시즌을 개막했다. 12월에는 하나금융그룹 싱가포르 여자오픈, PLK 퍼시픽링스코리아 챔피언십이 열렸고, 모두 우승자가 가려졌다.

⑥ 신지애 선수, 2023년 호주 여자프로골프(WPGA) 투어 우승

2023년 2월 12일 신지애는 호주 여자프로골프(WPGA) 투어 빅토리아오픈이 열린 바원헤즈의 서틴스 비치골프 링크스(파72 · 5천660m)에서 열린 대회 마지막 날 4라운드에서 버디 5개와 보기 4개로 1언더파 71타를 쳤다.

최종 합계 14언더파 275타의 성적을 낸 신지애는 공동 2위인 그레이스 김(호주)과 파바리사 요크투안(태국)을 5타 차로 따돌리고 우승했다. 이로써 신지애는 2021년 7월 일본여자프로골프(JLPGA) 투어 다이토 겐타쿠 레이디스 이후 1년 7개월 만에 다시 우승컵을 품에 안았다.

우승 상금 7만 5,600 호주달러(약 6천 600만원)를 받은 신지애는 프로 통산으로는 62승째를 거뒀다. 미국여자프로골프(LPGA) 투어에서 11승(이하 다른 투어 중복 승수 제외), 레이디스유러피언투어(LET)에서 2승, JLPGA 투어에서 26승, 한국여자프로골프(KLPGA) 투어에서 20승을 기록했고, 레이디스 아시안투어와 대만에서도 1승씩 추가했다.

2023년 시즌 개막전으로 치러진 하나금융그룹 싱가포르 여자오픈에서는 박지영이 우승을 차지했다. 본 대회 3라운드가 기상 난조로 중단되며, 전날 11언더파 133타 단독 선두 기록으로 행운의 우승컵을 거머쥔 박지영은 "운 좋게 우승했는데, 내년에는 더 좋은 모습을 보여드리도록 최선을 다하겠다."고 밝혔다.

PLK 퍼시픽링스코리아 챔피언십의 우승컵은 이정민에게 돌아갔다. 이정민은 최종합계 9언더파 207타의 성적으로 단독 선두를 기록하며 통산 10번째 정규 투어 우승 기록을 달성했다.

한편, 2023년 2월 13일 KLPGA에 따르면 한국여자프로골프(KLPGA) 회원 2,886명에게는 골프장 그린피를 비롯해 숙박, 의료, 교육, 미용 등 다양한 특전이 제공되는 것으로 나타났고, 제휴 골프장 가운데 그린피를 100% 면제해주는 곳도 있다.

제휴된 골프장과 골프 연습장은 각각 17개, 16개로 KLPGA 회원들은 간단한 회원 인증을 통해 제휴 골프장 및 골프 연습장에서 이용 요금 할인 혜택을 받을 수 있다.

KLPGA는 총 135곳 업체와 회원 혜택 제휴를 맺고 있다. 그중 가장 큰 비중을 차지하는 것은 골프장 및 골프 연습장으로 33곳(25%)이다. 이어 숙박과 의료 분야가 차지하는 비중이 각각 27곳(20%), 25곳(19%)이다. 골프용품과 골프 의류는 각각 11곳(8.5%), 10곳(8%)으로 집계됐다. 교육, 미용, 여행 등 기타 카테고리는 26곳(19%)이다.

6 미국, 일본, 북한의 골프현황

2021년 12월 미국골프협회(USGA) 집행부선출위원회는 "미국으로 이주한 흑인인 현 선수권대회위원장 프레드 퍼폴을 2023년부터 USGA 회장직을 수행할 차기 회장으로 선출했다"고 발표했다.

1894년 창립되어 무려 127년을 이어져온 역사 깊은 단체인 미국골프협회에 창립된 이래 최초로 흑인 회장이 탄생한 것이다.

골프는 오랫동안 백인 중심적인 스포츠였고, 특히 미국의 공식 골프 관련 협회들이 그동안 인종차별적인 행보를 보여 왔기에 USGA 회장직은 명예직이기는 하지만 협회의 얼굴이 되는 자리로 역사상 최초로 흑인을 선출한 것은 상당히 의미가 있다.

미국프로골프협회(PGA)는 1934년부터 1961년까지 백인만 멤버가 될 수 있었다. 또한, 메이저 골프대회 마스터스에서는 1975년까지 흑인 선수의 참가가 불가했다.

흑인 최초로 PGA 투어 메이저 대회인 마스터스 토너먼트에 출전했던 리 엘더가 미국골퍼협회(USGA)에서 활약하고 있을 때 PGA에는 '코카서스 인종(백인)'만 회원이 될 수 있다는 규정이 존재했고, 그는 이 조항이 철폐된 지 7년 뒤인 1968년에 PGA 투어에 합류했다.

그가 활동하던 당시 일부 골프장에서는 흑인 선수들의 클럽하우스 출입이 불가해 주차장에서 환복을 하고 대회에 나가야 했으며 마스터스 출전 당시에는 살해 위협을 받기도 했다.

사회의 많은 곳에서 인종차별이 사라졌다고 해도, 과거 뿌리 깊었던 인종차별의 잔재가 정치와 경제 그리고 문화 곳곳에 아직 남아있기도 하다. 골프도 마찬가지다.

미국골프재단 NGF에 의하면 주말 골퍼 중 흑인의 비율은 3%뿐이다. 프로 골퍼 가운에 흑인은 1.5%로 2%도 되지 않는 수치다. '골프 황제'로 불리는 타이거 우즈는 흑인이지만, 아이러니하게도 타이거 우즈를 제외하고는 백인들이 골프계의 절대다수를 차지하고 있으며 흑인은 소외되고 있는 것이다.

골프에서 흑인들의 비중이 낮은 가장 큰 이유는 경제적인 이유다. 골프는 시작할 때 초기 자본이 많은 들어가는 스포츠일 뿐 아니라, 이후 지속적으로 즐기기 위해서도 상당한 비용이 들어간다. 또한, 오랫동안 백인만의 전유물이었기 때문에 심리적인 진입 장벽도 상당히 높아져 있다.

마스터스를 개최하는 미국 오거스타 내셔널골프클럽의 초대 회장 클리퍼드 로버츠는 "내가 살아있는 한 모든 골퍼는 백인이고, 모든 캐디는 흑인일 것이다"라고 인종차별적인 발언을 공공연하게 하기도 했다.

1) 미국 골프장

미국 골프장수는 2004년 말 1만 6,057개에서 2012년 말 1만 5,619개로 줄었다. 2012년 말 기준 회원제는 전체 27.7%(4,325개), 대중은 72.3%(1만 1,294개)였다.

신규 개장한 골프장수는 2011년 19개, 2012년 13.5개(18홀 환산)였던 반면 폐장된 골프장수는 2011년 157.5개, 2012년 154.5개(이상 18홀 환산)에 달했다.

골프장수가 감소한 것은 2006~2012년 서브프라임 모기지 사태와 부동산 경기 침체, 골프인구 감소 등이 원인이 됐다. 골프인구는 2012년 기준 2,900만 명으로 전체 인구 중 9.6%(남성 77.5%, 여성 22.5%)인 것이다.

미국골프장은 고급(Private) 회원제 골프장과 일반(Semi-private) 회원제 골프장으로 구분된다. 프라이빗은 회원권 소유형태에 따라 에퀴티 회원제(equity membership)와 논에퀴티 회원제(non-equity membership)로 나뉜다.

에퀴티 회원제는 소수 회원이 골프장 지분을 소유하는 형태. 회원들이 부담하는 연회비로 운영된다. 회원에게만 골프장 사용권리가 주어진다.

논에퀴티 회원제는 일정액의 회원 예치금을 납부하고 회원이 된다. 회원권 가격변동이 없다. 회원은 가입비와 연회비를 납부한다.

세미 프라이빗 골프장은 국내 회원제 골프장과 유사한 형태다. 프라이빗 골프장 가입비는 2,000~10만 달러 수준이고 연회비는 3,000~1만 달러, 식·음료비는 최소 월 50~150달러를 납부한다.

퍼블릭 골프장은 데일리 피(daily fee) 골프장과 뮤니시펄(municipal) 골프장으로 구분된다.

데일리 피 골프장은 개인이나 법인이 운영하는 골프장으로 일반대중에 오픈되나 뮤니시펄 골프장에 비해 입장료가 비싸다. 9,000개 정도 운영되고 있다.

뮤니시펄 골프장은 지자체에서 지역주민의 복리후생을 목적으로 운영하는 골프장으로 약 2,000개가 운영 중이다. 지역주민 우선 입장으로 남는 티타임은 타 지역 주민에게도 준다.

대중(퍼블릭)골프장 입장료는 18홀 기준 평균 주중 40달러, 주말 50달러(2013년 NGF 보고서)였다. 2004년 1월 현재 티타임예약 사이트에서 판매되는 입장료는 플로리다주 소재 634개 골프장 평균 주중 입장료가 45달러, 주말 60달러(최저 12달러, 최고 200달러)로 조사됐다.

캘리포니아주 소재 376개 골프장의 평균 입장료는 주중 55달러, 주말 72달러(최저 10달러, 최고 495달러)였다.

이렇게 입장료가 저렴한 것은 미국골프협회(USGA) 자료를 보면 코스건설비가 18홀 기준 20~50억 원(클럽하우스, 인허가비, 토지매입비 제외)에 불과하기 때문이다.

또 세율이 매우 낮다. 재산세가 1.0~1.1%다. 여기에 셀프 플레이와 부대시설 최소화 등 효율적인 운영의 결과다.

2015년 3월 12일 AP통신에 따르면, 내셔널골프재단이 4년간 조사 끝에 발표한 보고서를 '골프 어라운드 월드'에서 공개한 자료에는 전 세계 골프장 수가 3만 4,011개이며 이 중 45%가 미국에 있는 것으로 조사됐다.

미국의 골프장 수는 한때 1만 6,052개로 정점을 이뤘으나 4년 전 2011년부터 줄기 시작해 2015년 현재 1만 5,372개가 있다. 이 보고서도 1960~2000년대 과잉 공급됐던 골프장이 이제 조정 국면에 들어간 것으로 분석했다.

2) 일본 골프장

일본 골프장의 역사는 1901년 홍차 무역에 종사하던 영국인 아더 그룸이 고베시 로코산에 4홀의 사설 골프장을 만든 것이 그 시초다.

개인 또는 골프 애호가들이 골프장을 만들 수 있었던 시기는 땅값이 싸고 부유층이 존재하던 다이쇼우(大正) 기(期)부터 쇼와(昭和) 초기까지다. 이들은 형식상 임의단체로 시작했지만 극히 일부 부자들이 갹출한 자금으로 운영됐다.

이렇게 생겨난 골프장들은 1906년(메이지 39년) 고베컨트리클럽을 효시로 점차 사단법인으로 변신한다. 이는 주로 재산관리를 명확하게 하기 위해서였다.

관동지방의 도쿄 컨트리클럽, 가쓰미가세키, 호도가야, 사가미, 관서지방의 나루오, 다카라마쓰, 이바라키 등이 대표적이다. 물론 아직까지 임의단체인 클럽도 있다. 가루이자와 골프클럽, 아타미 컨트리클럽, 하코다테 골프클럽 등이 대표적이다.

그 후 쇼와 공황을 거쳐 1937년 개장한 고가네이(小金井) 컨트리클럽의 창립자 후카자와(深澤喜一)는 자금을 일반 골퍼들로부터 조달하기 위해 골프장 소유회사의 주식을 주당 500엔에 모집했다.

당시의 모집안내서에는 '회원은 주주에 그치지 않고 주식을 제3자에게 양도할 수 있기 때문에 투자로서도 유리하다'고 적혀 있다. 이것이 주주회원권의 탄생이고 회원권 자산화의 효시다.

사단법인제 골프장에서는 공익성의 존부가 문제됐기 때문에 골프장 소유회사의 주주하고만 회원계약을 체결하는 회원들을 임의단체(법적으로는 권리능력이 없는 사단법인인 경우가 많음) 구조로 조직한 주주회원제 골프장은 현재 일본의 법률제도 아래에서는 가장 이상적인 회원제 시스템으로 알려져 있다.

이렇게 해서 주주회원제에 의한 자금조달, 즉 주주회원제가 1965년 무렵까지 주류를 이루게 된다.

당시만 해도 일본에서 골프장을 건설하는 데는 100억 엔 안팎의 초기 투자가 필요했지만 버블기에는 200억~300억 엔이 넘게 들어간 골프장이 적지 않았다. 200억 엔을 투자했다면 1억 엔 이익이 난다 해도 겨우 0.5%의 이익밖에 나지 않은 저수익 사업이 되는 셈이다.

그런데도 그런 저수익 사업에 이해관계에 밝은 사업가들이 경쟁적으로 참여해 버블기에는 골프장이 600여 곳이나 건설됐다. 이 수수께끼를 해결하는 열쇠는 아주 간단했다. 바로 예탁금 회원제라는 것이다.

본래 사업의욕은 있으나 자본이 없는 사람이 대규모 사업을 시작하려 할 때 돈 많은 사람으로부터 출자형식으로 자금을 빌려 배당 형식으로 환원한다. 이것이

주식회사 제도다. 회원제 골프장같이 엄청난 자금을 필요로 하는 대규모 사업은 이 방식에 의한 자금조달이 정도(正道)다.

그러나 주식회사 제도의 오너 십은 출자자, 곧 주주에게 있다. 주식회사 제도를 통해 자금을 조달해 골프장 조성이라는 어려운 일을 이뤄내더라도 그 성과를 독점할 수 없기 때문에 경영자는 언제 주주로부터 해임될지 알 수 없다.

그래서 사업자가 돈을 내더라도 오너 십은 자기 휘하에 둘 수 있는 방법으로 고안해낸 것이 바로 예탁금 제도인 것이다.

이 제도의 발안자는 한때 소득순위로 일본 1위에 랭크된 적이 있는 사사키 신타로다. 그가 1958년 이바라키현에 오픈했던 도리테코쿠사이(取手國際) 컨트리클럽에서 예탁금제를 운영한 게 최초였다.

1958년은 가쓰미카세키 컨트리클럽에서 개최된 캐나다컵에서 일본이 단체우승을 하고 개인전에서는 나카무라 도라키치 선수가 우승함으로써 온 일본 사람들의 눈이 일제히 골프라는 운동에 쏠린 1957년 바로 다음해로서, '일본 골프 붐의 원년'이라고 말해도 좋을 그런 시기였다.

1958년 당시 골프장의 숫자는 117개밖에 되지 않았기 때문에 수요에 공급이 미치지 못하는 상황. 이를 보고 사사키는 절호의 비즈니스 찬스가 도래했음을 통찰하고는 출자 형식을 취하지 않는 자금조달방식을 생각해낸 것으로 보인다.

이로써 1965년 이후에는 예탁금제가 요원의 불길처럼 번졌다. 특정서비스산업 실태조사에 의하면 회원제 골프장의 80% 이상이 예탁금제 골프장이었다.

결국 회원제 골프장과 대중 골프장의 차이는 골프장의 질이 아니라 근본적으로 '골프장 조성자금을 어떻게 조달 하느냐'에서 기인한다.

일본의 골프장 제도에서 회원제는 비회원제로, 비회원제도 회원제로 전환이 가능하다. 회원제와 비회원제 세율이 같다.

예탁금제 도입으로 1980대까지 건설이 활발했다. 1966년 469개에서 1975년 1,093개로 2배 이상 증가했다. 1980~1992년까지 골프수요 급증으로 부킹난이 심해지고 회원권 가격이 급증하면서 버블이 형성됐다.

1990년 이후 버블경제 붕괴 이후 회원권 폭락, 골프인구 감소 등으로 골프산업이 위축됐다. 일본 경제산업성 실태조사에 따르면 골프장수는 2012년 2,413개로 전년보다 19개 줄었다. 2000~2011년 사이 30개나 감소했다.

회원권 분양으로 개발자금 조달이 불가능해지자 골프장 건설은 거의 중단상태다. 2012년 건설 중인 골프장수는 42개이나 공사가 진행되는 곳은 5개에 불과했다.

골프장의 약 60%가 예탁금 회원제로 버블경제 붕괴 후 예탁금 반환 요구로 900여 개 골프장이 도산했다. 도산 골프장 가운데 240개는 미국계 자본이, 44개는 한국자본이 인수했다.

골프인구는 2011년 800만 명으로 전체 인구대비 7.8%다. 회원모집은 입회금과 회원수가 골프장에 따라 천차만별이다. 보통 예탁금과 연회비를 받는다.

지바현 사쿠라CC의 가입비 288만 엔, 예탁금 460만 엔 등 748만 엔에 연회비가 6만 3,000엔이었다. 입장료는 회원 9,850엔, 비회원 주중 2만 1,415엔, 주말 3만 4,015엔이다.

주주회원제 골프장도 있다. 리조트 트러스트는 효고현의 관서CC를 인수한 뒤 리뉴얼 한 뒤 2012년 3월 입회금 105만 엔, 주식대금 150만 엔 등 255만 엔에 1,063계좌의 주주회원을 모집했다. 회원제 골프장의 회원 입장료는 비회원의 40~60% 수준이다.

3) 북한 골프장

북한은 우리와 골프 용어가 크게 다르다. 북한은 골프 용어를 모두 우리말식으로 바꾸어서 쓰는데, 그 중에는 재미있는 게 많다.

아이언은 '쇠채', 우드는 '나무채'라고 한다. 티 박스는 '시발대'로 홀은 '구멍'이라고 하고, 그린은 '정착지', 벙커는 '모래웅덩이'라고 한다.

해저드는 '방해물', 백티는 '뒤출발티', 레귤러티는 '앞출발티'라고 한다. 코스 중간에 음식과 차를 먹으며 쉴 수 있는 속칭 그늘집은 '휴식각'이라고 한다.

2022년 11월 18일 연합뉴스에 따르면, "재일본조선인총연합회(조총련) 기관지 조선신보는 가을철 골프애호가 결승경기가 지난 10월 19일부터 20일까지 평양골프장에서 진행됐다"고 보도했다.

북한에서 골프애호가경기가 진행된 것은 지난 2021년 10월 처음으로 개최된 이래 이번이 세 번째로 특히 이번 경기에서는 혼성복식, 남자복식경기가 처음으로 진행됐다.

이 대회를 개최한 것은 코로나19로 사실상 2년 넘게 국경을 봉쇄했던 북한이 다시 외화 벌이를 위해 관광 산업을 재개하는 움직임으로 해석되고 있다. 이 같은 해석은 스포츠 행사 등 관광 산업은 대북 제재 대상이 아니고 이 때문에 북한이 공을 들여온 사업이라는 점에서 설득력이 있다.

북한이 대회를 개최한 평양골프장은 평안남도 남포시 강서구역 태성리에 있는 골프장으로 평양시에서 남서쪽으로 27㎞ 거리에 있다. 차로 30분이면 닿을 수 있는 곳이다.

1987년 4월 김일성 주석 75회 생일 기념으로 개장한 '평양골프장은 동시에 200명의 내장객을 수용할 수 있고 해발 200~300m의 석천산 자락과 바로 옆에 태성호가 있어 뛰어난 경관을 자랑한다'고 홍보하고 있다.

골프장 이용료(그린피)는 비회원은 2018년 당시 우리 돈으로 10만 원 정도, 회원은 3만 원 정도였다. 회원권은 천만원정도. 이렇게 비싸다 보니 주로 외국인들이 이용한다.

2019년 리모델링을 거친 골프장은 전장이 6,197 미터(파 72·6,777야드)로 늘었고 10개 동의 숙소 외에도 탁구장과 당구장, 수영장과 낚시터 등을 갖추고 있는 종합 레저시설이다.

평양 시내 대동강 한가운데 있는 양각도에도 9홀 규모의 골프장이 있었다. 이 골프장은 9홀 규모로 모두 100m 안팎의 숏홀로 짜여 져 있다.

'과거 방북 때 이곳에서 골프를 쳤다'는데, 당시 입장료는 20달러이며 골프화와 공 3개, 장갑, 클럽은 무료로 빌려 주고 있었다. 하지만 지금은 폐쇄되고 건물이 들어선 것으로 구글 위성지도를 통해 확인된다.

한국여자프로골프협회(KLPGA)는 2005년에 평양골프장에서 평화자동차 KLPGA 평양오픈 골프대회를 개최했다. 당시 우승했던 송보배 선수는 '그린이 너무 느려서 퍼팅에 애를 먹었다'고 밝혔다.

북한에 있는 또 하나의 골프장 '더 아난티 금강산 골프장(파72·길이 7,630야드)'은 북한 선전 매체를 통해 대대적으로 홍보되고 있는 평양골프장의 처지와 대조적이다.

아난티 그룹(구 에머슨 퍼시픽)은 현대아산이 보유한 금강산 관광특구 안의 대지 168만 5,000㎡에 대한 토지 이용권을 1998년부터 50년 동안 재 임대받아 골프장과 리조트를 개발했다.

2004년 12월 착공에 들어가 2008년 5월 정식 개장했다. 개장에 앞서 2006년 10월부터 시범 라운드를 시작했다. 금강산 골프장은 투자 개발비용이 약 850억원 소요된 사업으로 남쪽의 민간 자본이 투입된 최초의 정규 18홀 골프장으로 관심이 쏠렸다.

2007년 10월엔 한국프로골프협회(KPGA)가 '금강산 아난티 NH농협 오픈 대회'를 한 차례 개최한 바 있다. 페어웨이 잔디와 그린이 어느 골프장에도 뒤지지 않는 좋은 상태로, 평양골프장과 달리 우리 측 잔디 관리기술이 접목됐다.

아난티 그룹은 개장 전부터 회원을 모집하고 금강산 관광객을 대상으로 라운드를 진행했다. 금강산의 비경 속에서 라운드를 할 수 있는 금강산cc는 특히 파 6의 12번 홀이 스코어를 내기 까다로운 홀로 주목을 받았다.

그러나 2008년 7월 11일 한국 관광객 박왕자씨 피격 사건이 발생하면서 금강산의 모든 시설은 개장 두 달여 만에 폐쇄됐다. 이후 북한은 이 골프장을 몰수해 현재는 외국 관광객을 상대로 운영하는 것으로 전해진다.

2010년 3월 천안함 피격 사건과 2010년 11월 연평도 포격 등이 발생했고 남북관계가 악화되며 왕래가 끊기고 골프장의 미래는 암울해졌다.

2021년 4월엔 현대 아산이 소유한 해금강 호텔과 함께 더 아난티 금강산 골프장 리조트가 해체되는 모습이 위성사진을 통해 공개됐다.

이후 아난티 그룹은 '미래 사업에 집중하기 위해 금강산 사업을 정리할 예정'이라고 밝히면서 금강산 관광특구에 보유한 골프장과 리조트 자산 507억 원을 손실 처리했다.

금강산 여행과 골프가 기약할 수 없는 처지에 놓이면서 '골프장과 리조트 개발 비용, 회원권 반환 등으로 입은 손실은 1,000억 원에 이른다'고 아난티 그룹은 밝히고 있다. 아난티 그룹이 얻은 금강산cc 일대의 토지 사용권은 2048년까지고 앞으로 25년이 남았다.

2

한국의 골프정책

2장 | 한국의 골프정책

1 골프 대중화정책

1970년대 교통부시절 외국인 관광객 유치를 위해 만든 게 골프장 관련법의 시작이었다. 그동안 골프장을 관장하는 주무 부처도 여러 번 바뀌면서 관련법도 여러 차례 손질됐다.

하지만 1999년 김대중 정부가 골프 대중화 정책을 펼쳤으나 '사치업종'이라는 뼈대만큼은 아직도 변하지 않았다.

골프장의 주무부서는 문화체육관광부로서 엄연한 스포츠로 인정을 하지만 세금 부문 만큼은 1970년대 때부터 룸살롱과 같은 사치업종으로 묶어 놓은 것은 변하지 않았다.

미국과 일본의 골프장 운영을 앞에서 살펴본바, '저가(低價) 이용료 실현을 통한 기사회생을 위해 효율적인 운영시스템으로 바꿔야 한다'는 것을 보여 우선 국내 골프장업계의 변화를 주문하고 싶다.

미국이나 일본의 고급(Private) 회원제 골프장은 회원가입 시 가입비와 연회비를 받는다. 회원이 내는 일정한 수입으로 안정적으로 골프장을 운영하는 것이다.

골프장이 적자가 나면 회원이 부담해야 하기 때문에 신입회원도 기존 회원의 철저한 심사(審査)와 동의(同意) 절차를 거쳐야 한다. 비회원은 회원동반이 있어야 입장이 가능하다. 철저하게 회원 위주로 폐쇄적으로 운영할 수밖에 없다.

일반(Semi-private) 회원제 골프장도 연회비를 받고 회원 입장료가 비회원의 40~60% 수준이다. 회원에게 저렴한 입장료와 선(先) 부킹권만 준다.

따라서 국내도 회원제 골프장이 살아남기 위해서는 회원위주로 운영하고 연회비도 받아야 한다. 회원 입장료도 현재 면제 수준에서 비회원의 40~60% 수준까지 인상해야 한다. 또 회원권 분양 시 소멸성의 가입비와 반환성의 입회금으로 분리할 필요가 있다.

효율적인 운영시스템으로 전환도 시급하다. 미국의 경우 회원제든 대중제든 캐디가 없다. 일본의 경우 셀프플레이가 보편화되고 있는 추세다.

골프장의 부대시설을 최소화해 인건비, 관리비를 줄여 골프장 운영비를 입장객에게 전가하는 일이 없어야 한다. "저렴한 비용으로 플레이가 가능한 시스템을 만들자"는 얘기다.

M&A를 통한 골프장 통합 운영과 페어웨이 빌라 건축 허용 등도 방법이다. 일본의 아코디아골프는 2013년 3월 현재 137개의 골프장을 운영하고 있다. PGM도 2012년 12월 말 현재 122개 골프장을 운영하는 등 M&A를 통한 통합운영으로 어려움을 극복하고 있다.

골프코스 내에 숙박시설을 설치하는 것은 현재는 택지, 제주도 회원제 골프장 외에는 불가능하다. 미국의 경우 골프장을 건설하는 가장 큰 이유 중에 하나가 골프장이 아닌 코스 내 주택 분양 매력 때문이다. 한국도 바꿔야 한다.

아래 글은 한국골프장사업협회 법률고문인 김교창 변호사(일신법무법인 대표)가 골프관련 법률문제를 엮은 「골프법률(청림출판사)」 책자를 기본으로 하고, 2007년 10월 25일 신동아 잡지에 소동기 변호사(법무법인 보나 대표)가 게재한 "회원제 골프장의 위험성" 등, 그리고 2014년 1월 14일경 뉴스핌 이종달 기자가 6회에 걸쳐 쓴 "골프 활성화의 길을 찾아서"란 글을 참고하며 여러 기사들도 함께 정리하여 소개한다.

1) 골프장 관련법

1989년 국민체육진흥법을 모법으로 '체육시설의 설치 및 이용에 관한 법률'(이하 '체시법')이 제정되었고, 1994년경 문민정부에서 전면 개정되었으며, 1999년 국민의정부에서 골프대중화 정책을 채택하고, 2004년 참여정부가 '골프장 건설규제 개선(안)'을 발표하였다.

2006년 '체시법'을 개정하고, 2008년 10월부터 2010년 말까지 기획재정부는 지방 회원제 골프장에 조세특례제한법을 한시적으로 시행했다.

2008년 당시 '체시법'이 골프장을 '영리를 목적으로 하는 체육시설'로 규정하고, 2021년 12월 31일 대중제 골프장이 회원을 모집하거나 이용 우선권을 제공하는 행위를 금지시키는 '체시법' 개정안이 국회에서 통과됐다.

한국엔 골프장과 관련된 특별법으로 '체시법'이 있다. 당초 골프장에 관한 법률은 관광사업법(후에 개정되어 관광진흥법)이었다.

골프장시설을 관광시설로 보고 법을 만든 것이다 보니 카지노 시설과 마찬가지로 골프장을 드나드는 것이 '사치'로 인식됐고 특별소비세법도 생겼다. 정당성에 대해 끊임없이 이의(異議)가 제기되자 조세당국은 2007년 말에 대신 '개별소비세'라는 표현으로 바꾸었다.

그런데 1970년대는 국민소득이라야 1,000달러도 채 안되던 시절, 골프장은 10여개 남짓에, 골프인구도 수천 명에 불과할 때여서 골프장은 사치 향락업소로 통하던 시대였다.

허나 이젠 골프장수 500개가 넘고 골프인구도 1,176만 명을 넘는 대중화 단계에 온 국민소득 3만 5천 달러시대에서도 똑같은 취급을 하는 것은 납득키 어려운 일이다.

1989년 국민체육진흥법을 모법으로 '체시법'이 제정됐고, 국가 또는 공공기관이 직접 조성하는 대신 골프장 또는 스키장 사업을 권장했다. '체시법'이 제정됨으로써 골프장은 비로소 '관광시설'이 아닌 '체육시설'이 됐다.

'체시법'은 법 제정 당시와 달리 1993년 김영삼 전 대통령의 '골프 금지령'에 동조하기 위해 1994년경 전면 개정됐다. 골프장 조성을 장려하기는커녕 '체시법'이 온통 '골프장 규제법'으로 변질됐다. 공청회 한번 거치지 않아 관계공무원들이 통치자의 비위에 맞추기 위해 졸속으로 제정한 것이라는 느낌이다.

이후엔 수많은 법률 조항 '체시법'이 '사업자 편의주의'에 우선해 조령모개(朝令暮改) 식으로 삭제되거나 수정 보완되는 악순환을 거듭해왔다. 골프장 건설 및 영업과 관련, 불법행위를 관리·감독할 행정처분 조항(삭제) 하나 없는 '누더기 체시법'은 더욱 부끄러운 자화상이다.

한편, 전국 회원제 골프장은 골프 붐으로 2002년부터 2009년까지 호황을 누렸으나 2008년 국제외환위기로 인하여 2010년부터 경영실적이 악화되기 시작했다.

연간 220만 명가량이라는 '해외골프관광객이 골프로 지출하는 직접경비만 한해에 2조원이 넘는다'는 통계가 있고, 골프를 친 이후 저녁이나 밤에 쓰는 유흥오락, 쇼핑 등 간접경비가 더 많은 것을 감안할 때 국내골프 여건을 하루빨리 개선해야 할 심각한 문제다.

해외골프관광을 모두 막을 수는 없지만 국익차원에서 골프에 대한 편견을 버리고 접근한다면 해외원정 골프 인구를 크게 줄일 수 있을 것이다.

2008년 당시 '체시법'이 '영리를 목적으로 하는 체육시설'로 규정한 골프장을, '국토의 계획 및 이용에 관한 법률(이하 국토계획법)'은 '공공·문화체육시설', 즉 공익시설로 규정하고 대상토지의 80% 이상을 매입하면 토지 매수를 거부한 나머지 20%를 강제 수용할 수 있는 권한이 골프장 사업시행자에게 주어졌다.

1994년 제정된 '지역균형개발 및 중소기업 육성에 관한 법'을 비롯해 '택지개발촉진법', '기업도시 개발특별법' 등 각종 개발특별법들이 골프장 사업자에게 규제특례·기금지원 등 혜택을 보장해, 골프장 특혜를 조장했다.

2021년 12월 31일에는 김승원 의원이 대표 발의한 '체육시설의 설치 이용에 관한 법률(이하, '체시법') 개정안'이 국회 본회의를 통과했다. 주요 내용은 대중제 골프장이 회원을 모집하거나 이용 우선권을 제공하는 행위를 금지하는 것이다. 시행시기인 2022년 6월부터다.

문화체육관광부에서는 2022년 1월 '골프장 이용 합리화 및 골프산업 혁신 방안'을 발표하면서 회원의 개념을 '우선이용권'이 있는 사람으로 보다 구체화 했다.

원래 '체시법' 법률 제2조에는 회원의 정의를 "일반 이용자보다 우선적으로 이용하거나 유리한 조건으로 이용하기로 체육시설업자와 약정한 자를 말한다."고 포괄적으로 명시하고 있다.

풀이하면 '체시법'상 '유리한 조건' 사용자 개념을 제외하고 '우선 이용권'을 가진 자로 회원을 한정한 것이고 '우선 이용권'이라 함은 즉, 골프부킹을 우선하거나 우대하는 경우를 지칭한다.

문체부는 이를 바탕으로 현행법상 허용 여부가 불투명했던 '우선 이용권'이 없는 각종 할인과 마케팅은 활성화 시키는 쪽으로 방향을 잡고 골프장들 입장에서 연회원제 회원권, 선불카드, 쿠폰과 골프상품권 형태 등의 다양한 방식들을 선택할 수 있는 여지는 남겨뒀다.

다만 공통점이 있다면 향후 변동이 있을 수 있더라도 아마도 모두 소멸성 회원권으로 한시적 사용하는 형태에 초점을 맞췄을 듯하고, 회원제에서 골프장 조성 및 시설투자 등의 공사비에 해당하는 분양상품과는 별개의 사안으로 봐야할 것이다.

'체시법'이나 지방세법, 특별소비세법 등 여러 법률이 회원제 골프장과 대중 골프장을 차별하는 것은 무엇보다도 일반 골퍼가 회원제 골프장과 대중 골프장을 차별해 인식하고 있는 게 주원인일 것이다.

대부분의 골퍼는 대중제 골프장은 질이 낮고 회원제 골프장은 수준이 높은 명문 골프장이라고 오해하는 경향이 있다.

그러나 최근 '세계 100대 골프장 가운데 세인트앤드루스의 올드코스나 페블비치 같은 대중제 골프장이 수위를 차지했다'는 보도나 일본 굴지의 가와나 골프장도 대중제 골프장인 점을 감안하면, 골퍼들의 이러한 일반적인 생각이 잘못된 것이다.

우리나라에서는 '체시법' 뿐 아니라 각종 법률에서 회원제 골프장과 대중제 골프장을 차별하고 있다. 일반 골퍼도 흔히 회원제 골프장을 영미의 전통적인 프라이빗 골프장과 같은 것으로 인식한다.

일본과 우리나라에서 회원제 골프장의 거의 모두를 차지하는 예탁금 회원제 골프장은 영미의 프라이빗 골프장과는 전혀 다른 것이다. 회원제 골프장은 골프의 발생지인 스코틀랜드와는 전혀 무관하게 일본에서 유래했다.

우리나라 '체시법'은 골프장업을 회원제 골프장업과 대중제 골프장업으로 크게 나눈 다음 대중제 골프장을 정규 대중 골프장업, 일반 대중 골프장업, 간이 골프장업으로 세분한다.(※2022년에는 비회원제를 새로 도입하여 3체제로 함)

'체시법' 시행규칙 8조는 골프장 시설 기준에 관해 '회원제 골프장업은 3홀 이상, 정규 대중 골프장업은 18홀 이상, 일반 대중 골프장업은 9홀 이상 18홀 미만, 간이 골프장업은 3홀 이상 9홀 미만의 골프코스를 갖추어야 한다'고 규정해놓았다.

이 규정만 보자면 회원제 골프장은 3홀만 있어도 가능하다. 그런데 현실적으로 3홀만으로 이뤄진 회원제 골프장이 세상에 존재할 수 없어서 이 규정은 탁상행정의 허구성을 떠올린다.

다음으로 골프장 사업자가 영업을 하기 위해서는 관계법에 따라 등록을 해야 한다. 골프장업 등록은 등록세와 취득세를 납부해야 한다.

그런데 취득세의 경우 지방세법 112조 2항에 따라 회원제 골프장은 대중제 골프장의 5배를 내야 한다. 또한 골프장 사업자는 소유한 골프장 시설과 관련해 재산세 및 종합부동산세도 납부한다.

여기서도 지방세법과 종합부동산세법은 회원제 골프장(공시지가의 4%)과 대중제 골프장(공시지가의 0.2%)을 구분해 세율을 적용한다.

세 번째는 특별소비세다. 특별소비세법 1조 3항 4호는 골프장 입장행위에 관해 1인 1회 입장에 1만 2,000원의 특소세(현 개별소비세)를 부과하도록 규정한다. 특소세 납부의무자를 골퍼가 아닌 골프장사업자로 규정하고 있다.

형식적인 법조문상 규정만 보자면 특소세는 골프장 사업자의 부담처럼 보이지만, 실제로는 골퍼의 골프장 사용료(그린피, Green Fee)에 특별소비세가 포함되어 있으므로 결국 특소세는 골퍼가 부담하고 있는 것이다.

끝으로 '산지전용허가기준의 세부검토기준에 관한 규정'(산림청 고시 제2006-61호)에 의하면 관광휴양시설 또는 30만㎡ 이상의 산지를 전용할 경우 보전산지의 면적이 사업계획부지 총면적의 100분의 50을 초과할 수 없도록 돼 있는데, '다만 스키장, 집단묘지, 대중 골프장을 시설하기 위한 경우 이 규정을 적용하지 않는다'고 되어 있다.

또한 골프장, 관광시설, 집단묘지, 납골시설, 산업단지, 택지에 편입되는 불요존 국유림 및 공유림은 이를 합한 면적이 사업계획부지 면적의 100분의 20미만으로서 20만㎡ 미만이어야 한다고 규정하면서, '다만 산업단지, 택지, 집단묘지, 대중 골프장의 경우 100분의 30 미만으로서 30만㎡ 미만이어야 한다'고 규정하고 있다.(※그 이후에 '도시계획시설'에서 '골프장'을 빼게 된다.)

환경 및 생태보존을 위해 의무적으로 확보토록 한 '원형보존지'를 '투기목적의 비(非) 사업용 토지'로 취급해 코스시설과 똑같이 중과세하는 모순도 안고 있다.

원형지보존지는 골프장마다 전체 부지의 20~30%가 넘는 실정. 이로 인해 골프장 매출액의 평균 48%가 세금이며 이용객 부담으로 돌아가 20만원이 넘는 '고액 골프장 사용료(그린피, Green Fee)'의 주범이 되고 있다.

2) 2004년 참여정부 규제개선

2004년 참여정부의 규제개선 방안에서 '도장 700개가 필요하다'는 불만을 사온 골프장 인허가 관련 행정절차 개선으로, 정부는 시장, 군수를 거쳐 시·도지사가 처리하도록 돼 있는 사업계획승인을 시·도지사가 직접 처리하도록 바꿀 방침이다.

특히 지방의회 의견 청취, 교통영향평가, 사업승인권한 조정 등 불합리한 규제와 복잡한 절차를 축소, 사업계획 승인 이후 '삽질'이 시작되기 전까지 평균 3~4년 걸렸던 행정절차 소요기간이 1~2년으로 줄어들게 된다. 2004년 9월 22일 서울경제에 실린 "골프장 인허가 소요시간 1~2년으로 크게 앞당긴다." 기사로 대체하여 아래 소개한다.

2004년 9월 문화관광부는 인허가 절차 간소화, 환경보전 입지 유도, 골프장 관련 세제 개선 등을 골자로 하는 '골프장 건설규제 개선방안'을 마련해 시행키로 했다고 밝혔다.

정부의 이번 방안은 2004년 7월 이헌재 경제부총리의 골프장 무더기 허가 방침에 이어 각 부처에서 나온 골프장 건설 관련 사안들을 주무부서인 문화관광부가 종합한 것이다.

골프장 건설 민원도 해당 기관 부기관장을 위원장으로 하는 민원조정위원회에서 처리하도록 해 '원스톱' 처리가 가능해 졌다. 이에 따라 건설비용(행정비용)도 골프장 1곳 당 37억 원 정도가 절감될 것이라고 문화관광부는 밝혔다.

이와 함께 참여정부는 불합리한 골프장 시설 제한도 크게 정비할 방침이다. 18홀 기준 108만㎡로 일률적으로 규정돼 있는 부지 면적 규정을 폐지해 자연지형에 맞는 코스를 조성할 수 있는 길을 만들어 준 것이다. 또 클럽하우스 면적제한(18홀 기준 3,300㎡ 이내)과 코스 길이 제한 등도 모두 없애기로 했다.

환경 피해를 최소화하는 방향으로 입지 조건 규정을 개선하는 것도 두드러진다. 과도한 산악 지역 훼손을 막기 위해 관광레저형 복합단지 내 골프장 조성을 지원하고 생산성이 떨어지는 한계농지나 해안 구릉지 등에도 골프장을 지을 수 있도록 유도할 계획이다.

이밖에 정부는 골프장에 대한 지방세율을 탄력적으로 운영하고 특별소비세도 지방세로 이양해 지방자치단체가 세금 인하 등의 방법으로 골프장 유치에 활용하도록 하는 방안도 추진 중이라고 밝혔다.

3) '체육시설의 설치·이용에 관한 법률'(이하 '체시법') 문제

정부가 편 골프 대중화 정책에는 18홀인 회원제 골프장은 6홀 이상, 18홀을 초과하는 회원제 골프장에는 기본 6홀, 18홀에서 9홀을 초과할 때마다 3홀의 대중 골프장을 추가하도록 하였다.

골프회원권은 골프장경영자와의 회원가입계약에 따라 골프회원증에 의해 골프장 및 그 부대시설을 일반 이용자보다 우선적으로 사용하거나, 요금할인, 기타 서비스의 제공을 청구할 수 있는 권리다.

지방세법상 골프회원권의 취득에 대해서는 취득세를 부과하고 있으며 양도할 경우에는 양도소득세가 과세된다. 회원제는 골프장 이용 기회를 회원으로만 제한하거나 회원에게 우선적으로 이용기회를 부여하는 골프장이다.

예탁금 회원제의 회원들은 클럽경영에는 간섭할 수 없는 실정이며 시설의 이용면에서만 권리가 인정되는 형태다. 결국 시설의 소유와 경영은 사업주에 있고 회원은 우선적인 이용을 보장하는 시설의 소유와 이용이 분리된 회원제인 셈이다. 따라서 회원의 권리문제를 놓고 회원과 사업주간에 종종 마찰과 분쟁을 빚기도 한다.

반면 사단법인 회원제 골프장은 비영리를 목적으로 정관에 의한 운영방침을 기본적으로 정하는데, 소유주 없이 회원들이 자체적으로 골프장을 운영하는 방식이다.

서울, 울산, 부산CC 등은 사단법인제로 운영되는 골프장들이다. 사단법인제는 예탁금 회원에 비해 경영 참여 등 회원의 권리 보호와 지위가 강하다. 회원들이 이사회 등을 꾸려가며 사장도 회원 중에서 선출제로 뽑는다.

사단법인제 골프장의 경우 예탁금제에 비해 회원들 간의 유대가 긴밀한 편이다. 따라서 다양한 인맥관계 형성을 위한 투자라면 사단법인제를 선택하는 것도 하나의 방법이다.

또, 주주회원제는 회원이 골프장의 소유권과 이용권을 모두 소유한 제도다. 남부, 안양베네스트처럼 연회원제 골프장 회원권은 매매가 안 되는 경우도 있다.

1999년 김대중 정부가 펼친 골프대중화는 많은 진전을 이뤘다. 2014년 골프장업계가 겪고 있는 어려움에도 앞으로 골프대중화는 계속돼야 한다.

2014년 당시 문제는 현행 '체시법'의 유지를 통한 골프대중화 추진이냐 아니면 '체시법' 개정을 통한 골프대중화냐는 것이었다. 업계의 목소리도 다르다. 한쪽에선 '체시법 유지'를, 다른 한쪽에선 '개정'을 바라고 있었다.

먼저 한국대중골프장협회는 '체시법 유지를 통해 입회금 반환 등 회원제 골프장의 자연스런 구조조정을 유도해야 한다'는 주장이다. '정부의 인위적인 개입은 구조조정을 방해하고 더 큰 문제를 야기 시킬 수 있다'는 것이다. 한마디로 대중골프장 중심의 골프장산업 재편을 희망하고 있다.

일부 회원제골프장의 일탈은 이런 빌미를 제공했다. 골프회원권 분양을 완료한 뒤 추가로 무기명 회원권을 분양하거나 골프장 부지를 담보로 금융권에서 대출을 받는 등의 부도덕성과 도덕적 해이 등을 꼬집었다.

이에 반해 한국골프장경영협회는 '체시법에서 규정한 회원제와 대중제 골프장 구분을 없애자'는 주장이다. 입회금 반환 등이 몰려 있는 시점에서 '체시법'을 개정해 회원제와 대중제 구분을 당장 없애기는 어려워 보인다.

회원제 골프장은 당초 설립 목적대로 회원 위주로 운영하는 게 맞다. 회원은 입장료와 연회비를 납부하면서 운영비를 충당하도록 하고 비회원은 회원 동반이나 회원 추천 등으로 이용할 수 있는 미국식 프라이빗 골프장으로 발전하는 게 필요하다.

회원이 주인인 '회원제 골프장에서 골프장 경영정상화는 모른척한다'는 것은 앞뒤가 맞지 않는다. 회원제 골프장 소유주는 입회금 반환에 필요한 자금을 증자해 경영합리화에 나서야 한다.

회원제 골프장의 구조조정 과정에서 대중골프장으로 전환될 수 있다. 이럴 경우 회원권이 없는 일반 골퍼들은 더 저렴한 가격에 골프를 이용할 수 있다. 골프장 입장료의 인하는 골프인구의 증가로 이어지고 골프산업 활성화로 이어져 경제 활성화에도 기여할 수 있다.

18홀 골프장 건설시 토지비를 제외한 순수 투자비를 500억 원으로 가정하면 1,600억 원의 직·간접 경제적 파급효과가 발생하는 것으로 관련협회는 보고 있다. 고용효과는 130~160명이다.

골프장이 '체시법'에 체육시설로 되면서 업계는 기대가 컸다. 골프장업계의 목을 죄고 있는 중과세 문제가 당연히 풀릴 줄 알았다. 하지만 변하지 않고 있다.

체육시설업의 구분 문제다. '체시법' 시행령 제7조(체육시설업의 세부 종류)에서 회원제체육시설업과 대중체육시설업을 구분하고 있다. 회원제골프장을 회원사로 두고 있는 한국골프장경영협회는 '이 시설업의 구분을 없애자'는 주장이다.

회원제 골프장이 일반시설업이 되면 세제혜택을 받을 수 있기 때문이다. 반면 한국대중골프장협회는 '골프대중화에 도움이 되지 않는다'며 이를 반대하고 있다.

다음은 골프회원권 값이 떨어지면서 투자비를 초과하는 입회금 허용 문제다. '체시법' 제18조 2항에 회원을 모집하고자 하는 체육시설업자는 투자된 비용 범위 안에서 회원을 모집하도록 했으나 2002년 2월 법 개정에서 이를 삭제했다. 회원모집 인원만 인허가 관청인 지자체에 신고하도록 규정하고 있다.

회원권 분양을 남발할 수 있는 소지를 안고 있다. 실제로 회원권 분양이 순조로웠던 수도권 일부 골프장의 경우 입회금이 총 투자비를 43.8%나 초과하기도 했다.

회원권을 분양할 수 없는 병설 대중골프장 투자비까지 포함시켜 회원권을 초과분양했다. 최근 들어서는 무기명 회원권을 분양해 기존 회원들에게 피해를 주고 있다.

물론 지자체가 총 투자비 내에서 회원권을 분양하도록 행정지도를 했지만 '부지매입비, 코스, 건축공사비 등을 부풀렸다'는 지적을 받고 있다. 골프장 개장 후 공시지가가 폭등하면서 재산세와 종합부동산세의 부담이 커져 경영압박 요인이 되고 있다.

현재 문제가 되고 있는 입회금 반환도 '체시법'에는 반환준비금 적립규정이 없다. '회원권 분양 후 5년 정도의 거치기간이 지난 회원이 반환 청구를 하면 15일 이내에 반환해야 한다' 하지만 거의 대부분의 골프장은 반환준비금을 적립해 놓지 않고 있다. 회원들에게 '배 째라는 식'으로 버티고 있다.

따라서 이런 난제를 풀기 위해서는 '체시법' 시행령으로 규정한 '체육시설업의 구분을 법으로 규정해 골프대중화를 흔들림 없이 추진해야 한다'는 지적이다. 다시 말해 "시행령 제7조를 법률로 규정하도록 개정해야 한다"는 것이다.

또 회원권 분양한도를 설정해야 한다. 회원권 분양 시 총투자비의 2분의 1을 초과할 수 없도록 회원권 분양 한도를 강화시켜 회원제 골프장의 재무구조를 개선해 경영부실을 방지할 필요가 있다. 여기에 회원권 분양대금의 일정 금액을 적립해 입회금 반환에 대비한 반환준비금 적립규정을 신설해야 한다.

이렇게 되면 과도한 회원권 분양을 억제할 수 있을 것이다. 결국 회원권 분양률과 가치가 높아질 것으로 판단된다. 또 골프장의 자기자본 확충으로 재무구조가 개선될 것이다.

마지막으로 회원대표기구의 권한을 강화해야 한다. 대부분의 골프장은 회원대표기구로 운영위원회를 두고 있다. 하지만 이는 임의기구다.

운영위원회를 법정기구로 명문화해 타 회사 보증이나 금융권 차입, 계열사 대출 등을 받을 때 운영위 심의를 거치도록 하는 게 바람직하다. 운영위 위원도 골프장 사주가 마음대로 임명하지 못하도록 해야 한다.

이는 회원제 골프장의 경영 건전화와 회원권익 보호 등을 담보할 수 있는 가장 바람직한 방법이다. 또한 회원의 골프장임에도 골프장 사주가 마음대로 운영해 왔던 폐단에서도 벗어날 수 있을 것이다.

4) 조세특례제한법 종료

2008년 10월부터 2010년 말까지 기획재정부는 지방 회원제 골프장에 조세특례제한법을 한시적으로 시행했다. 이로 인해 지방 회원제 골프장에 붙는 개별소비세와 체육진흥기금이 폐지되고 재산세 세율이 4%에서 2%로, 취득세도 10%에서 2%로 크게 낮아졌다.

재산세와 종합부동산세 감면액이 1,538억 원에 달했다. 이에 따라 입장료 3만 원 정도가 인하됐다.

이 기간 중 지방 회원제 골프장의 입장객은 2009년 11.1%가 증가했다. 반면 대중골프장 입장객은 2009년 9.5%가 감소했다. 특히 수도권은 14%가 줄었다.

이 결과 지방 회원제 골프장은 경영실적이 호조를 보인 반면 수도권 회원제와 대중 골프장은 고전을 면치 못했다.

정부의 부분적인 세금 감면은 수도권과 지방, 그리고 지방도 도계를 기준으로 하다 보니 경기도와 충청도 도계 인접지역에 위치한 골프장 가운데 '경기도에 속했다'는 이유로 혜택을 받지 못하는 등 부작용이 따랐다.

국회예산정책처가 발표한 '2013년도 조세지출예산서 분석'에서도 골프장에 대한 세금감면 정책효과가 미비하고 형평성 논란이 있어 축소 또는 폐지를 검토하는 방향으로 평가를 내렸다.

2010년 12월 7일 국회 기획재정위원회(이하 '기재위')가 "지방회원제 골프장의 개별소비세 감면을 골자로 한 조세특례제한법(이하 '조특법') 일몰 연장을 종료한다."고 심의 · 의결했다.

지방 회원제 골프장은 '골프 대중화에 역행하는 처사'라며 강력하게 반발하고 나섰고 한국골프장경영협회(회장 우기정) 등 골프단체들은 공동 성명서를 채택, 발표하면서 국회의 결정을 일제히 규탄했다.

이에 반해 골프 대중화를 기치로 2007년 설립된 사단법인 한국대중골프장협회(회장 강배권)는 '지극히 현명한 판단이었다'며 반색하는 분위기였다.

한국대중골프장협회는 '조특법'이 실시되었던 지난 2년간 지방 회원제에 대한 세금감면 혜택은 대중제 골프장과의 '형평성'에 어긋난다며 줄기차게 이 법의 폐지를 주장해왔다. 결정은 국회가 대중제 골프장의 손을 들어준 모양새다.

대중골프장협회는 개별 소비세 감면이 마치 골프 대중화의 바로미터인 것처럼 여겨지고 있는 상황에서 그것의 '폐지에 앞장섰다'는 여론의 역풍에 휘말렸다.

당시 국책 연구기관인 체육과학연구원과 조세연구원의 분석 자료를 살펴보면 "세금감면으로 지방회원제 골프장 그린피가 3만~4만원 인하되었지만 여전히 높은 그린피와 회원권이 없는 대다수 골퍼들은 부킹을 할 수 없어 골프인구 저변확대에는 별효과가 없었다."고 지적했다.

한국대중골프장협회 강배권 회장은 "현 '체시법'은 마치 갓을 쓰고 양복을 입은 것과 다를 바 없고 진정한 골프대중화를 위해 국민 누구나 저렴한 비용으로 이용할 수 있는 대중골프장에 대한 지원 방안도 별로 없었다."며, "진정한 의미의 골프 대중화 핵심은 입장료다. 입장료가 10만 원 이하로 떨어져야 한다. 정부의 대중골프장에 대한 지원이 약간만 전향적으로 변하면 충분히 가능하다"고 주장했다.

허나, 말도 안 되는 입장료를 받고 있는 것으로 일부 대중골프장의 입장료는 회원제 골프장 수준을 상회하고 있다. 세제 혜택을 보는 만큼 지역 회원제 골프장 입장료 평균보다 3만~4만 원 낮게 당장 인하해야 한다.

2014년 대중골프장의 가장 큰 문제는 '무늬만 대중제'라는 것이다. 굳이 골프장 인허가 단계부터 회원제와 대중제를 구분한 것은 골프대중화를 위한 것이고, 대중제가 회원을 모집하지 않는 대신 일반세율을 적용한다. 회원제가 중과세율을 적용받고 있는 만큼 대중제는 입장료를 싸게 받아야 한다는 것이다.

그런데 일부 대중제 골프장이 세제 특혜를 보면서도 입장료를 비싸게 받아 정부정책과 골프대중화에 역행하고 있다.

그 단적인 예가 대중골프장이 회원제보다 입장료가 더 비싼 곳이 많다. 경남 남해의 사우스케이프오너스CC(18홀)는 주말 입장료가 37만원이나 된다. 이는 회원제보다 무려 11만원이나 비싸다.

입장료, 카트비, 캐디피 등을 합친 1인당 총 이용료는 사우스케이프오나스CC가 토요일 입장료 37만원, 캐디피 팀당 12만원, 카트비 팀당 9만원 등 총 42만 2,500

원에 달한다. 미래에셋이 운영하는 강원도 홍천의 블루마운틴CC(27홀)는 27만원으로 두 번째로 높다.

이들 대중골프장의 입장료가 비싼 것은 고급화, 명문화를 내세우고 있기 때문. 하지만 대중골프장의 입장료가 중과세율을 적용받는 회원제보다 높을 이유가 없다.

회원제 골프장 가운데 토요일 입장료가 가장 비싼 곳은 안양, 이스트밸리, 레이크사이드, 남서울, 잭 나클라우스CC 등으로 26만원이다.

스카이72CC는 인천공항공사로부터 부지를 임대받아 골프장 공사, 운영 후 기부채납하는 방식으로 운영하기 때문에 입장료가 비쌀 수밖에 없는 구조다. 토지사용료가 100억 원이 넘는다.

골프장의 세금감면은 입장료 인하로 이어진다. 그래서 골프장업계가 어려움을 겪고 있는 가장 큰 이유가 세금 때문이라는 주장이 나온다. '세금이 골프대중화의 걸림돌이라'는 얘기도 맞다.

정부는 '체육시설의 설치·이용에 관한 법률'을 개정해 회원제골프장은 한국골프장경영협회로, 대중골프장은 한국대중골프장협회로 월별 입장객을 보고하도록 의무화해야 한다.

일본의 경우는 월별, 이용형태별(회원, 비회원) 입장객을 감사보고서에 기재하도록 하고 있다.

5) 2021년 1월 온라인 정책토론회

2021년 1월 14일 양경숙 의원과 김승원 의원 공동개최로 '세금혜택만 받고 편법 운영하는 대중골프장 실태고발·대책마련을 위한 정책토론회'를 온라인 개최했다. '사실상 회원제를 운영하면서 일반세율을 적용받는 대중제 골프장의 편법 운영행위가 성행한다'는 지적이 제기된 것이다.

대중제 골프장이 2000년 말 40곳에서 2019년 330곳으로 늘고, 이용객 수는 2017년부터 회원제를 앞지르는 등 시장을 주도하고 있으며, 세금혜택을 받기 위해 대중제로 전환하는 회원제 골프장도 증가 추세였다.

이는 개소세 과세대상인 회원제 골프장이 대중제 골프장으로 지속적으로 전환되는 점이 특징적이며 골프장 경영자가 개소세 중과세를 피하면서 많은 입장 인원을 유치하기 유리한 대중제 골프장을 선호하는 것으로 보인다.

문체부는 '체시법'에 따라 '해당되는 법률을 좀 더 체계화시키면 관리가 가능할 수 있다'며 현재는 단순히 회원제와 대중제, 이원적으로 구분돼 있는데 여러 사례조사를 통해 '별도의 규제체계를 담아주면 적정 수준의 재산세 부과제도도 마련할 수 있다'고 말했다.

김태영 한국대중골프장협회 상근부회장은 "골프는 연령 · 체력 · 성별에 크게 구애받지 않고 주도적으로 체력 증진을 위해 할 수 있는 참여형 체육활동 중 하나"라며, 지난 골프 대중화 정책을 가장 성공적인 스포츠 정책이라고 평가했다.

이어 "대중제 골프장업은 현행 조세제도를 신뢰해 사업자가 운영초기 자금 압박을 부담하고, 고정 고객이 없어 운영상 가격 민감성과 위험성이 수반된다."며, "영업이익에 대한 법인세 등 세금의 일정 부분도 납부하고 있는 점을 고려해 달라"고 피력했다.

김훈환 한국골프장경영협회 상근부회장은 "2020년 코로나 사태가 불러온 골프장을 둘러싼 혼돈은 유례없는 특수한 상황이었다."며 "해외에서 골프를 즐기던 220만 명가량의 수요가 더해진 상황이 잣대가 될 수는 없다"고 지적했다.

그러면서 "시장 탄력성이 낮은 업계 특성상 부득이하게 요금 인상이 된 것"이라며 "코로나 이후에는 어려운 영업환경이 도래할 것이라는 우려가 많다. 시즌, 요일, 시간대에 따라 할인하는 등 다양하게 운영되는 골프장 자체의 특성을 고려해 달라" 고 주장했다. 'K-골프'의 고유한 잠재력을 살리기 위한 정부 지원이 필요하다고도 호소했다.

한편, 2023년 1월 10일 국회에서 열린 '한국 골프산업의 현황과 발전방안' 세미나를 참관한 필자 소감도 함께 싣는다. "유례없는 특수한 상황이었고, 과거보다는 지속가능한 미래를 얘기해야 한다"는 골프장 협회 주장에도 공감을 했다.

2023년 1월 6~7일 필자가 다녀온 제주도 나인브릿지, 핀크스, 롯데스카이힐 골프장에서도 "다시금 마케팅이 필요해졌다"고 하였는데 슬기롭게 대처를 해야 하는 현 시점이며, 한국이 경제·안보의 다층 복합 위기에 직면해 있다.

제주도는 불황기에 대규모 구조조정에 나선 데다, 산골 외지에 열악한 근로환경 탓에 코로나19 직전에 대거 이탈한 캐디 인력들이 후유증이다. 골프장업계 특성상 단시간 내 많은 인원 충원은 쉽지 않다. 특히 정부가 최근 내놓은 대책은 조선업에 외국인 인력을 신속히 수혈하는 데 초점을 맞췄고, 외국인 캐디 허용도 내놨다.

한국은행이 물가 상승세를 차단하기 위해 기준금리를 인상하는 가운데 그 여파가 자산시장에 영향을 주면서 '골프장 회원권 시장까지 위축시켜 시세를 떨어뜨렸다'는 관측도 제기된다.

최근 대한골프협회가 경희대학교 골프산업연구소와 실시한 조사 결과, 2021년 기준 국내 골프 활동 인구는 1,176만 명으로 우리나라 20세 이상 인구 가운데 10명 중 3명꼴인 31.5%로 나타났다면 "이미 골프 대중화가 이뤄졌다"고도 본다. 대중화(大衆化)란 '대중 사이에 널리 퍼져 친숙해짐'이나 또는 '그렇게 되게 함'이다.

'필드 골프 예비군'이라는 '스크린 골프 인구'도 5백만 명 예상할 때 아마추어 골퍼들 참여 스포츠로서 위상이 높아 더욱 대중화가 지속되는데, 이는 주 52시간제와 노동유연제 그리고 국민소득이 3만 5천불로 밑받침 되었으며, 코로나19 방역대책 특수마저도 노려 작년이 최정상이었겠다.

주말골퍼들 이용에 있어선 경비부담이 크고 "부정청탁 및 금품 등 수수의 금지에 관한 법률"(일명 '김영란법') 실시에도 법인카드 세액공제가 최근 2배로 늘었던 것이 코로나19 방역시책 영향도 컸으며, 어쨌든 경비과다로 접근성마저 어렵게 하기에 개선안도 찾아봐야 한다.

그런데 1999년 김대중 정부 골프 대중화 정책이후 비약적인 성장을 이뤘으나, 2022년 제2 골프대중화 정책에선 수요가 넘치는 골프대중화를 위한 공급책이 전혀 안 보였고 윤석열 정부에선 '체시법'과 골프관련 법률 재정비로 대중화가 완성될지 의문이다.

그리고 공급을 늘리고 세재 혜택을 통하여 그린피는 낮춰 부담 없이 누구나 골프를 할 수 있도록 해줘야 한다. 이젠 사교나 비즈니스 또는 친목을 위한 '명랑골프'와 실력발휘를 위한 '전문골프'로라도 나눠서 골프장 운영을 폄이 좋겠다. '재미'와 '승부'로 나뉘고 있다.

앞서 미국과 일본 사례를 살펴봤지만 한국은 산지형 골프장으로 암반이 많아서 골프장 건설비가 대단히 높고 세금도 높아서 다른 나라에 비교할 때 수익구조가 어느 정도여야 할지 객관적으로 원가계산 산정도 해봐야 한다.

또한, 그린피가 높은 이유는 골프장마다 운영에 따라 다를 것이며 2008년 글로벌 금융위기 이후 코로나19 직전까지 회원제골프장이 수익이 낮아 도산하고 법정관리에 맡기는 심각한 경영환경에 처한 상황에서 정부는 골프장산업에 대한 '립 서비스'만 할 뿐 '모르쇠로 일관'하고 있었다.

평균적으로 인상율도 살펴야 하나 공사비와 운영비를 살펴 폭등시킨 개별 골프장에 대한 규제는 당시 손 놓고 있었으면서 공정거래위와 국민권익위가 나섰지만 표준약관이나 조정에 그쳤을 뿐이고, 특히 캐디와 카트 사용료 폭등에 대한 대책도 아예 실종되었다.

코로나19 이전에 비해 그린피 인상폭이 과연 몇%가 정확한 것인지 통계마다 달라 제대로 알고 싶어 여러 통계를 이 책에 많이 게시했으며, '임대'하는 비회원제도를 '분양'한 회원제에 맞춰 그린피 상한액 책정한 기준점이 과연 타당한지도 되묻고서 3체제(안)이 과연 최선의 정책(안)인지 모르겠다.

이후 비회원제 3체제란 정부시책 보다 경기 악화와 시장여건으로 골프장 사용료(그린피)는 내려갈 것인데 과연 누구 덕(?)인지 잘 살펴야 하겠는바, 그린피 등 대폭 낮춰 가성비 높은 경비 지출에 일반 골퍼들이 납득할 수가 있어야 한다.

최근 3년간의 그린피 인상율이 정확히 얼마나 되는지 거듭 묻고 싶은바, 통계기관마다 기준도 일원화시켜 상호 비교 가능토록 해야 하며 어떤 관점에서 통계를 이뤘는지도 재점검 하여야 하겠고, 민간 역할에 치우친 골프장 관련 통계도 이젠 바뀌어야 한다.

'법률' 개정안을 두고 환영의 목소리와 과잉 입법이라는 의견이 동시에 나오고 있다. 상대적으로 활발하게 골프장 운영을 해도 수익을 맞추고자 올리게 된 것이라서 근본 원인을 찾아내 'K-골프' 위상에 맞게 바로잡아야 한다.

국제적인 기준으로는 '미터(meter)'를 적용하지만 골프장에선 '야드(yard)'를 사용하는 경우를 볼 수 있다. 야디지북이라 부르고 골프장에서 미터(m)보다는 야드(yd)와 피트(ft)가 난무하는 등 아직도 미터법을 사용하지 않고 있으며, 야드(yd)에 0.9144를 곱해야 미터(m)가 되지만 캐디가 불러줄 때 야드(yd)와 미터(m)를 혼동하여 헷갈리게 되고 분란도 인다.

우리말 대신 외래어가 난무하고 있는 잘못도 바로 잡아야 하겠고, 협회가 나서서 통계도 정리해 주거나 표준 교본도 만들며 한국골프 면모가 쇄신되었으면 좋겠다.

6) 골프장 전망

2022년 2월 8일 레저신문에 실린 KS레저개발 김기세 대표의 "2022년 골프장 산업현황과 향후 전망"을 아래 소개한다.

대한민국 현재의 골프장 상황을 파악해 보면 코로나19로 인해 전국 골프장이 호기를 맞으면서 최근 들어 골프장 산업 관련한 자료들이 빠르게 변화하고 있다.

첫째, 골프장관련 현황 분석이다.

최근에 신문기사를 통해 확인한 영국왕립골프협회(R&A)에서 발표한 골프장 관련 통계를 보면 대한민국은 골프장을 810개소, 9,348홀, 447시설을 가지고 있다고 발표되어 있는데, 이는 잘못된 정보이며 통계이다.

자료를 정리하기 위해서 참고한 자료는 [한국골프장경영협회], [문화체육관광부의 등록 체육시설업 현황], [육·해·공군 체력 단련장] 등의 자료를 기본으로 최대한의 검증 작업을 하여 통계를 분석하였지만 다소 차이가 있을 수 있다.

운영 중인 골프장은 499개소(군·경 골프장 41개소 포함), 18홀로 환산할 경우 576개소이다. 9홀 골프장이 22%, 18홀 규모가 39%, 27홀 규모가 27%를 차지하고 있다.

10년 동안 회원제에서 대중제로 전환하는 추세로 82개소(1,774홀:18홀 환산 99개소)가 대중제로 전환 되어 대중제 비율이 40%에서 65%로 역전되었다. 대중제 전환한 82개소 골프장 중 40개소는 법정관리, 42개소는 자발적으로 대중제 전환을 하였다.

현재 건설 중인 골프장은 37개소에 불과(18홀 환산 43개소 해당)하다. 실질적 건설 중인 골프장은 18홀 기준 19개소에 해당한다. 미착공 골프장은 인, 허가를 추진 중이거나 사실상 사업포기 상태에 해당되는 골프장이다. 신규 추진 중인 골프장은 세금이 과다하여 회원제 골프장은 전무한 상태이다.

'향후 신규 개장 골프장은 토지수용 불가하다'고 판단되며 골프장 개발 관련 법적용 등의 한계에 부딪혀 '더 이상 골프장이 늘어날 가능성은 극히 낮다'고 보인다. 수요와 공급의 불일치는 지속적일 것이지만 제주 및 전남 등 일부 지역은 공급이 수요를 초과하는 현상이 존재한다.

둘째, 골프장 내장객 현황 분석이다.

골프장의 내장객은 한국골프장경영협회의 10년간 누적된 내장객 데이터를 기본으로 산출했다. 따라서 협회에 가입되어 있지 않은 많은 대중제 골프장들의 일반적 내장객 데이터는 자료가 없어, 다소 차이가 날수 있다.

그럼에도 10여 년 간의 누적데이터는 다소 회원제 위주로 편중되는 측면이 있지만 우리나라 골프장의 절반에 해당하는 회원제 및 일부 대중제 골프장의 데이터가 누적되어 있음을 감안하면 그 흐름을 분석하는 것에는 유의미하다.

또한, 코로나19 이전인 2019년과 2020년의 내장객을 비교해 보는 것은 코로나19 이후에 골프장 내장객 변화 흐름을 예측하는데 참고 될 수 있는 자료가 될 것이다.

2008년 리먼브라더스 금융 사태로 인한 세계 금융 위기의 후폭풍으로 2014년까지 침체기를 거쳤다. 2015년 이후 지속적인 성장기를 거쳐서 코로나19 이전 2019년에도 사실상 한계에 도달한 최고의 내장객을 수용하고 있었던 것이 사실이다.

2020년에는 코로나19 후폭풍으로 해외골프 관광객이 국내골프장의 내장객으로 전환하여 평균 최대 내장객을 갱신(약 18홀 당 6,459명 증가)했다. 코로나19가 사라지면 해외로 나가는 골프 관광객이 증가하면서 평균 내장객이 다소 하락 할 것으로 전망된다.

MZ세대와 여성골퍼 층이 창출되어 당분간은 내장객이 유지 될 것으로 보인다. 코로나19가 끝나면 골프장 객단가는 하락 할 것이다. 따라서 객단가 및 지리적 접근성이 내장객 유치의 주요 변수가 될 것으로 전망된다.

한편, 2023년 2월 10일 국무조정실이 발표한 '중앙권한 지방이양 추진계획'에 따르면, 다른 골프장보다 낮은 세율을 적용하는 '대중형 골프장(퍼블릭)' 지정도 문화체육관광부 장관이 아닌 시 · 도지사가 할 수 있게 된다.

최근 '골프장 건설이 마을에 피해를 입힌다'며 지역 주민들이 '지방자치단체에 준공 검사를 취소하라'며 소송을 제기했으나, 법원은 "주민들이 준공검사 취소를 요구할 수 없다"고 판단했다.

2023년 2월 10일 대구지방법원 제2행정부는 A씨가 경상북도를 상대로 낸 청통 골프장 준공검사 취소 청구 거부처분 취소 소송에서 원고 측 청구를 각하했다. '각하'는 '소송 요건이 갖춰지지 않아 사건에 대한 판단 없이 재판을 종료한다'는 의미다.

청룡골프장은 2019년 12월 13일 경상북도로부터 준공 승인을 받고 영업을 해왔다. 그러나 A씨는 '골프장이 지자체가 허가한 내용과 다르게 조성됐다'며 경상북도에 '준공 승인을 취소하라'고 요구했다.

골프장 내 지하수동 4개의 굴착 허가 깊이는 130m인데 더 깊은 200m까지 굴착하고, 저류지도 6개까지만 허가됐으나 17개나 조성했다는 것이다.

A씨는 "인근 농가의 물 부족 피해를 야기했을 뿐 아니라 야간 영업제한 기준을 위반하고 비료를 과다하게 뿌려 지역 주민들에게 피해를 입히고 있다"며, "그럼에도 경상북도는 형식적인 심사만 거쳐 골프장에 준공검사 증명서를 발급해줬다"고 주장했다.

재판부는 "경상북도가 준공검사 취소 요구를 거부한 것은 행정처분에 해당하지 않아 A씨의 청구는 부적법하다"며 경상북도의 손을 들어줬다.

2 제2 골프 대중화정책

문화체육관광부(이하 '문체부')는 2022년 12월 30일부터 시행된 '대중형 골프장 지정에 관한 고시'에 따라 '골프장 이용 합리화 및 골프산업 혁신 방안'을 마련했다.

또한, 2023년 1월 18일 기획재정부는 정부가 2023년 7월 1일부터는 골프장 사용료(그린피, Green Fee)를 비싸게 받는 대중제 골프장은 개별소비세(이하 '개소세')를 면제하지 않기로 한 '세제개편 후속 시행령 개정안'을 발표했다.

〈현행 골프장 세율〉

<table>
<tr><th colspan="4">구분</th><th>회원제</th><th>대중제</th></tr>
<tr><td>취득</td><td colspan="3">취득세
(농어촌특별세 및 지방교육세 포함)</td><td>13.4%</td><td>4.6%</td></tr>
<tr><td rowspan="3">보유</td><td rowspan="3">재산세</td><td rowspan="2">토지</td><td>개발지</td><td>4%</td><td>0.2~0.4%</td></tr>
<tr><td>원형보전지</td><td>0.2~0.4%</td><td>0.2~0.4%</td></tr>
<tr><td colspan="2">건축물 등</td><td>4%</td><td>0.25%</td></tr>
<tr><td rowspan="3">이용</td><td colspan="3">개별소비세</td><td>1만 2000원</td><td>면세</td></tr>
<tr><td colspan="3">교육세</td><td>개별소비세의 30%</td><td>면세</td></tr>
<tr><td colspan="3">농어촌특별세</td><td>개별소비세의 30%</td><td>면세</td></tr>
</table>

자료 : 문화체육관광부(2022.05)

기존에는 개별소비세를 회원제 골프장에만 부과했었는데, 앞으로는 비싸게 그린피를 받는 비회원제 골프장에도 세금을 매길 방침이다. 부과되는 세금은 총 2만 1,120원이다. 개별소비세 1만 2,000원에 교육세·농특세 7,200원, 부가가치세 1,920원을 모두 더한 값이다.

이는 골프 열풍으로 대중형(퍼블릭) 골프장의 바가지 영업이 성행하자 대중골프장의 편법행위와 분류·관리체계의 한계, 세제 혜택의 취지 왜곡이라는 현재의 미흡한 골프장 시장질서 관리 제도를 개선하고자 제안된 것이다.

대중형 골프장으로 등록을 원하는 골프 사업자는 이용요금 계획서를 제출해야 하며, 골프 성수기에 해당하는 4·5·6월과 9·10·11월 평균 요금(주중 18만 8,000원, 주말 24만 7,000원)이 정부가 제시한 상한 요금을 넘지 않아야 등록할 수 있다.

정부가 발표한 대중제 골프장 그린피 상한제가 수도권 기준으로만 맞춰져 '일부 골프장은 그린피를 오히려 올려야 한다'는 불만도 나온다. 정부가 이미 오를 대로 오른 수도권 회원제 골프장의 평균 그린피를 기준으로 상한액을 정하면서 '그린피가 상대적으로 낮은 지방 골프장에는 요금 규제책이 소용없다'는 것이다.

문체부가 상한으로 정한 대중형 골프장 기준은 실제 예약(부킹) 가격보다 조금 낮은 것으로 추정된다. 골프 부킹플랫폼 엑스골프는 지난해 "수도권 회원제 골프장 2022년 10월 비회원 그린피를 실제 예약 데이터로 확인해 본 결과, 주중 20만 3,000원, 주말 25만 8,000원"이라고 분석한 바 있다.

1) 비회원제 도입, 골프장 3체제

'문체부'는 실질적인 골프의 대중화 기여를 위해 기존의 회원제/대중제 골프장이라는 이분 체제에서 회원제/비회원제/대중제라는 삼분체제로 개편하며, 대중화의 요건을 충족할 시에만 '대중제'로 지정할 수 있도록 했다.

'골프장 이용요금 표시관리 기준'이 새해 1월 1일부터 적용된다며 대중형 골프장 지정 신청을 할 수 있고, '지정을 원하는 골프장은 코스 이용료를 상한 요금보다 낮게 책정해야 한다'고 밝혔다.

대중형 골프장으로 등록하고자 하는 사업자는 이용 요금 계획서를 먼저 제출해야 하고, 4·5·6월과 9·10·11월 평균 요금(주중 18만 8,000원, 주말 24만 7,000원)이 정부가 제시한 상한 요금을 넘지 않아야 등록할 수 있으며, 계절 별 평균 요금을 기준으로 정한 것은 규제개혁위원회의 권고에 따른 것이다.

상한금액은 지난해 10월 수도권 회원제 골프장 비회원 대상 평균 입장 요금에 통계청에서 발표한 오락 및 문화 소비자물가상승률 2.8%를 반영하고 회원제 골프장과 대중형골프장 간 과세 차등액인 3만 4,000원을 뺀 금액이다.

〈골프장 분류체계 개편〉

현행	개편안	
회원제	회원제	회원을 모집해 경영하는 골프장
대중제	비회원제	회원을 모집하지 않고 경영하는 골프장
	대중형	비회원제 골프장 중 관계 법령 요건을 충족해 지정된 골프장

자료 : 문화체육관광부(2022.05)

대중형 골프장 지정요건은 그린피, 카트비, 캐디피, 캐디 · 카트 선택 여부, 부대 서비스 가격 등을 기준으로 매년 또는 격년으로 중앙심사위원회를 거치도록 했다. 이에 따라 현재 대중형 골프장이 삼분체계로 전환 후 비회원제로 변경되어 그린피 인상이 우려되기도 한다.

사업자는 그린피 상하선을 지켜 세제 감면(개별소비세 1인당 약 2만원)을 받을지, 세제 감면은 포기하고 그린피 제한 없는 회원제나 비회원제로 운영할 지 선택해야 한다.

이에 따라 모든 골프장은 사용자가 예약 시 확인할 수 있도록 홈페이지에 그린피를 게재해야 하며, 카트와 식음료 등의 부대 서비스 이용 요금을 홈페이지와 현장에 게재해야 한다. 다만, 캐디 서비스 이용 요금은 골프장에 직접 지불하는 돈이 아니기 때문에 표시의무 이용요금에서 제외됐다.

2) 골프장 예약·위약금 달라진다

2022년 12월 19일 공정거래위원회는 골프장 이용 예약금과 위약금의 기준을 '골프 코스 이용에 따른 요금'으로 명확하게 정하고, "예약 취소시점에 따라 위약금을 세분화해 차등 부과하는 기준을 새로 정해, 골프장이용 표준약관을 개정했다"고 밝혔다.

공정위는 "골프의 대중화와 함께 코로나19로 인한 해외여행 제한 등으로 국내 골프장 이용수요가 급증하면서 소비자 피해를 예방하기 위해 표준약관을 제정할 필요가 있었다."는 설명이다.

예약금과 위약금은 예약 취소일에 따라 팀별 골프코스 이용에 따른 요금의 10~30% 범위의 위약금이 차등 적용된다. 또한 사업자가 이용자에게 식당, 그늘집 등을 통해 음식물·물품 구매를 강제하는 행위가 금지된다.

〈골프장이용 표준약관의 예약 취소시 위약금 기준〉

구분	주말, 공휴일 이용일 4일전	주말, 공휴일 이용일 3일전~2일전	이용일 1일전	이용일 당일
	평일 이용일 3일전	평일 이용일 2일전		
기존 표준약관*	**위약금 없음** (예약금 환불)	입장료의 **5%** (예약금의 50%)	입장료의 **10%** (예약금의 100%)	입장료의 **10%** (예약금의 100%)
개정 표준약관	**위약금 없음** (예약금 환불)	팀별 골프코스 이용요금의 **10%**	팀별 골프코스 이용요금의 **20%**	팀별 골프코스 이용요금의 **30%**

ⓒ공정거래위원회

기존 표준약관에서는 기본 이용료에 해당하는 '골프코스 이용에 따른 요금'에 카트이용요금이 포함되는 것으로 정하고 있어 이를 분리하고 요금의 세부 내역을 명확하게 규정할 필요가 있고, 예약금과 위약금을 '입장료'의 10%를 기준으로 산정하고 있었으나, 입장료에 대한 정의가 없어 분쟁발생의 요인이 된다는 판단이다.

최근 4년(2018년~2021년)간 1372소비자상담센터에 접수된 골프장 이용과 관련한 소비자 상담은 총 1,627건으로, 2021년의 상담 유형은 예약취소 위약금 과다·계약불이행·이용료 부당·과다 청구 순으로 많았다.

이에 공정위는 골프장 사업자단체와 표준약관 개선방안을 협의해 관련 사업자단체에게 표준약관 개정 심사를 청구토록 권고했고, 한국골프장경영협회 · 한국대중골프장협회가 표준약관 개정안을 마련해 심사를 청구, 문화체육관광부 · 한국소비자원 등 관계기관의 의견 수렴과 약관심사자문위원회 자문 등의 절차를 거쳐 표준약관을 개정했다.

특히 위약금 기준을 보면, 주말 · 공휴일인 이용예정일 3일전, 평일인 이용예정일 2일전부터 예약 취소일에 따라 팀별 골프코스 이용에 따른 요금의 10~30% 범위의 위약금을 차등적으로 부과한다.

위약금의 부과 없이 예약을 취소할 수 있는 기간은 주말 · 공휴일인 이용일의 경우에는 이용예정일부터 4일전, 평일인 이용일의 경우에는 3일전으로 현행을 유지했다.

이용자뿐만 아니라 사업자가 골프장의 사정으로 이용 예약을 취소하는 경우에도 예약취소 날짜에 따라 10~30%의 위약금을 배상하게 해 사업자에게도 동등한 위약기준을 적용토록 개정했다.

또한 위약금의 기준이 되는 요금을 '팀별 골프코스 이용요금'을 정해 카트이용료 등 부대비용을 제외한 기본 골프코스 이용료에 이용예정 인원수를 적용하는 방안으로 바뀐다.

물품·음식물 등 구매 강제 제한 조항도 신설됐다. "이용자에게 골프코스 이용 외에 물품, 음식물 등의 구매를 강제할 수 없다"는 사업자 의무조항을 신설해, 소비자의 선택권을 보장하고 소비자 피해를 예방할 수 있게 했다.

사업자가 이용자에게 클럽하우스의 식당 등을 이용하는 조건으로 예약을 받거나, 물품이나 음식물 등의 구매를 강요해 이용자들에게 불필요한 지출을 강요하는 행태의 개선이 필요했다.

2023년부터 골프장 사업자들이 문화체육관광부로부터 '대중형 골프장'으로 지정받기 위해서는 '골프장이용 표준약관'을 사용해야 돼, 표준약관 사용이 더욱 확대될 것으로 예상했다.

3) 대중제 골프장들 반응

정부가 대중제(퍼블릭) 골프장 골프장 사용료(그린피, Green Fee)에 직접 개입하려는 규제는 '회원제 골프장의 비회원 가격을 기준으로 대중제 골프장 이용료를 산정한다'는 점에서 합리성과 형평성 모두를 충족시키기 어렵다.

회원제와 대중제는 비록 인근 지역에 자리 잡고 있다고 하더라도 건설 시기, 비용, 회원 혜택 등에 따라 서비스 품질과 내장객 만족도가 완전히 다르다.

같은 회원제 골프장이라고 하더라도 비회원 가격도 천차만별이다. 이런 상황에서 회원제와 대중제 이용료를 연동시키겠다는 발상이 어떻게 가능한지 이해할 수 없다.

보다 근본적으로는, 정부가 20만원 안팎인 고가의 그린피까지 가격 규제에 나서야 하는 것인지, 무슨 명분으로 시장 가격에 개입하겠다는 건지 납득하기 어렵다.

'생활 물가를 잡겠다'는 것도 아니고, '국민 건강권을 강화하겠다'는 취지도 아니다. 코로나19 사태를 틈타 골프 인구가 크게 늘었고, 그 바람에 그린피가 가파르게 오르자 골프장을 찾는 사람들의 불만이 급증한 데 따른 포퓰리즘적 대응에 다름 아닐 것이다.

하지만 어떤 경우든 수급을 고려하지 않는 시장 개입은 실패할 수밖에 없다. 시장가격이 엄연히 존재하는 마당에, 정부 압박으로 그보다 낮은 가격이 책정될 경우 골프장은 만성적인 골프장예약(부킹)난(難)에 내몰릴 가능성이 높다.

그리고 회원제 골프장에 부과하는 개별소비세는 회원권을 소유할 만한 사람에 대한 사치세 성격이 강하다. '정부 방침을 따르지 않는다'는 이유로 개별소비세를 징벌적으로 부과하는 것은 세금 목적에도 부합하지 않는다.

요금을 천편일률로 규제하는 것은 시장경제 원칙에 맞지 않고 총 이용료가 아닌 그린피로 한정된 요금 기준이, 오히려 이용객 부담을 가중시킬 수 있다. 실효성은 내다보이지만, 아예 약효가 듣지 않는 경우도 배제할 수 없어 벌써부터 현장 우려가 불거진다.

'지역별로 천차만별인 가격을 수도권 기준으로만 재단하는데서 부터 이미 현실성이 떨어진다'는 지적, 비회원제 신설 효과를 살릴 방향도 제시하지 않은 한계를 안고 있다.

높은 그린피를 받는 비회원제 골프장들이 가격 조정에 나설지 여부에 관심이 쏠리나 대중제 골프업계는 이번 시행령 개정안에 따른 그린피 인하 가능성에 대해 부정적이다.

우선 그린피를 아주 소폭 내려서 문체부가 제시한 주중 18만 8,000원, 주말 24만 7,000원에 턱걸이로 맞추는 방법을 사용하는 것이 가장 일반적으로 추측할 수 있는 '세금 피해가기' 방법이 될 것으로 보인다.

단순히 그린피로만 개소세 부과 기준을 정한만큼, 그린피 대신 그늘집 메뉴 가격 인상, 캐디피 또는 카트비 인상 등 다른 요금을 더 받는다든지 하는 방식의 꼼수 영업도 이뤄질 수 있을 것이라는 관측도 나온다.

골프장 운영사 임원은 "개소세는 일종의 '사치세'인데, 이를 운동 종목에 매기는 것이 합당한지부터 따져봐야 할 것"이라며, "단기적으로 1~2년은 요금 인하 효과가 있겠지만, 장기적으로 골프 대중화를 목표로 하는 것이라면 오히려 역효과를 낼 것"이라고 비판했다.

가령 골프장을 수도권에 짓는 데에 1홀 당 100억 원씩, 총 1,800억 원을 들여 골프장을 조성한다면 '회원제로 운영해 회원 가입비를 받아 한 번에 비용을 회수하는 방법을 택할 것이라'는 이야기다. 굳이 가격 규제를 받으며 대중형으로 운영할만한 유인이 떨어진다는 지적이다.

제주도내 30개 골프장 중 회원제는 5개, 대중제는 14개, 회원+대중제는 11개로 현재 제주지역 대중골프장 중에서 정부가 제시한 가격 이상으로 이용료를 부과하는 골프장이 거의 없고, 오히려 대중형 골프장의 이용료를 제주지역 현실보다 너무 높게 책정해 골프장들이 요금을 인상시키는 빌미가 될 수 있다는 우려다.

이미 코스 이용료가 정부 상한금액보다 낮은 지방 골프장에서는 '해당 정책이 소용없다'는 비판이고, 경남지역 골프장의 경우 주중 코스 이용료 12만~14만원, 주말 코스 이용료 18만~20만 원대를 형성하고 있다.

코스 이용료는 시간에 따른 변동이 커서 사람이 몰리는 시간대에 금액을 올리고 그렇지 않은 시간에는 가격을 내려 평균요금을 맞추면 되기 때문에 상한금액이 4~6월과 9~11월, 계절별 평균요금이라는 것도 문제점으로 꼽힌다.

2023년 1월 21일 보도에 따르면, 세금 혜택을 누리려는 골프장들이 대거 대중형으로 전환하면서 그린피가 한풀 꺾일 것이라는 예측이 나오지만 일각에선 비회원제 골프장이 늘어난 세금만큼 그린피를 인상하는 방식으로 골퍼들에게 부담을 전가할 것이란 우려도 나온다.

한국레저산업연구소는 주말 그린피가 대중형 그린피 상한액(24만 7,000원)을 초과하는 골프장 98개소 가운데 그린피가 훨씬 비싼 36개소를 제외한 62개소는 그린피를 2만~3만원씩 낮추고 대중형을 선택할 것으로 예측했다.

대중형 그린피 상한액을 초과하는 골프장 중 그린피가 28만원(대중형 그린피 상한액 +3만 4,000원)을 초과하는 골프장은 모두 36개소다. 이들은 값비싼 그린피를 받으면서 그대로 비회원제를 유지할 가능성이 클 것으로 추측했다. 이에 따르면 비회원제 골프장은 최소 30개소, 최대 40개소에 달한다.

서천범 한국레저산업연구소장은 "비회원제 골프장의 신설 목적은 세금을 더 걷으려는 게 아니라 그린피를 낮추려는 것이므로 개소세 부과에 찬성한다."고 설명했다.

골프장도 소비자가 실질적인 효능감을 갖도록 가성비율을 높여 줘야 한다. 일부 골프장이 폭리를 취할 당시 상응한 조치를 취했어야 했던 정부가 외면했고, 골프장 사용요금(그린피)의 상한선을 정하여 대중제로 신고 받은 계획을 이후 무시하면 '문체부'가 어떤 조치로 규제하겠다는 것인지도 혼란스러웠다.

골프장 이용요금이 시장원리에 따라 결정되는 것이 합리적이다. 금번 조치는 적절하지도, 타당하지도 않았고 자칫 당초 의도와 달리 득보다 실이 클 수도 있겠다.

그동안 수없이 내놓았던 대책의 재탕, 삼탕이라 실행력이 담보되어야 한다. 골퍼들이 보다 저렴하게 운동을 하도록 하는 가성비 높이는 정착을 최우선 과제로 두고서 골프장업주 등 운영주체들의 목소리도 균형 있게 반영하는 그린피 개편 추가 논의가 필요하다. 물론 중과세부터 다뤄야 한다.

4) 한국골프장경영협회 "개별소비세 부과를 폐지해야"

2023년 1월 20일 한국골프장경영협회가 "정부의 비회원제 골프장에 대한 개별소비세 부과를 폐지해야 한다."고 목소리를 냈다.

협회가 발표한 입장문에서 "비회원제 골프장에 재산세와 종합부동산세를 합산과세해 세금이 과중한 상황에서 개별소비세까지 부과하는 것은 정부가 사실상 비회원제 골프장으로 잔류하기를 원하는 골프장에 대중형 골프장으로 전환하라고 강제하는 것"이라고 주장했다.

협회는 "골프장을 일부 특수부유층의 전유물인 호화 사치성 위락시설로 보고 이를 억제하기 위해 개별소비세를 부과한 1989년과 2023년 현재는 국민 생활수준 향상과 생활방식 등에 질적인 변화가 있다"며, "현재 사행성 업종을 제외한 모든 체육시설 업종에 대한 개별소비세가 폐지됐으나 회원제 골프장과 비회원제 골프장에 개별소비세가 유일하게 존속된다는 것은 조세평등주의에 어긋난다"고 지적했다.

대중형으로 전환하지 않는 비회원제 골프장은 재산세와 종합부동산세를 대중형 골프장에 적용되는 별도합산과세가 아닌 종합 합산과세로 부과 받게 되면서 '동일한 규모의 회원제 골프장보다 납세액이 초과되거나 그에 준하는 수준에 이르렀다'는 게 협회의 판단이다.

협회는 "실질적으로 골프장 유형은 자금조달 측면에서 선택하는 방식일 뿐 골프 행위나 시설에 물리적 차이는 없다"며, "골프장을 이용하는 비회원(회원권 미소지자)의 경우 이용금액, 시간, 접근성 등의 이유로 골프장을 선택하기 때문에 개별소비세의 차별 부과는 조세평등주의를 침해한다"고 주장했다.

대중제 골프장들은 "시장경제 원칙에 안 맞다"며 반발하고 있는데, '회원제와 달리 골프장 조성 원가가 비싸고 경영 안정성이 떨어진다'는 점과 '개별 골프장들의 코스 상태나 처지 등이 다 다른데 일괄적으로 가격을 규제하는 것은 불합리하다'는 주장이다.

2023년 1월 30일 박창열 한국골프장경영협회(KGBA) 회장은 언론과의 인터뷰에서 "골프는 호화, 사치 스포츠라는 인식이 아직도 사회 전반에 깔려있다"면서 "세계 10위권 선진국 진입으로 국민 수준이 바뀌었는데, 골프는 과거 수십 년 전 인식에 머물러 있는 것은 문제"라고 지적했다.

이어 "골프에 대한 부정적인 인식을 바꾸기 위해 ESG(환경·사회·지배구조) 경영과 친환경 운동에 적극적으로 나서겠다"고 약속했다.

KGBA는 내년이면 창립 50주년이다. 2019년 제18대 회장에 취임했고, 2022년 연임에 성공해 2024년 3월까지 6년 동안 협회를 이끌게 된 박 회장은 "골프장은 일률적인 요금제가 아닌 다양한 형태로 운영돼야 한다"며 "합리적인 이용요금을 만들어 골프업계의 사회적 역할을 충실하게 해나가겠다"고 덧붙였다.

박 회장은 골프장의 요금 문제에 대해서도 "회원사들에게 지나친 요금 인상 자제를 요청했다"면서 "골프장에 대한 부정적인 여론과 국회, 정부의 대응에 골프장의 입장을 대변하기 위해 많은 노력을 기울이고 있다"고 피력했다.

박 회장의 가장 큰 난제는 재산세 중과, 개별소비세 등 세금 문제다. 그는 "세금 문제를 풀지 않으면 이용료를 내리는 데 한계가 있다"고 지적했다. 박 회장은 협회 수장으로 있는 동안 '원형 보전지' 지방세 개정과 체육진흥기금 폐지 소송에서 승소했다.

현행법상 골프장은 체육시설로 규정돼 있지만 지방세법에는 회원제 골프장이 여전히 도박장, 유흥주점 등과 함께 재산세 중과세 대상으로 묶여 있다. 개별소비세가 내국인 카지노의 2배, 경마장의 12배, 경륜장의 30배로 가장 높다.

박 회장은 “코로나19 이전 회원제 골프장의 60%가 적자경영을 했다”면서, “코로나 사태로 인해 골프장 이용객이 급증해 각종 요금 인상이 있었지만 신기루에 불과한 일시적인 현상일 것”이라고 분석했다.

골프장은 2017년 기준으로 500여 곳이 한 해 국세와 지방세를 합쳐 1조 837억원을 내고 고용 10만 명을 창출하며 용품 · 의류 · 스크린골프 등 연관 산업을 포함한 매출이 30조원을 넘는 효자 산업이다.

골프 인구는 코로나19 발생 이후 폭발적으로 증가했다. 대한골프협회(KGA)가 최근 발표한 자료에 따르면 2021년 기준 국내 골프 활동 인구는 1,176만 명으로 2017년 대비 16.4%가 늘어났다. 골프 활동 인구는 20세 이상 인구 10명 중 3명이나 된다. 하지만 골프에 대한 생각은 호의적이지 않다.

3 ‘한국 골프산업의 현황과 발전방안’ 세미나

2023년 1월 10일 한국체육기자연맹(회장 양종구)이 주관한 ‘한국 골프산업의 현황과 발전방안’ 세미나가 서울 영등포구 여의도동 국회의사당 의원회관 제3세미나실에서 열렸다.

세미나는 오전 10시에 시작해 유상건 상명대 스포츠ICT융합학과 교수가 사회를 맡고, 서천범 한국레저산업연구소 소장과 옥 광 충북대 교수(한국골프학회 사무총장)가 발제자로 골프산업의 현주소와 발전방안을 제시했다.

1) 한국레저산업연구소 서천범 소장 발제

한국레저산업연구소 서천범 소장은 한국 골프장산업 현황과 문제점을 진단했고, 한국 골프장산업의 시장 규모, 골프장 수, 이용객 수, 경영 실적, 이용료, 세금 등을 객관적인 자료와 함께 알아보고 향후 전망을 내놓았다.

또한, '과도한 골프장 건설 규제'와 '접대골프 상존', '회원제의 재산세율 중과'등을 한국 골프장산업의 문제점으로 판단하며 "반드시 개선이 필요하다"고 강조했는데, 상세하게 아래 소개한다.

서 소장은 "코로나19 사태 이후의 골프의 고비용 구조를 타파하기 위해서는 골프장 공급을 촉진시킬 수 있는 건설규제 완화가 절실하다"며, 대중골프장의 그린피 인상률은 2020년 5월부터 지난해 10월까지의 주중 33.3%, 토요일 24.5%에 달했는데, 현재의 골프장 고비용 구조에서 벗어날 수 있다는 주장이다.

골프장 이용료가 폭등하면서 골프장의 수익률도 사상 최고치를 기록했다. 2021년의 대중골프장 영업이익률은 48.6%로 전년보다 8.0% 포인트 상승했고 지난해에는 50%대로 최고치를 경신한 것으로 추정된다.

골프 수요는 급증했음에도 불구하고 신규 골프장은 각종 규제 때문에 공급이 더디다. 2013년 31.5개소에 달했던 개장 골프장수(18홀 환산)가 2014년 이후 10개 안팎으로 크게 줄어들었다. 공사 중이나 추진 중인 골프장수가 2023년부터 2027년까지 약 70여개 소에 달하지만 강력한 골프장 건설규제 때문에 얼마나 개장할지는 미지수다.

그리고 현재 추진 중인 골프장은 관광단지에서 조성하도록 하면서 수익성이 없는 각종 관광 · 숙박시설들을 조성하도록 규정하고 있다. 특히 골프장 면적을 관광단지 내 30% 이내로 조성하도록 문화체육관광부에서 요구하고 있다. 즉, 18홀 골프장 조성에 100만평의 부지를 확보해야 한다는 뜻인데, '관광진흥법'에서는 골프장 면적에 대한 규제사항이 없다.

서 소장은 "골프장 공급을 확대하기 위해서는 관광단지내 골프장 면적 30% 이내 지침을 대폭 완화해야 한다."며, "관광단지 지정 및 조성계획 승인은 광역자치단체장의 권한임에도 불구하고, 지정단계에서 문체부와 협의를 진행하면서 사업을 지연시키고 있다"는 점을 지적했다.

실제로 지난해 10월 기준 팀당 평균 캐디피는 회원제 14만 7,000원, 대중제 14만 3,000원인 것으로 조사됐다. 2년 전보다 각각 17.6%, 16.3% 증가한 수치다. 팀당 평균 카트피는 회원제 9만 7,000원, 대중제 9만 1,000원 수준이었다.

서 소장은 "골프장에서 사용하는 법인카드 사용액의 손비(損費)인정 범위를 축소하는 것이 바람직하다"고도 주장했다. 고급 골프장을 이용하는 골퍼들은 접대 목적이 적지 않다.

법인카드로 골프장에서 사용한 금액은 2021년 1조 9,160억 원으로 전체 골프장 매출액 6조 9,599억 원의 27.5%에 달했다. 2021년 골프장 사용액은 코로나19 사태 직전인 2019년보다는 48.6% 급증했다.

법인카드 손비인정 범위를 축소하는 경우 약 564만 명의 골퍼가 혜택을 받을 수 있다. 급등한 그린피와 식음료 값이 하락하고 주말 부킹난이 완화되면서 골퍼들에게 전가되는 금액이 줄어든다는 것이다.

골프장의 그린피 인상에도 불구하고 접대골프는 저항이 적은 편이다. 따라서 법인카드의 손비 인정 범위를 줄인다면 중산층이 이용하는 저렴한 골프 대중화가 달성될 가능성이 높아진다는 의견이다.

서 소장은 "회원제 골프장에 대한 재산세 중과세율을 완화해야 한다."고 주장했다. 회원제 골프장은 회원모집 혜택을 주는 대신에 높은 재산세율을 적용받고 그린피에 개별소비세가 부과된다.

대중골프장의 재산세율은 0.2~0.4%로 일반세율을 적용받는 반면, 사치성 재산으로 분류되는 회원제 골프장의 재산세율은 4%로 징벌적으로 중과되고 있다.

서 소장은 또한 "골프장 조성의 고비용 구조를 타파하기 위해서는 골프장 공급을 촉진시킬 수 있는 골프장 건설규제가 대폭 완화되고 접대골프를 줄이면서 회원제 골프장의 재산세율 중과세율을 점진적으로 낮춰야 할 것"이라면서, "그렇지 않으면 골프장의 고비용 구조는 앞으로 상당기간 지속되면서 골프대중화는 요원할 것"이라고 말했다.

2) 한국골프학회 옥 광 사무총장 발제 후 최보근 체육국장 토론

한국골프학회 옥 광 사무총장은 한국 골프장 산업의 발전방안에 대해 여러 자료를 들며 발제했다. 골프장 산업 이슈를 체크하고 골프 대중화 방안과 거시환경 개선의 필요성을 짚었다.

골프장 발전 방향성으로는 법안 개정, 골프장 수 확대, 골프장 유형 변화, 공공제 골프장 확대, 다목적 골프장 확대 등을 주장했다. 또한, 골프장과 테크놀로지의 상관관계를 설명하고, 골프장과 연계한 저변 확대 사례들도 소개했다.

두 골프 전문가의 발제가 끝난 뒤 사회자 유상건 교수의 진행 속에 최보근 문화체육관광부 체육국장과 배재정 한국스포츠미디어학회 회장이 토론자로 나서 발제자들과 함께 의견을 나눴다.

국내 골프장 그린피 인하에 대한 현실적인 가능성과 제도 개선, 법안 추진, 다른 나라와 비교 분석 등에 대한 논의가 펼쳐졌다. 열띤 토론은 예정된 시간을 넘어서까지 이어졌고, 미처 의견을 나누지 못한 골프산업 현황과 발전 방안 주제들은 추후 세미나에서 다시 점검하기로 결정했다.

국회 토론회 행사를 주최한 김윤덕 국회의원으로부터 "문체부 최보근 체육국장은 여러 보직을 맡고서 일 잘한다."는 소개도 들었는데, "서천범 소장의 정책 제안을 수용하겠다."고 하여 큰 기대를 낳았고, 향후 골퍼들이 경제적 부담을 갖지 않도록 어렵지 않게 운동할 여건 조성도 필요하다.

최 국장은 '현재 추진 중인 골프장은 관광단지에서 조성하도록 하면서 수익성이 없는 각종 관광 · 숙박시설들을 조성하도록 규정하고 있다'는 지적을 "살펴보겠다."고 하였다.

특히 골프장 면적을 관광단지내 30% 이내로 조성하도록 문화체육관광부에서 요구하고 있다는데 '관광진흥법'만의 문제는 아니고 "유관 부처와 협의를 통해 완화 방안을 찾겠다."고 밝혔다.

또한 골프장 건설시 어려운 동의율도 낮추도록 하고 정부 지원한도를 설정한 금융지원도 찾아보며, 회원제 골프장에 대한 재산세 중과세율을 완화해야 한다는 세제도 "비회원제 골프장이 회원제 골프장보다 높지 않도록 하겠다."고도 밝혔다.

최 국장은 "윤석열 정부가 친 기업정책으로 시장 자율적으로 힘써 나가도록 하며 규제를 적극 풀려고 한다." 는바, "관광단지 계획과 지방세제 개편에 적극 나서겠다."는 언급이 특히 고무적이었다.

하지만 1999년 김대중 정부 골프대중화 정책에 이어 2022년 제2 골프대중화 정책의 차별성도 없고, 수요에 따른 공급 부족 사태에 어려워지는 대중제 골프장을 정부나 지자체가 인수하려는 방안 모색도 없음은 유감이다.

마지막 토론자로 나선 배재정 회장이 지적한바, 우리가 일본을 따라갔던 경험에 따라 1985년 미국과의 프라자 협정보다 더 무섭게 나타난 버블경제 붕괴와 함께 저출산 고령화에 따라 잃어버린 30년 교훈을 삼아야 한다.

일본은 1990년대 거품이 꺼지고 '잃어버린 30년' 장기 침체가 이어지며 쇠락의 길을 함께 걸어왔다. 일본의 닛케이225지수는 1989년 12월 3만 8,957로 상투를 치고 추락한 후 2023년 현재 2만 7,000선 내외로 아직도 1989년 고점을 회복하지 못했다.

경제성장은 미약한데 나랏돈을 마구 쓰는 바람에 국가채무는 2021년 말 국내총생산(GDP) 대비 240%로 급증했다. 2012년 엔화를 마구 찍어내는 양적 완화의 아베노믹스 정책을 도입한 후 회복세를 보였지만 세계적인 고물가와 고금리로 진퇴양난에 처했다.

우리나라도 인구가 감소세로 전환하고 잠재성장률이 하락 추세를 지속하면서 '일본 전철을 밟을 수 있다'는 우려가 커지고 있다. 코로나19 대유행 규모가 줄고 있고 사실상 엔데믹(풍토병화) 상황에 진입한 만큼 방역 시책 변경 이후 해외골퍼 200만 명이 나가려는 시점에서 우리도 나름의 처방이 필요하겠다.

4 골프장 소개

"골프장 코스 없이는 골프도 없다." 자연과 인간 욕망이 만나는 방식에 따라, 골프장은 숱한 종류로 나뉜다.

자연 입지에 따라 링크스(Links) 코스, 히스랜드(Heathland) 코스, 파크랜드(Parkland) 코스, 시사이드(Seaside) 코스, 사막(Desert) 코스, 프레이리(Prairie) 코스, 열대(Tropical) 코스 등으로 나뉘는 한편, 용도에 따라 토너먼트 코스, 비즈니스 코스, 휴양지 코스, 체육 후생시설 코스 등과 이 특징들을 혼합한 코스들도 있다.

자연 보전 또는 관리 스타일에 따라 러스틱(Rustic) 코스, 매니큐어드(Manicured) 코스로 분류할 수도 있으며, 운영 체제에 따라 회원제 코스와 퍼블릭 코스, 그 중간 형태의 데일리 피 코스 등으로 구분되기도 한다.

좋은 골프코스는 대개 전략적인 면과 도전적인 면이 동전의 양면처럼 적절하게 안배되어 있기 마련이다. 전략적인 플레이란 생각하면서 현명하게 치도록 유도하는 유형으로, 자신의 실력에 따라 공략법을 선택하도록 안배된 것이다.

도전적인 플레이란 모험적인 시도를 하도록 코스가 플레이어에게 도전하는 성격이 강한 것이며, 코스가 플레이어에게 플레이어가 코스에게 도전하는 상호관계를 형성해 놓는다.

솟은 그린(Elevated Green, 일명 포대그린)은 형태가 봉긋하게 솟아올라 공을 면에 맞추면 밖으로 튀어나가기 쉽고, 그린 앞에 떨어지게 하면 굴러서 올라가기 어렵다.

첫 타임에 반짝이는 아침 햇살을 받아 안개 속에서 서서히 드러나는 코스의 신비감, 마지막 해 질 무렵 음영이 드리워진 코스를 동반자와 걸어갈 때의 충만감, 한 편의 영화처럼 물 흐르듯 경험하는 자연에서 여유를 느끼게 한다.

1857년 영국왕립골프협회(R&A)가 골프 경기의 한 라운드를 18홀로 규정한 이후 1900년 초까지 전 세계적으로 '첫 번째 골프 붐'이 일었다. 이때부터 18홀로 '길 찾기'(라우팅, Routing)된 코스가 유럽 본토와 러시아, 호주, 북미 지역에 조성됐다.

흔히 1910년부터 제2차 세계대전 발발 직전인 1930년대 후반까지를 '골프의 황금기'로 부른다. 이 시기에 더내셔널골프링크스, 페블비치, 파인밸리, 사이프러스포인트, 오거스타내셔널 등 불후의 미국골프 코스가 조성됐다.

산업혁명 이후 제국주의와 식민주의, 부르주아 계급의 부 축적 등을 바탕으로 세계적 골프 붐이 일고 골프의 황금기 속에서 식민지 서울(경성)에도 드디어 1921년 한국 최초의 골프장 효창원이 만들어진다.

골프가 인간에게 가장 어려운 운동이라 단정할 수 없지만, 지구에서 가장 난해한 스포츠임은 분명하다. 골프장이 불가해한 자연(또는 자연을 재구성한 시공간) 그 자체이기 때문에 세상에 같은 장소는 없고 똑같은 골퍼도 없다. 같은 골프코스도 없다.

또한 골퍼 개인마다 다른 인식과 욕망이 그 시·공간에 스며들어, 자연과 사람, 플레이어들 사이의 관계가 변화막측하게 얽히는 게임이기 때문이다.

경기 고양시 원당동의 서울 · 한양컨트리클럽(CC) 진입로에는 '한국 골프의 요람'이란 커다란 간판석이 서 있다. 한양CC는 1964년 9월 18홀로 개장했다. 이후 1970년 18홀을 증설해 국내 최초 36홀 골프장으로 거듭났다.

서울CC는 일제 강점기인 1924년 만들어진 경성골프구락부가 전신이다. 1930년에 국내 최초로 군자리(현 서울 광진구)에 정규 18홀 코스를 개장했고, 한국전쟁 이후 복구공사 등을 거쳐 1954년 7월 군자리 코스가 18홀로 다시 문을 열었다.

1972년 군자리코스에 어린이대공원이 들어서기로 하면서 서울CC는 입지가 좋은 한양CC 주식을 100% 인수하고 현재 코스에서 '한 지붕 두 가족' 체제를 유지해왔다. 내년이면 서울CC는 법인 발족과 개장 70주년, 한양CC는 개장 60주년을 맞는다.

한양CC 골프 코스는 당시 안중희 그랜드호텔 사장과 우리나라 최초의 프로골퍼 연덕춘 씨가 설계했다. 서울 · 한양CC가 발간한 골프장 역사서에 따르면 연 프로는 "지형의 높낮이를 표시한 지도나 코스 설계도도 없었다."며 "새끼줄을 들고 '여기는 페어웨이, 이쪽은 그린'이라고 표시하며 눈대중으로 현장 설계를 했다"고 회고했다.

측량 기술이나 장비가 부족한 대신 수작업을 통해 자연조건을 최대한 활용하면서 서울 · 한양CC 골프 코스는 주변 경관과 잘 어우러진다. 56만평(약 185만㎡) 규모의 소나무 숲에 부지를 조성해 나무가 울창하고, 계절마다 만발하는 꽃들도 볼거리다.

이승만, 박정희 대통령이 우승자를 시상한 한국아마추어골프선수권대회는 첫 대회부터 15회까지 서울CC에서 열렸다. 1958년에는 프로와 아마추어 골퍼 모두 참가할 수 있는 한국오픈골프선수권대회가 막을 올렸는데 서울CC가 가장 많은 18회, 한양CC가 12회를 각각 개최했다. 1986년 서울아시안게임 골프 종목도 이곳에서 진행했다.

서울·한양CC 회원권을 보유한 이들은 지난 2022년 기준 총 2,684명이다. 서울CC 회원권이 1,194명, 한양CC 1,490명이다.

1) 남·여 프로골프 투어 골프장

2022년 4월부터 11월까지 8개월 동안 남여 프로골프 투어는 51개 대회를 44개 골프장에서 개최했다.

한국프로골프(KPGA) 코리안 투어는 21개 대회를 20개 골프장에서, 한국여자프로골프(KLPGA) 투어는 30개 대회를 28개 골프장에서 각각 열렸다. 대회 수와 클럽이 차이가 나는 것은 대회가 두 번 열린 골프장이 있기 때문이다.

코리안 투어는 한 개의 골프장에서 2개 대회가 열렸고, KLPGA 투어는 두 개의 골프장 각각 2번 대회를 개최했다. 코리안 투어와 KLPGA 투어 대회를 모두 개최한 골프장도 5곳이다.

코리안 투어는 경기도 여주시의 페럼클럽에서 지난해 4월 우리금융 챔피언십, 10월 현대해상 최경주 인비테이셔널을 개최했다.

KLPGA 투어는 인천시 베어즈베스트청라골프클럽에서 6월 롯데 챔피언십, 10월 하나금융그룹 챔피언십을, 제주도의 엘리시안제주컨트리클럽에서 8월 제주삼다수 마스터스, 11월 S-오일 챔피언십을 각각 진행했다.

코리안 투어와 KLPGA 투어 대회를 개최한 골프장은 5곳이다. 강원도 춘천의 라비에벨컨트리클럽은 코리안 투어 개막전인 DB손해보험 프로미 오픈을 개최한데 이어 KLPGA 투어 시즌 최종전 SK쉴더스 · SK텔레콤 챔피언십을 열었다. 이는 남녀 프로골프 투어에서는 처음이다.

또, 페럼클럽은 남녀 프로골프 투어에서 처음으로 한 해 3개 대회를 여는 기록을 남겼다. 코리안 투어 2개 대회와 KLPGA 투어 메디힐 · 한국일보 챔피언십이 4월에 개최됐다.

블래스톤이천골프클럽은 KB금융이 타이틀 스폰서로 나서 5월에는 코리안 투어 KB금융 리브챔피언십을, 9월 KB금융 스타챔피언십이 각각 펼쳐졌다.

경기도 파주의 서원밸리컨트리클럽은 7월 KLPGA 투어 대보 하우스디 오픈을 11월 코리안 투어 최종전 LG 시그니처 플레이어스 챔피언십을, 제주도 서귀포시 핀크스골프클럽은 6월 코리안 투어 SK텔레콤 오픈을, 10월 KLPGA 투어 SK네트웍스 · 서울경제 레이디스 클래식을 각각 개최했다.

그리고 지난해 KLPGA 투어 대회를 개최한 골프장 가운데에서는 13개 대회가 주최사와 관련된 골프장에서 열렸다. 코리안 투어도 2개 대회가 주최사와 관련된 골프장에서 열렸다.

또 코리안 투어 대회는 수도권을 비롯해 영남 및 호남 그리고 제주도 등 전국 각지 골프장에서 열렸다. 그러나 KLPGA 투어 대회는 수도권을 중심으로 강원과 제주도에 편중되어 열렸고, 호남에서는 대회가 열리지 않아 아쉬움으로 남는다.

전국에는 500개가 넘는 회원제 및 대중제 골프장들이 영업을 하고 있다. 하지만 프로골프 투어 대회를 개최할 수 있는 골프장은 200여개다. 이는 코스 전장을 비롯해 골프연습장 등 부대시설과 갤러리들이 안전하게 관람할 수 있는 조건 등을 모두 충족해야 하기 때문이다.

때문에 한 골프장에서 한 해에 2개 대회가 열리거나 남녀 대회가 모두 열리는 경우가 있어 개선되어야 할 과제로 떠올랐다. 이를 해소하기 위해서는 대회를 개최할 수 있는 여건이 되는 골프장들이 적극적으로 나서야 한다는 지적이 나온다.

또 대회를 개최할 수 있는 전국의 많은 골프장들은 대회 개최보다는 운영에 더 비중을 둔다. 이는 회원제 골프장의 경우는 회원들이 대회 유치에 적극적이지 않고, 대중제 골프장의 경우 수익을 위해 대회 개최를 꺼리기 때문이다. 가장 큰 원인은 요 몇 년 사이 골프 인구가 증가해 골프장 영업이 잘되기 때문이다.

또, 대회를 개최하기 위해서는 최소한 1개월 이상 대회에 적합한 코스 세팅을 위해 코스를 관리하고 유지해야 해 골프장 입장에서는 부담스러울 수밖에 없다. 이를 조금이라도 해소하기 위해서 골프장 대여료를 높게 책정해야 하지만 이마저 쉽지 않아 걸림돌이 되고 있다.

대회를 주최하는 스폰서 입장에서도 골프장을 선택하는 것이 가장 어렵다고 한다. 한 대회 주최사 관계자는 "흥행을 위해 골프 인구가 많은 수도권에서 대회를 개최하려고 하는데 대여료가 비싸 고민스럽다"고 말한다.

또 다른 대행사 관계자는 "어떤 대회의 경우 대회 총 상금 규모와 골프장 대여료와 비슷할 정도로 대여료가 올라 어려움이 많다"고 토로하고 있다. 국내 골프 업계의 성장과 발전을 위해서 더욱 많은 골프장에서 대회가 열려 한국 남녀골프 투어가 활성화 할 수 있도록 지혜를 모으는 노력이 필요하다.

2) 톱100 골프코스 아시아

2022년 12월 28일 보도에 따르면, 아시아에서 골프장 랭킹 1위를 차지한 골프코스는 CJ그룹의 제주도 나인브릿지클럽이 영광을 안았고, 3년 연속 톱 랭킹 1위에 올랐다.

한국 골프트래블과 중국 골프트래블이 공동 주관하는 톱100 골프코스 아시아(Top Golf Course ASIA) 심사위원회가 발표한 2023년 아시아 100대 골프코스 명단에 따르면 나인브릿지다.

한국은 19개 코스, 중국 20개, 일본 22개 코스가 아시아 100대 골프코스에 올랐다. 아랍에미리트(UAE)가 6개, 타일랜드가 5개 코스, 튀르키예와 말레이시아, 인도네시아가 4개 코스가 랭크됐다. 2023년에는 불과 7개의 신규코스가 톱100골프코스 아시아에 등록됐다.

2023 Top 100 Golf Course ASIA의 특징은 아래 4가지다.

① 가장 적은 변화는 지난해와 비교해서 지금까지 가장 변화가 적은 한해다. 발표 8년으로 접어들면서 '코스들의 순위가 비교적 안정권에 접어들었다'고 볼 수 있지만 이동의 제한으로 인해 '새로운 코스의 발굴이 어려웠다'는 것도 원인일 수 있다.

② 2023년에도 서남아시아 코스들의 약진했다. UAE의 야스 링크스(Yas Links) 골프클럽이 아시아 10대 코스로 자리 잡았고 UAE와 튀르키예의 10개 코스들이 진입하였다. 이것은 모두 50여개에 불과한 서남아시아 코스들이 지중해와 사막이라는 천혜의 자원과 세계 최고의 설계자들을 참여시키면서 이룩한 결과다.

③ 일본 코스의 변화다. 일본은 세계에서 미국에 이어 두 번째로 코스가 많은 나라다. 일본은 아시아 전체 코스의 30%를 차지하지만 고전적인 코스의 노후화로 Top 100 Golf Course ASIA에 등록되는 코스가 줄어들고 있다. 하지만 최근 몇 개의 코스들이 리모델링을 통해 새로운 변화를 모색하고 있다.

④ 2023년에서 한국의 상황은 The Club at Nine Bridges가 Top의 자리를 유지하고 예년과 비슷한 숫자의 코스들이 등록되었다는 결과를 만들었지만, 새로운 코스가 소노 펠리스CC에 불과했다. 한국의 코스들이 계속해서 양적인 팽창은 하고 있지만 '질적으로 우수한 신규 코스가 없다'는 것은 앞으로도 한국의 코스들이 아시아 100대 골프코스에 진입하는데 영향을 줄 것이다.

국가별 아시아 100대 골프 코스는 한국 19개, 일본 22개, 중국 20개, 아랍에미리트 6개, 타일랜드(태국) 5개, 튀르키예 4개, 말레이시아 4개, 인도네시아 4개, 베트남 3개, 싱가포르 3개, 홍콩 3개, 필리핀 2개, 인도 2개, 타이완(대만) 1개, 부루나이 1개, 미얀마 1개소이다.

▲2023년 아시아 골프장 랭킹. ( )은 2022년 랭킹

1(1). 나인브릿지클럽 제주(한국)
2(2). 히로노 골프클럽(일본)
3(12). 사우스 케이프 클럽(한국)
4(16). 나루오 골프클럽(일본)
5(3). 더 듄스 앳 선저오 페닌슐라(이스트 코스, 중국)
6(4). 안양컨트리클럽(한국)
7(8). 야 링크스 골프클럽(아랍에미리트)
8(7). 아요디야 링크스 골프클럽(태국)
9(5). 시한 인터내셔널 골프클럽(중국)
10(5). 스트링 시키 골프&리조트(레이크 코스, 중국)

한편, 2022년 12월 25일 서울경제에 실린 양준호 기자의 "대자연에 녹아든 코스…새해엔 꼭 가봐야 할 '국내 골프장'은"을 아래 소개한다.

전국 20개 골프장은 46명의 패널로 구성된 서울경제 한국 10대 골프장 선정위원회가 뽑았다. 프로 골퍼, 코스 설계가, 룰 전문가, 골프학과 교수 등 골프 관련 업계 종사자는 물론 기업인, 변호사, 세무사, 의사, 방송인 등 골프에 조예가 깊은 각계 인사들이 세부 평가 항목 10개(샷 밸류, 디자인 다양성, 코스 유지·관리 등)에 점수를 매겨 '국가대표' 골프장을 엄선했다.

회원제 톱 10 중 네 곳은 봄이 오기를 기다리지 않아도 되는 곳이다. 당장 라운드를 떠나도 좋다. 제주 서귀포의 클럽 나인브릿지CC, 테디밸리CC, 핀크스CC와 경남 거제의 드비치CC다.

클럽 나인브릿지는 원시 숲 등 제주 자연을 그대로 보전하면서 코스만 앉혀 만든 곳이다. 기암과 계곡을 고스란히 활용해 전략적인 코스를 탄생시켰다. 미국프로골프(PGA)·미국여자프로골프(LPGA) 투어 대회도 성공적으로 치러냈다.

테디밸리CC와 핀크스CC는 산방산, 마라도 조망으로 아름답고 철저한 코스 관리로 정평이 난 곳이다. 12개 홀이 바다에 접한 드비치CC는 전남 해남의 파인비치와 함께 '한국의 페블비치' 경쟁을 일으킨 주인공이다.

더스타휴CC, 안양CC, 오크밸리CC, 우정힐스CC, 일동레이크CC, 잭니클라우스CC가 당당히 톱 10에 이름을 올렸다. 더스타휴CC는 도시와 완전히 단절된 산림 속 골프장이다. 코스 내에 200년 된 약수터도 있다.

안양CC는 "일본과 서구의 명문들과 견줄 곳을 만들겠다."는 이병철 삼성그룹 창업주의 세계 일류 의지가 구현된 곳이며, 오크밸리CC는 남성적인 매력과 아기자기한 공략의 맛을 두루 갖춘 코스다.

2003년부터 남자 골프 내셔널 타이틀 대회인 한국오픈의 무대가 돼 온 우정힐스CC는 자타공인 진정한 토너먼트 코스이며, 병풍처럼 펼쳐진 바위산을 배경으로 자리 잡은 일동레이크 또한 긴 코스와 전략적 레이아웃, 까다로운 그린에 상당한 난도로 이름나 있다.

잭니클라우스CC는 메이저 대회 최다승(18승) 기록의 잭 니클라우스(미국)가 자신의 이름을 허락한 첫 코스로 2015년 프레지던츠컵을 개최했다. 페어웨이와 그린에 굴곡이 많은 링크스 스타일이라 더 이채롭다.

드비치CC, 안양CC, 우정힐스CC, 잭니클라우스CC, 클럽 나인브릿지, 핀크스CC는 2021년 연말 회원제와 퍼블릭을 망라한 한국 10대 골프장에도 오른 곳이다.

올해 퍼블릭 10대 골프장은 베어즈베스트 청라CC, 베어크리크CC, 블루원상주CC, 사우스케이프오너스CC, 사이프러스CC(동·남), 설해원CC, 세이지우드 홍천CC, JNJCC, 파인리즈CC, 파인비치CC다.

3) 초보 골퍼를 위한 추천 코스

2021년 5월 26일 골프 다이제스트 인혜정 기자의 "초보 골퍼를 위한 추천 코스, 4가지 유형"을 아래 간략히 소개한다. 많은 전문가 조언을 받았다 한다.

골프코스 공략 지점이 잘 보여서 샷을 한 뒤 공을 볼 수 있고 단순하지만 전략을 고민할 수 있는 골프장을 먼저 추천한다. 페어웨이 넓이가 넓고 해저드가 많지 않으며 업 다운이 심하지 않은 골프장이 초보 골퍼에게 스트레스를 덜 준다.

① 스트레스 없이 전략을 고민할 수 있는 곳

오렌지엔지니어링의 이현강 코스 설계가는 수도권과 가까운 골프장 중 스카이72 골프클럽 클래식 코스, 오렌지듄스골프클럽, 이천마이다스골프앤리조트, 천안상록 컨트리클럽 등을 추천했다.

이창희 프로는 "자유컨트리클럽은 페어웨이도 넓고 그린도 대부분 직선이며 그린 주변에 장해물도 없어 초보 골퍼가 플레이하기에 제격"이라고 설명했다.

추천 코스 : 경주컨트리클럽, 더플레이어스골프클럽 레이크-밸리, 더골프클럽, 몽베르 컨트리클럽 오똔-이베르, 세종필드 골프클럽, 스카이72골프클럽클래식, 사우스링스영암CC, 이천마이다스 골프앤리조트, 오렌지듄스골프클럽, 자유컨트리클럽, 천안상록컨트리클럽

② 연습하기 좋은 9홀 코스

초보 골퍼는 실전에서도 연습하기 편한 코스를 찾는 것이 도움이 된다. 고윤성 프로는 "플레이 경험이 있는 동반자와 함께라면 9홀 노 캐디 골프장을 추천한다. 처음부터 18홀 라운드는 체력적으로 어려울 수 있으므로 9홀부터 시작하는 것이 좋다"고 조언했다.

그는 "포천의 락가든골프클럽은 2인 플레이가 가능하고 카트피가 1만원으로 저렴해 가성비가 좋다"고 강조했다.

추천 코스 : 뉴스프링빌CC 퍼블릭, 드림듄스CC, 락가든골프클럽, 레이크힐스CC 안성, 블루원용인컨트리클럽, 소노펠리체 비발디파크CC 파3, 신안(P9), 코오롱골프가든, 코리아컨트리클럽, 한림안성컨트리클럽

③ 자연과 교감할 수 있는 서울 근교 코스

자연을 느낄 수 있는 코스를 추천한다. 경기도 화성에 위치한 기흥컨트리클럽은 수도권이지만 도시와 분리되어 자연과 교감할 수 있는 코스다. 1991년에 개장한 이곳은 오래된 국내 골프장 느낌이 강하다.

차민준 프로는 "동·서·남·북 9홀씩 36홀로 구성돼 코스마다 다른 개성으로 다양한 경험을 할 수 있기에 초보 골퍼에게 추천한다."고 답했다. 인서울27골프클럽, 리앤리컨트리클럽과 큐로컨트리클럽은 전장이 짧고, 스마트KU골프파빌리온의 미쁨 코스와 바른 코스는 페어웨이가 넓다.

추천 코스 : 기흥컨트리클럽, 리앤리컨트리클럽, 더케이(The-K) 소피아그린컨트리클럽, 스마트KU골프파빌리온, 올림픽컨트리클럽, 인서울27골프클럽, 인천국제컨트리클럽, 안성아덴힐컨트리클럽, 필로스컨트리클럽, 캐슬파인골프클럽, 큐로컨트리클럽, 한양파인컨트리클럽, 한성컨트리클럽

④ 난지형 잔디 골프장

한지형 잔디(양잔디)는 공이 뜨지 않기 때문에 초보자에게 어려운 잔디다. 반면 난지형 잔디(조선잔디)는 볼이 잔디에 잘 떠 있어 볼을 띄우기가 더 수월하다. 그런 골프장으로 태광컨트리클럽을 꼽을 수 있다.

박시현 프로의 말이다. "조선잔디일 뿐만 아니라 쉽고 평평하며 레이디 티가 짧아 여성 초보 골퍼가 플레이하기 좋다. 레이디 티와 화이트 티의 거리가 적게는 30m, 많게는 80m까지 차이 난다."

추천 코스 : 그랜드컨트리클럽, 골프존카운티 사천CC, 남춘천컨트리클럽, 동래베네스트골프클럽, 태광컨트리클럽, 크라운컨트리클럽, 캐슬렉스 골프클럽, 청도그레이스컨트리클럽

4) 부동산·골프 전념하는 7대 공제회

2020년 9월 24일 이뉴스투데이 이상헌 기자의 "말로만 사회책임 투자…부동산 · 골프 전념하는 7대 공제회"를 아래 소개한다. 금융권에서 사회적 책임 투자를 위한 논의가 활발한 가운데, 7대 공제회가 수익률 위주의 투자에만 전념해 눈총을 받고 있다.

2020년 9월 23일 투자업계에 따르면 정치권을 비롯한 사회 각계에서 공적 연기금의 사회적 책임(ESG) 투자가 강조되고 있다. ESG란 환경·사회적 가치·거버넌스(Environmental, Social, Governance) 측면의 동반성장을 목표로 하는 투자의사결정을 뜻한다. 그런데 각 공제회의 실상은 딴판이다.

법정단체인 공제회는 군인·교사 등 같은 직종에 종사하는 직업인들의 상호부조 목적으로 구성된 조직이다. 이 때문에 기금 운영에 있어 공공성과 수익률을 함께 추구하는 것이 쉽지는 않지만, 상당수의 투자자산이 알짜 부동산 등으로 쏠리면서 '수익률 극대화에만 매몰됐다'는 비판이 제기된다.

여의도 더케이(The-K)타워를 보유한 교직원공제회를 비롯해 군인공제회, 소방공제회, 대한지방행정공제회, 과학기술인공제회, 경찰공제회, 지방재정공제회는 이미 강남 · 송파 · 마포 · 용산 등 서울시 노른자 땅에 자체 회관을 보유하고 있다. 또 전국 곳곳에서 빌딩 · 호텔 · 골프장을 거느리는 알부자다.

7대 공제회 가운데 자산운용 규모가 가장 큰 더케이(The-K)교직원공제회는 이미 관광개발 사업에 진출해 서울·경주·지리산·설악산·제주도 국내 주요 관광지에 특급호텔인 더케이(The-K)호텔앤리조트를 운영하고 있다.

직업 특성상 예금유출입이나 중도해지가 거의 없는 군인들의 상호부조 단체인 군인공제회 역시 부동산 개발, 아파트 건설이 자산운용에서 큰 비중을 차지한다.

종로구 내수동에 있는 경희궁의 아침, 서초동의 현대 수퍼빌, 여의도의 리첸시아 건설도 군인공제회 작품이다. 아울러 강남구 도곡동 슈퍼블럭 내에 위치한 32층의 '밀레니엄 빌딩'도 군인공제회가 주인이다.

레저·골프사업도 기본이다. 더케이(The-K)교직원공제회가 경기도 여주시 더케이(The-K)소피아그린골프장을 운영 중에 있으며, 행정공제회가 충북 중원골프클럽을 과학기술인공제회가 대전시 사이언스 대덕골프장을 소유하고 있다.

공제회는 회원들에게 높은 수준의 이자를 지급하기 위해 자산운용부문에서 고수익을 올려야 마땅하다. 때문에 ESG 등 사회적 책임 투자는 매력이 떨어질 수도 있다. 그러나 공제회는 부실화될 경우 정부 예산이 이를 메워주는 법정단체여서 사회적 책임투자를 요구하는 목소리가 크다.

한편, 2012년 6월 28일 아시아경제에 기고한 서천범 레저산업연구소장의 "골프장 분류부터 현실화해야"란 글도 소개한다.

2006년 4월 3일에 3홀 이상도 가능하도록 '체시법' 시행규칙이 개정됐지만 실제 3홀 회원제는 없다. 2012년 6월 현재 회원제와 대중제로 나눠져 회원제는 회원권을 발급하는 골프장이다. 대부분 18홀 이상이다.

회원제는 대다수 골프장이 채택하고 있는 입회금제다. 회원이 입회금을 예탁하고, 시설을 우선적으로 이용할 권리와 일정한 거치 기간이 지난 후 입회금의 반환을 청구할 권리를 갖는다.

사단법인제는 골퍼들로 구성된 조직체가 골프장을 건설, 운영한다. 서울과 부산, 울산골프장 등이 대표적이다. 주주회원제는 골프장을 경영하는 기업의 주식을 아예 회원들이 갖는 시스템이다.

신원(27홀)과 창원(18홀), 경주신라(36홀), 파미힐스(36홀), 버드우드(18홀) 등이 있다. 기업의 부도로 회원들이 추가 납부금을 모아 인수한 경우가 대부분이다.

바로 이 같은 '단편적인 골프장 분류를 재편해야 한다'는 이야기다. 국내 환경이 바뀌고 있다. 명확한 분류와 함께 숨겨진 세수를 확보하는 한편 세율도 현실에 맞게 조정해 골프장업계의 활성화를 도모해야 한다.

먼저 이용 형태별로는 회원제와 비회원제, 준회원제, 순수 대중제, 특수골프장 등으로 구성해야 한다. 대중제는 비회원제라고 하는 게 낫다. 준회원제는 대중제지만 회원이 있는 골프장이다. 한국교직원공제회가 대주주로서 전액 출자하고 있는 더케이(The-K) 소피아그린 등을 포함시킬 수 있다.

순수 대중제는 지자체 등이 저렴하게 운영하는 곳이다. 의령친환경골프장과 에콜리안 광산, 정선골프장, 전주월드컵골프장 등이다. 특수골프장은 30여개 군 골프장이다.

필자로서도 위 주장에 동조하며 골프장 분류를 이용 형태별로 다시 하여 대중제는 비회원제라고 하는 게 낫다고 보나, 2022년 제 2 골프 대중화 정책을 추진하면서 정부는 이미 회원제·비회원제·대중제 라는 3체제로 재분류하면서 설 땅을 잃었다.

정치·경제적 상황에서 수많은 충돌과 협의를 거쳐 형성해낸 사회적 타협의 산물이었던 우리나라 골프장 관련 '체시법' 이 과연 보편타당하고 객관적인지 재검토가 필요하다.

'가격에 개입하지 않고 시장에 맡긴다'는 윤석열 정부 기조라지만 급격하게 오른 골프장 사용요금(그린피)을 시장에 맡겨두는 것이 능사는 아니고 지금이라도 정부가 적극 개입해야 할 상황인 것은 맞다.

일본보다 3배 이상 비싼 골프장 사용요금 억제는 불가피하나 마냥 찍어 누를 수는 없다고 보며, 1990년대는 일본에서 한국으로 골프여행을 와 골프장마다 '일본 엔(¥)화를 게시하며 영업을 했던 기억도 새롭다'고들 한다.

1997년 외환위기(IMF)나 2008년 국제금융위기를 비롯해 코로나19 이전까지도 적자가 쌓이고 있는 상황에서 최근 잠깐의 혜택은 엔데믹으로 지속될 수도 없어서 이젠 보다 정교한 정책이나 근본적인 해결 방법을 내놓아야 한다.

인플레이션과 경기 침체를 동시에 걱정해야 하는 심각한 복합위기 상황인 만큼 골프장마다 보다 저렴하고 더 나은 서비스의 제공을 자발적으로 고민하게 만들어야 한다.

준회원제는 대중제이나 공동유대 회원이 있는 골프장의 경우다. 한국교직원공제회가 대주주로서 전액 출자하고 전국 87만 여명의 공제회원이 있는 더케이(The-K) 소피아그린 등도 포함시킬 수 있다.

공제회원이 있는 공공기관 운영 골프장이라도 '대중제'가 아닌 '준회원제'로 하도록 공공기관 골프장 현황 자료를 따로 찾아 아래 싣는다.

공공기관 운영 골프장 현황

공공기관명	골프장명	규모
한국관광공사	중문	대중18홀
	보문	대중18홀
	오시아노	대중9홀
한국문화예술위원회	뉴서울	회원36홀
국민체육진흥공단	에콜리안 광산	대중9홀
	에콜리안 정선	대중9홀
	에콜리안 제천	대중9홀
	에콜리안 영광	대중9홀
	에콜리안 거창	대중9홀
건설공제조합	세종필드	대중18홀
한국공항공사	인서울27	대중27홀
인천국제공항공사	스카이72	대중72홀
	드림듄스	대중9홀
공무원연금공단	화성상록	대중27홀
	천안상록	대중27홀
	남원상록	대중18홀
	김해상록	대중18홀
행정공제회	중원	대중27홀
한국교직원공제회	소피아그린	대중27홀
대덕복지센터	사이언스대덕	대중9홀
강원랜드(주)	하이원	대중 18홀
국가보훈처	88골프장	회원36홀
수도권매립지공사	드림파크	대중36홀
양우공제회	파크밸리	대중18홀
아시아드CC	아시아드	회원27홀
광주광역시도시공사	빛고을	대중9홀
경북문화관광공사	안동레이크	대중18홀
전주시시설관리공단	전주월드컵	대중9홀
의령군	의령친환경	대중9홀
블랙밸리CC	블랙밸리	대중18홀

그래픽 이진경

출처 : 아시아경제, 2022.12.11.

3

골프장 설계

3장 | 골프장 설계

1 골프코스 설계

골프코스 설계란 티(tee)라고 하는 시작점(始作點)과 108mm(4.25 inch) 직경의 구멍을 낸 특정한 종점(終點)을 분명하게 지정해두고 일대(一帶)의 토지 위에 여러 개의 홀(각각의 티잉 그라운드와 그린을 갖추고 있는 별도의 코스 구역)들을 공간적으로 배치한 것이다. 즉 시작점과 종점을 배치하는 것이다.

이 지점들을 배치하는 과정에서 지형 및 경관을 수정하거나 변경하지 않으면 그 골프코스는 단순히 '배치(Laid out)된' 것이다. 지형 및 경관을 수정 또는 변경하면 그 코스는 '건설(built)된' 것이며, 골프코스의 건설이 예정된 계획을 따르면 그 코스는 '설계(designed)된' 것이다.

골프코스 조성과 관련하여 이해를 돕는 원칙, 규정, 법률, 스타일, 경험, 교육, 착상 등의 집합이 골프코스 설계이다. 바꾸어 말하면 골프코스 설계란 골프를 할 수 있도록 지형 및 경관을 수정하는데 필요한 이론과 계획의 실천이다.

골프코스와 관련한 업무를 완전히 파악하면, 뜻 한 바대로 골프코스 설계에 대해 아는 것은 물론이고 골프 게임에 대한 이해도 깊어지므로 한층 완숙한 골퍼가 될 수 있다.

골프코스 설계 원리를 완전히 터득하고 난 뒤에는 라운드 중에 코스를 정확하게 읽을 수 있으며, 게임 전략과 코스 선형의 미묘한 점까지 고려하여 여러 가지 스윙샷을 구사하므로 골프 실력 향상에도 도움이 될 것이다.

이상은 미국 환경공학박사인 마이클 허잔(Michael J.Hurdzan, 1943~)의 "골프코스 설계 및 시공"(Golf Course Architecture)에서 인용하여 소개하였다.

사람들은 골프를 인생(人生)에 비유한다. 멋진 드라이버 샷으로 인생 한 방의 홀인원을 꿈꾸다 해저드와 벙커에 빠지기도 한다.

인생에 오르막이 있고 내리막이 있듯이 골프장도 마찬가지다. 홀 하나하나에 아기자기한 성공(成功)을 담기도 하고 단애(斷崖)에서 떨어지는 좌절(挫折)을 맛볼 수 있게 설계해야 함이 그 이유다.

골프란 날씨와 지형, 잔디, 벙커, 페널티 구역 등 수많은 장애물을 극복해야 하는 스포츠다. 그래서 골프도 전략과 전술이 필요하다. 많은 시간 연습장에서 스윙을 가다듬는 땀도 필요하지만, 빠르게 코스 설계가의 의중(意中)을 읽어 함정을 피하고 실수를 줄이는 게 그 날의 행복(幸福)을 얻는 지름길이다.

덮어놓고 코스가 어렵다고 좋은 골프장이 아니다. 잘 치면 점수가 좋고, 못 치면 점수가 나쁘도록 제 실력의 결과(結果)를 얻을 수 있어야 한다. 때론 뒤집기 역전이 가능할 수도 있고 그런 묘미(妙味)도 얻을 기회가 제공되어야 좋은 골프장이다.

이런 것들을 극복할 수 있는 현명한 해결책이 바로 코스 매니지먼트다. 샷 메이킹 능력으로 난관을 넘어설 수도 있지만, 대부분 아마추어 골퍼의 현실은 그렇지 않다.

골프장을 만드는 데는 만 3년 이상의 짧지 않은 시간이 필요하다. 입지를 선정해 기본적인 구상을 하고, 중간 중간에 '발주자(오너)'의 조건과 의도를 반영해 설계자의 철학(哲學)을 담아야 하는 절차들이 꽤 지난(持難)하다. 잔디가 파릇파릇하게 자라야 하고 자연 경관, 코스 정비 등 준비기간도 필요하다.

1) 골프코스 토목설계

골프코스 설계는 자연환경에서 골프를 구현할 다양한 코스를 만드는 얼개와 밑그림을 그리는 것이다. 즉, 골프를 할 수 있도록 지형 및 경관을 수정하는 데 필요한 게 이론과 계획의 반영이다.

코스 배치(레이아웃, lay out)란 골프장 건설의 위치를 대지 위에 줄 쳐 보고 배열·배치하여 일련의 시설물과 구조물 등을 토지이용계획상에 배치하는 것을 말한다.

우선, 토목(土木)이란 단어의 어원은 '흙을 쌓고 나무를 얽는다'는 뜻의 '축토구목(築土構木)'이란 말로, 삼국사기와 조선왕조실록에 '토목'이라는 말이 등장한다.

그리고 토목공사(土木工事, civil engineering)란 지구를 조각하는 학문으로 불리며, 대규모의 사회기반 시설, 즉 교량, 댐, 터널, 도로, 운하, 항만, 공항, 상/하수도 등의 시설이나 지하철 등 많은 사람이 이용하는 큰 구조물 등을 건설하는 것을 목적으로 하며, 문명을 창출해 나가는 데 공학 지식을 기반으로 설계/시공/관리하는 공학(工學)의 제 분야이다.

또한 건설(建設, construction)은 건축(architecture)과 토목(civil engineering)의 총칭으로, "건축은 설계, 토목은 시공"이라거나 "토목은 기초공사, 건축은 건축(설계/시공)"이라는 대표적인 오해인데, 이것은 건축학에서 '측량학'과 '토질역학'을 다루지 않기 때문에 발생하는 문제였다.

토목공학기술자는 국가 기반시설 등을 계획 설계하고 시공한다. 설비계획 또는 사업계획에 의하여 공사일정, 설계일정, 공사기간 등 단위공사의 기본계획을 작성한다.

경제성 등을 고려하여 토목시설물의 재료를 선택하고 기전(機電) 및 건축 기타 당해설비의 규모, 기능, 하중, 풍압 등의 조건에 적합한 구조를 결정한다. 토목시설물의 규모, 형태 등이 설비의 사양에 적합한가를 검토 · 판단하고, 색채, 외형 등이 균형과 조화를 이루도록 한다.

작업의 우선순위, 기후조건 등을 고려하여 종합공정표를 작성하고 공정대로 공사가 진행되도록 자재, 인원, 장비의 투입 등 전반적인 공정을 검토 · 분석한다.

측량, 조사시험, 설계 등의 용역과 공사시공에 따른 과업지시서, 시공품의 중간검사, 설계변경, 준공검사 등과 시설공사의 감리업무 등 제반행정처리 업무도 수행해야 한다.

기본설계(Concept Design, 基本設計)란 발주자(오너)가 요구하고 있는 조건과 의도를 반영하여 골프장을 세우기 위하여 다양한 조건을 고려하여 대상지가 가지고 있는 여러 환경을 고려하여 골프장 인허가와 고객 만족을 위한 설계자의 철학을 도면화한 것이다.

설계 과정에서 기본계획(Routing plan) 다음 단계로 '기능설계(function design)'라고도 하며 구체적인 치수나 재료를 정한다. 또, 구조상 위험한 곳은 없는지, 기능상 실현될 수 없는 부분은 없는지 등에 관해 공학적인 해석과 평가를 이용하여 작성한다.

설계 개요 및 법령 등 제기준의 검토, 예비타당성조사 및 타당성조사 결과의 검토, 공사지역의 문화재 등에 대한 문화재 지표조사, 기본적인 구조물 형식의 비교 · 검토, 구조물 형식별 적용 공법의 비교 · 검토, 기술적 대안 비교 · 검토, 대안별 시설물의 규모검토 및 공사비 등 경제성 비교를 한다.

또한, 시설물의 기능별 배치 검토, 개략 공사비 및 공기 산정, 측량 및 지반·지질·기상·기후조사, 주요 자재·장비 사용성 검토, 설계도서 및 개략 공사시방서 작성, 설계 설명서 및 계산서 작성, 관계 법령 등의 규정에 따라 기본설계 시 검토하여야 할 사항, 기타 발주자(오너)와의 계약서 또는 과업 지시서에서 정하는 사항 등이다.

그리고 실시설계(working design, 實施設計)란 기본 설계도에 입각하여 공사의 실시와 시공자에 의한 공비의 내역 명세를 작성할 수 있는 필요하고 충분한 설계 도서를 작성하는 설계 업무의 과정이다.

상세설계(詳細設計, Detail Design)라고도 하는데, 기본설계 단계에서 결정된 설계기준 등의 제반 사항에 따라 기본설계를 구체화하여, 실제 시공에 필요한 내용을 설계도서 형식으로 충분히 표현하여 제시하여야 한다.

골프코스 조형(Shapping, 造形)이란 단조로운 코스에 전략적인 기능(배수 포함)을 부여하면서 자연미와 원근감을 부여하는 작업이며, 조경적인 측면과 플레이와 경기적인 측면을 고려하여 이상적인 코스가 조성되도록 부지를 곡선으로 다듬는 작업이다.

골프코스 내에 자연미의 일종인 언둘레이션(Undulation, 코스 지형의 높고 낮은 기복 또는 굴곡을 뜻함)을 표현한 것이다. 대체로 현대 골프장의 그린 및 페어웨이는 배수뿐만 아니라 골퍼가 경사를 고려하여 플레이할 수 있도록 언듈레이션을 다양하게 조성한다.

조경공사(造景工事)란 나무 심기, 잔디 깔기 등의 수목 작업 등의 편의 시설 작업을 통틀어 정원 공간을 꾸미는 공사다. 설계도면에 따라 자연 및 인공재료를 이용해 인간의 생활목적에 적합한 기능과 아름다움을 가진 환경을 조성하거나 생태환경을 복원하는 일련의 창조적 작업이라 할 수 있다.

특히 골프장 조경공사는 자연을 품은 친환경 생태 휴양지를 조성하여 도심 속 일상을 벗어나 자연 속에서 여가를 즐길 수 있는 기회를 제공한다. "목표는 품질은 좋게, 원가는 싸게, 공정은 빠르게, 공사는 안전하게" 하는 것이다.

시공(construction, 施工)이란 설계도에 표시된 모든 사항을 충실히 적용하면서 공사를 시행하는 기술로, 도면에 따라 현장에서 공사를 실시하는 것이다.

시공 경험으로 축적된 노하우와 현장 감각, 우수한 기술력은 체계적인 시공을 가능케 하고 또한, 대상지의 여건을 합리적으로 반영하고 조율하여 코스의 질을 한 차원 높여드릴 시공은 아래와 같이 이루어진다.

◎ 시공 측량 → 표토 제거 → 절·성토, 적재운반 → 기반 배수시설 → 석축 등 구조물공 → 조형공사 → 벙커 배수시설 → 잔디 파종(페어웨이) → 조경 공사 → 완공

2) 조형과 조경공사

골프코스 조형 시 어려운 점은 설계자, 조형가, 발주자(오너) 등의 다양한 요구에 부응하여 섬세하고 아름다운 코스가 조성되도록 해야 한다는 것이며, 이들의 의견을 반영하고 조율하는 사람을 '코디네이터'라 한다.

조형(Shapping, 造形)을 망친 사례는 발주자(오너)의 요구만 일방적으로 반영하여 경기력 및 경관을 훼손시키는 사례도 있어서 '코디네이터'는 골프장에 대해 다양한 경험과 지식을 소유하여야 한다.

조경공사(造景工事)의 가장 두드러진 특수성은 공사규모에 비해 세부공종이 매우 다양하다. 종합적인 조경공사는 녹지를 조성하는 식재공사 만이 아니라 조경공간을

구성하는 여러 가지 시설물 및 구조물공사를 포함하고 있으며 하나의 시설물 시공하는 경우에도 관련분야의 모든 공종이 두루 포함되어 있다.

조경시설물을 시공하기 위해서는 수목, 목재, 금속재, 석재, 포장재, 배관재, 도장재, 조명자재, 기타 벽돌, 인조석, 인조목, 막재, 방수재, 등 다양한 재료가 소요되어서 다양한 재료에 대한 기초지식이 필요할 뿐 아니라 새로이 개발 · 생산되는 신 재료들에 대한 최신 정보를 습득하는 것이 필요하다.

조경공사의 식물소재는 공산품이 아닌 '생물'이기 때문에 일정한 규격으로 표준화하기가 어려우며, 조경시설물 역시 시공지역의 특성과 경관을 감안해 설계되므로 다양한 규격과 형태로 설계되며 효율적인 시공을 위한 표준화에 어려움이 많다.

조경공사는 기능적인 변뿐만 아니라 예술적이고 심미적인 면이 강조되므로 공사의 질적인 수준을 기능적이고 경제적인 기준으로만 판단하기 곤란하여서 작품의 예술성을 파악할 수 있는 미적 감각과 함께 이를 실제로 구현할 수 있는 공학적 지식과 재료특성에 대한 전문지식이 필요하다.

조경 식재공사 계획으로 기존 생육지 환경에 대한 분석 및 조사를 해서 식재할 수종, 규격, 수량, 이식의 난이도, 인원계획, 장비사용계획을 세우는데, 핵심은 조경 식물을 선정하여 기능적으로 배치하고 안정적으로 이식하는 것이다.

조경 수목의 식재대상 조건은 수목병해충에 감염되지 않는 건강한 조경수로 ① 수피의 손상이 없고 줄기가 사방으로 골고루 같은 크기로 자란 수형 좋은 수목, ② 이식이 쉽고 활착이 좋은 실뿌리가 많은 치밀한 수목, ③ 내한성을 고려 새로운 식재 장소의 토양 기후 환경에 적합한 것 들이다.

수목 식재 최적기로는 침엽수류는 2월 하순~4월 하순이고, 상록활엽수는 해동(解凍) 후 봄 이식하며, 낙엽수는 2월 하순~4월 하순(10~2월 동면기)으로, 대나무류는 죽순이 지상에 나타나기 직전이다. 그 외 수목의 활착에 지장이 없는 온도와 습도 및 토양상태를 고려해야 양호한 시기다.

한편, 건들바람에 도토리를 던지던 이것은 갈참나무, 바가지만 한 이파리들이 소나기를 그어 주던 저것은 침엽수, 잎인지 흰 꽃인지 볼 때마다 목을 꺾어 오래 올려다보던 모퉁이의 그 나무는 산딸나무 등.

우리나라 골프장에 가면 소나무를 항시 만난다. 골프장 명칭에서도 소나무는 인기다. 이 땅 어디서나 흔히 볼 수 있는 데다 민족의 삶, 정신세계와 뗄 수 없는 인연을 맺고 있어서다.

아기가 태어나면 금줄에 생 솔가지를 꽂아 액운을 막았고, 소나무로 지은 집에서 살다가 생을 마감하면 소나무 관 속에 놓여 이승을 떠났다. 솔잎과 솔방울은 술을 담가 마시기도 한다.

소나무는 '지조(志操)', '절개(節槪)', '충절(忠節)'을 상징하고 한국인이 좋아하는 나무 부동의 1순위다. 소나무의 다른 이름인 '솔'은 '으뜸'을 뜻한다는 해석이 있다. 나무 중에 으뜸인 소나무와의 공생은 앞으로도 계속돼야 한다.

골프장 주변은 아름드리 금강송(金剛松)이 장관인데 '낙락장송'이라 부른다. 물론 나무의 모습이 계절마다 다르다. 봄 나무 아래서는 설레고, 여름 나무 아래서는 푸른 격정이 솟고, 가을 나무 아래서는 고요해지고, 겨울 나무 아래서는 헐거워진다.

조형(Shapping, 造形)의 4가지 기능은 ① 각 홀 간의 외부와 내부를 구별하는 산능선의 역할로 '구분한다', ② A점에서 B의 동작과 행동 등이 보이지 않도록 마운드 등으로 차단해 '가린다', ③ 클럽하우스에서 홀의 티까지 연속적으로 조형을 하여 골퍼를 시각적으로 유도해 '잇는다', ④ 주차장, 관리도로, 배수처리 시설 등의 보기에 좋지 않은 시설물을 차폐하여 '에워싼다' 등이다.

조형 미적가치는 ① 동적으로 코스 내에 변화를 부여하여 움직임과 활기를 찬 느낌을 주고, ② 시각조절로 코스 내외의 좋은 풍경을 시각적으로 끌어당기거나 보이고 싶지 않은 부분을 감추며, ③ 보완 기능으로 코스 환경을 완성시키거나 마무리 짓거나 이미 있는 환경을 보충해 주고, ④ 통일 기능으로 본질적으로 다른 여러 가지 요소를 결합시키고 통일성을 준다.

또, ⑤ 강조, 전환, 유화, 존재로 고유 영역을 강조하고, 방향을 유도하는 역할을 하며 절토(切土)와 성토(盛土) 등으로 기하학적인 요소를 부드럽게 하고, 시설물의 중요성, I. P. 지점 및 거리를 표시한다.

골프장은 여러 분야의 기술과 안목이 접합된 종합예술품이다. 18홀 기준으로 대략 평지 70만, 산지 100만 제곱미터 이상의 땅을 다루기 때문에 여러 전문 분야의 도움을 받아야 한다.

코스 설계의 마스터플랜이라 할 수 있는 홀 배치 계획도(Route plan)와 1m 등고선 조형도, 10cm 등고선 그린 상세도만으로 코스 설계가가 구상하는 골프장을 모두 표현하기에는 한계가 있다.

페어웨이에서 몇 십cm, 그린에서 몇cm 높이가 플레이에 미치는 섬세한 영향을 상상해보면 코스 설계 도면만으로 더 넓은 골프장을 표현하는 것이 얼마나 어렵고, 거의 불가능한 일인지 이해할 수 있을 것이다.

골프장의 골격이라 할 수 있는 루트 플랜을 따라 엄청난 양의 토양이 절토(切土)와 성토(盛土)를 통해 이동하고 땅속에는 배수, 관수, 상수, 오수를 위한 관로와 전기, 통신 설비들이 혈관처럼 깔린다.

코스 설계가와 조력자들이 아무리 정교한 도면을 만들어도 현장과 도면의 오차가 생기기 때문에 도면으로 모든 것을 설명할 수 없다. 상상의 도면을 현실의 지형에 맞게 구현하는 설계가의 상상력과 감각에 덧붙여 시공자, 특히 코스 조형(Shapping, 造形)의 설계 공감 능력과 땅을 주무르는 조형 능력이 매우 중요하다. 코스 설계가는 이 모든 것을 코디하는 영화감독과 같은 역할을 해야 한다.

3) 골프장 18홀 면적은 얼마(?)

골프장 면적 제한 기준이 오랜 기간 적용되면서 일반화한 탓에 지금도 우리나라에서 18홀 골프장을 조성하려면 일반적으로 "산지 100만㎡, 평지 70만㎡ 이상이 필요하다"고 알려져 있다.

대부분의 골프장 대상지 면적도 이와 비슷하지만 절대적이지는 않다. 경사, 표고 등 지형 형태와 대상지 경계 형태, 내부의 제약 요인 유무, 경계부에 접한 타 시설들의 용도 등에 따라 15% 정도까지 편차가 생길 수 있다.

2022년 여름 골프다이제스트에 게재한 코스 설계가 이현강(오렌지엔지니어링에서 설계를 총괄, 골프다이제스트 코스 자문위원) 글에 의하면, 평지 골프장의 경우로 대략 면적은 오렌지듄스송도골프클럽 51만㎡, 솔트베이골프클럽 65만㎡, 잭니클라우스 골프클럽 77만㎡(페어웨이 빌라 14.5만㎡ 별도), 오렌지듄스영종골프클럽 82만㎡이다.

오렌지듄스송도는 주변에 야구장과 가스 시설이 인접해 있고, 오렌지듄스영종은 대상지가 세 개로 분리된 데다 내부 자기부상 철도용지가 포함되어 있어 부득해 타구 안전망을 설치했다.

잭니클라우스는 프리미엄 클럽으로서 페어웨이 빌라와의 안전거리가 필요한 점을 고려해 평지 골프장의 적정 면적 정도를 판단해야 했다. 솔트베이가 18홀, 전장 7,130야드, 300야드 길이의 잔디 드라이빙 레인지를 갖추었지만 다소 면적이 좁아 타구 안전망을 일부 설치했다.

종합해보면 타구 안전에 민감한 시설과 접하였는지 유무, 드라이빙 레인지 유무에 따라 차이는 있지만 일반적 코스 제원과 전략성을 갖춘 18홀 골프장을 평지 지형에 조성하기 위해서는 70만㎡ 정도가 필요하다.

코스 설계가 이현강은 경기도 모 지역 실제 입지를 받아서 검토한 결과, '의뢰 면적은 470만㎡ 이었다'는데 '18홀 골프장 네 개를 배치할 수 있는 면적이지만 붉은색의 급경사지, 파란색의 임상도 5영급지 등의 제약 때문에 9홀 정도만 배치 가능한 땅이었다'고 한다.

흰색 지역만 개발 가용지이지만 여기에도 홀 당 400x80m 규모를 배치할 수 있어야 진정한 가용지다. 지금도 골프 시장에서는 골프장 72홀 가능 용지로 떠돌아 다닌다고 한다.

2000년대 중반까지만 해도 해외 코스 설계가들은 사업주가 다루기 어렵고, 계약 범위 이외의 사업주 부탁은 잘 들어주지 않을 뿐만 아니라 국내 산악지형의 인허가 조건에 맞는 설계도를 받기 어려웠다.

하지만 국내 코스 설계가들은 사업주가 원하는 대로 코스 설계를 해줄 뿐만 아니라 '설계 수주'라는 영업활동을 핑계 삼아 '무료(無料)로 설계안을 받아 봐도 된다'는 분위기가 많았다.

이런 악습이 일부 지금까지 이어져서 아직도 골프장 사업가들이 공짜로 '간단한' 코스 배치(레이아웃, Laid out)를 요구하는 경우가 많다. '해외 코스 설계가에게 무료 서비스 도면을 받아보기는 힘든 상황이다' 보니 만만한 국내 설계가들에게 설계 수주를 미끼로 무료 코스 레이아웃을 요구하는 것이다.

코스 설계는 매우 넓은 토지를 대상으로 하기 때문에 골프 사업주들이 '간단하다'고 표현하는 초기 구상이라 하더라도 대상지 전체에 대한 지형 활용과 변화를 복합적으로 고려해 검토한다.

게다가 법규적인 제약과 토공량까지 염두에 둬야 한다. 설계는 벽돌을 하나씩 쌓아가는 과정처럼 단계별 집중도가 균일하게 투입되는 것이 아니라, "초기 아이디어와 구상이 전체를 좌우한다."고 할 정도로 초기 구상이 중요하다.

전체 틀을 짜는 순간 골프장 수준 또한 자연스럽게 결정되는 것이다. 간단한 것이 결코 간단하지 않다. 영원히 바꿀 수 없는 골격을 생각하며 한 치의 오차도 허용되지 않는 장인정신으로 전체를 다룬다.

코스 설계가들이 쏟아 붇는 아이디어와 경험과 시간의 결과물을 수주 영업이라는 잣대로 '무료로 받아보겠다'는 생각은 양심과 상식을 벗어난다. 해외에서는 있을 수 없는 국내 사업주(오너)들만이 행하는 소위 갑질이다.

4) 산지형 골프장 설계

우리나라에서 평지에 골프장을 조성할 수 있는 경우는 매립지, 산업공단 내 유휴부지 등으로 한정적이며 대부분의 골프장은 산지 지형에 만들어진다.

현재 운영 중인 산지형(山地型) 골프장 대부분이 18홀 당 100만㎡ 내외이므로 산지에 골프장을 조성하려는 의뢰인들도 대부분 100만㎡ 이상의 사업 후보지를 의뢰한다.

골프코스 설계가들은 오랫동안 전국 방방곡곡의 토지를 검토하면서 어느 정도 지역별 개발 흐름도 보이고 실제로 골프장으로 추진되는 사례를 많이 접하고, '1년 평균 150~200개의 골프장 사업 후보지를 의뢰받아 검토했다'고 한다.

오래전에 검토했던 부지가 다시 의뢰 들어오기도 하고, 어떤 후보지는 위치만 확인하고 골프장으로 불가한 지역인 것도 있다. 심지어 오래전 골프장 용도로 허가받은 부지인데 어떻게 인허가를 받았는지 의심스러울 뿐만 아니라 현재 기준으로 골프장 조성이 불가능한 곳도 있다.

어떤 경우든지 의뢰인은 비슷한 말을 하면서 검토를 요청한다. '골프장을 하기에 아주 좋은 땅인데 한번 봐 달라', 마치 정답은 자신도 이미 알고 있으니까 확인만 해달라는 분위기다.

하지만 1~2% 정도만 그 정답(아니, 정답과 비슷한 답)을 들을 수 있다. 대부분 의뢰인은 '자신의 땅이 최적의 골프장 개발 조건을 갖추었다'고 생각하고 기대하지만, 현재 우리나라 골프 시장에서는 그런 땅을 찾기가 점점 어려워지고 있는 것이 현실이다.

골프장 개발에 제약을 주는 사항을 따져보는 일을 업계에서는 '골프장 입지 검토'라고 부른다. 입지 검토 항목은 대상지 특성에 따라 다르지만 40~50개에 이른다.

5부 능선, 경사도, 식생 등급 등 대상지 자체 특성을 살펴보는 항목도 있고, 상수원보호구역 여부, 개발 불가능한 토지 용도지역 등 법과 제도적인 부분을 따져보는 항목도 있다.

일반인도 단편적인 입지 검토 항목 몇 가지를 확인할 수는 있다. 하지만 모든 입지 검토 항목을 분석하고 종합적으로 검토하고 해석해 쓸모 있는 개발 가용지를 찾는 것은 전문가의 영역이기 때문에 골프장 대상지를 결정하기 전에는 꼭 전문가의 검토를 받아야 한다.

일반인이 골프장 개발이 적정한지를 따져볼 수 있는 우선적인 기준은 현장에서 직관적으로 판단할 수 있는 경사, 식생 등급 등이 있으나 이 또한 접근이 가능한 일부 도로, 농경지, 능선 등에서만 한정적으로 가능하다.

산지 지형은 위에서 볼 때와 아래에서 볼 때 느껴지는 경사가 다르며 숲이 우거진 정도에 따라서도 험한 지형이 완만해 보이기도 한다. 문제는 이러한 비전문가적인 판단만으로 골프장 용도로 토지를 선불리 계약하는 경우를 종종 접하기도 한다.

또한, 의뢰인 대부분은 '무조건 현장을 가서 보자'는 말을 많이 한다. 검토 단계에서 현장을 가는 것은 대상지 자체에 대한 세부적인 조사보다는 대상지의 느낌, 주변 분위기, 접근 동선, 원경 등을 확인하기 위한 것이다.

숲이 우거진 대상지 내부를 살펴보는 데에도 한계가 많다. 현장에 간다고 해도 100만㎡ 이상의 산지를 전체적으로 파악하는 방법은 없다. 오히려 사무실에서 지도와 위성사진 정보를 통해 전체 대상지를 분석하는 것이 더 객관적이고 현명한 판단에 도움을 준다.

일부 접근이 가능한 계곡, 식생 현황 등을 파악해 보전 여부를 판단하는 데에는 어느 정도 도움이 될 수 있지만, 그것 또한 산지형 골프장 특성상 토공 이동이 발생하기 때문에 절토(切土)나 성토(盛土)를 통한 지형 변화가 일어난 후를 연상하면서 현재 지형의 보전 여부를 판단하는 것은 매우 어려운 일이다.

지형 분석 자료와 환경부, 산림청에서 공개된 자료를 종합 분석해 실제 골프장 용지로 사용할 수 있는 가용지(可用地) 규모를 판단하는 것이 현명하고 우선적인 방법이다.

특히 최근 입지 검토 결과를 살펴보면 대부분 생태자연도 1등급, 임상도 5영급지 (수령 41~50년생 임상이 50% 이상 분포) 등 산림 식생 등급 제한 때문에 골프장 개발이 불가능한 경우가 많다.

따라서 골프장 사업부지 선정을 위해서는 도시계획 전문가의 입지 검토를 바탕으로 지형과 경사도, 식생 등급 등을 입체적인 도면으로 작성한 후에 코스 설계가가 코스 배치 가용지 면적을 산출하고 몇 개 홀을 배치할 수 있는지 대략 구상하는 설계적 판단 과정이 매우 중요하다.

숫자로는 가용지가 넓어도 홀을 배치하기 어려운 경우도 많다. 홀 하나를 평균 길이 400m, 너비 80m의 큰 테트리스 막대라고 가정해보자. 18개의 테트리스 막대를 입체적인 지형에 순리적이고 다양한 형태로 배치할 수 있는지를 판단하는 것은 골프코스 설계의 첫 단계이다.

5) 일본 정원의 원류는 한국

골프장이 위치한 자연 지형에 따라 코스 스타일은 산지형, 구릉지형, 평지형, 해안형 등으로 나뉘며 코스 스타일이 정해지고 나면 코스를 구성하는 요소, 제원, 면적 등은 대부분 골프장이 비슷하다.

결국 골프장 경관 특성을 결정짓는 가장 큰 요소는 골프장을 둘러싸고 있는 자연환경이다. 골프장 경관을 구성하는 요소는 주변 자연환경, 코스 스타일, 조경 식재 경관이다.

산지형 골프장에 해안 링크스 코스 조경을 하는 것은 맥락이 맞지 않는다. 반대로 평지형 코스에 산지와 비슷한 식생 환경을 조성하는 것은 무리가 따르고 비용이 많이 들며 시간이 오래 걸리고, 그 효과 또한 기대하기가 힘들다. '주어진 환경이 이미 골프장 경관을 결정한다'고 봐야 한다.

골프장을 둘러싸고 있는 자연환경에 따라 조경 식재 경관을 구성하는 수목의 종류, 크기, 규모 등도 자연스럽게 정해지는 것이다. 무리하게 인위적인 경관을 연출하기보다는 주변 환경 맥락에 가장 자연스럽게 순응하는 경관이 가장 이상적인 골프장 경관이다.

골프장이 한 개인의 공간이 아닌 것처럼, 골프장 경관 또한 특정 계층의 전유물이 아니다. 골프장 개발 과정에서도 경관영향평가, 경관계획 등의 큰 틀을 준수해야 한다.

다른 나라도 비슷하지만, 골프장을 처음 도입하고 만드는 것은 대부분 권력자나 부유층 등 특정 계층이다. 즉 이들의 경관관(景觀觀), 그 시대에 선망했던 경관이 골프장에 투영되어 있다.

우리나라도 마찬가지로 초창기 골프장, 골프 문화의 대부분은 일본의 영향을 받았고, 골프상 경관 또한 일본골프장 경관과 정원양식이 많이 반영되었다.

서구 골프장들이 '자연(自然) 그 자체와 인간이 만나는 대결과 교감의 장'이라는 생각을 바탕으로 한다면, 일본 골프장들은 '일본 전통 정원의 세계관이 개입한 장식적인 조경의 산책 정원처럼 조성된 경향이 있다'는 것이다.

이러한 '일본적 특성'을 안양CC가 최초 받아들여 한국 최고급 골프장으로 가꿔내면서, 우리나라 골프장들이 수십 년 동안 안양CC를 모범으로 삼아 조성 · 관리 되었으며, 대체로 '일본풍 흐름을 따르게 되었다'는 것은 상당 부분 사실이다.

코스의 속삭임까지 받아 적은 우리나라 골프장들 순례기로 "한국의 골프장 이야기 1, 2, 3권"을 펴낸 류석무 저자 주장으로는 "골프장에 들인 정원 스타일을 모두 부정적으로 볼 까닭은 없다."고 한다.

그의 설명을 아래 소개하면, 18세기 영국 귀족 · 젠트리 영지의 장원을 중심으로 전개된 서사적 풍경 정원(Picturesque Garden) 스타일 조경 전통은 미국과 대영제국 식민지에 조성된 컨트리클럽과 골프장들에(클럽하우스 부근을 중심으로) 지속적 영향을 끼쳐왔다.

이후 조경을 체계적으로 연구한 이들이 골프코스 설계·조성에 적극 참여하면서, 지금은 정원 조성 세계관을 골프장 전체로 확대해 이상적 자연으로 재창조하려는 예술 경향까지 보인다.

골프코스 조성에서 자연을 대하는 방식은 한국 전통 건축·조경의 시각과 비슷한 점이 많다. '자연 속에 자리를 찾아(빌려) 들어간다'는 관점이다.

인공적 조형 기법보다는 차경(借景, 주위의 자연 풍경을 끌어들임)이나 취경(聚景, 인근 자연경관을 모음) 등의 개념이 코스 설계의 이상적 맥락과 유사하게 닿는다.

일본 전통 정원은 시대적 특성에 따라 회유임천식(回遊林泉式), 고산수식, 다정식 등 다양한 형태로 발전했다.

이 중 우리나라 골프장 경관에 영향을 미친 일본 정원은 회유임천식 양식이라 할 수 있다. '정원 중심에 연못과 섬을 만들고 다리를 만들어 주변을 회유하며 감상'하는 방식이다.

이런 방식은 어딘가에서 많이 본 듯한 정원이다. 바로 경주 안압지 정원 양식이다.

다만 우리나라는 회유임천식 풍경을 자연스럽게 연출하지만, 일본은 여기에 축경식 정원 기법을 더해 나무를 강하게 전정하고 풍경을 상징적으로 축소 연출하는 등 기교를 많이 부렸다.

삼국시대 백제, 신라 문화가 일본에 전파되었듯이 일본 전통 정원 또한 백제, 신라의 영향을 많이 받았다. 이것은 〈일본서기〉에 "백제의 노자공이 일본 정원의 효시라 불리는 수미산과 오교를 만들었다"는 일본 정원 관련 최초의 기록을 통해서도 알 수 있다.

우리나라 초기 골프장 조경이 일본 정원의 영향을 많이 받았지만, 그 일본 정원의 대표적 양식은 우리나라 삼국시대의 영향을 받은 정원이다.

이 장을 마치면서 "골프장 건설 과정 흐름도"를 아래 싣는다.

〈골프장 건설 과정 흐름도〉

2 골프코스 설계가

세계적인 코스 설계가인 톰 독(Tom Doak)의 『The Anatomy Of A Golf Courses』, 『The Art Of Golf Achitecture』를 대한골프학회에서 "알기 쉬운 골프코스 디자인"으로 옮겼는데, 톰 독은 '연구할 가치가 높은 골프장들은 디자인에 따라 대략 세 가지 시대로 뚜렷하게 구분할 수 있다'고 한다.

① 19세기까지 영국의 링크스(links) 시대 ② 1900년에서 1930년까지 세계적인 골프 붐이 일어났던 클라식(classic) 시대 ③ 1945년 이후 현대 디자인(design) 시대로 불도저를 이용해 코스를 조성한 시대다.

위 책 추천사에서 "오늘날 환경 제공과 사고력 테스트라는 두 가지 요소가 적절하게 균형을 이룬 코스는 찾아보기 힘들지만, 골프 설계가는 골퍼에게 특정적인 환경 제공뿐만 아니라 사고력 테스트를 강요해야 한다."고 했다.

유럽을 중심으로 한 초창기 골프장의 디자인 화두는 실수를 하면 그에 합당한 대가를 치러야 하는 페널(Penal)이 주류였다. 세인트 앤드루스 올드 코스 17번 로드홀 그린 벙커(일명 나카지마 벙커)가 대표적 페널 홀이다.

20세기에 접어들면서 코스 디자인은 '전략 중시'가 트렌드로 자리를 잡는다. 위험적 요소가 항존(恒存)하지만 전략적 공략을 하게 되면 그에 상응하는 보상을 받을 수 있게 설계된 것이다.

최근의 경향은 페널적 요소와 전략에다 강력한 파워를 바탕으로 한 공격적 플레이를 요하는 이른바 '히어로익(heroic, 영웅) 홀'이 대세다. 골프 클럽의 발달이 가져온 신풍속도다.

미국에서 골프가 크게 확산되기 전까지 대부분은 스코틀랜드를 중심으로 발전했다. 19세기 말, 대략 1870년대가 되어서야 골프 전문가들이 골프 코스를 설계하기 시작했다.

대부분 스코틀랜드 이민자인 이 골프 전도자들은 유럽과 대영제국 그리고 미국에 골프를 소개하기 시작했고, 세계 여러 지역에 골프를 전파하는 데 적극적이었다.

뉴질랜드(1871), 캐나다(1873), 호주(1882), 미국 뉴욕(1888), 벨기에(1888), 스페인(1891), 스위스(1892), 네덜란드(1893), 독일·러시아(1895), 이탈리아(1898)를 거쳐 1921년에는 조용한 아침의 나라 조선에도 최초의 효창원 코스가 만들어졌다.

1) 투그린(Two Green)

우리나라 최초의 골프장인 효창원 코스를 시작으로 일제강점기부터 우리나라에 도입된 골프장은 해방 후 1980년대 초반까지 주로 일본 코스 설계가들이 새로 개장하는 골프장 대부분을 설계했다.

사회 전반적으로 일본 문화의 영향을 받거나 선망하는 시대적 분위기에 지리적으로 가까워 교류가 상대적으로 쉬운 이유 때문으로 보인다.

이 분위기는 2000년대 중반까지도 이어졌다. 국내 코스 설계가들은 일본 설계가들과 교류하거나 그들의 골프 이론, 설계 자료를 번역 · 복사해 국내 실정에 맞는 설계 기준들을 만들었고 오늘날까지 상당수의 골프장 설계, 시공 관련 이론을 답습하고 있다.

그런데 투그린(Two Green)이란 일본에서 비롯된 것으로 각 홀의 주 그린(Main Green) 옆에 보조그린(Sub Green)을 설치하여 번갈아 사용하는 것을 말한다.

우리나라 초창기 골프장들은 일본의 영향을 받아 거의 투 그린이었으나 1990년대 중반 이후에 문을 연 골프장들의 대다수는 원 그린으로 조성되고 있다.

공식용어는 아니지만 편의상 원 그린과 투 그린으로 부르는데, 투 그린은 관리하기에는 편하지만 그린 주변 플레이에 불공정한 우연(偶然)이 개입할 여지가 많아서 국제 규격의 골프장에서 적용되는 예는 극히 드물다.

투그린 코스는 그린을 번갈아 쓸 수 있기에 관리가 편하지만, '공이 놓인 그대로 플레이 한다'는 골프의 원칙에서 벗어나는 경우가 생길 수밖에 없기 때문에 잔디관리의 편리성과 기술이 미흡하던 시기에 우리나라와 일본에서만 조성되었다.

초창기 일본골프장의 그린(Green)에는 '고라이 잔디'가 사용되었는데 이 품종은 추위에 약한 난지형이라 겨울에는 얼어 죽었다. 그래서 또 다른 쪽에 한지형 '벤트그래스' 양잔디로 작은 보조 그린을 만들어 겨울에만 사용했다.

태평양전쟁이 끝나서 고도 성장기를 맞이하고, 잔디관리 기술도 발전한다. 골프 이용객이 증가함에 따라, 점차 두 그린의 크기를 비슷하게 만들기 시작하였다.

한양CC, 안양CC 등의 초기 모습도 일본의 영향을 받아 주 그린과 보조 그린으로 구성되었는데, 통도사골프장은 1984년 가을에 준공(1981년 설계, 1982년 가을 착공)하여 1985년 봄 그랜드 오픈한바, 우리나라에서 두개의 그린 크기를 비슷하게 만든 첫 번째 예로 알려진다.

정상적인 투그린 시스템(Two Green System)과 정상적인 설계 도서를 작성해 시공한 최초 국내 골프장인 통도사골프장은 국제종합엔지니어링에서 설계한 성치환이 현장에 상주하며 설계변경 및 감리로, 시공 현장소장은 김종인(제민레져 대표)이 활약하였고, 추후 이들과 건설관계자들은 한국 골프장 산업 발전에 지대한 공헌을 하였다.

그 뒤 1988년 로버트 트렌트 존스 주니어가 설계한 용평CC, 1989년 페리 오다이가 설계한 우정힐스CC에서 원 그린을 채택하고, 1990년대 중반 이후 임상하 설계의 지산CC(1994년), 신라CC(1995년), 화산CC(1996년)와 김학영 설계의 일동레이크GC(1995년) 등 원 그린을 적용한 명문 골프장들이 나오면서, 원 그린 코스가 대세로 자리 잡았다.

통도사골프장, 아시아나CC, 제일CC의 경우 일본 골프장 풍에서 벗어나는 과도기에 만들어졌기에 투 그린을 적용한 것으로 보이는데, 동시대의 다른 투그린 코스들과는 격이 다른 완성도를 보인다.

투그린 코스는 그린이 작기 마련이다. 그린이 한 개 있을 자리에 두 개의 그린을 넣으려니 크게 만들 수 없다. 그린이 작다 보니 언듈레이션을 다양하게 주기는 매우 어렵다. 그래서 국내에 많은 투그린 코스들 그린들은 밋밋한 한쪽 방향의 경사로 만들어져 있다.

골퍼의 실력을 변별하기도 어렵다. 그런데 통도사골프장, 아시아나CC, 제일CC는 투 그린을 적용했으면서도 크고 입체적인 언듈레이션(Undulation, 코스 지형의 높고 낮은 기복 또는 굴곡)을 준 것이다.

같은 크기의 두개의 투 그린을 원 그린으로 진화된 변화의 배경은 USGA 공법을 적용한 정상적인 시공과 관리 장비의 발전으로 효율적인 잔디 관리가 가능했기 때문이다.

획기적인 USGA 공법이 적용되고 장비효율도 높아지고 관리자의 기술이 비약적으로 발전하며, 운영능력이 향상되어 원 그린으로 바꾸는 골프장 수가 늘어났다.

한편, USGA(United States Golf Association)공법이란 USGA의 산하기관인 Green Section에서 40여 년 간 연구한 실험을 거듭해 왔으며 총 4차례에 걸친 그 결과를 실제로 적용하고 다시 연구에 반영하여 완성해 온 공법이다.

우리나라 대상지의 USGA 공법 적용에서 잔디 생육에 미치는 여러 가지 요인들 중에서 잔디 지반 토양의 물리 · 화학적인 측정을 통한 결과 이는 골재의 입도 분포였고, 상토층의 깊이별 경도, 수분 함량, 탄성력, 뿌리길이 및 잔디 밀도차이의 결과였다.

그린은 골프장의 얼굴이라고 할 정도로 골프경기에서 매우 중요해 집약적인 관리가 이루어지고 있다. 그린, 티와 양잔디 페어웨이 토양은 일반 경작지와는 달리 기반 토양이 모래로 조성되어 배수가 매우 잘되고 양분 보유력이 크게 떨어지는 것이 특징이다.

그런데 모래 토양은 양분 보유력이 크게 떨어지고 잦은 관수로 인해 시비한 양분이 토양 내에 오래 머무르지 못하고 쉽게 유실될 수 있으므로 소량으로 여러 번 나누어 시비하는 시비관리가 이루어진다.

'토양의 양분 보유력이 크게 떨어지고 잦은 관수가 이루어진다'는 것은 '토양 내 양분의 함량변화가 클 수밖에 없다'는 것을 의미한다. 당시엔 그린시공에 입도도 맞지 않은 막 자갈이나 연탄재를 섞어 사용하여 배수불량 및 답압에 잔디 손상이 많았다.

또한, '우리나라 골프장들은 세계에서 가장 이용률이 높기 때문에 투그린 코스가 많다'는 점을 이해할 만하다. 하루에 300여 명 골퍼가 라운드 하는 코스는 우리나라 말고는 세계 어디에서도 찾아보기 어렵다.

하지만 전략적 공략을 유도해야 하는 그린 주위를 투 그린은 운칠기삼(運七技三)에 승부가 갈리는 일이 간혹 발생하여 골프의 상징인 신사적, 공정성에 역행하기도 한다. 그래도 요즘 국내 골프 인구가 점점 늘고 있기에 원 그린으로 조성되었던 일부 코스들이 일조량 부족, 불량한 통풍 등으로 몇 개 홀에 보조 그린을 증설하는 추세도 보이고 있다.

2) 길 찾기와 코스 배치

골프는 다른 스포츠와 달리 정해진 루트를 따라 한 방향으로 목표 홀(타깃)을 향해 나아가는 '길 찾기 게임'이다. 어느 지점을 목표로 공략해 나갈지 끊임없이 고민하고 선택을 해야 한다.

코스 설계가는 그러한 '선택' 루트를 상상해 합리적이고 공정하게 게임을 할 수 있는 게임 테이블을 만드는 직업이다.

골프장은 크로스컨트리 경기장과도 같고, 각 홀에서 길을 선택하는 것은 바둑과 유사하며 타깃을 겨냥하는 것은 사격, 당구와 같은 속성을 지닌다. 우선 주어진 자연환경에 맞게 18개 홀의 스토리를 짜서 연결하는 것을 보통 '라우팅'(Routing) 또는 '라우팅 플랜'이라 한다.

세계적인 코스 설계가 마이클 허드잔(Michael J.Hurdzan, 1943~)의 말처럼 라우팅(Routing) 플랜은 '골프 코스의 뼈대를 만드는 것'으로, 건물의 평면도를 만드는 것과 비슷하다. 건물 평면도는 각 공간의 크기, 위치, 방향, 상호 관계를 나타낸다.

마찬가지로 라우팅 플랜은 다양한 각각의 홀이 어떤 길이, 방향, 각도로 연결되는지를 나타낸다. 그러나 건물 평면도에는 개략적인 공간 구성만을 나타낼 뿐 건물의 기초, 골격, 설비, 전기, 자재 등과 같은 세부 설계 내용이 표현되지 않는다.

라우팅 플랜 또한 실제 골프 코스를 구성하는 데 필요한 각 홀의 계획 레벨, 배수 방향 및 관로, 토공량, 관개용수의 형태와 세부 사항, 그린, 티, 벙커, 연못, 식재 등 세부 내용을 포함하지 않는다.

진짜 코스 설계가는 골프 코스 전체에 대한 구상을 합리적이고 구체적인 수단을 통해 표현할 수 있어야 한다. 라우팅 플랜을 하지 않고 공사를 위한 시공 설계에만 참여한 엔지니어를 코스 설계가라 할 수 없다.

더구나 설계를 한 사람과 설계에 참여한 사람은 다르다. 특히 회사 대표가 아닌 상태에서 독립한 이후 신설회사 실적으로 내 세움도 바람직하지 않다.

라우팅 플랜뿐만 아니라 기술적, 규정적 계획 수립 절차에 따라 기본설계를 진행한 다음 현장 특성에 맞게 설계를 수정하고 발전시켜 안정적인 시공을 할 수 있도록 하는 것은 물론, 골퍼에게는 흥미롭고 전략적이면서 안전하며 발주자(오너)에게는 합리적인 건설비용을 투자케 하는 능력을 가진 사람이 진정한 코스 설계가다.

코스 설계를 하는 과정은 간단하지 않다. 코스 레이아웃의 초기 구상은 전체를 좌우한다. 코스 배치(Laid out), 여기서부터 코스설계가의 고뇌가 시작되는 것이다.

골프계에서 한국 최초 골프 코스가 어디인지에 대한 이견은 있지만, 기록된 사실만 역사라는 관점에서 본다면 현재로서는 효창원 코스가 우리나라 최초의 골프 코스일 것이다.

효창원 코스가 개장한 1921년은 3·1 운동 이후 일본의 식민지 통치가 무단 통치에서 문화 통치로 전환되던 시기였다. 클럽의 일본식 표현인 구락부(俱樂部)에서 일본인, 친일파, 외교사절이 어울리는 사치스러운 풍류로 도입됐다.

전 세계적으로 불어 닥친 제국주의와 식민주의 격랑 속에서 탄생한 우리나라 최초의 골프 코스가 비록 일제강점기 문화 통치의 산물이라는 아픈 역사를 간직하고 있지만, 한국 골프 100년이 이곳에서 시작된 것이다.

골프장 페어웨이(FairWay, 잔디를 짧게 깎아 놓은 구역) 양쪽에는 다양한 나무가 식재돼 자연지형을 통해 코스의 묘미를 느낄 수 있으며, 홀마다 특성을 살려 레이아웃되어 지루하지 않고 집중력 높은 플레이를 즐길 수 있어야 한다.

한편, 미국 뉴저지주 발투스롤 골프장 4번홀(파3·194야드)은 특히 핀 위치가 앞쪽이면 최악이었다. 골프선수가 공을 어느 위치에 떨어뜨려도 내리막 퍼트다. 홀을 지나쳐 물로 끌려 들어가는 게 예사였다.

그러나 이 골프장을 설계한 로버트 트렌트 존스(Robert Trent Jones)는 프로대회 개최를 앞두고서 투정을 늘어놓는 사람들 앞에서 4번 아이언으로 멋지게 홀인원을 선보였다고 한다. 그리고는 이렇게 말했다. "봤죠? 완벽하게 공정한 홀입니다."

세계대회가 열리는 우수한 골프장은 잔디 컨디션과 전략적으로 까다로운 레이아웃 덕이다.

일정한 형식으로 계획을 구성하여 나열하는 코스 배치(Laid out)는 일정한 부지 내에 골프코스 및 시설물 등을 배치하는 계획이다. 방위·도로와의 관계로 기능과 동선(動線) 등에 따라 달라진다.

골프장의 레이아웃 개선을 검토할 때 골프 흐름과 선도(線圖) 위에서 골퍼의 이동상황을 조사해 "① 불필요한 이동은 없는가, 이동거리를 감소시킬 수 없는가. ② 이동거리를 감소시킬 수 있다면 간소하게 할 수 없는가. ③ 이동하는 선의 역행, 굴곡, 교차를 감소시킬 수 없는가. ④ 변경, 합병, 분할에 의해서 골퍼의 흐름을 간소하게 할 수 없는가." 등을 고려해야 한다.

나바타니 골프장을 설계한 로버트 트렌트 존스 주니어의 저서 'GOLF by DESIGN'의 2장 'THE TEEING GROUND' 부분은 다음과 같다.

티잉 그라운드는 19세기말까지만 해도 비 전략적인 상태로 남아 있었다. 티잉 그라운드의 전략성에 최초로 관심을 가진 사람은 프로골퍼이자 코스 설계가이던 윌리 파크였다.

그는 '티잉 그라운드가 가능하다면 플레이 방향으로 약간 오르막경사를 가진 채 코스의 편평한 곳에 위치해야 한다'고 주장했다. 이 때문에 종전에 한 곳이던 티잉 그라운드 지역이 보다 잘게 나뉘어 여러 곳으로 배치됐다.

이러한 경우 어떤 티잉 그라운드를 선택하느냐에 따라 그 홀의 전체적인 전략성이 달라진다.

제2차 세계대전 이후 골프 설계가들 중 로버트 트렌트 존스 주니어의 아버지는 티잉 그라운드를 거리면에서 뿐 아니라 정확성에서도 중요한 의미를 가질 수 있도록 노력했다.

그는 특히 비행기의 활주로에 비유되는 길고 똑바른 티잉 그라운드를 선호했다. 이런 형태의 티잉 그라운드는 플레이어에게 놀랄 만한 시각적 효과를 부여한다. 잘 배치된 티잉 그라운드는 올라서면 이상적인 볼의 낙하지점이 어디인지를 말없이 가르쳐준다.

그런데 대개 이상적인 티샷의 낙하지점은 페어웨이 벙커와 같은 큰 해저드나 장애물 근처에 있다. 골프 설계에 있어 이러한 경향은 전후 1960년대 초까지 이어졌다.

그 후 골프 설계가들은 전략적 다양성을 제공하는 목표지점에 이르기 위한 여러 각도의 공격루트와 거리를 확보하려 애썼다. 그래서 현대의 티잉 그라운드는 자연 경관과 어울리면서도 모양이나 크기, 높이 등이 다채롭다.

3) 최초의 골프코스 설계가

최초의 골프코스 설계가로 일컫는 스코틀랜드 출신인 앨런 로버트슨과 올드 톰 모리스 등은 자연 지형을 살펴서 그린(Green) 위치를 찾고 목록을 만들거나 그림으로 그려 홀 배치 계획도를 작성하고 경계 표시를 하는 초보적인 수준의 골프 코스 설계를 수행했다.

스코틀랜드를 중심으로 대략 1870년대가 되어서야 골프 전문가들이 코스를 라우팅, 즉 설계하기 시작했다. 이러한 코스 설계가 대부분은 코스 관리자이거나 골프에 상당한 기량을 가진 프로 선수인 경우가 많았다. 올드 톰 모리스는 프레스트윅의 클럽 프로였고 디 오픈을 네 차례 우승했다.

얼마 후 그린을 관리하는 사람이 고용되었고 그들은 대개 새로운 티 자리를 정해주는 일을 했다. 누가 처음 이러한 코스 배치를 시작했는지 알려져 있지 않지만, 누구였든 그 사람이 바로 골프 홀의 최초 설계자다(1996, M. J. Hurdzan).

〈The Architects of Golf〉 저자인 제프리 코니시(Geoffrey Cornish)와 론 휘튼(Ron Whitten)은 앨런 로버트슨(Allan Robertson, 1815~1859)을 최초의 골프 코스 설계자이자 공 제작자, 세인트앤드루스(St. Andrews)골프협회의 지시를 받아 올드 코스를 개선한 감독자로 선언했다.

로버트슨은 세인트앤드루스에서 코스 변경 사항을 훌륭하게 구현한 공로를 인정받아 계속 인근 코스의 레이아웃 자문을 맡았다. 이 무렵부터 19세기 후반까지 이들은 코스의 지형을 변경하는 실질적인 건설은 거의 하지 않고 단순히 코스 배치(Laid out)만 했다.

자연 지형을 살펴서 가장 좋은 그린 자리를 찾고 그린 위치를 목록으로 만들거나 그림으로 그려두었다가 자연 특성을 가장 잘 이용할 수 있는 홀 배치 계획도(Route plan)를 작성해 경계 표시를 해두었다.

이러한 행위는 진정한 의미의 골프 코스 설계라고는 할 수 없지만 가장 초보적인 수준의 코스 설계였다고 할 수 있다. 초기 이런 역할을 한 사람들은 대부분 골프에 상당한 기량을 가진 프로 선수인 경우가 많았다.

우리나라 최초의 골프장인 효창원 코스 설계자인 영국인 던트(H.E. Daunt)가 일본 아마추어골프대회 우승자였고, 우리나라 최초 골프 코스 설계가 연덕춘 또한 프로 골퍼 출신이었다는 것도 이러한 시대적 분위기와 무관하지 않았다.

스코틀랜드에서 가장 오래된 골프코스의 초기 지도에서 볼 수 있듯이 지형에 파낸 구멍에는 이름을 붙였다. 게임은 이전에 플레이한 구멍 바로 옆에 줄 서 있는 다음 구멍으로 진행됐다. 골프코스 초기의 홀은 편의상 배치되었을 가능성이 크다.

시작과 마지막 홀은 마을 근처에서 플레이하는 방식이다. 링크스를 지나다니는 사람들이 짓밟아 풀은 낮아졌다. 토끼는 풀을 갉아 먹었고, 그곳에서 풀을 뜯던 양과 같은 더 큰 동물은 낮은 곳에 몸을 숨기고 거센 바람을 피하기 위해 몸을 웅크렸다.

골프 역사의 초기 400~600년 동안은 대부분 해안 링크스에서 지형 변경을 생각하지 않고 원래 생긴 모양 그대로 골프를 했다. 홀이 다른 홀을 가로지르기도 하고, 방향도 아무렇게나 배치된 코스에서 클럽 한두 개와 회양목(Boxwood) 골프공으로 플레이하다가 골퍼가 증가하면서 어떤 규칙을 정할 필요가 생겼다.

그중 하나가 코스를 크로스컨트리처럼 선형으로 일방통행로를 만들고 골퍼들이 이를 지켜서 플레이 하도록 한 것이다. 그 다음에 적정한 자리를 찾아 타깃을 고정적으로 설치했는데 이것이 오늘날 말하는 '그린(Green, 홀 컵을 묻는 구역 및 잔디를 짧게 깎아 정비 해놓은 그 주변)'이다.

당시 그린 위치는 골퍼의 의견이나 동의를 얻어서 선택했기 때문에 그린 위치 선정을 진정한 골프 코스 설계라고 할 수는 없었다. 1745년 최초의 골프 경기 규칙 13개 조항 중 제1조는 "골퍼는 이전 퍼팅 그린에서 한 클럽 이내에 공을 놓고 다음 홀 티오프를 해야 한다"고 규정했다.

링크스에서는 작은 골프공을 앞으로 보내기가 어려웠다. 땅은 겉보기에는 거칠지만 모래언덕과 키 큰 풀 사이로 구불구불한 자연적인 경로가 도처에 있었다. 이러한 경로는 최초의 골프 코스를 구성했지만 골프 초기 단계에는 한 장소에서 다음 장소로 이어지는 단일 경로를 따라서만 게임을 했다.

다른 스포츠와 달리 골프는 규격화된 경기장이 아니라 자연 그대로의 모습을 살린 코스에서 행해지는 것을 선망하고, 자연에 그대로 노출되어 변화무쌍한 자연의 변화와 경이로움을 만끽하고 교감하는 문화 행위다.

1800년대 초반이 돼서야 골프 코스가 신뢰할 만한 지도 형식으로 기록되기 시작했다. 이때까지만 해도 홀과 홀의 조합은 골퍼가 스스로 정했고, 골프는 표준화되지 않았다. 골프 초기에 '홀'은 말 그대로 지면에 파낸 구멍만을 의미했다.

'그린'은 오늘날과 같은 퍼팅을 하는 장소가 아닌 고요한 지역으로, 골퍼의 의견이나 동의를 얻어 위치를 선택했다. 골프 코스를 만들었다기보다는 그린에 적합한 장소를 찾아 홀을 파고 '그린'으로 가는 길을 찾는 식이었다.

골프코스 초기 설계 과정은 '길 찾기'(라우팅, Routing)를 가장 중요하게 여긴다. 라우팅은 코스를 어떤 무드로 연속적으로 경험하게 할 것인지를 정하는, 이야기 줄기를 정하는 작업이다.

'코스 설계가 자연에 손때를 묻혀 자연의 순수함을 흐렸다'고 볼 수도 있고 '그렇게 만들어진 코스는 자연 그대로의 모습에 비해 질이 떨어진다'고 볼 수도 있다. 하지만 헝클어진 실타래에서 실마리를 찾아 올을 찾아 낸 다음, 다시 그 올을 정교하게 엮어서 더 아름다운 천을 짜는 것으로 볼 수도 있다.

4) 외국인 설계자들

골프 설계학의 황금기라 불리는 1920년대 세계적 코스 설계 트렌드는 스코틀랜드 클래식 코스였다. 근대 골프코스 설계의 아버지로 불리는 스코틀랜드 출신 앨리스터 매켄지(Alister MacKenzie)가 미국과 호주에서 골프 황금기를 이끌었고, 미국 코스 설계의 대부로 불리며 동시대에 활동한 도널드 로스(Donald Ross) 또한 스코틀랜드 출신이었다.

골프 발상지는 스코틀랜드이지만 2차례 세계대전 이후 국력 차이로 현대 골프를 발전시킨 것은 미국이었다. 대부분 스코틀랜드 이민자 출신의 코스 전도자들은 미국에 골프를 소개하며 정착하고 계속 발전시켰다.

1945년 제2차 세계대전이 끝나고 미국 경제가 회복, 성장을 계속하면서 미국 코스 설계가들은 여가 활동에 대한 사회적 욕구가 증가하면서 새로운 골프 붐이 일 것을 직감했다.

국내에서는 연덕춘이 유일하게 설계를 하던 이면에 일본인 설계가가 주로 초청됐다. 1964년 경기도 고양시에 개장한 서울한양CC는 연덕춘과 함께 야기 다케오가 참여했다.

1968년 개장한 경기 부곡의 안양베네스트CC와 1984년의 경남 통도의 통도사CC는 미야자와 조헤이가 설계했다.

1971년 개장한 경기 성남의 남서울CC는 이노우에 세이치, 1975년 개장한 충남 아산의 도고CC와 1984년 개장한 경기 성남 한성CC는 가토 후꾸이치였다. 이들 일본인들은 투그린 코스에 골프장을 일본식 정원처럼 조성하는 데 초점을 뒀다.

1990년대 중반부터는 일본의 정원형 코스보다는, 미국식 원 그린의 챌린징 한 코스(challenging, 도전적이고, 도전 의식을 북돋우는 목적에 따라 정하여진 길)가 선호되기 시작했다. 이 무렵 로널드 프림(Ronald Fream)이 미국계로는 처음 국내에 진출했다.

주로 아시아에서 많은 코스를 설계한 프림은 1983년 용평리조트CC 9홀을 시작으로 1993년 아시아나CC, 1996년 진주CC, 2001년 클럽나인브리지CC 등의 작품을 남겼다.

로널드 프림은 골프코스 설계자로 캘리포니아 과학기술대학과 워싱턴 주립대학에서 잔디 관리학과 식물, 토양학, 조경 디자인학을 전공했다. 골프코스 설계 전문가이자 'The Ronald Fream' 디자인그룹의 회장으로 있으면서 60개국 180여개의 골프코스를 설계했다. 미국 본토보다는 아시아권에서 이름 높은 다작(多作) 설계가다.

프림이 만든 골프플랜사의 파트너 설계가이던 데이비드 데일(David Dale)은 나인브릿지CC가 '세계 100대 코스'에 드는 등 국제적으로 부상하면서 프리미엄이 붙었다. 명문 코스로의 진입을 노리는 재벌 오너로부터 엄청난 설계비를 받고, 여주 해슬리나인브릿지CC, 아일랜드CC 등을 잇따라 수주 받아 만들어냈다.

로버트 트렌트 존스 주니어는 부친 RTJ 시니어의 후광을 업고 세계적으로 명성을 쌓으면서 국내에도 많은 코스를 설계했다. 1989년 개장한 용평CC를 시작으로 오크밸리CC, 안양CC 리노베이션, 제주 롯데스카이힐CC, 오스타리조트CC, 마지막 작품인 레인보우힐스CC에 이르기까지 다수의 작품을 남겼다.

레인보우힐스CC는 동부 김준기 회장의 삼고초려 끝에 엄청난 대접을 받으면서 설계를 마쳤다. 원래 문학도를 꿈꿨던 그는 시를 지어 레인보우힐스CC에 헌정했으니, 그만하면 설계 인생의 화룡점정이었던 셈이다.

잭 니클라우스는 국내 다수의 코스 설계에 참여했다. 휘닉스평창CC(구 휘닉스파크)를 시작으로 가평베네스트CC, 송도의 잭니클라우스골프클럽코리아CC, 스카이72CC 오션 코스, 동여주CC, 제주도의 우리들CC 등은 니클라우스디자인 팀에서 설계했다.

그의 설계 철학은 '티잉 그라운드에서 그린의 깃대가 보여 홀 전략을 티에서부터 짤 수 있도록' 하는 것이다.

근대 코스 설계에서 촉망받는 피트 다이(Pete Dye)가 세운 다이디자인은 아들딸 2대에 이르러 아시아에서의 신규 코스 수요 증가로 꽃을 폈다. 아들인 페리 다이는 충남 천안에 우정힐스CC, 캐슬렉스제주CC 코스를 남겼고 딸인 신시아 다이는 이븐데일CC, 여주에 페럼클럽을 설계했다.

페리 다이는 아버지 다이의 설계의 특징을 그대로 이어받아 우정힐스CC 13번 홀, 캐슬렉스제주CC 17번 홀을 아일랜드 그린으로 조성했다. 코스에 관심 있는 열성 골퍼들은 이 홀과 미국 플레이어스챔피언십이 열리는 TPC쏘그래스 17번 홀을 연관 짓는다.

TPC 소우그래스 스타디움코스(1982) 클라이언트는 이 코스 조성 당시 관중 친화적이고 세계에서 가장 민주적인 코스를 요청했다. 그런데 결과물은 '악마 같은' 코스가 탄생했다. 1982년 더플레이어스 챔피언십 첫 대회가 열렸을 당시 결과는 참혹했다. 잭 니클라우스, 아놀드 파머와 같은 메이저 챔피언 다수가 컷오프된 것이다.

쏟아지는 논란과 비판에 피트 다이는 러프 엣지를 넓히고 부드럽게 하고 윤곽이 심한 그린을 평평하게 만들었다. 시간이 지나면서 코스는 소위 '5번째 메이저대회'의 코스가 됐으며, 세계 톱100 코스에 꾸준히 이름을 올리고 있다.

2000년대를 지나면서 JMP디자인의 브라이언 코스텔로(Brian Costello)가 참여한 블랙스톤CC가 제주도와 이천에서 개장했고 퍼블릭 코스 360도컨트리클럽도 조성됐다. 코스텔로의 특징은 그린(Green) 조형을 계단처럼 2, 3단의 윤곽을 뚜렷하게 살리는 개성이 유명하다.

그밖에 세인트앤드루스 인근 킹스반스를 통해 모던 링크스의 전형을 제시한 카일 필립스는 남해의 리아스식 절경에 사우스케이프오너스CC를 설계했고, 미국서 현대 코스 설계의 대세였던 톰 파지오의 형인 짐 파지오가 이천에 사우스스프링스CC, 아들인 톰 파지오 2세가 여주에 트리니티CC를 설계했다.

설계가들은 사회적 요구에 대응하기 위해 찾은 비슷한 전문가 조직은 1899년 결성돼 새로운 전문가 그룹으로 자리 잡은 미국조경가협회(ASLA)였다. 미국 코스 설계가들은 ASLA와 유사하게 업계에서 영향력 있고 집단적인 목소리를 내기를 희망했다.

로버트 브루스 해리스와 로버트 트렌트 존스가 주도한 이 새로운 전문가 그룹의 첫 번째 모임은 미국골프코스설계가협회(ASGCA)라는 이름으로 1947년 2월 전국의 여러 코스 설계가들이 참석한 가운데 뉴욕에서 개최됐다. 로스가 명예회장을 맡고 해리스가 초대 회장 직무를 대행했다.

ASGCA 창립 회원 14명은 5명의 조경가와 농경학자, 4명의 계약자, 3명의 골프 프로, 2명의 사업가 등 다양한 전문가로 구성됐다. 흥미로운 것은 ASLA를 사례로 한 영향 때문인지 창립 회원의 약 1/3이 조경 관련자였고, 설계가를 디자이너(Designer)가 아닌 건축가(아키텍트, Architect)로 했다.

2008년 3월 29일 한국골프설계학회(KOSGOR)가 경원대학교에서 창립총회를 개최하고 학회 사업계획 및 추진일정을 확정했다. 이후 2021년에는 사단법인 한국골프코스설계가협회(KSGCA)가 등록돼 활동을 시작했다. 미국 ASGCA와 같은 코스 설계가 단체였다.

한편, '이 골프장의 설계자가 누구인가'라는 질문의 답은 간단치 않다. 잭 니클라우스가 설계한 코스가 엄청나게 많은데, 그게 다 잭이 직접 한 게 아니다. 골프장 측에서는 잭 니클라우스 설계 회사와 계약한 것일 뿐이고, 니클라우스 회사의 직원 중 누군가가 설계한 것이 대부분이다.

그렇다고 해서 그 직원이 코스를 설계했다고 할 수는 없다. 설계자는 잭 니클라우스고, 그 직원은 실무 책임자 정도라고 말할 수 있다. 한국 골프장 중엔 외국인 설계자를 쓴 코스가 많다. 잭 니클라우스처럼 유명 설계가가 아니라 그 회사 직원들이 설계하는 경우가 많다.

최근 시대적 배경에 힘입어 국내 초기 골프코스 설계 시장은 외국 설계가들이 주류를 이루었고, 자생 국내 코스 설계가들은 경험, 기술력, 감각 면에서 상대적으로 외국 설계가들에게 위축되었다.

2000년대 중반까지만 해도 우리나라 골프장 대부분은 회원제 골프장으로 개발됐다. 회원들은 대부분 권력가나 사회 저명인사, 사업가들이었다. 이들에게 고가의 골프 회원권을 분양하기 위해 골프장 사업가들은 검증되지 않은 국내 설계가보다 해외 설계가를 선정, 아니 초빙하는 분위기였다.

이런 상황들이 반복되다 보니 클라이언트는 오히려 '을'이 되었고, 서구 코스 설계가의 요구나 업무 기준이 골프장의 기준이 됐다. 해외 설계가는 점점 신봉 받았고 국내 설계가는 점점 위축됐다.

하지만 해외 설계가는 업무 특성상 한국에 장기적으로 체류하거나 잦은 설계 협의를 하는 데 한계가 있었다. 이 때문에 한국 코스 설계가들이 해외 코스 설계가와 사업 주간의 기술적 업무 협의 지원, 국내 관련 규정에 맞는 설계 코디네이션 등의 역할을 했다.

또 해외 설계가들은 정해진 업무 범위, 계약 이외 업무는 별도의 비용을 청구하고 자신의 설계 철학이 강하다 보니 사업주 생각대로 코스 배치(레이아웃, Laid out)를 바꾸고 싶어도 코스 설계가가 동의하지 않아 사업주 마음대로 못하는 경우가 생기기도 했다.

이 때문에 골프장 사업주들은 기본적 설계 도면만 해외 코스 설계가에게 받고 추후 간단한 설계 변경이나 현장에서 설계를 조정해야 하는 업무는 한국 코스 설계가에게 맡기는 경우가 많아졌다.

이런 상황에서 한국 코스 설계가들은 자신의 설계 철학을 주장하기보다 사업주의 의견을 충실히 반영하고 이행하는 단순 설계 기술자로 전락했다. 이러한 태생적, 시대적 한계에도 현재 한국 코스 설계가들이 인내하고 실력을 쌓아 활발하게 활동하고 있는 것은 대단한 일이다.

현재는 국내 코스 설계 건수가 많이 줄기도 했지만, 굳이 해외 코스 설계가에게 설계를 의뢰하는 경우는 거의 없다. 해외 코스 설계가라는 프리미엄 효과와 신선함이 떨어진 것도 있지만 한국 코스 설계가들의 안목과 실력이 높아졌기 때문이라 생각한다.

5) 골프장 설계 다양화

서구 코스 설계가가 우리나라에 설계한 첫 골프 코스는 1985년 개장한 용평퍼블릭 9홀 코스이며, 설계가는 미국인 로널드 프림(Ronald W. Fream)이었다.

비록 짧은 9홀 대중제 골프장이었지만 일본식 정원형 투그린 골프장이 골프장의 원형인 것처럼 여겨지던 당시 상황에서 서구 골프 코스의 도전성과 전략성을 중요시하면서도 한국의 산악지형을 거의 훼손하지 않고 코스를 배치한 코스 레이아웃의 새로움과 신선함에 골퍼들과 한국 코스 설계가들은 매우 놀랐다.

그러나 그것은 서막에 불과했다. 뒤이어 1989년 용평골프클럽이 개장했을 때 한국 골퍼들은 더욱 놀라움을 금치 못했다.

그때까지 경험한 일본식 골프장과는 너무나 다른 도전적이고 전략적인 원 그린의 코스 레이아웃(용평 퍼블릭 코스는 투그린, 일부만 원 그린)과 양잔디(켄터키블루그래스) 코스, 카트 운영 등 골프장의 조성·운영과 관련한 새로운 시스템은 이후 한국 골프계에 하나의 표준이 되다시피 했다.

로널드 프림은 로버트 트렌트 존스 사무실에서 근무했었고, 이후 독립해 설립한 골프플랜(Golfplan)의 데이비드 데일(David Dale)이 한국의 대표적 코스 중 하나인 클럽나인브릿지를 설계했으니 '우리나라 서구 코스 설계의 흐름은 로버트 트렌트 존스의 영향을 가장 많이 받았다'고 볼 수 있다.

현대 골프 코스를 대표하는 로버트 트렌트 존스의 아들인 로버트 트렌트 존스 주니어(Robert Trent Jones Jr.)와 형제인 리스 존스(Rees Jones) 또한 유명 코스 설계가다.

용평 퍼블릭 코스를 시작으로 서구 코스 설계가가 우리나라 골프 코스 설계 시장에 빠르게 진출하기 시작했다. 1988 서울올림픽을 거치고 한국 골프 시장이 호황을 맞기 시작하면서 한국에서 활동하는 해외 설계가의 대부분은 미국 설계가들이었다.

이러한 배경에는 미국 코스 설계가의 새로운 코스 개념, 설계 기술력뿐만 아니라 선진 문화를 대표하는 미국에 대한 선호와 선망도 깔렸던 것으로 보인다. 해외 골프 시장으로 눈을 돌리던 미국 코스 설계가 입장에서도 한국의 경제발전과 국제사회에서 인지도 상승 등을 고려하면 한국은 매우 매력적인 골프 시장이었을 것이다.

당당하게 한국 골프 시장에 초빙 받은 서구 코스 설계가들을 괴롭히는 것이 있었다. 바로 한국의 변화무쌍한 산악지형과 까다로운 산지, 식생, 환경 관련 법규였다.

한국 골프장 입지 특성 중 하나는 대부분 산지에 위치한다. 외국 코스 설계가들이 한국에 처음 와서 놀라는 것 중 하나는 설계 대상지가 대부분 산악지형이라는 것과 골프장 총사업비다.

산악지형을 접하면 왜 이런 산을 보전하지 않고 골프장으로 개발하는지에 놀라고, 골프장 개발로 발생하는 절토(切土)와 성토(盛土)로 토공 물량이 어마어마한 것에 다시 한 번 놀라고, 골프장 공사비와 총사업비를 듣고 나면 왜 그 정도 비용을 들이면서까지 골프장을 개발하는지에 또다시 놀란다.

해외 코스 설계가들은 산악지형 코스 설계를 한 경험이 많지 않고, 있더라도 한국의 산악지 처럼 변화무쌍한 지형이 아니어서 코스 주변의 비탈면 처리와 계단식 홀 배치를 매우 낯설어한다.

그나마 일본 코스 설계가들은 산악지형에 어느 정도 익숙했지만, 미국을 비롯한 서구 코스 설계가들은 한국의 산악지형과 같은 경사 지역에 코스 설계를 한 경험이 많지 않았다. 굳이 한국 산악지형과 같은 지역에 골프장을 만들 이유가 없었기 때문이다.

"통도사골프장을 국제종합엔지니어링에서 설계할 때와 시공 현장에서 자주 만난 미야자와 조헤이는 조경전문가였다."는 인성골프 성치환 설계사는 "화산지대로 암반이 적은 일본 골프장과 달리 암반이 많아서 발파를 해야 하는 우리나라 지형의 특성에 매우 어두웠다."고 설명했다.

후에, 그랜드CC(구 청주CC 18홀)를 설계한 가토 순스께는 미야자와 조헤이와 달리 토목 전공으로, 산을 제거하거나 절토(切土)하기보다 자연지형에 맞추는 길을 찾아 설계를 하여 '공사비도 줄이고 재미를 더 부여 하였다'고 한다.

당시 일본어에 능하고 골프장 시공을 포함해 골프장 관련 전반적인 업무를 총괄하였던 임광토건의 목진하 고문의 배려로 '설계자 가토 순스께의 현장 지도에 자주 동행도 했다'는데, '설계자의 자연친화적인 설계기법과 현장지도 기법에 많은 감동을 받았다'고 한다.

한편, 세이지우드여수경도컨트리클럽을 영국의 디엠케이 골프디자인(DMK Golf Design)의 데이비드 맥레이 키드(David Mclay Kidd)와 이현강씨가 공동 설계할 때 '홀 주변 비탈면의 높이, 경사, 소단 등을 설명하고 이해시키는 데 꽤 힘들었다'고 한다.

설명을 들은 데이비드는 "왜 이런 지형에 18홀이 아닌 무리하게 27홀을 배치하는지" 되물었다고 한다.

골프장 사업비와 사업성에 대한 긴 설명을 해주면 그때야 겨우 산악지형 활용과 마감에 대해 이해는 하지만 '자연지형을 자연스럽게 활용하는 코스 레이아웃은 힘들다'는 것을 깨닫고 '기운 빠져 하던 모습이 눈에 선했다'고 한다.

특히 비탈면이 토공적으로 안정적이더라도 5m 높이마다 소단을 둬야 하는 규정을 가장 이해하지 못했다.

제2차 세계대전이 일어나기 전 링크스 코스는 지형의 형태를 최대한 이용하는 정도였다. 당시 토목 기술이 부족하고 장비가 발달하지 않다 보니 티잉 에어리어는 사각형이었고 벙커(Bunker, 모래 함정이나 풀이 무성한 저지대 같은 곳) 라인은 들쑥날쑥 쥐어뜯긴 듯 거친 형태로 마감했다.

바닷바람으로 건조해진 페어웨이와 그린은 단단해 골프공 구름이 많고 페어웨이의 잔주름으로 공략의 재미를 더했다. 이런 전통 링크스 코스의 형태를 최대한 표현한 곳이 우리나라 송도 잭니클라우스골프클럽이다.

잭니클라우스골프클럽은 바람과 침식에 의해 벙커 가장자리가 다듬어진 것처럼 거칠게 마감한 래그드(Ragged) 벙커를 채용했다. 페어웨이의 언듈레이션은 다양한 공 구름을 고민한 흔적이 드러난다. 또 아일랜드의 오래된 채석장 콘셉트를 연출하기 위해 인조암(人造巖)을 설치했다.

목가적인 풍경을 연출한 코스로 베어크리크춘천골프클럽의 12번 홀과 13번 홀 사이에 심은 미루나무가 어린 시절 향수를 자극한다. 주로 시골 신작로에서 볼 수 있었던 미루나무를 옛 감성을 끌어내기 위해 코스로 옮겼다. 대형 웨이스트 벙커 중앙에 설계했지만 스코어에는 영향을 미치지 않는다.

이 외에도 인공적인 부분을 실제 자연 그대로인 것처럼 표현한다. 일본의 영향을 받은 오래된 골프장의 경우 연못 내부를 콘크리트로 깔끔하게 정리하는 경우가 많다.

오히려 부자연스러운 경우 분위기를 방해한다. 따라서 페어웨이(Fairway, 티에서부터 그린까지 이어지는 손질해 놓은 길)와 그린(Green) 사이에 강 지류(크리크, Creek)를 만들 때 최대한 자연스럽게 설계해 옛 감성을 끌어내는 걸 지향한다.

또한, 환경공학박사이자 2017년 US오픈 개최지 에린힐스 골프클럽의 코스 설계로 유명한 마이클 허잔의 "골프코스 설계 및 시공"(Golf Course Architecture)도 많이 참고되었다.

허잔&프라이환경골프코스Inc를 운영하는 그는 칼루사파인스 골프클럽(미국 플로리다 네이플스), 데빌스페인트브러시 골프클럽(캐나다 온타리오 케일돈), 이글스틱스 골프코스(미국 오하이오 자네스빌), 에린힐스 골프클럽(미국 위스콘신 에린) 등 유명 코스를 설계해왔다.

미국의 100대 골프장 설계가로 유명하며 특히 2017년 US오픈 개최지로 선정된 에린힐스골프장을 설계해 유명세를 높였는바, 마이클 허잔이 국내 골프클럽 설계에 참여한 것은 클럽모우가 최초로 클럽모우는 강원도 홍천군 모곡리의 장락산맥 끝자락 56만평 부지에 27홀 규모(총 7409야드/18홀 기준)로 2011년 11월에 개장 예정이었다.

2011년 8월 13일 강원도 홍천군 모곡리에 착공한 클럽모우 골프장의 설계가 마이클 허잔(Michael Hurdzan)이 방한해 기자회견을 통해 "이 골프장은 기초 단계인 벌목부터 환경 훼손을 최소화시키고 있다"면서 "골프장 건설은 단기적으로는 '환경파괴'라고 할 수 있으나 장기적으로는 살던 생물이 되돌아와 계속 살아갈 수 있도록 해야 한다"고 역설했다.

허잔은 이어 "친환경 건설만큼 중요한 것이 운영이고, 이를 위해서는 최소한의 농약으로 건강한 골프장이 운영될 수 있도록 해야 한다"고 말했다.

클럽모우는 골프장 내 들어설 클럽하우스, 아트 스튜디오 등 모든 시설물에 태양전지를 이용해 태양빛을 직접 전기에너지로 변환시키는 태양광 발전시스템을 도입한다. 이를 통해 무공해, 무소음을 실현하고 탄소 배출량을 줄일 계획이다.

코스관리는 토양의 산성화 및 노후화를 유발하는 화학비료 대신에 토양의 자생력을 길러 줄 수 있는 친환경 비료를 쓰고 제초제 및 농약 사용을 최대한 줄여 먹이사슬이 살아 있는 건강한 지력을 유지할 예정이다.

페어웨이에는 양잔디가 식재된다. 잔디 파종시 목질자재와 식물성 접착제 등 친환경 자재를 사용해 종자의 발아 전까지 토양 유실 방지 및 수분 보유력이 높은 공법을 활용할 계획이며 공사 중 발생하는 찌꺼기들을 퇴비로 재활용한다.

허잔의 설계철학은 자연 본래의 모습을 지켜내는 것이다. 코스 부지가 가지고 있는 땅의 본래 특성에 초점을 맞춘다.

기존 골프장들이 전면 벌목 후 코스 설계 도면대로 나무를 식재하는 공법을 주로 쓰는 반면, 클럽모우는 공사 중인 지역의 나무와 돌에 모두 번호를 붙여 옮겼다가 다시 제자리로 돌려놓았다.

3 한국 골프코스 설계자

골프코스 설계는 대상지 선정과 토지 매입 초기 단계부터 설계를 시작하는 경우가 많다. 코스 설계가가 골프장으로 개발이 적정한 땅인지 여부를 검토하고 때에 따라서는 대상지 경계와 매입해야 할 토지의 위치, 범위를 제안하는 일도 잦다.

회사는 골프코스 설계뿐만 아니라 컨설팅, 인허가, 시공, 코스 관리, 골프장 운영에 관한 모든 업무도 수행한다.

문화체육관광부의 2021년 전국 등록 · 신고 체육시설업 현황에 따르면 우리나라에 등록된 골프장은 514곳, 면적은 5억 1,024만 8,296㎡로 체육시설업 전체 면적의 89.68%를 차지한다.

현재 운영 중인 골프장은 조사 기관마다 다소 차이는 있으나 18홀 기준 약 570곳이다. 골프장 한 곳당 약 100만㎡(100ha, 약 30만 평)을 기준으로 삼으면 약 5억 7,000만㎡이다.

통계청의 국가통계포털에 따르면 2019년 기준 우리나라 국토 면적 1,004억㎡ 중에서 육지 면적이 976억㎡이므로 전체 국토 육지 면적의 0.58%가 골프장이 차지하는 면적이다. 단일 체육시설업으로는 최대 면적이다.

골프장 조성은 체육시설의설치및이용에관한법률 규정을 적용받았다. 2006년 이 법이 개정되기 전까지 체육시설업 시설물의 설치 및 부지 면적의 제한사항(제9조 관련) 규정에 따라 18홀 이상의 골프장은 108만㎡ 면적에 18홀을 초과하는 9홀마다 46만 8,000㎡를 추가한 면적을 초과할 수 없도록 제한했다.

클럽하우스 연면적도 18홀 기준 3,300㎡를 초과할 수 없도록 제한했다. 그러다 보니 대부분의 골프장이 일률적일 수밖에 없었다. 오래된 골프장의 클럽하우스가 좁은 이유도 이 때문이다.

2006년 노무현 정부 때 이 규정을 폐지하고 골프장마다 자율성과 다양성을 확보할 수 있도록 했으며 현재는 부지 면적, 클럽하우스 면적을 제한하는 규정은 없다.

2022년 여름 골프다이제스트에 게재한 코스 설계가 이현강의 여러 글과 2018년 2월 23일 헤럴드경제 스포츠팀 남화영 기자의 "한국의 골프장 설계가들" 참고삼았고 다른 글도 함께 요약 정리하여 소개한다.

한국 최초 골퍼이자 설계가인 연덕춘(延德春, 1916~2004)이 1960년대 중반부터 코스 설계를 시작했기 때문에 한국 골프코스 설계 역사는 약 60년에 이르지만 그 당시 우리나라에는 건설 분야 전문 인력이 거의 없는 상황이었다.

1) 국내 코스 설계는 연덕춘으로 시작

국내 코스 설계는 처음에는 선수 출신이던 연덕춘(1916~2004)으로 시작됐다. 1세대 설계가 중 가장 앞선 연덕춘은 6.25전쟁으로 망가진 군자리(현재 서울어린이대공원)의 서울CC를 1954년에 복원하였지만, 1964년 서울한양CC 구 코스를 당시 그랜드호텔 안중희 사장과 합작하여 설계하였다.

연덕춘 선생은 최초의 프로골퍼로 골프코스 설계가이다. 경성골프구락부(1924년 4. 20~1944년 3. 19)의 군자리 코스에서 캐디를 하다가, 골프를 배워 일본으로 건너가 프로골퍼가 되었고, 1941년 일본오픈선수권대회에서 한국인 최초로 우승하였으며, 1966년에 한라산 자락에 조성한 9홀 제주CC는 분명 연덕춘의 설계 작품이었다.

또한 태릉CC(1966년), 부평 시-사이드CC(1970년, 현 인천국제CC), 수원CC(1975년), 여주CC(1975년), 오라CC(1979년), 태광CC(1984년), 경주보문GC(1987년), 팔공CC(1987년), 양주CC(1990년) 등도 연덕춘이 설계한 골프 코스들이다.

당시 설계 기술을 가늠해보면 현재 기준의 코스설계 도면을 선수출신 설계가가 직접 드로잉 했다기보다는 선수 경험을 바탕으로 코스설계, 시공 단계를 관리 · 감독한 것이 아닐까 추측한다.

1세대 중 김학영(그린패밀리디자인, 1938~)도 일본에서 뛴 골프선수 출신으로 일본에서 설계를 공부해 재일교포 사업가의 한국 골프장 사업을 연결하는 역할을 많이 했다.

1986년 경기 안산의 제일CC를 시작으로 1995년 경기 포천의 일동레이크GC, 제주도의 크라운CC, 테디밸리GC가 대표작이다. 연덕춘, 김학영 이후 골프 선수 출신 설계가의 활동은 알려진 바가 없다.

전략적 이해도와 기량이 뛰어난 프로골프 선수 출신이 국내 코스 설계에 더 활발하게 참여했다면 우리나라 초기 골프장이 일본식 정원형(庭園形) 골프장 일색이지 않고 다양한 유형의 골프장으로 발전하지 않았을까 하는 아쉬움이 있다.

한편, 1870년대가 되어서야 골프 전문가들이 코스를 설계하기 시작한 것으로 알려져 있다. 우리나라는 1960년대 중반부터 한국 코스 설계가가 활동하기 시작했으니 골프 본고장보다 약 100년 늦게 코스 설계를 시작한 것이다.

우리나라에서 골프장은 해방 후 1980년대까지는 대부분 일본 설계가들이 투그린(Two Green)의 정원식 코스로 설계했고, 1990년대 이후로는 미국 코스 설계의 영향을 받은 토너먼트 스타일 코스로 설계하는 경우가 많았다.

1989년 알티제이 주니어(RTJ Jr.)가 설계한 용평컨트리클럽을 시작으로 원 그린의 토너먼트 스타일 코스가 등장하기 시작했다. 한국인 코스 설계가들은 그 틈바구니에서 '스스로 배우고 익히며 자생했다'고 볼 수 있다.

국내에 골프 코스는 현재 5백 곳이 넘는다. 1980년대 초반까지 일본 설계가가 주도했고, 그로부터 20여 년은 미국계 설계가가 서구적인 스타일의 코스 트렌드와 양식을 보급했다. 동시에 1980년대부터는 토종 설계가가 경험을 축적하면서 작품을 냈다.

2000년대 중반을 넘어서면서부터는 해외에서도 이름 높은 명 코스 설계가가 한국을 찾았고, 동시에 국내 설계가의 경쟁력이 높아지면서 해외로 사업 영역을 넓히거나 외국 설계가와 경쟁하는 단계에까지 올랐다.

2008년을 분기점으로 회원권 가격이 대세 하락세에 접어들고 국내 코스 개장 속도가 급격하게 줄면서 국내 설계가들이 활동할 무대가 급격히 줄었다. 최근 몇 년 새 개장한 골프장은 이전부터 추진되던 곳이거나 혹은 해외 설계가들이 맡아서 하는 곳들이다.

중국과 동남아, 인도 등 이머징 마켓에서의 코스설계 수요가 있지만 이마저도 해외 유명 설계가와 경쟁해야 하는 상황이다. 국내 설계가들이 제대로 경력을 쌓기도 전에 코스 건설 붐이 사라지고 있는 현실이 아쉽다.

2) 자생적 1세대 : 장정원·김명길·임상하

토종 전문 설계가의 등장은 1980년대 장정원(장골프장연구소 소장), 김명길(필드콘설탄트기술사무소 회장), 임상하(임골프디자인 대표)에서부터다. 이들 3인방이 국내 설계가 1세대이며, 1.5세대를 지나 오늘날 코스 설계가 2세대에 이르렀다.

이들은 군 경력이나 종합엔지니어링 회사에서 근무하며 선진 설계 기술을 바탕으로 골프장이라는 새로운 레저시설을 접하고 관련 기술을 습득해 골프코스 설계를 시작했다.

장정원 소장(1941~)은 1966년 태릉 육사골프장 9홀 공사부터 코스와 인연을 맺기 시작했다. 장정원은 육군사관학교, 서울대 토목과 졸업 후 육사 토목과교수를 지내면서 육군 골프장을 주로 설계했고, '장골프연구소'(장정원 대표)를 만들어 경주 보문CC와 뉴서울CC, 중문CC, 남부CC 등 국내 32곳의 코스 설계를 맡았다.

60여 건의 기본 설계에 참여했던 장정원 대표는 보기 플레이어가 즐기는 데 지장 없는 코스를 추구한다. 즉 토목공학적으로 편안하고 안정적이며 관리와 운영이 쉬운 코스를 우선시했다.

2008년 3월 31일 서울경제 "국내 최초의 골프코스 설계학회 발족" 보도에 따르면, "장정원(장골프연구소 대표) 창립총회준비위원장을 비롯해 골프계 전문가들로 구성된 한국골프설계학회(KOSGOR)가 2008년 3월 29일 경원대학교에서 창립총회를 개최하고 학회 사업계획 및 추진일정을 확정했다"고 한다.

초대회장으로 선임된 장정원 회장은 "한국 골프계가 질적 양적으로 무르익은 만큼 코스설계가와 관련 분야 전문가들이 골프발전에 기여할 때"라며, "골프설계를 비롯한 관련 분야의 선진화를 꾀하고 전문분야로서의 위상 정립과 발전을 도모하겠다."는 학회의 설립 취지를 밝혔다.

골프와 연관된 포괄적인 연구 및 평가, 국내외 학술단체와의 교류 등을 추진하며, 학회는 △체육학회와 지도자협회 등의 체육 분야 △골프장과 골프연습장 등의 시설 분야 △골프장 설계와 시공, 용품 등의 산업 분야 등 3개 분야 전문가들로 구성되었다.

장정원 회장을 중심으로 유병림(서울대), 우정상(경원대), 원형중(이화여대) 교수를 비롯한 학계 전문가 13명, 성치환(인성골프설계), 송호(송호골프디자인그룹), 권동영(오렌지엔지니어링), 이혜원(곤지암CC)씨 등 골프업계 전문가 27명 등 모두 40명이 발기인으로 참가했다.

김명길 소장(1938~)은 공군사관학교와 서울대 토목과 졸업 후 1982년 통도사CC를 시작으로 공군 골프장에서 영역을 넓힌 설계가로, 기흥CC, 자유CC, 강남300CC, 춘천CC, 마우나오션CC 등 국내외 80여 개 코스 설계 작업에 참여했다.

김 소장은 공군 시설장교로 근무하면서 비행장 활주로 공사에 참여하였으며, 특히 시멘트 콘크리트 분야에서 독보적인 존재감을 드러내 국내 초창기 콘크리트 고속도로 시대를 여는데 많은 기여를 하였다.

㈜필드콘설탄트기술사사무소(대표 김명길, http://www.fieldcon.co.kr)는 1989년 5월 23일 설립 등기하여 골프장 설계, 감리 등을 주요사업으로 45년차가 된 골프장 전문 설계업체였다.

유신설계공단에 근무하던 중 성치환을 총괄로 보내 1988년 가을 '필드콘설탄트'를 만들어 춘천CC를 비롯해 비에이비스타CC와 아시아드CC, 태영CC 등 수많은 전국의 유명골프장들이 김 대표의 손을 거쳐 탄생했다.

김 대표는 세계 유력의 골프장 디자인전문회사인 미국의 'Dye Designs'와 'Golf Plan', 호주의 'Graham Marsh Golf Design' 등과 협업하면서 선진 골프코스 설계기술을 국내에 도입하는데 앞장섰다.

김 대표는 'GOLF COURSE DESIGN', '한국의 골프장계획 이론과 실무', '골프장은 어떻게 만들어 지는가' 등 다수의 책을 집필하기도 했는데, "골프코스 설계는 지형과 기후, 위치, 습성 등의 다양한 요인에 대한 과학적인 분석과 접근이 요구되는 분야"라며, "우리 정서를 담아내면서도 보다 강화된 설계디자인 기술을 접목, 국내골프장 수준을 한 단계 높이는데 주안점을 두고 있다"고 말했다.

임상하 소장(1930~2002)은 한양대 도시계획과 졸업 후 한국종합기술개발공사 국토계획부 부서장을 역임하고 1985년 '임골프디자인'을 만들어 국내 골프장 73개를 설계했으나 2002년 72세로 작고했다.

공사에 재직할 때 제주 중문관광단지, 경주 보문관광단지 계획을 총괄하면서 자연스럽게 골프장 설계에 관심을 갖게 됐고, 삼성과 호암컨트리클럽(현 글렌로스) 설계를 위해 스코틀랜드와 미국 등 명문 코스를 답사하며 원 그린의 정통 골프 코스에 대한 설계 철학이 확고해졌다.

임상하는 1세대 중에서도 비교적 늦은 1980년대에 코스 설계에 뛰어들었지만, 조형미에 치중하는 일본풍 코스를 탈피하고, 코스 설계의 다양한 가능성을 제시했다.

도시계획 전문가이면서도 코스의 예술적인 가치와 조형미를 중시한 설계가로 데뷔작인 뉴서울CC 북 코스를 비롯 파인크리크CC, 코리아CC, 지산CC, 천안상록CC 등 코스를 설계했다.

위 3인은 1980년대 중반 코스설계 전문 회사를 설립하고 IMF 전까지 활발하게 활동했다. 코스 설계가 이현강씨는 이들의 미묘한 차이로 “각자의 사무실 이름에서 1세대 대표 설계가가 추구하는 설계 철학의 흔적을 엿볼 수 있다”고 한다.

장골프연구소(대표 장정원)와 필드콘설탄트(대표 김명길)는 모두 토목을 전공한 기술장교 출신이라는 점이 영향을 미쳐서 관리가 쉽고, 진행이 잘되며 블라인드가 없는 골프코스를 설계 철학으로 삼았다.

반면 임골프디자인(대표 임상하)은 도시계획 전공으로 제주·경주 관광단지 설계로부터 출발하여 골프코스의 디자인적 다양성과 한국적 자연스러움을 추구한 것으로 보았고, 설계 대부분이 원 그린 코스인 것에서도 그 흔적을 엿본다 하였다.

1세대를 거치면서 프로선수 출신코스 설계가의 활동은 거의 사라지고 필드콘설탄트(대표 김명길)와 임골프디자인(대표 임상하) 두 개 회사를 주축으로 한국 골프코스 설계 2세대를 맞이한다.

2세대 설계가들은 대부분 1세대 설계가들과 사제지간이거나 1세대 사무실에서 독립한 설계자, 골프장 시공기술자 출신으로 현재 활발하게 창작 활동을 하는 설계가들이다.

박정희 정부까지 개장한 골프장이 21개였던 것이 전두환 정부 때 30개가 인가됐다. 노태우 정부 때 골프장 승인이 중앙정부가 아닌 시 · 도지사로 위임되면서 120개 골프장이 승인을 받아 ‘골프공화국’이라 불릴 정도였다.

5·6공화국을 거치면서 급속도로 증가한 우리나라 골프장은 IMF 직격탄을 맞는다. 공사 중인 골프장 현장은 멈추고 많은 설계가도 경영난에 허덕였다.

골프 관련 시공, 설계 회사 경영이 어려워지면서 기술자들은 자의 반 타의 반으로 이직과 창업을 할 수밖에 없었다. 2세대 설계가는 이런 어려운 환경에서 오히려 성장하고 발전한다.

1990년대 이후 골프장 시장이 어려운 가운데서도 경영 여건이 좋은 회사들은 IMF 시기를 오히려 성장의 기회로 삼고, 코스 설계팀을 꾸리기도 했다. 시공 현장에서 익힌 기술을 더욱 발전시켜 더 좋은 골프장을 만들기 위해서는 "코스 설계를 직접해야한다"는 필요성을 느꼈다.

3) 한국 코스설계 2세대 시작

필드콘설탄트(대표 김명길), 임골프디자인(대표 임상하) 소속 설계가들이 속속 설계 사무실을 오픈했다. 먼저 1990년 5월 성치환 설계사는 인성골프설계사무소를 창립한다.

성치환은 유신설계공단으로 옮겨 골프장설계 책임자가 되었다가 1988년 가을 선발대로 나와 이인환(지앤디), 이영남(시공)과 함께 1988년 10월에 ㈜필드콘설탄트 기술사사무소를 김명길 대표와 함께 창립하였으나, 1990년 4월에 퇴사를 하였다.

직후 1990년 중반 무렵 송호 설계사는 공군장교 선배였던 김명길 씨가 세운 ㈜필드콘설탄트기술사사무소에 입사해 13년간 설계와 경영을 맡았다가, 2002년 말 퇴사하고 이후 송호골프를 창립한다.

현재 활동 중인 필드코퍼레이션 출신으로는 성치환(인성골프설계연구소), 송호(송호골프그룹), 이인환(지앤디), 추보현(글로벌필드플래닝) 등이 있으며, 임골프디자인 출신으로는 배영근(드레곤), 서우현(장원골프), 공민선(휴먼골프), 서윤석, 임상신(더림골프디앤씨), 김재열(미라지), 송기철(가온골프) 등이 있다.

1세대와 2세대가 지금도 동시대에 설계 활동을 하고 있으며, 단순하게 어느 세대라고 구분하기 어려운 설계가도 있다. 길지 않은 한국 골프 코스 설계 60년을 1·2세대로 나누는 것은 다소 무리한 부분이 있어 1.5세대로 세분하기도 한다.

일반적으로 한 세대는 30년을 기준으로 한다. 약 60년의 한국 골프코스 설계가를 굳이 세대로 구분하면, 현재 활동 중인 설계가 대부분은 2세대 설계가라고 생각한다.

단순히 어느 시기를 기점으로 코스설계 세대를 구분하기보다 우리나라 약 550여 개 골프장이 만들어지는 과정에서 누가 어떤 설계 철학을 추구했는지, 그 결과는 어떠했는지를 객관적으로 평가해 이제는 한국 골프코스 설계 사조를 나눠볼 때가 되었다.

1세대로 불리는 연덕춘 부터 현재 활동하고 있는 한국 골프코스 설계가는 40명이 채 되지 않는다. 현재 우리나라에서 운영 중인 골프장의 헤드 디자이너 경험이 있는 설계가 기준이다. 전공별로는 토목과 조경 전공자가 약 2/3를 차지한다. 설계 초기에는 토목 전공자가 많았으나 시간이 지날수록 조경, 미술, 도시계획 등으로 다양해지는 추세다.

현재 활동 중인 오렌지엔지니어링 출신 설계가로는 안문환(보리DNC), 강상문(오렌지엔지니어링), 권동영(권동영 골프연구소), 김병국(피나클골프), 노준택(로가이엔지), 김승현(솔토), 이현강(오렌지엔지니어링) 등이 있다.

이 외에도 이재충, 임충호, 류창현(디자인뷰), 임형채(랜드이앤지), 백주영(렌데코), 이인환(지앤디) 등도 있다.

4) 인성골프 성치환 대표

1990년 5월 연 ㈜인성골프코스설계연구소(www.insung-golf.com, 대표 성치환, 인성골프)는 창조적이고 자연친화적인 코스 디자인과 원가절감 설계기법을 통해 국내 골프코스 설계 산업에 새로운 이정표를 제시하고 있다.

인성골프를 설립하기 전까지 필드콘설탄트에서 청주CC, 기흥CC, 춘천CC, 88CC, 이포CC 등 14개 이상 코스 설계에 참여하기도 했던 성치환 대표(1952~)에게는 나름대로 골프장 설계에 관한 철학이 있다.

그는 '골프장을 만든다'는 표현을 삼간다. 자연에 인위적인 것을 가미하는 의미의 '만든다(make)'는 동사는 어울리지 않아서다. 그 대신 그는 '다듬는다'는 표현을 쓴다. 따라서 그의 작업은 늘 조심스럽다.

2006년 1월 서울경제신문의 2006 대한민국선도기업에 선정, 같은 해 6월 ㈜한국건설일보의 2006 건설산업기술경영대상 수상, 2007년 4월 한국일보스포츠한국의 대한민국스포츠레저문화대상 등을 수상하였다.

그의 첫 해외작품이 중국 옌타이의 애플시티CC(27홀)다. 당시 최초로 해외에서 열린 KPGA투어가 개최되어 낯익은 곳인 이 대회에서 우승컵을 안은 김경태(신한은행)도 아기자기한 코스 레이아웃과 전략성을 높이 평가했다.

특히 지난 2002년 잭 니클라우스사에서 15년간 코스 설계 및 조형을 책임지고 있는 토마스 미첼 펙(Thomas Michael Peck) 수석디자이너를 기술고문으로 영입해 풍부한 현장경험을 국내외 코스설계, 조형설계 및 감리에 적용해 신개념의 골프장 개발에 정성을 기울였다.

성 대표는 "설계사, 시공사, 사업자가 삼위일체가 되어야 명문 골프장을 탄생시킬 수 있다. 사업자의 지나친 간섭으로 만들어진 골프장은 결코 명문 골프장이 될 수 없고, 차후 리노베이션(renovation)이 필요하게 돼 막대한 추가 공사비가 소요된다."며, "사업자의 원활한 지원과 세련된 인품이 골프장의 수준을 결정한다."고 강조했다.

이어 "한국의 골프장은 많은 골프장이 부대시설로 건설되는 외국과는 달리 주시설이 골프장인 곳이 대부분이어서 지형, 지세(地勢) 즉 산지형, 평지, 해변가 등의 특성에 적응하는 레이아웃이 가장 중요하다."고 설명하였다.

인성골프는 산악 지형과 간척지 등 한국적 지형에 적합한 환경 친화적인 코스설계 기법으로 업계 선두를 달리고 있다. 렉스필드CC를 비롯해 남여주CC, 무안CC, 칠곡CC, 태인CC, 해남 화원CC, 합천 해인CC(ADEL SCOTT), 장성 푸른솔CC, 영암 아크로CC, 화성상록CC, 남원상록CC, 김해상록CC, 당진(파이스톤)CC, 어등산CC, 거창CC, 대가야CC(가야대학교) 등 잇따라 100여개 골프장을 설계했다.

또, 성주HEAVEN LANDCC(18홀), 당진 파이스톤CC(18홀), 무안CC(54홀), 금강CC(18홀) 등의 설계·조형시공·책임 감리 등 다양한 국내 프로젝트를 추진하고, 중국 연태에 위치한 레이크힐스CC(36홀) 설계를 마치고 청도 올림픽CC와 황도CC, 그리고 2018년 5월 그랜드 오픈한 카자흐스탄 취친스키 지역에 위치한 BURABAI 골프장(18홀, 러시아 국경인접) 등 세계 명문 골프코스 설계사로 도약하기 위해 힘찬 발걸음을 내딛고 있다.

2018년 11월 22일 그랜드 오픈하여 최근 골퍼들에게 급부상한 다산베아체CC(회장 고 김호남/근화건설, 전남 강진군 도암면 학장리)도 총 45만평 대지에 27홀 규모(전장 1만 60m)로 조성된 대중제 코스도 성치환 작품이다.

유명산 산자락, 75만 평의 자연 속에 함께 자리한 아난티 클럽 서울(구 리츠칼톤) 골프코스 리노베이션도 성치환 대표의 작품으로서, 아시아 최고 리노베이션상도 수상하였다.

전남대학교 토목공학과를 나온 성치환 대표는 척박한 국내 골프설계 분야에서 '한국판 톰 파지오'로 통한다. '천재적 미적 감각을 가졌다'는 톰 파지오는 미국의 유명 코스 설계자다.

한편, 2022년 10월 21일(한국시간) 미국프로골프(PGA) 투어 더 CJ컵이 열린 사우스캐롤라이나 주 리지랜드의 콩가리 골프장은 톰 파지오가 설계했다. CJ컵은 2020

년엔 네바다 주 라스베이거스의 섀도 크릭, 2021년엔 역시 라스베이거스의 더 서밋 클럽에서 열렸는데, 모두 톰 파지오 설계 코스다.

그가 만들면 이런저런 '100대 코스'에 대부분 들어가며, 최고 골프 건축가 상을 여러 번 받았고 골프 명예의 전당에도 입회했다. 골프코스 디자인의 피카소를 찾는다면 톰 파지오다. 피카소처럼 가장 그림(설계도면)값이 비싼 설계자이기도 하다.

골프장은 설계자가 여러 분야의 도움을 받아야 하는 종합예술이다. 직접 설계도를 그리기도 하고 프로젝트 매니저도 하지만, 도면이 전부도 아니다. 공사 능력이 뛰어나야 하고 불도저로 땅을 조각하는 조형(쉐이핑)도 매우 중요하다. 설계가 그리 좋지 않아도 쉐이퍼의 능력이 좋으면 그런대로 괜찮은 코스가 나오는 경우도 흔하다.

5) 젊은 국내 설계가들

남화영 기자 글에는 "전문 설계가 1세대가 장정원, 김명길, 임상하였다면 연배는 그보다 아래지만 코스 설계 경력이 뒤지지 않은 1.5세대가 성치환(인성골프코스설계연구소), 송호(송호골프디자인그룹), 권동영(권동영골프디자인연구소), 임충호(세림골프CM), 이재충(서원레저콘설탄트), 서우현(장원골프엔지니어링) 등이다"고 한다.

2002년 송호골프디자인그룹으로 독립했던 송호 대표는 양평의 더스타휴CC, 거제도의 드비치CC, 제주도의 세인트포CC, 충주 킹스데일CC 등 80여 곳을 설계했다.

그의 설계 스타일은 페어웨이는 넓게 만들어 티 샷이 쉽게 하되, 다양한 공략 루트를 만들어 놓는 한국식 전략적 코스를 다수 개척했다. 지난 2012년 4월 한국코스설계가협회를 만드는 등 국내 코스 설계자들의 자립과 역할에 관심을 가지고 있는 대표 설계가다.

대학에서 미술을 전공한 권동영 소장은 마이다스밸리CC, 블루원상주CC, 힐드로사이CC 등에서 보듯 미적인 요소를 살리는 코스 설계에 뛰어나다. 고사목(枯死木)을 코스 레이아웃 안으로 끌어들여 핸디캡이나 코스의 일부로 활용하거나 장식미를 더하는 요소로 활용하는 것이 특징이다.

한양 공대 출신인 이재충 대표는 서원밸리CC, 파인리즈CC 등을 설계했다. 아일랜드 티잉 그라운드가 그의 트레이드 마크다. 서우현 대표는 에머슨남해CC, 금강산 에머슨CC 등 에머슨퍼시픽이 운영하는 코스들을 주로 설계했다.

연배와 경력에서 그보다 젊은 2세대에 해당하는 이들은 스카이72 하늘 코스와 이천마이다스CC를 설계한 노준택(에이엠엔지니어링), 힐데스하임CC와 서라벌CC를 설계한 임상신(임골프디엔씨), 오렌지듄스CC의 이현강(오렌지엔지니어링), 현대더링스CC의 백주영(HLE코리아), 노벨, 청통CC를 설계한 유창현(R&H) 등이다.

노준택 이사는 베어크리크CC의 크리크 리노베이션을 맡아 원형을 깨지 않으면서도 개울을 홀 전면에 등장시켜 색다른 코스로 변모시킨 점에서 효율적인 코스 리노베이션의 모델을 보여주었다.

설계업에서 보기 드문 여성인 임상신(더림골프디앤씨 소장)은 남성과 여성의 다양한 골퍼의 눈높이를 모두 고려하는 섬세한 설계로 주목된다.

임상신 소장은 "자연에 인간의 손을 대는 일이기 때문에 늘 조심스럽다"며, "다양한 공략이 가능하고 도전에 따른 보상과 처벌이 분명한 코스를 만들되 '자연의 골프장, 사람의 골프장'이라는 임상하 선생의 기본 개념을 잊지 않으려 한다."고 설명한다.

6) 한국 골프장 특성

우리나라 골프장은 지형 특성상 제주도와 일부 매립지를 제외하면 건설 중인 코스의 대부분이 산악지형에 건설되는 산지형(山地型) 코스다.

제법 경사도가 있는 산지에 대규모 토목공사를 통해 코스를 조성하므로 경사가 급하고 기복이 심하며, 홀과 홀 사이에는 법면(法面 : 흙으로 쌓은 경사면)이 발생하는 계단식 코스가 형성되는 것이 일반적인 형태다.

즉, 대부분 평지와 구릉지에 건설되는 외국의 경우와는 근본적으로 다른 방식으로 코스를 조성해야 하는 것이다. 그래서 그만큼 산림훼손 면적도 크고 그에 따른 공사비도 많이 들고, 공사 기간도 길어질 수밖에 없다.

그래서 자연 그대로의 주변 환경과 경관을 최대한 활용해 산림훼손 면적을 최소화하면서 지형에 맞게 코스를 조성한다면 오히려 더욱 감동을 주는 매력 있는 코스가 탄생할 수도 있다.

정교한 설계로 전략적인 가치를 살리는 것도 중요하지만, 주변 경관이 차지하는 아름다움이 골프장의 가치를 더욱 높일 수도 있는 것이다. 외국과는 달리 우리나라의 골프코스는 자연환경과 인문환경(인간이 자연을 토대로 만든 환경)이 골프장 조성에 많은 영향을 준다.

우리나라는 위도 상으로 북위 33°~43°에 위치하며, 사계절의 변화가 뚜렷하다. 겨울에는 대륙성 기후와 시베리아 고기압의 영향으로 북서 계절풍이 불어오며 여름에는 북태평양에서 부는 남동 계절풍이 날씨를 지배한다. 이러한 기후는 골프장 시공 기간과 운영 시간에 제약을 가하는 중대한 요인이다.

우리나라 골프장 잔디의 대부분을 차지하는 한국 들잔디는 봄(4~6월)에 파종 또는 식재해야 생장기에 바로 뿌리를 내릴 수 있다. 따라서 골프장 공사 시에는 먼저 잔디 식재 시기나 파종 시기를 정해 놓고 나서 착공 시기를 조율해야 한다.

또한 우리나라의 기상 환경을 살펴보면, 연간 강우량의 50% 정도가 여름철 장마와 태풍 시기에 집중될 정도로 특정 기간에 많은 비가 내리는 것이 특징인데, 이것이 골프장의 가장 중요한 시설물인 잔디에는 나쁜 환경이다.

그러므로 표면배수와 지하배수가 잔디 관리를 좌우한다. 우선 표면배수를 위해서는 마운드의 크기를 조절하고 함몰지(Depression), 잔디 수로(Hollow), 맨홀 등을 만들어야 한다.

또한 지하 배수를 위해서는 사질토양이나 모래 등으로 상부의 토양을 개량하고, 맹암거(땅속에 자갈, 잡석 등을 묻은 수로)를 하부에 시공함으로써 잔디 생육 환경을 최적화해야 한다. 즉, 입체적인 조형이 배수를 원활하게 하여 잔디의 생장을 촉진하는 것이다.

위 글은 2023년 1월 13일 골프산업신문 "송호 골프코스 설계의 정석, 국내 대부분의 산악형 코스는 부지 선정이 관건"을 참고하여 게재했다.

이제 골프 코스설계 글을 마치며 거듭 정리하고자 한다. 평지인 지형에서의 골프코스 레이아웃은 쉽게 생각할 수 있겠으나, 설계자는 항시 골퍼들을 배려해주는 안을 제시해야 한다.

물론 지형, 지세, 풍광, 바람, 햇빛 방향을 고려하면서 재해 예방, 관리, 토공량, 구조물, 배수, 상수, 오수, 수목 식재 등을 종합적으로 고려하여 코스를 배치해야 한다.

3~5개의 홀이 연속으로 같은 방향의 바람을 맞고 진행하게 하거나 같은 방향의 풍광만 보고 나아가게 된다면 골프를 좋아하는 메니아라 할지라도 짜증을 낼 것이다. 특히 해안가 등과 같이 바람이 강한 지역은 맞바람과 뒷바람이 교차하여 플레이가 공평하고 잘 될 수 있도록 배치하는 레이아웃이 중요하다.

골프는 신사적이고 공평해야 함은 물론 진행의 편의성과 관리적인 측면도 반드시 고려해야 한다.

출발 첫 홀부터 동향으로 홀을 배치하여 많은 시간을 공 찾는데 소비하게 하거나 빠른 진행을 방해하고 고의로 블라인드 홀을 만들어 공략해야 할 방향을 찾는데 필요 없는 시간을 소비하고 공략을 운에 맡기는 그런 골프 코스설계는 지양해야할 것이다.

한편, 발주자(오너)가 코스설계자를 선택할 때는 설계자의 실적과 설계자가 직접 설계하여 운영 중인 골프장을 찾아 살펴보고 라운드도 해보고 나서 설계자를 선택하는 것이 가장 좋다. 여기서 설계실적이라는 것은 피고용인으로써 설계에 참여한 것이 아닌 고용인으로서 직접 설계를 수행한 실적을 말한다.

자금에 크게 영향을 받지 않는 유명 선수출신(잭 니클로스, 그랙 노먼 등)의 설계자들은 발주자(오너)의 전횡에 휘둘리지 않은 반면에 국내 영세한 설계자들은 발주자(오너)의 주관적인 판단에 좌지우지 될 수밖에 없어 그의 성격과 취향이 설계자 및 그 골프장의 수준을 결정한다. 설계자는 본의 아니게 그 골프장 수준에 따라 평가받을 수밖에 없어 추후 타 골프장 설계 수주에 불리한 일을 당하기도 한다.

골프장은 '설계를 누가 했냐'고 묻지 '시공을 누가 했냐'고 묻지 않는다.

발주자(오너)의 얄팍한 지식이나 아집으로 자기주장만 고집하면 능력 있는 설계자라도 그 골프장 수준으로 동반 추락하고 마는 안타까운 일들이 자주 일어난다. 설계자들이 발주자(오너)와 자주 충돌하는 것도 이런 상황을 예방하기 위한 것이다.

외국의 유명 설계자는 18홀 중 1~3개 홀은 발주자(오너) 뜻을 반영하되 이 외는 간섭을 안 하는 조건으로 설계를 맡는다. 발주자(오너)가 자금을 투자한다고 하여 자기 취향에 맞추는 골프장을 고집한다면 그 골프장은 소수의 골퍼들만 만족시키는 3류 골프장이 되고 만다.

또한, 교수사회가 '2022년 올해의 사자성어'로 '과이불개(過而不改)'를 선택 했다는데, '잘못하고도 고치지 않는 것, 이것을 잘못이라 한다'니 이제 고쳐야 한다.

국내 골프장 사업가들의 추태도 있다. 회원제 골프장뿐만 아니라 대중제 골프장까지도 외국인 설계자를 도용하는 믿기지 않는 일들이 지금도 있다. 최근까지도 외국 설계자를 추종하는 사대주의 사상에 젖어 있는지, 스스로 후진국 민족임을 자인하려는 것인지 후안무치하게 외국 설계자의 이름을 도용하면서 오히려 자랑스러워하는 웃지 못 할 촌극도 종종 있다고 한다.

4 골프장 시설 관리

골프장 시설관리는 자연과 환경을 다루기 때문에 고도로 전문화되어야 한다. 골프장은 잔디와 수목과 같은 살아 있는 생명체들로 이루어진 환경이고 야생동물의 보금자리가 되기도 한다.

골프장의 경우, 잔디의 생육조건을 악화시키는 가장 큰 문제는 건강한 뿌리가 있어야 할 자리에 잔디를 깎고 남은 퇴적물이 쌓여 공기와 물의 순환을 방해하는 것이다.

제초제, 살균제, 그리고 살충제와 같은 각종 농약(Pesticides)은 어린 잔디에는 별로 필요하지 않으며, 또 될 수 있는 대로 사용하지 말아야 한다. 어린 잔디는 일부 화학약품의 유해 성분에 대한 저항력이 약해 심한 피해를 입을 수도 있다.

잔디가 자라면서 저항력이 강해져 10~11주가 지나면 여느 식물이나 마찬가지로 다룰 수 있다. 바랭이, 강아지풀, 또는 들이나 산에 자라는 키가 작고 뿌리가 붙은 상태로 무리 지어 있는 사초과 잡초들은 잔디의 초기 성장 기간에 그린을 엉망으로 헝클어 놓을 수 있다.

이들 잡초를 제거할 때는 알맞은 제초제를 잡초 하나 하나에 묻혀서 개별 처리하거나, 제초 도구로 제거하는 방법이 가장 좋다. 잔디의 어린 새순이 잘 조성된 후 잡초 발아 전에 사용하는 잡초 예방약 등을 사용해도 좋다.

식물의 생장을 촉진시키고, 농작물에서는 품질과 수확량을 높이기 위해 활용되는 방법이 시비(fertilizer application, 施肥)다. 토양·빗물·관개수 등에 의해서 천연적으로 공급되기도 하나 자연적인 방법으로는 부족한 영양분은 인공적인 시비에 의해 보급될 수 있다.

시비량 = (목적수량 중의 비료성분량-천연공급량)/비료흡수율

시비에 쓰이는 비료는 크게 유기질비료와 무기질비료로 나누는데, 무기질 비료는 화학비료, 유기질비료는 퇴비가 있다.

시비는 매월 1회로 하되 더 긴 시간동안 잔디에 물을 공급해준다. 시비는 매월, 또는 2개월 간격으로 비교적 느리게 흡수되는 완효성 비료를 주로 준다. 모든 그린, 티, 그리고 페어웨이의 종합 토양 분석을 하며, 이 결과로 비료의 시비 비율을 결정한다.

처음 2~3년의 성장기간에는 미량의 필수영양소에 대한 검사와 평가를 계속한다. 그린의 잔디 깎는 주기를 매주 5회 이상으로 늘리고 잔디 높이는 5~6㎜로 한다.

티잉 에어리어 표면과 그린 칼라는 매주 3회 잔디 깎기를 하고, 다른 모든 지역은 매주 2회로 하며, 잔디 높이도 조금씩 낮춰간다. 예방 농약은 일상적인 코스관리 기준으로 필요에 따라 사용한다.

1) 골프코스관리 표준

2023년 2월 1일 골프산업신문에 게재된 이주현의 "골프장 기대가치 명확히 정의하고 관리절차와 일치시키기 위한 것"은 골프코스관리 표준이 반드시 필요한 이유와 함께 실질적인 내용을 소개하여 많은 시사점을 줘 게재한다.

관리표준을 개발하고 문서화하는 이유 중 하나는 골프장의 기대치를 명확하게 정의하고 이를 관리절차와 일치시키기 위한 것이다.

미국 코네티컷주 그리니치의 페어뷰CC의 슈퍼인텐던트였던 짐 파보네티 CGCS는 GCM을 통해 "올바른 코스관리 표준을 만들기 위해 무엇을 해야 하는지" 우리 현실과는 다르겠으나 참고는 해서 아래와 같이 상세히 정리했다.

관리표준 문서는 표지, 목차, 비전선언문, 서론과 그린, 티, 페어웨이, 러프, 벙커, 폰드, 수목과 기록할 가치가 있다. 다음은 페어뷰CC의 코스관리 표준문서를 위해 만든 항목이다.

문서의 목적에 대한 비전선언문과 서론 또는 서술로 시작한다. 여기에 코스 구조, 잔디 초종, 관리방법에 대한 기본 아이디어, 코스관리팀원, 장비관리자 등에 대한 간략한 소개가 포함될 수 있다.

잔디 구역의 경우 고려해야 할 몇 가지 표준이 있다. 각 작업 필요 인원, 현재 사용 장비, 예고 및 빈도, 영업을 위한 작업완료 시간 등 문화적 관행부터 시작한다.

① **그린**: 통기작업 시기와 방법, 타인 깊이와 유형 및 크기 지정하고 작업 중 코스 폐쇄 여부 등 다른 문화적 관행도 포함돼야 한다. 그린 송풍기나 다른 설비를 사용하는 경우 이를 사용하기 위한 기준도 있어야 한다.

톱 드레싱 절차도 기록한다. 어떤 종류의 배토사가 사용되며 사용량과 살포방법 등이다. 또 버티컷팅, 그루밍, 롤링 등에 대한 내용도 포함할 수 있다.

각 잔디구역이 관개되는 방식과 관수량을 판단하는 방법과 그린스피드, 매끄러움, 견고함, 잔디밀도, 색상, 해충 임계값과 같은 기준을 넣는 것도 중요하다.

② **벙커**: 레이킹(raking) 빈도와 방법으로 시작하는 게 좋다. 다음으로 작업에 필요한 인원과 영업 전 작업완료 시간을 기록한다.

또 벙커 표준 모래 깊이와 이를 확인하는 빈도도 지정해야 한다. 벙커사 적정 수분 함량과 모래의 견고함, 벙커 엣지 작업빈도와 사용 장비도 기록해야 한다.

③ **폰드**: 폰드나 개울, 호수, 만(bay) 등 유지관리가 필요한 코스 내 물 관련 구조물을 어떻게 보호하고 관리하는지 기록한다. 예를 들어 에어레이터, 디퓨저, 조류 방제법 등과 완충지대 유지를 위해 무엇을 하고 있는지 등이다.

④ **관개**: 관개시스템은 코스관리에서 중요한 구성 요소로 현재 제어시스템, 배관, 스프링클러 유형, 수명, 펌프스테이션, 센서, TDR, 기상관측소 등에 관한 설명과 유지 관련 작업을 포함시켜야 한다.

⑤ **배수**: 관개와 마찬가지로 배수 인프라를 정리하면 리노베이션 시 필요한 부분을 찾아내는데 유용하다. 배수관 크기와 배관 구조, 파이프 수명, 현재 상태 등을 기록한다.

⑥ **조경**: 높은 수준의 관리가 필요한 코스 구조물이다. 클럽하우스 주변과 코스 전반에 걸쳐 화단, 관목, 토착지역, 담장, 무기 구조물 등을 적절하게 유지 관리하는데 필요한 관행을 지정해 놓는다.

⑦ **수목**: 나무는 지속적인 관리가 필요한 코스조경의 중요 부분이다. 수목 관리표준 설정 전 수목 목록부터 시작해야 하고, 향후 식재 및 제거에 대한 정책을 세우는 것이 현명하다. 코스설계상 중요한 기능을 하는 나무도 기록하고 보존해야 하며 전정, 뿌리 다듬기, 병해충 방제 등 관리관행 표준도 수립해야 한다.

⑧ **길 및 카트도로**: 현재 길이나 카트도로에 사용된 포장과 경로 재배치, 추가, 제거 등에 대한 구상을 문서화한다.

⑨ **장비 유지보수 및 교체**: 유지보수 항목에선 기록관리, 릴 연마 표준, 백 래핑, 정비, 도구 및 정비소 장비 등이 포함된다. 또 재고, 수리, 유지보수 추적에 사용하는 컴퓨터 프로그램도 들어간다.

장비 교체 항목에선 먼저 현재 소유 장비와 임대 장비를 기록하고, 5년 교체 일정을 만들어 구매 및 임대할 장비를 정리한다. 새 장비가 비용효율과 코스컨디션 개선을 위해 무엇을 할 것인지, 그리고 대체될 장비의 수명도 기록한다.

⑩ **환경 대책**: 공공 환경문제가 지배하는 시대에 모든 코스관리자는 관리 작업에 대한 환경 기준을 명시해야 한다. 완충지대, 시약금지구역, 야생동물 서식지, 둥지 상자, 수역보호조치, 수분매개체 확대·보호 등을 정리한다.

화학물질 안전 데이터시트 위치 및 업데이트 빈도를 포함해 모범 관리사례를 기록할 수도 있다. 혼합 및 적재 구역 및 유지관리 방법과 화학물질 및 비료 사용과 재고 추적 프로그램도 포함시킨다.

⑪ **코스 관리동**: 코스 관리동 시설에 대한 항목으로 수명, 규모, 기능, 장비세척설비, 농약·비료, 안전, 조직, 창고, 업무게시판 등을 정리한다.

2) 골프코스 개선

2021년 8월 5일 골프산업신문의 "토양분석을 통한 과학적 잔디관리"에서 '리노베이션·리빌딩·리디자인… 현 상태에 따라 프로젝트 성격 달라져'를 인용한다.

골프코스를 개선하는 여러 가지 작업을 우리는 보통 '리노베이션(renovation)'이라 부른다. 골프코스 업그레이드를 성공하는 핵심은 계획을 짜는 것이며, 가장 어려운 부분이기도 하다. 비슷한 의미로 리빌딩(rebuilding), 리디자인(redesign) 등도 자주 사용된다.

어느 시점에서 모든 코스는 리노베이션 되거나 업데이트돼야 한다. 코스는 인간처럼 시간이 지나면 늙고 병들게 되기 때문이다. 다시 말하면 관개시스템, 벙커사, 배수관, 그린 인프라 등 코스의 모든 기능과 설비는 유한한 수명을 갖고 있다.

업그레이드에 성공하는 핵심은 계획을 짜는 것이며, 가장 어려운 부분이기도 하다. 코스 업그레이드 시 그것을 시작하는데 도움이 되는 체크리스트가 있는데 ▲골프용품 기술 발전에 따라 코스를 최신 상태 또는 경기성 유지 ▲ 안정적 재정환경 ▲경기기능 상실 ▲회원 증대 ▲대회 유치 등이다.

코스 인프라는 눈에 띄지 않지만 코스 건강과 웰빙에 필수다. 배수, 카트도로, 다리, 관개시스템, 도로 및 주차구역, 연습시설 등이 그것이며 많은 설득에 의해 업그레이드에 포함시켜야 한다.

① **리빌딩(rebuilding)** : 그린, 티잉 그라운드, 벙커 개보수와 같이 코스 일부 지역에 대한 작고 제한된 프로젝트를 뜻한다. 리빌딩이 필요한 때는 다음과 같다.

▷그린
- 오래되고 클래식 공법으로 조성된 그린은 USGA 최신 공법 등을 적용해 현대적으로 전환할 수 있다.
- 표면을 바꾸거나 잔디를 재 식재 한다.
- 내부 배수 시스템 설치
- 경기성 개선을 위해 표면 위치를 바꾸거나 확대, 윤곽을 부드럽게 한다.

▷벙커
- 원래 설계 의도가 손실됐거나 스타일이 떨어진다.
- 쉬운 관리를 위해 위치 변경, 확대, 축소

- 오늘날 골프용품 기술에 문제되는 벙커 배치
- 벙커사 교체, 바닥재 설치
- 골퍼에 대한 페널티 감소
- 오래된 모래를 교체해 경기성 향상

② **리노베이션**(renovation) : 다음과 같이 경기 기능이 무너지고 쓸모없어지려 할 때 시행한다.

- 그린 기능 상실
- 티잉 그라운드 크기 및 위치
- 페어웨이 잔디 재 식재 필요
- 벙커사 소실 또는 오염
- 배수 불량

③ **리디자인**(redesign) : 코스를 오버홀 해야 할 만큼 대규모 프로젝트로 가야하는 상황일 때 사용된다.

- 코스 기능이 낡고 미학적으로 지루함
- 골프용품 발전으로 코스가 쓸모없게 됨
- 회원이 다른 외형이나 유형의 코스를 원함
- 놀랄만한 요소의 추가
- 대회 유치 열망

현재 코스관리자가 의사결정자에게 제안해야 할 프로젝트가 어떤 것인지 알 수 있다. 이제 해결 방법과 비용을 확인하고, 문제가 더 커지기 전에 현 상태를 얼마나 유지할 수 있을지 설명하는 것이다. 계획 과정에서 고려해야 할 요소는 다음과 같다.

- 프로젝트 필요성 구체화하고 우선순위 지정
- 프로젝트 전체 범위와 내부 수행이 가능한지 또는 외부 시행자가 필요한지 파악

- 프로젝트가 필수적인 이유와 왜 지금 해야 하는지 설명
- 제안요청서(RFP) 작성
- 재정 계획 및 예산 산출
- 합리적 타임라인 만들기(특히 경기 중단이 있을수록)
- 정확한 완료 날짜 · 작업 완료 시기(계절) 고려
- 프로세스 단계별 커뮤니케이션 계획
- 허가, 입찰, 계약 업체 구성(잠재적 지연 요인)
- 프로젝트 후 고려사항(노동 및 예산)

코로나19 팬데믹 기간 중 골프 붐이 몰아친 '이상 현상' 덕에 최고의 호황을 누린 골프장들은 어마어마한 매출 증가로 환호성을 지르고 있겠지만 그 후유증도 간과할 수 없는 지경에 이르렀다.

골프장을 밤늦게까지 라이트를 켜고 돌리다 보니 잔디는 회복할 시간이 없고 코스 관리를 할 시간과 인력이 부족하게 되어 걷잡을 수 없는 지경에 이른 골프장이 한둘이 아니다.

수도권의 대중제(퍼블릭) 코스 중 상당수가 최악의 상태에 빠졌다. 페어웨이는 디봇(클럽 헤드가 땅을 파내며 떨어져 나가는 잔디 조각) 자국으로 가득하고 그린은 잔디 밀도가 현저히 떨어지고 모래투성이인 경우가 비일비재하다. 이런 코스들은 하루빨리 체계화된 리노베이션을 통해 기본을 갖춘 골프 사업장이 되어야 할 것이다.

한편, 일본의 경우 1932년에 개장한 고베의 세계적인 명문 히로노 골프클럽은 90년 전 개장 당시 사용한 영국의 찰스 휴 앨리슨의 설계를 복원하기 위해 지금까지 보존됐던 설계도와 사진 자료를 참고하여 2019년 레스토레이션을 단행했다.

복원할 가치가 있는 작품을 과거 모습에 가깝게 다시 만드는 작업은 영국의 마틴 이버트 설계자를 초빙하여 진행했다.

반면에 2021년 여름 도쿄 올림픽 골프 경기를 치른 카스미가세키 동 코스는 기존의 투그린 시스템을 과감히 버리고 한 개의 그린으로 개조하는 작업을 진행했다. 이는 골프 홀의 구조적인 변화를 추구한 것으로 리모델링에 해당한다.

미국의 설계자 로건 파지오가 맡았던 이 작업은 국제 골프대회를 치러내기 위한 준비였다. 그밖에 코스에 새로운 티잉 그라운드나 벙커 등을 개설하고 진행 방향이나 홀의 형태를 바꾸는 공사 등도 리모델링에 속한다.

마지막으로 골프장에서 리노베이션이라 부를 수 있는 작업은 기존 홀의 형태를 변경하지 않는 한도 내에서 코스의 품질을 개선하는 작업이라 할 수 있다.

여기에는 잔디 교체, 관수 시스템(스프링클러)의 보수 및 교체, 벙커와 그린의 잔디 생육환경 개선을 위한 토양 개량과 배수관거(管渠) 공사 등이 있다.

국내 550여 개의 코스 중 1960년대부터 1980년대에 만들어진 투그린 시스템의 골프장들은 리모델링을 통해 새롭게 태어날 수 있다. 투그린 시스템은 과거 일본에서 선진화된 관리 노하우가 부족했던 시절 하절기와 동절기의 그린 관리를 용이하게 하기 위해 도입한 시스템이었다.

이것이 한국에 여과 없이 전파되었는데, 그 부작용으로는 비좁은 코스 부지에 그린을 두 개나 만들다 보니, 골퍼들 플레이의 재미가 현대식 원 그린 시스템보다 현격히 떨어지는 단점이 있다.

3) 골프코스 평가

2022년 10월 12일 골프다이제스트 서민교 기자의 "한국의 코스담채화…권역별 베스트 코스 추천 15곳"을 아래 소개한다.

코스 평가 기준도 시대의 변화에 따라 달라졌다. 디지털 세대가 찾는 골프 코스의 트렌드를 읽는 시각의 필요성을 담아 권역별 베스트 코스 평가 기준에 적용했다. 8가지 평가 기준을 유지하면서 평가 항목의 이름을 변경하거나 기존 항목을 삭제하고 새로운 항목을 넣었다.

평가 항목 가운데 '샷 가치'는 '샷 옵션'으로, '기억성'은 '독창성'으로 변경했다. '기여도'와 '서비스' 항목을 '즐거움(Fun)'으로 통합하고 골프 코스 설계의 가장 기본인 '안전성(Safty)'을 새롭게 추가했다.

또 기존 샷 가치의 평가 점수에 두 배를 곱하던 평가 항목의 가중치를 없앴다. 샷 가치는 난이도와 다양성에 상호 영향을 받는 평가 기준으로 판단했다.

① **샷 옵션(Shot Options)** : 코스가 14개 골프 클럽을 모두 사용할 수 있는지, 위험과 보상이 포함된 다양한 옵션을 얼마나 잘 제시하며 광범위한 영역의 샷을 제대로 요구하고 있는지를 평가한다.

② **난이도(Challenge)** : 정정당당하게 백 티에서 플레이하는 전형적인 스크래치 골퍼에게 코스는 얼마나 도전적이며 어려운가를 평가한다. 투어 프로가 아닌 핸디캡이 낮은 아마추어 골퍼에게 도전하도록 너무 쉽거나 어렵지 않게 설계된 코스를 평가하는 것이다.

③ **설계의 다양성(Layout Variety)** : 코스의 물리적 레이아웃으로 각기 다른 길이의 홀, 직선과 좌우 도그레그 홀의 형태 구성, 페널티 구역의 배치, 그린의 모양 및 콘투어 등 다양성을 평가한다.

④ **독창성(Distinctiveness)** : 이 코스의 모든 홀과 비교했을 때 각 홀은 얼마나 독특하고 개성 있는가를 평가한다. 각 홀이 특색이 있어 오랜 시간이 흘러도 기억할 수 있는 코스인가.

⑤ **심미성(Aesthetics)** : 이 코스의 경치(조경, 식생, 물의 경치, 배경 등)가 얼마나 더 라운드의 즐거움을 더하는가를 평가한다. 주변 지역의 풍광보다 각 홀의 아름다움을 우선시한다.

⑥ **코스 관리 상태(Conditioning)** : 코스의 잔디와 전반적인 골프장 관리 상태를 평가한다. 페어웨이 잔디가 얼마나 고르고 러프와 경계가 명확한가, 그린은 퍼트가 얼마나 정직하게 구르는지 등을 평가한다.

⑦ **안전성(Safety)** : 코스 내 위험도를 줄여 타구 사고와 낙상 사고 등 수많은 안전사고로부터 골퍼를 보호하는지, 홀 간 간격을 유지해 간섭하지 않도록 하는지, 적절한 경사를 유지하는지를 평가한다.

⑧ **즐거움(Fun)** : 모든 수준의 골퍼가 정기적으로 라운드하면서 그 코스가 골퍼에게 얼마나 즐거움을 줄 수 있는지 평가한다. 골프장의 편리성과 친절도, 접근성, 기여도 등 골퍼에게 즐거움을 주는 요소는 다양하다.

* 코스 평가 세부 사항

▶ 8가지 각 항목 당 6~10점을 부여한다. 이때 10점은 '매우 좋다', 9점은 '좋은 편'이다, 8점은 '보통'이다, 7점은 '개선이 필요'하다, 6점은 '매우 나쁘다' 라는 기준을 적용한다.

▶ 각 항목은 가중치 없이 최고 점수는 80점, 최저 점수는 48점이다.

국내 최고 권위의 골프다이제스트 '대한민국 베스트 코스'는 1999년을 시작으로 2년마다 베스트 코스 15곳과 꼭 가봐야 할 코스 35곳을 선정해 50대 코스를 발표해 왔다.

2021년 베스트 코스를 선정하고 발표하는 과정에서 국내 골프 코스의 기형적 분포와 발전 방향에 대한 논의가 이뤄졌다. 이는 곧 국내 골프코스의 현주소였고, 현실을 직시해야 했다.

문화체육관광부에서 집계한 2021년 기준 전국 골프장 현황 자료에 따르면 수도권에 집중 현상이 두드러져 전체 골프장의 약 30%를 차지한다.

수도권은 정치·경제·행정·문화의 중심지이기 때문에 필연적으로 인구와 시설 및 각종 기능이 집중되어 있다. 골프장도 태생적으로 수도권을 중심으로 발전했다.

2021~2022 대한민국 베스트 코스 톱 15 가운데 수도권을 제외한 지역에 위치한 골프코스는 6곳에 불과했다. 천혜의 자연환경을 품은 제주도 2곳과 수도권에 인접한 강원도 2곳(춘천, 홍천), 충청도(천안) 1곳을 제외하면 경상도 1곳이 전부였다.

코로나19 팬데믹 이후 골프는 유례없는 호황기를 맞았고 젊은 MZ세대의 유입으로 골프 열풍까지 이어졌다. 골프장은 부킹 대란이 일었고 그린피와 캐디피, 카트피도 치솟았다. 시대적으로 수도권에 편중된 골프인구를 다른 지역으로 넓힐 수 있는 기회이기도 하다.

권역별 베스트 코스 선정은 이런 흐름에서 자연스럽게 진행됐다. 2022년 초부터 권역별 골프코스에 대한 조사에 착수했다. 전국 골프장 현황 자료를 확보하는 것부터 시작이었다.

정확한 집계 기관이 전무했고, 문화체육관광부의 자료에 의존해야 했지만 이마저도 완벽히 신뢰하기 힘든 수준이었다. 골프장과 코스가 뒤섞여 있거나 18홀 이상 정규 코스가 아닌 군 골프장과 9홀 이하 코스도 포함되어 제대로 구분되지 않은 상태였다.

정규 코스를 보유한 골프장 기준으로 강원(43곳), 충청(62곳), 경상(103곳), 전라(60곳), 제주(28곳) 등 총 296곳을 대상으로 설문 조사를 실시했다. 2021년 발표한 대한민국 베스트 코스 15곳에 포함된 골프코스도 리스트에 포함하지 않았다.

또 권역별 베스트 코스는 순위를 매기지 않고 투표 결과에 따라 상위 3곳을 정해 꼭 가봐야 할 코스로 추천하기로 결정했다. 기존 코스 선정위원은 젊고 트렌드에 민감한 패널로 선별했고, 권역별 코스 평가를 위해 각 권역의 선정 위원을 추가 모집해 100여 명의 패널 집단을 새로 꾸렸다.

4

골프 경기

4장 | 골프 경기

1 골프대회

세계 최고의 투어인 미국프로골프(PGA)투어는 2023년 9월까지 47개의 대회에 총상금 5억 7,220만 달러(7,472억 원) 상금 규모로 치러진다.

그 중에 17개의 프리미엄 대회는 총 상금만도 지난 2022년 보다 2배 높은 2,000만 달러(261억 원) 규모로 치러진다. 중동의 오일머니로 급작스레 창설된 리브(LIV) 골프 리그의 물량 공세에 대항하는 성격도 있다.

리브골프로 이적한 선수들이야 필 미켈슨처럼 지천명을 넘긴 노장 선수와 40대의 세르히오 가르시아, 리 웨스트우드 등이고 그나마 더스틴 존슨에 브룩스 켑카, 카메론 스미스 등이 주력이나 지속가능성은 미지수다.

미국여자프로골프(LPGA)투어 역시 올해 33개 대회를 개최하고 상금 규모는 지난해보다 대폭 성장한 1억 140만 달러(1,324억 원)로 치른다. 여자 투어 사상 1억 달러를 돌파한 건 사상 처음이다.

몇 년 새 급작스럽게 성장했다는 한국여자프로골프(KLPGA)투어의 올해 30개 대회의 총상금 277억 원보다 무려 5배나 되는 규모다.

이런 격차는 상금만이 아니다. 각 나라의 뛰어난 여자선수들은 일제히 LPGA투어로 향한다. 태국이나 일본, 그리고 유럽의 최고 선수들이 미국 투어로 향하는 이유다.

지난해 US여자오픈은 1,000만 달러로 치루어 웬만한 남자 PGA투어 대회 상금보다 높았다. KPMG여자PGA챔피언십이 총상금 9백만 달러로 인상됐다.

게다가 올해는 코로나19로 인해 중단되었던 봄, 가을 아시안스윙이 LPGA투어에서 재개된다. 2월말부터 태국, 싱가포르, 중국 하이난을 거쳐 미국 LA와 하와이의 한국 기업이 후원하는 대회로 흥행을 이어간다.

여름에는 한국기업 한화라이프플러스가 후원하는 국가 팀 매치 인터내셔널 크라운이 열리고 10월 중순부터 중국 상하이를 시작으로 한국, 대만, 일본을 순회하는 아시안스윙이 열린다. 아시아에서 대회가 열리면 중계 시간대가 한국에서 열리는 경기와 큰 차이가 없어지고 한국 선수들이 더 많은 트로피를 들어 올릴 것이다.

올해 미국 남녀 투어가 더욱 기대되는 건 상금 규모가 더 올랐고 흥행 요소가 더 많아졌고 뛰어난 선수들이 더 몰리고 있는 데서 알 수 있다. 임성재 선수뿐만 아니라 김주형이 지난해 시즌 벌써 우승을 하면서 투어의 주목받는 핵심 플레이어가 됐다.

이경훈이 AT&T바이런넬슨을 3연패할지도 궁금하고 김시우, 안병훈에다 새롭게 루키 시즌을 시작하는 김성현 선수까지 소위 말하는 '한국인 6인방'의 활약이 어느 때보다 기대된다. 'PGA 한 시즌에 한국 선수 6명이 뛴 적이 없었다'는 점에서 무엇보다도 올해 새벽 중계를 봐야할 이유는 충분하다.

LPGA 퀄리파잉 시리즈를 수석 합격한 유해란을 비롯해 한국의 루키도 4명이 추가되었다. 어두운 속에도 빛이 있다. 어두운 전망은 세상을 어둡게 보는 이들에게 그늘을 주고 밝은 전망은 세상을 밝게 보려는 이들에게 햇살을 비춘다.

1) 골프 대회

골프 대회는 오픈과 클래식, 챔피언십, 인비테이셔널, 마스터스, 프로암, 채리티 등 7가지 다양한 골프 대회가 있다.

① 오픈(Open)

오픈 대회는 '열다', '개방하다'라는 뜻처럼 아마추어부터 프로선수까지 국적과 나이를 따지지 않고 모두가 참가할 수 있는 대회다. 국적이 상관이 없는 만큼 '내셔널 타이틀'에 많이 사용되는 대회명으로 시드가 없는 프로나 아마추어는 지역 예선을 통해서 참가할 수 있다. 아마추어 선수의 경우 성적은 기록되지만 상금은 주어지지 않아서 아쉬운 부분이 있고, 디 오픈 대회, 한국 오픈, US 오픈 등이 있다.

② 클래식(Classic)

클래식은 프로 골퍼들만 참가할 수 있는 대회다. '클래식(Classic)'이란 명칭처럼 전통과 권위가 있는 대회로 오픈 대회보다 상금이 높으며 아마추어들은 높은 성적을 받더라도 상금은 받지 못한다. 혼다 클래식, 코카콜라 클래식, 한화금융 클래식, 존 디어 클래식 등이 있다.

③ 챔피언십(Championships)

챔피언들이 겨루는 골프 대회로 탑 골퍼들이 참가하는 대회며, 권위 있는 대회인 만큼 규모도 크다. 아마투어들에게는 출전 기회가 없으며 프로 우승자에게 수여되는 상금이라서 혜택이 매우 큰 대회이며, 여기서 우승한 골퍼는 5년간 투어 시드가 제공된다. PGA 챔피언십, LPGA 챔피언십, BMW 레이디스 챔피언십, 에비앙 챔피언십, 제네시스 챔피언십 등이 있다.

④ 인비테이셔널(Invitational)

대회 이름은 유명 선수들의 이름을 붙여 정하고, 대회를 여는 주최 측에서 골퍼들을 초청하여 여는 대회로, 상금랭킹과 역대 우승자 등 다양한 기준으로 초청된다. 프로뿐만 아니라 아마추어 선수여도 초청받으면 참가할 수 있다. 아널드 파머 인비테이셔널, 한장상 인비테이셔널, 최경주 인비테이셔널, 박세리 인비테이셔널 등이 있다.

⑤ 마스터스(Marsters)

마스터스 대회는 19가지 조건을 기준으로 참가 여부를 판단하게 되며 PGA 4대 대회 중 하나다. 우승자는 그린재킷을 입는 것으로 유명하며, 상업성은 거의 없지만 골프 자체만을 위한 대회다. 매해 4월 미국 오거스타 내셔널 골프클럽에서 열리며 경기 참가 자격은 전 세계 랭킹 50위권이다.

⑥ 프로암(Pro-Am)

프로와 아마추어 골퍼들이 짝을 이루어 출전하는 대회로, 보통은 프로선수와 연예인의 조합으로 많이 참가한다. 이벤트성 대회지만 18홀로 공식 대회와 방식이 유사하다. 프로와 아마추어는 경기는 함께하지만 성적은 따로 집계한다.

⑦ 채리티(Charity)

공익 목적으로 하는 대회로 자선단체나 후원 등을 목적으로 하는 대회다. 스타 채리티와 E1 채리티 오픈 대회가 있다.

2) 세계 남자 메이저 4대 골프 경기 (디 오픈, 마스터스, US오픈, PGA 챔피언십)

지난해의 통계 1위는 4개 메이저대회 모두 30세 이하 선수가 우승한 것이었다. 이는 1934년 마스터스가 출범하며 4대 메이저시대가 열린 이후 처음 있는 일이다.

2022년 4대 메이저 우승자는 마스터스 토너먼트 스코티 셰플러(미국), PGA 챔피언십 저스틴 토마스(미국), US 오픈 맷 피츠패트릭(잉글랜드), 디 오픈 챔피언십 캐머런 스미스(호주)였다.

2021년 US 오픈(욘 람)과 디 오픈(콜린 모리카와)까지 포함하면 최근 6개 대회 연속 20대 선수가 우승하며 남자 골프 세대교체를 시사했다.

3위는 개인 첫 우승 이후 42일 만에 세계랭킹 1위에 오른 스코티 셰플러(미국)였다. 셰플러는 올 2월 피닉스 오픈에서 첫 우승을 차지한 뒤 3월 아널드 파머 인비테이셔널 제패 후 세계랭킹 1위에 등극했다. 첫 우승까지 걸린 시간이 42일에 불과해 종전 기록인 우즈(252일)의 기록을 여유 있게 갈아치웠다.

① 디 오픈

4대 메이저대회 가운데 우선 "디 오픈(The Open)"은 미국에서 폄훼하며 브리티시 오픈(British Open)으로도 부르나 바람직한 일 아니며, 1860년 창설되어 세계에서 역사가 가장 오래된 전통 있는 경기다.

전 세계 골프의 규칙을 관장하는 로열 앤드에이션트 골프클럽(Royal and Ancient Golf Club)이 주관하며, 스코틀랜드의 프레스트위크 골프클럽에서만 열리다가 매년 장소를 옮겨가며 열렸다.

그러나 바닷가 코스, 즉 링크스를 대회장으로 쓰는 전통은 지금까지 변하지 않고 있으며, 골프의 발상지인 '세인트 앤드루스 올드 코스'에서 5년마다 반드시 브리티시 오픈을 열도록 규정되어 있다.

또한 챔피언에게 우승컵이 아닌 은제 주전자 '클라레 저그'(Claret Jug)를 수여하는 것으로 유명하다. 프랑스 보르도산 와인이란 의미로 '와인을 담는 주전자'라는 뜻이다.

로열 앤드 애인션트 골프 클럽(Royal and Ancient Golf Club)의 코스-올드, 뉴, 쥬블리, 에덴, 스트라스티럼 코스-는 공용지에 있어 누구든지 골프를 칠 수 있지만, 1854년에 지어진 클럽하우스는 회원 전용이다.

스코틀랜드의 수호성인 이름을 딴 도시에는 황폐해진 성당의 모습으로 남아 있는 성 앤드루의 유적을 순례하러 오는 이들의 발걸음이 오래 전부터 이어져 왔다.

세계 최초의 골프 클럽은 1740년대에 에든버러에서 결성되었으며, 1754년에는 '골프라는 오래되고 건강에 좋은 운동을 찬양하는 귀족과 신사들' 스물두 명이 세인트 앤드루스 골프인 클럽을 창시했고, 이는 1834년 윌리엄 4세를 후원자로 삼으며 로열 앤드 애인션트 골프 클럽이 되었다. 1897년에는 골프 규칙을 체계적으로 정했다.

로열 앤드 애인션트 골프 클럽, 「골프의 규칙」에서 "선수들은 어떤 규칙이든 그 적용을 배제하기로 동의해서는 안 되며, 경기 중에 일어난 어떤 반칙이든 묵과해서는 안 된다"라고 하였다.

② 마스터스

마스터스는 1945년 5월 22일 시작된 권위 있는 골프대회로, 오거스타내셔널이 주관한다. 주로 초청제로 운영하며 세계의 강자(마스터)들만이 참가할 수 있고 메이저대회 가운데 맨 처음인 매년 4월에 열린다.

오거스타 골프 코스는 1930년 한 시즌에 US오픈골프선수권대회, US아마추어골프선수권대회, 디(전영)오픈골프선수권대회, 영국아마추어골프선수권대회에서 우승한 바비 존스(1902~1971)가 영국의 골프코스 대가인 앨리스터 메켄지와 함께 만든 코스다.

유리판같이 미끄러운 그린과 함께 요소요소에 벙커와 워터 해저드가 숨어 있어 한번 잘못 빠지면 도저히 헤어나기 힘든 난코스로도 악명이 높다. 한국 선수의 최고 성적은 2004년 최경주가 기록했던 3위였다.

마스터스 대회의 특징은 1934년 창설된 이래 미국 조지아주 오거스타의 내셔널 GC 한곳에서만 진행돼 왔으며 엄격한 코스관리와 해마다 모습을 달리하면서 권위를 축적해 온 것이고, 대회 우승자는 우승컵 대신 그린재킷을 주어 그린 마스터즈라고도 불린다.

마스터즈의 명성의 시작은 전설적 골퍼였던 바비 존스 등 당대 최고의 골퍼들이 대회에 참여하면서 시작 되었다고 하는데, 첫 대회의 홀튼 스미스를 시작으로 샘 스니드, 벤 호건, 아놀드 파머, 게리 플레이어, 잭 니클라우스, 톰 왓슨, 세베 발레스테로스, 닉 팔도, 필 미켈슨, 그리고 타이거 우즈까지 당대 최고의 골퍼들이 우승자 명단에 포함되어 있다.

③ US오픈

US 오픈은 세계 남자 4대 메이저대회의 하나로 50년 이상 된 컨트리클럽에서만 열리며, 특징은 동 타의 우승자를 가리는 연장전이 서든데스 방식이 아니라 18홀 라운드로 다음 월요일에 끝난다.

유래는 1895년 10월 4일 US 아마추어골프선수권대회가 끝난 뒤, 스코틀랜드 출신 미국 프로 선수와 영국 프로선수들이 9홀의 뉴포트 골프코스에서 실력을 겨룬 데서 비롯되었다.

첫 번째 대회에서는 10명의 프로선수와 1명의 아마추어선수가 참가하여 36홀 메달 플레이를 한 결과 호레이스 로린이 173타로 우승하여 상금 150달러와 순금 메달을 받았으며, 1898년부터 72홀 토너먼트로 확장되어 아마추어 대회와 분리되었다.

또 1965년에는 3일이었던 경기가 4일로 연장됨에 따라 최종일에 2라운드 방식에서 1일 1라운드(18홀)로 바뀌었다.

④ PGA 챔피언십

PGA Championship은 미국 PGA(Professional Golf Association of America)가 주관하는 세계적인 프로골프 대회다. 1916년 시작되었다.

1916년 백화점 관리인이던 로드먼 워너메이커가 유명 골프선수들과 산업계의 유명인사 35명을 초청하여 뉴욕 태플로클럽에서 골프경기를 개최한 이후 상금 2,500달러를 걸고 프로선수만 참가하는 대회로 발전시켜 첫 대회를 열었다.

1920년대 월터 하겐, 1940년대 샘 스테드, 벤 호겐, 1960년대 잭 니클라우스, 아놀드 파머 등이 여러 번 우승을 차지했으며, 2000년에는 골프신동 타이거 우즈가 메이저대회 3승과 동시에 2년 연속으로 우승을 차지했다.

메이저대회 가운데 가장 마지막인 매년 8월에 개최하며 우승자에게는 로드먼워너케이커트로피를 수여한다.

⑤ '골프 해방구' 우승자 셰플러, 남자골프 세계 1위 공식 발표

2023년 2월 13일 발표된 남자 골프 세계 랭킹에서 스코티 셰플러(미국)가 지난주 2위에서 한 계단 오른 1위를 기록했다. 지난해 10월 로리 매킬로이(북아일랜드)에게 세계 1위 자리를 내준지 약 4개월 만이다.

셰플러는 이날 미국 애리조나주 스코츠데일에서 끝난 미국프로골프(PGA) 투어 WM 피닉스 오픈에서 우승했다. 지난해 2월부터 4월까지 6개 대회에서 4승을 휩쓸고 세계 1위에 올랐던 셰플러는 당시 메이저대회 마스터스 우승 이후 10개월 만에 PGA 투어 통산 5승을 달성했다.

김주형은 지난주보다 한 계단 하락하긴 했지만 한국선수 중 가장 높은 순위인 15위를 기록했다. 이날 피닉스 오픈에서 공동 6위로 톱10에 진입한 임성재는 세계랭킹 18위를 유지했다. 이경훈은 39위, 김시우는 42위에 자리했다.

한편, 피닉스오픈은 매년 10만 명 넘는 갤러리들이 몰리는 인기 있는 대회다. 갤러리 수만 놓고 본다면 4대 메이저대회 못 지 않다. 극도의 정숙을 요하는 다른 골프 대회와 달리 이곳에서는 축구 등 다른 스포츠 경기장에서처럼 왁자지껄한 응원이 가능하다.

갤러리의 음주와 고성 응원이 허용돼 '골프 해방구' '피플스 오픈'으로도 불리는 피닉스오픈은 올해부터 PGA 투어가 지정한 17개 특급대회 중 하나로 격상돼 세계 최고 선수들이 거의 전부 출전하는 메이저급 대회로 변모했다.

조용히 숨죽이면서 프로 골퍼들의 한 샷 한 샷을 관전하는 대회가 아니다. TPC 스코츠데일 코스에 들어서면 록 콘서트 장을 방불케 한다. 일반적으로 말하면 시장 장터나 다름없다. 술 마시고 노래하고 춤춘다.

매년 50만~60만여 명의 관중을 끌어 모으는 피닉스오픈은 특히 올해 미국프로풋볼(NFL) 결승전 슈퍼볼이 30분 거리의 인근 도시인 글렌데일에서 열려 축제 분위기를 더하게 됐다.

사막에 위치해 '데저트 코스'라고도 부르며, PGA 투어 가운데 가장 독특한 대회다. 피닉스 일대 호텔 값은 천정부지로 치솟았다. 호텔 숙박료가 2,000달러다. 대회가 끝난 다음 날은 200달러다.

엄숙주의의 4대 메이저 대회와는 전혀 딴판인 피닉스오픈은 골프를 좋아하는 팬이라면 한 차례 경험해볼 만한 대회장이다. 남녀노소를 불문하고 맥주 캔 한두 개는 기본이다.

미국의 주는 공공장소에서 술에 취해 다니면 공공 음주법(Public Intoxication Law) 위반의 경범죄로 처벌받는다. 벌금 1,000달러에 구류도 살게 된다. 그러나 TPC 스코츠데일에서는 허용된다.

피닉스오픈은 1932년 애리조나오픈으로 시작된 유서 깊은 대회다. 갤러리들의 80%는 젊은이다. 형형색색에 과감한 패션의 젊은 여성들이 대다수다. 그들이 과연 골프를 얼마나 좋아할까. 그들에게는 파티다. 파티를 즐기기 위해 TPC 스코츠데일을 찾는 것뿐이다.

지난해 사우디아라비아 국부펀드 자본으로 출범한 LIV 골프 인비테이셔널 시리즈가 출범하자 미국프로골프(PGA) 투어는 선수들을 붙잡는 당근책으로 2022-2023시즌 17개 대회를 '특급 대회'로 지정, 상금을 대폭 증액하는 승부수를 던졌다.

특급대회는 4대 메이저 대회와 '제5의 메이저'로 플레이어스 챔피언십, 시즌 막바지에 열리는 페덱스컵 플레이오프 3개 대회와 9개 일반 대회다. 이중 지난 1월 열린 센트리 챔피언스 토너먼트만 총상금이 1,500만 달러이고, 나머지 대회들은 모두 2,000만 달러가 넘는다.

피닉스오픈은 올해부터 상금이 지난해 820만 달러에서 2,000만 달러(약 251억원)로 2배 이상 증액됐다. 메이저대회를 제외한 대회 중에선 플레이어스 챔피언십(3월 개최·2,500만 달러) 다음으로 많은 규모다.

투어가 판을 키워가는 것은 프로스포츠에서 필수적이다. PGA 투어는 특급대회를 지정하면서 단서조항을 달았다. 지난 시즌 PGA 투어 선수 영향력 지표 20위 안에 든 선수들은 '17개 대회 가운데 1개 대회에만 빠질 수 있고 나머지 대회는 의무적으로 출전해야한다'는 내용이다.

규정에 따라 세계 랭킹 20위 이내 선수 중 18명이 출전했다. 출전하지 않는 나머지 2명은 LIV 시리즈 소속인 4위 캐머런 스미스(호주)와 PGA 투어 멤버지만 이번 주 휴식을 택한 8위 윌 잴러토리스(미국) 뿐이다.

'쩐의 전쟁'에 돈 공세로 맞불을 놓는 것에 대한 논란도 있지만, 이 같은 변화는 WM 피닉스 오픈에 당장 큰 영향을 미쳤다. 세계 랭킹 상위 25명 중 22명이나 이번 대회에 출전했다.

올해 대회 관전 포인트는 크게 두 가지였다. 먼저 한국 선수의 대회 첫 우승 여부다. 두 번째는 세계 랭킹 '톱25' 중 22명이 출전, 명실상부 지존의 자리를 놓고 격돌한다는 점이었다.

이 대회 한국인 역대 최고 성적은 2021년에 이경훈(CJ대한통운)이 거둔 공동 2위다. 올해 대회에는 이경훈을 비롯해 세계 랭킹 '톱50'에 든 김주형, 임성재, 김시우(이상 CJ대한통운) 등 4명이 출전했다. 한국 남자골프 '빅4'의 미국프로골프(PGA) 투어 WM 피닉스오픈 우승 사냥이었다.

일찌감치 현장적응에 몰두하던 중 수영 황제 마이클 펠프스(미국), 존 람 등과 연습 라운드를 펼쳐 화제를 모은 김주형은 지난해 슈라이너스 칠드런스 오픈(10월)에 이어 시즌 2승을 겨냥했다.

세계 18위 임성재는 파머스 인슈어런스 공동 4위의 상승세를 이어가고, 김시우(42위)는 소니오픈 이후 한 달 만에 두 번째 우승을 노렸다. 이경훈(41위)은 2021년 이 대회에서 브룩스 켑카(미국)에게 1타 뒤진 준우승을 차지했을 만큼 스타디움 코스에서 강했던 기억을 되살렸다.

특히 대회 장소인 TPC 스코츠데일 골프장 16번 홀(파3) 그린 주변에는 무려 2만 명을 수용하는 거대한 스탠드가 세워져 있는데 마치 로마시대 검투 경기장인 '콜로세움'을 방불케 할 정도다.

고도의 집중력이 필요한 골프 경기의 특성상 선수들이 대처하기 쉽지 않아 강심장만이 이 홀을 무난하게 넘길 수 있다.

163야드(148m) 밖에 되지 않는 홀 주위를 3층짜리 대형 스탠드가 둘러싸고 있는 이곳에선 지난해 3라운드에서 샘 라이더(미국)가 홀인원을 기록했을 때는 흥분한 갤러리들이 맥주와 음료를 뿌리고, 깡통과 플라스틱 병을 비 오듯 던지는 광란을 연출했다.

다음날에는 카를로스 오티즈(미국)가 홀인원에 성공해 콜로세움을 발칵 뒤집어 놓았다. 광란의 맥주샤워가 펼쳐졌고, 동료 선수들이 그린에서 플레이를 마치고 웃통을 벗어 알몸을 드러내며 팬들의 응원을 유도하는 바람에 나중에 벌금을 물기도 했다. 주최 측은 선수들이 알루미늄 캔에 맞지 않도록 보호하기 위해 올해부터 주류는 컵에 담아 팔기로 했다.

PGA 투어는 지난 2월 8일 홈페이지에 16번홀에서 나온 역대 홀인원 베스트5를 소개하며 추억을 짚었다. 그중 최고는 골프 황제 타이거 우즈(미국)가 1997년 기록한 것이었다.

지금처럼 스탠드가 설치되지 않았던 당시 우즈가 9번 아이언으로 가볍게 날린 공은 홀 앞에 떨어져 한 번 튀어 오른 뒤 곧장 홀 안으로 사라졌다.

우즈는 2년 뒤 이 대회에서 열성팬들의 덕을 톡톡히 봤다. 13번홀(파5)에서 친 티샷이 왼쪽 황무지 지역에 떨어지면서 가로 1m 크기의 바위에 가려 다음 샷을 방해받게 되자 갤러리 십 수 명이 달려들어 치워주는 진풍경을 연출했다.

골프에서 땅에 박히지 않은 돌은 '루스 임페디먼트(자연물)'로 간주돼 벌타 없이 치울 수 있다. 환한 웃음으로 수고한 팬들과 악수한 우즈는 여기서 버디로 화답했다.

17번홀(332야드)은 원 온이 가능해 극적인 드라마를 쏟아낸다. 리키 파울러(미국)는 2016년 2타차 선두를 달리다 여기서 공을 물에 빠뜨린 뒤 마쓰야마 히데키(일본)에게 연장을 허용하고 역전패했다. 2001년 앤드루 매기(미국)는 이곳에서 PGA 투어 역사상 유일무이한 파4홀 홀인원을 기록했다.

3) 미국프로골프협회(PGA, Professional Golfers' Association) 투어(Tour)

미국을 기반으로 하는 세계 최대 남성 프로골프 투어이다. 1916년 미국에서 처음 설립된 PGA(Professional Golfers' Association)에서 투어를 전문으로 하는 기구로 1968년에 독립해 만들어졌다.

2021~2022 기준 PGA투어 시즌은 4대 메이저 대회를 포함해 페덱스컵 포인트를 부여하는 44개의 대회와 페덱스컵 포인트 기준으로 진행되는 플레이오프 3개 대회 등 총 47개의 대회로 이루어져 있다.

2022년 12월과 2023년 1월의 행보와 예정이다. PGA는 9월에 2022~2023시즌을 개막했기에 12~1월은 시즌의 끝이 아니라 한창이다. 12월에는 히어로 월드 챌린지, QBE 슛아웃이, 그리고 1월에는 센트리 토너먼트, 소니 오픈, 더 아메리칸 익스프레스, 파머스 인슈어런스 오픈이 열린다. 타 단체와는 달리 연말연시에도 활발한 일정이다.

이 중 히어로 월드 챌린지와 QBE 슛아웃의 챔피언이 가려졌다. 히어로 월드 챌린지에서는 디펜딩 챔피언인 빅토르 호블란이 최종 합계 16언더파 272타를 기록하며 우승컵을 수성하였다. 이 대회에서 디펜딩 챔피언이 대회 2연패에 성공한 건 2007년 우즈 이후 15년 만이다.

기대를 모은 한국의 김주형은 최종 4언더파 기록으로 공동 10위를 기록했다. 2022년 마지막 PGA 대회였던 QBE 슛아웃은 두 명의 선수가 한 조가 되어 사흘간 54라운드로 진행, 최종 3라운드는 두 선수가 각자의 공으로 경기를 치른 후 더 좋은 성적을 점수로 인정하는 변칙 룰로 진행되었다.

이 대회에서 우승을 차지한 건 최종 합계 34언더파 182타를 친 톰 호기–사히스 시갈라 조였다. 한국의 이경훈은 코리 코너스와 한 조가 되어 최종합계 25언더파, 공동 8위를 기록했다.

대회만큼 눈길을 끄는 게 PGA의 '패권 수성' 행보다. 12월 PGA 투어는 유럽의 DP월드투어와 함께 인도의 골프투어와 파트너십을 맺었다. 미국–유럽 연합 결성에 일본과 한국에 이어 인도와도 손을 잡으며 강력한 라이벌로 부상한 사우디의 LIV 골프 견제에 나선 것으로 해석된다.

PGA와 DP월드투어의 파트너십 결과 일본은 상금 상위 3명에게 DP월드 출전권 3장, 한국과 인도는 각각 출전권 1장씩을 부여받았다. 사우디아라비아의 오일 머니를 무기 삼아 남자 골프계를 뒤흔들고 있는 LIV 골프에 PGA는 유럽, 아시아까지 동맹으로 끌어들이며 맞서는 모양새다.

이번 시즌 미국프로골프협회(PGA) 투어 최후 승자는 로리 매킬로이였다. "골프는 장갑을 벗을 때까지 모른다."는 말이 있듯이, 갖은 시련에도 포기하지 않은 덕분이었다. 한국 샛별 김주형도 정상을 향한 매킬로이의 발걸음에 영감을 줬다.

2022년 8월 28일(이하 현지 시간) 매킬로이는 미국 애틀랜타 이스트 레이크 골프클럽(파70)에서 끝난 PGA투어 플레이오프 최종 3차 대회 투어 챔피언십에서 우승하며 페덱스컵 타이틀까지 거머쥐었다.

4라운드에서 4타를 줄여 21언더파 263타로 공동 2위 임성재와 스코티 셰플러(미국)를 1타 차로 제쳤다. 이로써 우승 보너스만 1,800만 달러(약 241억 원)를 챙겼다.

지난주까지 한 시즌 대회 출전으로 모은 상금 865만 달러(약 115억 8,000만 원)의 2배도 넘는 금액이다. 매킬로이는 2016, 2019년에 이어 세 번째 페덱스컵을 품에 안으면서 두 번 우승한 타이거 우즈를 밀어내고 역대 최다 우승 기록도 세웠다.

우즈는 트위터를 통해 "트리플 보기로 한 주를 시작하고도 포기하지 않았고 결국 우승했다"는 찬사를 보냈다. 우즈의 칭찬대로 매킬로이는 이번 대회 1라운드 1번 홀(파4)에서 트리플 보기를 했다.

드라이버 티샷이 왼쪽으로 심하게 말려 프로비저널 볼까지 쳤지만 이마저도 벙커에 빠졌다. 5타 만에 공을 그린에 올렸으나 2.1m 더블 보기 퍼팅까지 실패해 3타를 잃었다. 2번 홀(파3)에서도 보기를 해 초반 2홀에서 4타를 까먹었다.

가뜩이나 매킬로이는 페덱스컵 랭킹 보너스 타수에 따라 선두와 6타 차로 시작하는 불리한 상황이었다. 페덱스컵 1위 셰플러가 10언더파로 출발한 반면, 매킬로이는 4언더파로 스타트를 끊었는데 대회 시작 두 홀 만에 10타 차로 벌어진 것이다.

'출근길 교통사고'에 비유할 만한 최악의 분위기였지만 매킬로이는 "윈덤 챔피언십에서 톰 킴(김주형)은 1라운드 1번 홀에서 쿼드러플 보기를 하고도 우승했다. 골프는 생각하기 나름이다. 나도 톰 킴처럼 해보겠다."고 오히려 주먹을 불끈 쥐었다.

매킬로이는 3라운드까지도 선두 셰플러에 6타 뒤진 공동 2위였지만 투어 챔피언십 사상 최다 타수 역전 우승이라는 기록까지 세우며 화려한 반전 드라마의 주인공이 됐다.

PGA투어에 '바운스 백'이라는 기록 항목이 있다. 보기 이하의 저조한 성적을 낸 직후 곧바로 버디 이상 좋은 스코어를 기록하는 것을 말한다.

큰 상처를 입은 매킬로이는 멘털 강화에 집중했다. 레인지(연습장)보다 마음을 단련하는 데 더 많은 시간을 보냈을 정도. '높은 기대에 대한 압박감이 경기력에 안 좋은 영향을 미친다'는 분석도 나왔다.

PGA투어에서 통산 8회 우승한 브래드 팩슨으로 부터 정신적 측면에 대한 코칭을 받은 그는 경기 시작 전 20분 동안 명상과 시각화 연습을 반복하는 루틴을 실천하고 있다.

4) 미국여자프로골프(LPGA, The Ladies Professional Golf Association) 투어(Tour)

미국을 기반으로 하는 세계 최대 여성 프로골프 투어이다. 1950년에 13명의 골프 선수들이 모여 설립한 미국여자프로골프협회(LPGA)를 대표하는 단체로 미국뿐만 아니라 한국, 일본 등 아시아 여러 나라에서 매년 30여 개 대회를 개최한다. 5개의 메이저 대회가 포함된다.

LPGA는 11월 2022년 시즌이 마무리되었기에 12월에는 일정이 없다. LPGA는 1월 열릴 힐튼 그랜드 베케이션 토너먼트 오브 챔피언스로 2023년 일정을 시작하여 11월까지의 투어 일정을 이어나갈 계획이다. 대신 웬만한 시즌 대회만큼 뜨겁게 진행된 2022 LPGA 퀄리파잉 시리즈가 주목받았다.

상위 20명까지 내년 LPGA 투어 출전권이, 21위부터 45위까지는 LPGA투어 조건부 출전권과 2부인 엡손 투어 출전권이 주어지는 본 대회에서 1위를 차지한 선수는 다름 아닌 KLPGA 신인왕 출신 유해란이었다.

국가대표 상비군 출신인 박금강도 공동 9위로 2023년 LPGA 투어에 진출할 수 있게 되었고, 미국 교포 제니퍼 송도 공동 17위로 LPGA 투어에 복귀했다.

모로코 국적으로 사상 처음 Q시리즈를 통과하며 모로코인 최초, 나아가 아랍권 국가 최초로 LPGA에 입성하며 눈길을 끌었다.

'LPGA를 향한 관문'인 Q시리즈를 제외하면 12월에는 경기가 없지만, 주목할 만한 이슈는 많다. 먼저 올해 열릴 2023년 시즌의 '역대급 규모'가 눈길을 끈다.

2023년 LPGA는 격년제 비공식 대회 두 개, 그리고 33개의 공식대회로 꾸며질 예정이며, 공식 대회 총상금만 1억 140만 달러를 기록하여 역대 최초로 1억 달러를 돌파했다. 2022년에 이어 2023년 LPGA도 '역대급 시즌'이 될 수 있을지 기대를 모으는 대목이다.

한편, 세계여자메이저대회는 KPMG 여자 PGA 챔피언십, US여자오픈, 아문디 에비앙 챔피언십, AIG여자오픈, 셰브론 챔피언십이다.

2022년 11월 19일 미국여자프로골프(LPGA) 투어 사무국은 2023 시즌 일정을 확정해 33개 대회 총상금 1억 140만 달러(약 1,361억 원)의 역대 최대 규모로 열린다고 발표했다.

2023시즌 LPGA 투어는 확 커진 규모만큼 눈에 띄는 변화도 골프팬들의 흥미를 자극시킨다. 가장 눈에 띄는 건 메이저 대회의 부분 변화다. 내년 시즌 첫 메이저 대회는 올해와 마찬가지로 셰브론 챔피언십이다.

그러나 3월말~4월초에서 금년엔 4월 20~23일로 다소 미뤄졌다. 또 장소는 미국 텍사스주 더 우들랜즈의 더 클럽 앳 칼턴 우즈로 바뀌었다.

당초 전통적으로 미국 캘리포니아주 랜초 미라지의 미션 힐스 컨트리클럽에서 열렸는데, 지난해 이 대회 타이틀 스폰서가 바뀐 뒤 금년부터 새로운 개최지로 옮기게 됐다.

이어 KPMG 여자 PGA 챔피언십이 먼저 열리고서 US여자오픈이 연달아 개최되는 '메이저 2연전' 체제가 형성됐다.

KPMG 여자 PGA 챔피언십이 6월 22~25일에 먼저 열린 뒤, 2주 후에 US여자오픈이 곧장 치러진다. 특히 US여자오픈은 사상 처음 미국 캘리포니아주 페블 비치에서 개최된다.

유서 깊은 코스에서 열리는 대회에 많은 골프팬들의 관심이 모아질 전망이다. 이어 7월 27~30일 아문디 에비앙 챔피언십, 8월 10~13일 AIG여자오픈 등의 여정으로 5대 메이저 대회 일정이 짜여졌다.

메이저 대회 총상금 규모도 흥미롭다. US여자오픈이 여자 골프 사상 최다인 총상금 1,000만 달러를 책정했고, KPMG 여자 PGA 챔피언십이 900만 달러, AIG여자오픈이 730만 달러, 아문디 에비앙 챔피언십이 650만 달러, 셰브론 챔피언십이 510만 달러다.

한편, 지난해까지 코로나19 대유행 여파로 3년 연속 파행 운영되던 아시안 스윙도 복원된다. 10월 12~15일 뷰익 LPGA 상하이를 시작으로, 10월 19~22일 한국에서 열릴 BMW 레이디스 챔피언십, 10월 26~29일 개최될 대만 타이완 스윙잉 스커츠 LPGA, 11월 2~5일 토토 재팬 클래식 등이다.

단체전 대회도 2개 열린다. 5월 4~7일 한화 라이프플러스 인터내셔널 크라운이 미국 캘리포니아주 샌프란시스코에서 개최되고, 미국과 유럽의 골프 대항전 솔하임컵이 9월 22~24일 스페인 안달루시아에서 치러진다.

또한, 2023년 2월 16일부터 로열 그린스 골프 앤드 컨트리클럽에서 유럽 여자프로골프 투어 대회로 열리는 '아람코 사우디 레이디스 인터내셔널 프레젠티드 바이 퍼블릭 인베스트먼트 펀드'에 한국 선수 17명이 출전한다.

아람코는 사우디 국영 석유 기업이고, 퍼블릭 인베스트먼트 펀드(PIF)는 사우디 국부 펀드다. PIF의 막대한 자금력을 바탕으로 지난해 남자 프로골프 리그 LIV가 출범했다.

2020년 사우디 최초의 여자 프로골프 대회로 출발한 사우디 레이디스 인터내셔널은 올해 총상금이 무려 5배나 커졌다. 지난해 100만 달러(약 12억 6,200만원)에서 올해 500만 달러(약 63억 1,000만원)가 됐다.

유럽 여자 투어 대회이지만, 투어 회원은 60명만 출전한다. 초청 선수가 10명이고, 세계 랭킹 300위 이상 비회원 50명의 출전이 허용돼 미국 LPGA 투어는 물론 한국 KLPGA 투어 선수들까지 도전장을 냈다.

LPGA의 전인지, 김효주, 이정은, 김아림, 유해란, 지은희, 신지은과 KLPGA 소속 이소미, 임희정, 홍정민, 정윤지, 임진희, 송가은, 조아연, 성유진, 하민송, 황정미가 출전 명단에 올라 있다.

세계 랭킹 1위 리디아 고(뉴질랜드)와 4위 아타야 티띠꾼(태국), 7위 렉시 톰프슨(미국) 등 각국 스타들도 나선다.

사우디 레이디스 인터내셔널보다 총상금이 많은 대회는 LPGA 투어에서도 5대 메이저 US여자오픈(1,000만 달러), KPMG 위민스 PGA 챔피언십(900만 달러), AIG 여자오픈(730만 달러), 아문디 에비앙 챔피언십(650만 달러), 셰브론 챔피언십(510만 달러)과 시즌 최종전 CME 그룹 투어 챔피언십(700만 달러)뿐이다.

유럽 여자 투어에선 LPGA 투어와 공동으로 여는 AIG 여자오픈, 에비앙 챔피언십에 이어 이번 대회 총상금이 가장 많다. 2023 시즌 KLPGA 투어에서 총상금이 가장 큰 대회는 16억 6,700만원이 걸린 한화클래식이다.

사우디 레이디스 인터내셔널 우승 상금은 75만 달러(약 9억 4,600만원)다. LPGA 투어는 지난 1월 시즌 개막전을 치렀으나, 오는 2월 23일 태국 대회까지 한 달간 휴식기다. KLPGA 투어는 오는 4월 막을 올린다.

LPGA와 KLPGA 투어 선수들에게 이번 대회는 소속 투어가 쉬는 기간 메이저급 상금이 걸린 대회에서 수준 높은 각국 선수들을 상대로 동계 훈련 성과를 점검해 볼 기회가 된다.

올해 사우디 레이디스 인터내셔널은 지난 2월 5일 같은 장소에서 끝난 남자 대회 PIF 사우디 인터내셔널(아시안 투어)과 총상금을 똑같이 맞췄다.

올 시즌 유럽 여자 투어에는 '아람코 팀 시리즈 프레젠티드 바이 PIF' 대회가 미국, 사우디아라비아 등에서 5차례 예정돼 있다. 대회마다 총상금 100만 달러가 걸려 있다.

5) LIV 골프 출현

'로마자로 54를 뜻한다'는 LIV 골프는 사우디아라비아의 국부펀드가 후원하는 신생 투어로 48명의 선수가 컷오프 없이 3라운드 54홀 경기를 하는 대회다.

최고 기량의 선수 48명이 4명씩 12개 팀을 이루고, 54홀·샷건(모든 선수가 각 홀에서 동시에 시작하는 방식)·커트 탈락 없이 겨루는 '프리미어골프리그(PGL)' 설립 논의가 수면 위로 떠오른 프로젝트에 사우디아라비아 국부펀드(PIF)가 돈을 대기로 하면서 속도가 붙었고, 조직위원회는 이듬해 '슈퍼골프리그(SGL)'로 이름을 바꾸고 본격적으로 선수 영입에 나섰다.

2021년 10월, SGL은 LIV골프로 다시 이름을 바꾸고, PGA투어에서 20승을 올린 세계랭킹 1위 출신 '백상어' 그레그 노먼(1955~ , 호주)을 대표로 선임했다. 2020년 1월 '포뮬러1(FI)' 레이싱 대회처럼 말이다.

사우디아라비아의 '오일머니'로 무장한 LIV 골프는 2022년 출범과 함께 세계랭킹 1위 더스틴 존슨(미국), 괴력의 장타자 브라이슨 디섐보(미국), '메이저 사냥꾼' 브룩스 켑카(미국), 디 오픈 챔피언이자 세계랭킹 2위 캐머런 스미스(호주) 등 '골프 최고수'들을 한 명씩 끌어들였다.

LIV가 미컬슨에게 건넨 '이적료'는 2억 달러(약 2,650억 원), 존슨과 디섐보는 각각 1억 2,500만 달러(약 1,660억 원), 켑카는 1억 달러(약 1,327억 원), 헨리크 스텐손(스웨덴)은 5,000만 달러(약 664억 원)를 받은 것으로 알려졌다.

샬 슈워츨(남아공)은 2022년 6월 영국 런던에서 열린 첫 대회 챔피언에 오르면서 475만 달러(약 63억 원) 상금을 챙겼는데, 이 대회 하나로 그가 거머쥔 돈은 최근 4년 동안 PGA에서 받은 상금(394만 달러)을 뛰어넘었다.

'커트 탈락이 없다'는 것도 선수들에겐 매력 포인트로 48명 중 꼴찌를 해도 12만 달러(약 1억 6,000만원)를 받는데 LIV로 옮긴 선수들이 "가족과 더 많은 시간을 갖기 위한 선택"이라고 말하고 있다.

캐머런 스미스 경우 2013년에 프로로 전향해서 지금껏 PGA 투어에서 벌어들인 상금이 2,700만 불이었던바, 이 계약으로 지난 10년간 벌어들였던 수입의 거의 4배를 받게 된 것이다.

최근 LIV 골프로 옮겨간 캐머런 스미스(Cameron Smith)까지 포함해 LIV 골프는 세계 랭킹 100위 내에 26명의 선수를 보유하고 있지만 아직은 PGA 투어에 소속되어 있는 빅 네임 선수들과 총 선수들이 LIV 골프를 압도하는 건 사실이다.

노먼은 지난해 8월 폭스뉴스와의 인터뷰에서 "타이거 우즈(Eldrick Tiger Woods, 1975~ , 미국)에게 7억~8억 달러(약 9,300억 원~1조 1,000억 원)를 제안했지만, 거절 당했다"고 밝혔다.

이는 우즈가 PGA투어를 통해 평생 벌어들인 상금보다 많은 액수였고, PGA 투어의 살아있는 전설, 잭 니클라우스(Jack William Nicklaus, 1940~ 미국)도 1억불 이상의 파트너십 계약을 거절했다고 한다.

오랜 기간 세계 남자 프로골프 시장에는 범접할 수 없는 '원톱'이 미국프로골프(PGA)투어로, 돈과 역사, 권위를 겸비한 PGA는 전 세계 모든 골퍼가 뛰고 싶어 하는 명실상부한 '꿈의 무대'였고, 유명 선수가 총출동하는 유일한 리그이다 보니, 골프 팬들에게 다른 대안은 없었다.

DP월드투어(옛 유러피언투어)와 아시안투어 등에 비해 여전히 상금이 많기 때문에 선수들은 이탈하지 않았으니, 팬들도 다른 투어로 눈을 돌리지 않았다.

2023년 1월 20일(한국시간) LIV 골프는 '미국 방송사 CW 네트워크와 다년 중계방송 계약을 했다'고 발표했다. 지난해 출범한 LIV 골프는 미국에서 중계방송을 해줄 방송사를 만나지 못해 자체 웹사이트와 유튜브를 통해 경기를 보여줬었다.

이번에 계약한 CW네트워크는 3대 지상파 방송사나 ESPN 등 주요 방송사는 아니다. 미국에서 5번째로 큰 규모로 미국 전역의 지역 방송사를 계열사로 두고 있지만, ESPN, NBC, 폭스스포츠 등과 달리 스포츠 중계 분야에서는 거의 알려지지 않은 곳이다.

CW 네트워크는 미국 날짜로 토요일과 일요일에 열리는 LIV 골프 2, 3라운드는 방송으로 중계하고 금요일에 치러지는 1라운드 경기는 앱으로만 중계한다.

2023년 2월 2일 뉴시스 안경남의 골프계 이끄는 '오일머니'…아시안투어도 '별들의 전쟁' 기사를 소개한다.

중동 자본을 앞세운 이른바 '오일머니'가 골프계 공룡이 되고 있다. 과거 변방으로 취급받던 아시아프로골프투어에도 사우디아라비아 자본이 투입되면서 '별'들이 모이고 있다.

사우디 국부펀드(PIF)가 지난해 새로운 골프 투어로 출범시킨 LIV 골프 시리즈가 미국프로골프(PGA) 투어와 대립각을 이루면서 판도를 바꾸고 있는 가운데 PIF가 별도로 후원하는 아시안투어와 기존 DP월드 투어(옛 유러피언투어)의 경쟁구도까지 맞물리면서 시장이 커지고 있다.

PIF가 아시안투어에도 대대적으로 투자하면서 새로운 대회 개최를 선언하자 유러피언 투어도 DP월드 투어로 이름을 바꾸고 대회 규모를 키우고 있다.

DP월드는 아랍에미리트(UAE)에 본사를 둔 물류회사로 역시 오일머니를 앞세워 대회 상금 규모를 두 배로 늘렸다. 사우디와 UAE 자본이 경쟁적으로 골프대회를 유치하면서 시장을 키우는 모양새다.

일각에선 독재와 언론 탄압, 인권 침해 등으로 얼룩진 이미지를 세탁하기 위한 중동 석유자본의 '스포츠 워싱(Sports Washing)'이 아니냐는 비판도 있지만 일단 오일 머니로 골프계가 커지는 것 자체는 선수와 팬들에게 환영할 만한 변화다.

올해 2월 2일부터 나흘 동안 사우디아라비아 킹압둘라 경제도시의 로열 그린스 골프&컨트리클럽(파70)에서 열리는 2023시즌 아시안투어 개막전인 PIF 사우디 인터내셔널도 오일 머니로 스타 선수들을 불러 모았다.

이 대회는 2019년 DP월드 투어로 시작했으나, 지난해 PIF의 LIV 골프 출범으로 DP월드 투어와 사이가 틀어지면서 아시안투어 소속으로 대회가 바뀌었다. 상금 규모도 커졌다. 총상금이 무려 500만 달러(약 61억 4,000만원)다. 3배 이상 늘어난 규모다.

PGA 투어를 떠나 LIV 골프에 둥지를 튼 선수들이 대거 출전한다. 세계랭킹 4위인 캐머런 스미스(호주)가 올해 첫 대회로 아시안투어를 선택했다. 또 필 미컬슨(미국)도 이번 대회가 올해 첫 출전이다.

그 밖에도 패트릭 리드, 브라이슨 디섐보, 브룩스 켑카(이상 미국), 세르히오 가르시아(스페인), 리 웨스트우드(잉글랜드) 등 스타들이 즐비하다. 아시안투어는 LIV 골프 선수들도 세계랭킹 포인트를 쌓을 수 있는 대회다.

또 PGA 투어의 허락을 받은 캐머런 영, 캐머런 챔프(이상 미국) 등도 출전한다. 한국 선수들도 기름 냄새를 맡고 사우디로 향했다.

한국프로골프(PGA)코리안투어와 아시안투어를 병행하는 문경준, 박상현, 이태희, 김영수, 장이근, 김비오, 옥태훈, 김민규 총 8명이 출사표를 던졌다.

오는 2월 16일부터 나흘간 같은 장소에서 열리는 유럽여자프로골프(LET) 아람코 사우디 레이디스 인터내셔널에 세계랭킹 1위 리디아 고(뉴질랜드), 렉스 톰프슨(미국), 전인지, 대니엘 강(미국) 등이 나선다. 미국여자프로골프(LPGA) 투어 메이저대회 우승자만 무려 13명이 참가한다.

PGA 투어와 달리 LPGA 투어는 오일 머니에 적대적인 입장은 아니지만, 같은 시간 열리는 LPGA 투어 대회가 없는 점도 유명 선수들의 발길을 옮기게 했다. 총상금도 500만 달러에 달해 LPGA 투어 메이저 대회 수준이다.

LPGA 투어 일반 대회 총상금이 200만 달러 안팎인 점을 감안하면 여자 골프 선수들의 사우디 대회 참가는 자연스러운 흐름이라는 게 골프계의 시각이다.

한국 선수도 전인지를 비롯해 김효주, 이정은6, 김아림, 이소미, 임희정, 유해란, 송가은 등 2월 1일 기준으로 참가자가 15명에 달한다.

6) 잭 니클라우스 VS 타이거 우즈…'골프 GOAT'는 누구

2022년 12월 25일(한국시간) 미국 골프위크는 역대 최고 커리어를 쌓은 골프계 레전드 두 명 잭 니클라우스(Jack William Nicklaus, 1940~ , 미국)와 타이거 우즈(Eldrick Tiger Woods, 1975~ , 미국)를 비교했다.

니클라우스와 우즈는 골프에서 없어선 안 될 전설 같은 존재다. 니클라우스와 우즈 모두 명예의 전당에 헌액됐고, 훈장도 받았다.

골프위크는 "니클라우스가 코스에서는 조금 더 우위를 점하고 있지만 코스 밖에서는 스캔들이나 부상을 제쳐두고 우위인 것 같다"고 분석했다. 니클라우스가 메이저 대회 승수가 더 많은 반면, 우즈는 수입이 많기 때문이다.

니클라우스는 PGA투어에서만 73승을 챙겼고, 특히 메이저 대회에서 18승을 거머쥐었다. 우즈는 PGA투어 최다승 기록인 82승에 타이를 이뤘고, 메이저 대회에서도 15승을 챙겼다.

니클라우스는 가장 많이 메이저 대회서 우승을 차지했고, 메이저 대회에서 준우승만 19차례 거뒀다. 말 그대로 메이저 대회에서 강력한 존재였다.

우즈는 니클라우스에 비해 메이저 대회 커리어는 부족하지만 PGA투어와 유러피언투어(현 DP월드투어)에서 우승한 횟수가 많다.

골프위크는 "일부 팬들은 우즈가 승수가 많기 때문에 유리하지 않겠냐고 할 것이다. 하지만 공평한 눈으로 보면 니클라우스 시대에서는 유러피언투어에 뛰는 게 흔치 않다. 하지만 우즈가 쌓은 승수(유러피언투어 41승)는 대단하다"고 분석했다.

국가대표로 나선 것도 평가할 만하다. 우즈는 라이더컵에 8차례 출전했다. 니클라우스는 6번 나섰다. 니클라우스는 프레지던츠컵에서도 미국 팀 주장으로 나섰고, 우즈 역시 2019년 미국 팀 주장으로 데뷔해 팀을 압승으로 이끌었다.

또 중요하게 봐야 할 점은 바로 '수익'이다. 우즈는 지금까지 1억 2,089만 5,206달러(한화 약 1,552억 2,950만원)를 벌어들였다. 골프 선수 중 가장 많은 수입을 기록했다. 니클라우스는 총 573만 4,031달러(약 73억 6,250만원)를 벌었다.

물론 니클라우스와 우즈가 벌어들인 돈을 그대로 볼 수 없다. 화폐 가치도 다를 뿐더러 우즈가 한창 선수 생활을 할 때는 니클라우스 때보다 더 많은 수익을 벌어들일 수 있는 상황이었다.

그러나 대회 상금 외에 벌어들인 수입도 차이가 크다. 포브스는 우즈의 순자산을 최소 10억 달러로 추산한다. 미국프로농구(NBA) 르브론 제임스와 마이클 조던과 비슷하다고 분석했다.

2 한국프로골프 대회

2022년 10월 미국프로골프(PGA) 투어 슈라이너스 칠드런스 오픈에서 '막내' 김주형이 한국 선수 시즌 첫 우승 포문을 열고 새해 첫 풀 필드 대회인 소니오픈에서 '형' 김시우가 두 번째 우승 바통을 이어받아 벌써 시즌 2승을 합작했다.

최근 PGA 투어에서 한국 남자 골프의 위상이 한껏 드높아지고 있다. 새 시즌엔 코리안 브라더스가 또 어떠한 활약으로 세상을 놀라게 할지 기대된다.

한편, 경기 때마다 매번 새벽잠을 깨워 TV앞에 눈 비비고 앉아 응원하곤 했는데 한국 선수들이 미국여자프로골프(LPGA) 투어 무대를 주름잡으며 매년 10승 이상씩 올리던 시절 긴 사이클로 보면 지난해는 한국 선수들의 우승 곡선 사이클의 최하단에 걸렸을 뿐이다.

박세리가 1998년 미국에 진출해 루키로 메이저 2승에 시즌 4승을 거둔 1998년부터 지금까지 25년간의 LPGA투어 역사를 돌아보면 그런 현상이 뚜렷하다.

한국 선수들은 3~4년을 주기로 10승 이상을 올리던 해와 그렇지 않은 해로 진폭을 가지면서 사반세기동안 메이저 35승에 통산 202승을 쌓아 올렸다. 가장 우승이 적었던 해는 2000년의 2승이었고, 2004년과 2007년(4승씩)과 2011년(3승)도 부진했다.

하지만 저조한 성과는 오래 지속된 적이 없었다. 게다가 2년 뒤에는 2002년의 9승, 2006년과 2009년의 11승이 뒤따랐다. '골이 깊으면 산이 높다'는 주식시장의 격언처럼 2015년부터는 격년 주기로 15승씩 달성했다.

1) 골프팬 82.7% "한국선수 PGA 메이저 우승 보고 싶어"

JTBC골프는 새해를 맞아 PGA 투어에서 뛰는 한국 선수 6인에 관한 설문 조사를 실시했다. 이번 조사는 2023년 1월 10일부터 20일까지 온(JTBC골프 공식 네이버 밴드)·오프라인 양방향으로 진행됐으며 총 750명이 참여했다. 설문은 객관식(기타 의견 포함)으로 진행됐다.

먼저 '지난해 가장 기뻤던 PGA 투어 소식?'을 묻자 응답자 37%가 '김주형의 투어 통산 2승'을 꼽았다. 김주형은 지난해 10월 슈라이너스 칠드런스 오픈에서 만 20세 3개월의 나이로 PGA 투어 2승 달성했다. 투어 역대 2번째 최연소 기록이다.

이어 2위의 자리도 김주형이 차지했다. '김주형의 투어 첫 우승(비회원 신분)'이 35.4%의 득표율 얻었다. '2022 프레지던츠컵 한국 선수 4인 출전'은 3위(22.8%), '이경훈의 AT&T 바이런 넬슨 타이틀 방어(한국인 최초)'는 4위(4.7%)에 자리했다.

그렇다면 골프팬들이 올해 가장 듣고 싶은 PGA 투어 소식은 82.7%가 '한국 선수 메이저 우승'을 원했다. 지금까지 PGA 투어 메이저대회에서 우승한 한국 선수는 양용은(1972~)이 유일하다. 양용은은 2009년 PGA 챔피언십에서 '골프 황제' 타이거 우즈를 극적으로 꺾고 우승해 한국 팬들에게 큰 감동을 안겼다.

양용은에 이어 메이저 우승 타이틀을 거머쥘 한국 선수는 누가 될까. 골프팬들은 새 시즌에 꼭 이뤄지길 바라고 있다. 한국 선수 6인 한 대회서 톱10 장악은 16.5%의 득표율을 기록했다.

'코리안 6인의 예상 합작 승수'에 관한 설문에서는 80.3%가 '3~6승'을 할 것이라 내다봤다. '7~10승'은 13.4%, '2승 이하'는 3.9%였다. '11승 이상'은 1.6%였다.

번외로 '설날을 맞아 명절에 설거지를 가장 잘 도와줄 것 같은 선수?'에 관한 설문 조사를 한 결과 '필드 위 사랑꾼' 이경훈이 26.8%로 1위를 차지했다. '새신랑'들은 2위, 3위에 자리했다. 김시우는 20.5%, 임성재는 19.7%다. 이어 안병훈(14.2%), 김주형(11.7%), 김성현(7.1%) 순이다.

2) 2022년 한국프로골프(KPGA) 코리안 투어 기록

2022년 한국프로골프(KPGA) 코리안 투어는 기록 대잔치였다. 코로나19로 관중 없이 치른 지난 2년과 달리 지난해는 21개 대회에 누적 17만 명이 넘는 갤러리가 몰렸다. 선수들은 최고의 경기력으로 팬들에게 보답했다.

진기록으로 꼽히는 알바트로스(기준 타수보다 3타 적게 홀인)가 두 대회 연속으로 나왔고, 홀인원 9개가 쏟아졌다. 역대 가장 많은 연장 승부도 보여줬다. 총상금 203억 원을 놓고 겨룬 치열한 대결 속에 탄생한 주요 기록을 돌아봤다.

2022년 12월 29일 KPGA에 따르면 지난 9월 열린 제38회 신한동해오픈과 비즈플레이 전자신문오픈에서 알바트로스가 연달아 나왔다.

신한동해오픈 최종라운드 3번홀(파5)에서 티라왓 카위시리반딧(태국)이 시즌 첫 알바트로스를 작성했고, 바로 다음 열린 비즈플레이 전자신문오픈 2라운드 17번홀(파5)에서 문경준(NH농협은행)이 또 한 번 알바트로스에 성공했다.

이는 코리안 투어에서 나온 역대 최초 기록이다. 문경준은 개인 통산 3번째 알바트로스를 써냈다. 앞서 그는 2008년 남서울CC에서 열린 GS칼텍스 매경오픈과 아프리카 케냐 카렌CC에서 열린 DP월드투어 케냐 사바나 클래식에서도 평생 한 번 하기 어렵다는 기록을 세운 바 있다. 그는 알바트로스로 받은 상금을 경북 포항시 태풍피해 복구성금으로 기탁하며 의미를 더했다.

홀인원도 9개가 나왔다. 시즌 첫 홀인원은 황재민이 작성했다. 시즌 개막전인 제17회 DB손해보험 프로미 오픈 최종 라운드 4번 홀에서다. 경남 양산 에이원컨트리클럽에서 열린 제65회 KPGA 선수권대회에서는 홀인원이 3개나 쏟아졌다.

이태희(OK저축은행)가 1라운드 4번홀, 이재경(CJ온스타일)과 옥태훈이 2라운드 12번홀에서 각각 기쁨을 맛봤다. 이 밖에 올해 21개 대회에서 버디는 총 2만 4,050개, 이글은 총 372개가 나왔다.

지난해 투어 데뷔 12년 차인 김영수(PNS홀딩스)는 시즌 19번째 대회인 제네시스 챔피언십에서 107개 대회 출전 만에 생애 첫 승을 따냈다. 시즌 최종전인 LG SIGNATURE 플레이어스 챔피언십에서도 연장 접전 끝에 우승하며 통산 2승째를 쌓았다. 이로써 KPGA 코리안 투어 최고의 자리인 '제네시스 대상'과 '제네시스 상금왕'을 모두 거머쥐었다.

지난해 그가 벌어들인 상금은 총 7억 9,132만원으로 역대 KPGA 코리안 투어 한 시즌 최다 상금 기록을 경신했다. 박상현(동아제약)이 2018년 획득한 7억 9,010만원을 넘었다. 국내 상금 통산 1위는 박상현이 지켰다. 올 시즌 15개 대회에서 상금 2억 9,079만원을 추가해 누적 상금액이 43억 8,657만원으로 늘었다.

올해 코리안 투어 21개 대회에서 배출한 우승자는 모두 17명이다. 이 가운데 최고령 우승자는 DB손해보험 프로미 오픈을 제패한 박상현으로 만 38세 1개월 24일을 기록했다. 우리금융 챔피언십에서 만 20세 2개월 8일로 투어 첫 승을 따낸 장희민은 최연소 우승자로 등극했다.

정상에 오른 17명 가운데 20대 선수는 장희민과 신상훈, 김민규, 배용준, 서요섭을 비롯해 일본 코마CC에서 열린 신한동해오픈에서 우승한 히가 카즈키(일본)까지 모두 6명이다.

30대 우승자는 박상현과 김영수를 포함해 모두 11명이 이름을 올렸다. 김비오(호반건설)와 서요섭, 박은신(하나금융그룹), 김영수 등 4명은 2회 이상 다승자가 됐다.

주니어 국가 상비군인 안성현(A)은 DB손해보험 오픈에 추천 선수 자격으로 나가 역대 최연소 출전 기록을 세웠다. 만 12세 11개월 16일이다. 이전까지 최연소 출전 기록은 만 15세 3개월 2일에 2010년 신한동해오픈에 참가한 김시우(CJ대한통운)가 보유하고 있었다.

안성현은 비즈플레이 전자신문 오픈에서 만 13세 3개월 19일로 역대 최연소 컷 통과 기록도 세웠다. 이전 기록은 2001년 유성오픈에서 강성훈이 수립한 만 14세 24일이었다.

올해 코리안 투어에서는 연장 승부만 8차례가 나왔다. 2018년 수립한 6회를 넘어서는 역대 최다 기록이다. 1라운드부터 최종일까지 한 번도 선두를 빼앗기지 않고 정상에 오르는 '와이어 투 와이어' 우승은 2차례 나왔다. 배용준과 서요섭이 아너스K·솔라고CC 한장상 인비테이셔널과 LX 챔피언십에서 각각 기록을 세웠다.

2위와 최다 타수 차로 우승한 선수는 김비오다. SK텔레콤 오픈에서 2위 강윤석(에이바자르)을 7타 차로 따돌렸다. 서요섭은 LX 챔피언십에서 나흘간 22언더파 265타를 적어내 최다 언더파를 기록한 우승자가 됐다. 이 밖에 문도엽(DB손해보험)이 파71로 진행된 DGB금융그룹 오픈에서 1라운드부터 최종일까지 21언더파 263타를 작성해 최저 타수로 정상에 올랐다.

'홀인원은 골프에서 티 샷을 한 공이 단번에 홀에 들어가는 것'으로 아마추어에겐 흔치 않은 일이다. 통상 일반인이 홀인원을 할 확률은 1만 2,000분의 1 수준으로 매우 희박하다. 때문에 홀인원에 성공한 사람이 함께 경기에 참여한 사람들에게 식사를 대접하고, 선물을 주는 것이 하나의 문화로 자리 잡고 있다.

한편, 2022년 KLPGA투어에서도 역대 최다 홀인원이 쏟아졌다. 무려 35개로 종전 기록인 2017년 28개의 홀인원을 뛰어넘었다. 개막전 롯데렌터카여자오픈에서 인주연을 시작으로 총 29명이 홀인원의 기쁨을 맛봤다. 윤화영, 유지나, 정지민은 한 번도 힘든 홀인원을 시즌 중 두 번이나 기록했다.

가장 많은 홀인원이 탄생한 대회는 메디힐한국일보챔피언십이다. 김재희가 홀인원으로 1억 2,000만원 상당의 수입차를 부상으로 받았고 한진선, 강예린, 김리안, 권서연도 이 대회에서 홀인원을 기록했다. 한 대회에서 다섯 번의 홀인원이 나온 건 2009년 넵스마스터피스 이후 13년 만이다.

시즌 최종전에도 홀인원 행진은 이어졌다. 송가은이 2라운드에서, 이소영이 최종라운드에서 성공시키며 7,000만원 상당의 벤츠 EQA 250 차량을 부상으로 챙겼다.

한편, 2023년 1월 23일(한국시간) 미국프로골프(PGA) 투어 아메리칸 익스프레스 마지막 날 도쿄올림픽 금메달리스트 잰더 쇼플리(미국)가 홀인원보다 더 어렵다는 앨버트로스를 기록하고 환하게 웃었다.

553야드의 파5홀인 5번 홀. 쇼플리는 티샷으로 314야드를 보낸 뒤 아이언으로 친 두 번째 샷을 그대로 홀로 집어넣는 앨버트로스를 기록했다. 225야드 남은 거리에서 친 두 번째 샷은 그린 앞 연못을 아슬아슬하게 넘어 프린지에 떨어졌다가 완벽한 속도로 10m를 더 굴러 홀 안으로 쏙 들어갔다. 이번 시즌 PGA 투어 첫 번째 앨버트로스자 1983년 이후 132번째 앨버트로스다.

세계 정상급 선수들이 활동하는 PGA 투어에서도 앨버트로스는 좀처럼 보기 드물다. 앨버트로스 확률은 200만분의 1로 홀인원보다 160배나 어렵다.

3) 2023 LPGA투어를 주목해야 할 이유

신종 코로나 바이러스 감염증(코로나19)이 확산된 2020년 이후로 미국여자프로골프(LPGA) 투어 2년 연속 7승을 하다가 올해 4승으로 하락한 건 외부 영향이 크다. 지난 3년간 코로나19로 인해 한국 선수들이 해외 활동이 급격히 줄었기 때문이다. 해외로 나가지 못하니 우승은 당연히 줄어들었다.

한국 선수 중에 장정, 신지애, 김효주, 전인지, 김아림이 국내 투어에서의 성적을 바탕으로 해외 대회나 메이저에 출전해 우승하면서 미국 투어 출전권을 받았다.

하지만 지난 2019년부터 한국여자프로골프(KLPGA)투어 집행부는 소속 선수들에게 해외 투어로의 진출을 더 어렵게 하고 동일 기간에 출전 대회수도 제한했다.

한국 선수들의 우승에는 국내에서 열린 BMW레이디스챔피언십(이전까지 KEB하나은행챔피언십)이 9승으로 큰 기여를 했다. 2003년 안시현을 시작으로 이지영, 홍진주, 최나연, 백규정, 고진영이 이 대회를 통해 해외 무대로 진출했고 자연스럽게 국내에서 해외로의 성공 방정식을 쌓았다.

하지만 지난해는 KLPGA투어에서 같은 기간에 별도의 대회를 동시에 여는 바람에 출전해야 할 한국 선수 35명이 10명으로 대폭 축소되면서 홈 코스의 이점을 살리지 못했다.

KLPGA투어는 국내 대회가 늘어나고 스폰서가 증가하자 '세계 넘버원'을 표방하기에 이르렀고 일부 선수들은 해외로 나가기보다는 국내에 안주하는 현상도 나오고 있다.

일본여자프로골프(JLPGA)투어에서 한국 선수들의 성적은 미 LPGA투어보다 더 쪼그라들었다. 2011년 15승에 이어 2013년 16승, 2016년 17승, 2019년 15승을 거두던 한국 선수들이 지난해 JLPGA투어에서는 지난 8월 이민영의 홋카이도메이지컵 우승 하나에 그쳤다.

'국내 투어에만 안주하면 해외 경쟁력이 약화한다'는 건 진리다. 한국 선수들이 해외 무대로 활발하게 뻗어나가던 시기에 JLPGA가 자국 투어에만 집중한 결과 마치 남미 갈라파고스 섬에 사는 동물들처럼 진화하지 못하고 경쟁력을 잃고 한국 선수들의 우승 텃밭으로 변모했었다.

이를 깨달은 JLPGA가 체질을 바꾸고 선수들의 해외 진출을 적극 후원하고 스윙을 미국식으로 바꾼 결과 유카 사소, 하타오카 나사, 후루에 아야카 등 LPGA투어에서도 통하는 선수들이 늘었다.

새로운 LPGA투어 시즌을 집중해야 할 이유는 차고 넘친다. 우선 한국 기업이 후원하는 대회가 늘었다. 한화 라이프플러스가 금년 5월 초 국가 대항전 격인 인터내셔널크라운의 메인 후원사가 됐다.

지난 2018년 태극기를 단 한국 선수들이 외국 선수들을 제치고 우승했던 만큼 5년만의 타이틀 방어에 관심이 쏠린다. 그밖에 한국 기업 및 한국계 기업들이 메인 후원사로 다수 참여하고 있다.

또한 코로나19로 인해 완전체가 되지못하고 지체되던 아시안스윙이 본격 재개된다. 코로나19로 중단됐던 중국에서 2개의 대회와 대만의 대회가 복귀한다. 많은 대회들이 상금을 조금씩 더 올렸다.

2023년 1월 19일부터 총상금 150만 달러의 토너먼트오브챔피언스(TOC)를 시작으로 일정이 시작되며 2월말부터 태국의 혼다LPGA타일랜드, 싱가포르의 HSBC여자월드챔피언십에 이어 중국 하이난에서 블루베이LPGA가 재개되면서 봄의 아시안 스윙이 3개국을 순회한다.

10월 한 달 동안은 가을의 아시안스윙 시즌이 투어의 절정을 이루게 된다. 12일부터 중국 상하이에서 뷰익LPGA상하이가 210만 달러 규모로 열리고 19일부터 나흘간 한국에서 BMW레이디스챔피언십이 나흘간의 열전을 벌인다. 26일부터는 대만에서 스윙잉스커트LPGA가 재개되고 11월 2일부터 일본에서 토토재팬클래식이 열린다.

올해 LPGA투어를 집중해야 할 이유는 역대 어느 해보다 커진 상금 규모에도 있다. 올해는 솔하임컵과 인터내셔널크라운을 제외하고도 33개 대회에 지난해보다 800만 달러(107억 원) 늘어난 1억 140만 달러(약 1,362억 원) 규모로 열린다.

첫 번째 메이저 대회인 쉐브론챔피언십은 4월 20일부터 나흘간 텍사스주 우드랜즈에 있는 칼튼우즈로 새롭게 옮겨 총상금을 510만 달러(10만 달러 인상) 규모로 열린다. JM이글LA챔피언십이 로스앤젤레스 윌셔 컨트리클럽에서 총상금 300만 달러로 열리고 6월초에는 미즈호아메리카오픈이 275만 달러 상금으로 신설됐다.

6월말 두 번째 메이저인 KPMG여자PGA챔피언십이 9백만 달러, 7월초에는 프로메디카가 후원하는 US여자오픈이 페블비치에서 총상금 1천만 달러 규모로 열린다. 네 번째 메이저인 아문디 에비앙 챔피언십(650만 달러)은 7월말에 열리며 8월초에 마지막 메이저인 AIG여자오픈은 730만 달러 규모로 치러진다.

마지막 대회인 CME그룹 투어챔피언십에서 우승자는 여자 골프 역사상 가장 큰 단일 상금인 200만 달러를 받는다.

세계 랭킹 50위 이내 우승 가능한 한국 선수들이 20여명에 이른다. 올 시즌이 펜데믹 이후의 몸 풀기 기간이었다면 국내 KLPGA투어 무대를 평정하고 더 큰 무대로 나간 최혜진, 안나린이 투어에 적응해 본격적인 우승 사냥에 나선다. 부상으로 세계 1위를 놓친 고진영은 겨울 시즌에 체력을 길러 다시 정상에 도전한다.

지난해 우승한 김효주, 메이저 챔피언 전인지 등이 올해는 다승 행진을 예고했다. 이밖에 국내 무대에서 거둔 성과를 바탕으로 더 큰 무대인 LPGA투어의 문을 두드린 국내 투어의 기대주 유해란, 박금강 등 4명의 선수가 루키로 활약한다.

금년의 LPGA투어는 상금 규모도 어마어마하다. 지난해 US여자오픈의 총상금 1천만 달러는 웬만한 남자 대회보다 높았다. 한국은 물론 일본, 유럽 여자 투어들과의 격차를 더 벌렸다. 세계 여자 골프 대회의 중심이 더더욱 LPGA투어로 집중되는 이유다.

LPGA투어를 주목해야 하는 이유가 더 많아졌다. 지난해가 특별한 다승자가 없는 춘추전국시대였다면 이 난국을 헤치고 존재감을 보일 여제의 출현이 기대된다. 박세리, 박인비를 잇는 여제를 노리는 한국 선수들이 무궁무진하다.

한편, 2022년 6월 KPMG위민스PGA챔피언십에서 전인지가 트로피를 들어 올린 게 결국 마지막으로 미국여자프로골프(LPGA)투어에서 한국 선수의 우승은 4승으로 마쳤다.

싱가포르에서 열린 3월의 HSBC위민스월드챔피언십에서 고진영의 우승을 시작으로 4월 롯데챔피언십에서 김효주, 5월 BOH 매치플레이의 지은희의 우승까지 합친 결과다. 미국 선수가 9승을 했고 뒤이어 한국 선수들이 그 다음이었으나 그동안 거둔 탁월했던 성과와 비교해 '우승 가뭄'이라는 말들이 난무했다.

태국의 아타야 티띠꾼에 이어 넬리 코다가 고진영을 제치고 세계 1위로 올라섰다. 미국에서는 이밖에 렉시 톰슨, 제니퍼 컵초, 캐나다의 브룩 핸더슨, 뉴질랜드 교포 리디아 고, 호주 교포 이민지 등이 올해 세계 여자 무대를 장악했다.

2023년 1월 25일(한국시간) 미국여자프로골프(LPGA) 투어는 '국가대항전인 2023 한화 라이프플러스 인터내셔널 크라운(Hanhwa lifeplus intenational crown)이 5월 5일부터 나흘간 미국 샌프란시스코 TPC 하딩파크에서 열린다며, 개막 디데이(D-day) 100일을 맞아 티켓 판매와 자원봉사 모집을 시작한다'고 발표했다.

한화 라이프플러스 인터내셔널 크라운은 전 세계 상위 8개국 선수가 모여 팀 매치플레이 방식으로 치른다. 2018년 처음 LPGA투어 일정에 포함됐고, 박성현, 김인경, 전인지, 유소연으로 팀을 꾸린 한국은 초대 챔피언에 올랐다.

2년 주기로 열리는 이 대회는 코로나19 팬데믹(전 세계 대유행) 탓에 열리지 않아 5년 만에 재개한다. LPGA투어 측은 '한화 라이프플러스 인터내셔널 크라운은 골프가 세계적인 게임이라는 특징을 부각하고, 특정 대륙이나 지역이 아닌 국가를 대표하는 세계 최고 여성 골퍼를 기리기 위해 마련한 대회'라고 강조했다.

올해 대회는 디펜딩챔피언인 한국을 비롯해 미국, 일본, 스웨덴, 잉글랜드, 태국, 호주, 중국 등 8개국 선수 32명이 출전한다. 국가 시드는 4월 3일 기준 여자골프 세계랭킹으로 확정할 예정이다.

2023년 1월 25일 현재 한국 대표로 출전할 선수는 세계랭킹 5위 고진영(솔레어), 8위 전인지(KB금융그룹), 9위 김효주(롯데), 16위 박민지(NH투자증권)가 유력하다.

고진영과 김효주는 2021년 열린 도쿄올림픽에서 미국에 빼앗긴 패권을 되찾아야 하는 숙명을 안고 있다. 한국은 2016년 브라질 리우데자네이루 올림픽에서 박인비가 금메달을 따낸 데 이어 2018년 이 대회 우승으로 세계 최강국 지위를 굳혔다.

그러나 도쿄올림픽에서 타이틀방어에 성공하지 못했고, 박인비, 박성현, 고진영 등이 지키던 세계랭킹 1위 자리도 미국 여제 넬리 코르다(나이키) 뉴질랜드 교포 리디아 고(하나금융그룹) 등에게 내줬다.

올림픽 금메달리스트인 코르다와 세계랭킹 4위인 호주교포 이민지, 떠오르는 강자 아따야 티티쿨(태국, 세계랭킹 4위) 등 세계 톱클래스 선수가 대거 참가할 예정이어서 뜨거운 경쟁이 예상된다.

한화 라이프플러스 인터내셔널 크라운은 8개국을 A, B조로 나눠 첫 사흘간 포볼 방식으로 치른다. 조별 상위 2개국이 4강에 진출하는데, 최종일 오전 단식 두 경기와 포섬 한 경기로 준결승전을 치른다. 준결승에서 승리한 팀은 당일 오후 곧바로 결승전을 치른다. 이때 3, 4위전도 소화한다.

4) LPGA 200승, 국내 투어 세계화 고민할 때

"한국은 LPGA투어에서 300승을 언제쯤 이룰까?" 안타깝지만 그에 대한 전망은 그리 낙관적이지만은 않다.

한국 여자골프가 LPGA(미국여자프로골프)투어에서 고(故) 구옥희가 1988년 첫 승을 거둔 이후 100승(2012년 8월 제이미 파 톨레도 클래식, 유소연 우승)까지 24년이 걸렸고, 그로부터 200승(2021년 10월 24일 BMW 레이디스 챔피언십, 고진영 우승)까지는 불과 9년밖에 걸리지 않았다.

2021년 한국 선수들은 LPGA 일반 대회 6승에 그쳤고, 메이저 대회와 올림픽에서는 빈손이었다. 2019년 15승, 2020년 코로나19 팬데믹에서도 7승(메이저 3승)을 거둔 것과 비교하면 완연한 하락세다.

남은 두 경기에서 좋은 성적을 거둬도 우하향 그래프가 달라질 것 같지 않다. 전망도 밝지 않다. 올해 LPGA 투어에서 우승한 한국 선수는 3명뿐이다. 박인비는 은퇴를 생각 중이고, 눈에 띄는 젊은 피는 보이지 않는다. 7년 만에 한국 선수가 LPGA 신인왕을 타지 못했다.

한국의 유망주들은 LPGA 투어에 시큰둥하다. 이 추세는 이어질 것으로 보인다. 선수들의 도전정신이 줄었다는 비판이 있지만, 기본적으로 사회가 변했다. 지난 20여 년간 한국의 정상급 여자 선수들은 당연히 LPGA에 갔다. 요즘은 개인의 취향이 중요하고 즐기면서 운동하려고 한다.

더 중요한 것은 경제적 이유다. 돈은 프로들을 자석처럼 끌어당긴다. 과거 여성 프로들이 LPGA 투어 진출을 갈망한 가장 큰 이유는 미국 투어 총상금이 국내 투어의 10배 이상이었기 때문이다. 미국에 가면 부자가 될 기회를 얻었다.

올해 KLPGA 투어 31개 대회 총상금은 280억 원이다. LPGA 투어 상금의 3분의 1 정도다. LPGA에서 뛰는 한국 선수는 세금과 경비를 빼면 수입이 국내 투어에서 뛰는 것과 큰 차이가 없다. 미국에 갔다가 실패할 가능성도 있다.

선수들이 국내 투어에 머무는 게 반드시 나쁘진 않다. 한국 선수들은 LPGA 투어에서 200승을 거둠으로써 충분히 실력을 증명했다고 본다. 300승, 400승도 좋지만 이제 서서히 국내 투어를 세계화할 때가 됐다. 세계랭킹 100위 이내에 한국 선수가 31명이니, 여전히 한국이 여자골프의 중심이라고 볼 수 있다.

테슬라보다 현대차가 잘 되는 것이 한국인들에 좋다. 현대차가 일자리를 한국에 많이 만든다. 냉정히 보면 LPGA 투어는 다른 나라의 스포츠 단체이고, KLPGA가 한국의 투어다.

물론 문을 닫아놓으면 안 된다. 치열한 경쟁을 위해 외국 선수들을 적극적으로 받아들여야 한다. 코스도 가능한 한 길고 어렵게 만들어서 변별력을 높여야 한다.

올림픽, 메이저대회, 인터내셔널 크라운 등 국제대회에서 경쟁력을 증명하지 못하면 한국의 여자 투어는 2류로 떨어지고, 팬들로부터 외면을 받을 수밖에 없다.

한국은 2015년부터 2019년까지 김세영, 전인지, 박성현, 고진영, 이정은이 5년 연속 LPGA투어 신인상을 휩쓸었다. 코로나19로 인해 신인상 수상자를 정하지 않고 2020년과 2021년 신인을 대상으로 지난해 신인상을 진행했다.

한국이 침체 현상을 보이는 것은 단순히 신인상 명맥이 끊겼다는 문제뿐만이 아니다. 지난해 미국에 진출한 선수가 1명뿐이다. '루키'의 맥이 끊기고 있는 데다, 한때 세계랭킹 1위였던 박성현이 어깨 부상으로 슬럼프에 빠져 있고, 이정은6을 비롯해 유소현·전인지 등이 우승을 만들어내지 못한 채 한 해를 보내고 있다.

동남아에서 더욱 나이 어린 선수들이 LPGA투어를 계속 노크하는 것과 달리 '젊은 피' 수혈이 절실한 한국은 '제자리걸음'을 하고 있다.

여기에는 역설적으로 KLPGA(한국여자프로골프)투어의 위상이 높아진 점도 한몫을 한다. 국내 대회 수와 상금액이 크게 증가하며 LPGA 못지않은 인기를 얻고 있기 때문에 굳이 미국 진출이란 모험을 감행할 필요성이 덜해진 것이다. 물론 코로나19로 인한 해외 진출 제약 탓도 크다.

'희망'적인 뉴스도 있다. 아시아 최강을 선도하고 있는 KLPGA가 '아시아 골프 리더스 포럼(Asia Golf Leaders Forum)'을 출범시켜 레이디스아시안투어(LAT)를 진행하고 있는 것이다.

이미 2개 대회나 치렀고, 아시아 17개국에 중계 방송됐다. 아울러 KLPGA투어도 아시아 지역 선수들에게 문호를 개방해 국내 선수들의 경쟁력을 높이는 데 큰 역할을 하고 있다. 시간을 필요로 하겠지만 이처럼 다양한 골프에 대한 애정과 노력이 세계적인 한국 선수를 길러내는 데 초석이 될 것으로 보인다.

4 캐디

어학사전에 '캐디'를 검색하면 '플레이어의 골프채(클럽)를 운반하는 사람'이라고 나오지만 캐디는 단순히 짐만 나르지 않는다. 샷에 관련된 조언을 하는 등 경기자가 최선의 결과를 낼 수 있도록 여러 가지 편의도 제공한다.

캐디(Caddie, 경기도우미)의 종류는 '일반'과 '프로'로 나뉜다. 일반캐디는 골프장, 양성센터 등에서 업무를 교육받으면 될 수 있다. 프로캐디는 룰, 장비 등 골프 관련 전 분야에 걸쳐 전문서비스를 수행할 수 있어야 하기 때문에 지식, 실기 테스트를 거쳐 선발된다.

일반캐디 경력 2년 이상이면 누구나 테스트에 응시할 수 있다. 프로선수들도 가족이나 지인이 캐디를 맡는 경우도 있다. 최근에는 매니저나 후원사 직원, 부모, 형제, 연인, 스승 등이 캐디로 나서기도 한다.

캐디백만 옮기던 단순 노동을 넘어 임무가 확대됨에 따라 '전문성도 갖춰야 한다'는 주장이 나오고 있다. 캐디는 생각보다 쉽게 만들어지지 않는다. 캐디 교육 중 퇴소율도 엄청나게 많으며, 한 명의 캐디를 만들기 위해서는 많은 노력과 시간이 필연적으로 따라야 한다.

캐디가 부족한 환경에서 빠른 시간 안에 라운드에 투입될 캐디를 만들기 위해서 다양한 방법들이 시도되었고, 그 종류에는 드라이빙 캐디, 마샬 캐디, 인턴 캐디, 하우스 캐디가 있다. 골프장에서 가장 빠르게 양산할 수 있는 캐디는 드라이빙 캐디(Driving Caddie)다.

드라이빙 캐디는 골프에 대한 지식도 필요 없고, 단순히 고객의 안전을 위해서 카트 운전만을 담당하는 캐디다. 골프에 대한 이론 및 실기 교육 없이 카트만 안전하게 운전하면 되기 때문에 교육기간은 카트를 능숙하게 운전할 수 있는 약 2일 정도면 충분하다.

드라이빙 캐디는 ㈜SK브릿지에서 처음 시도한 제도로서, 2015년 샤인데일CC에 처음 적용해서 캐디피 6만원으로 3부만 전담했다. 운전만 하는 캐디는 골프장 입장에서 보면 굉장히 매력적인 구조이지만, 드라이빙 캐디 입장에서는 절대 캐디가 되지도 못하면서 수익도 충분하지 못한 상태라고 할 수 있다.

한국골프소비자원에서 2015년에 기획하여 2016년 남여주GC에서 처음 도입된 마샬 캐디는 골프장에서 말하는 마샬과 차이가 있다. 마샬 캐디는 카트 운전만 해주는 캐디로 50대 이상의 퇴직자와 경력단절여성의 일자리 창출 목적으로 생겨났지만, 최근에는 거리까지 불러주면서, 새로운 캐디의 대안으로 등장하고 있다.

마샬 캐디가 되려는 사람은 일단 전제조건이 골프를 칠 수 있어야 하기 때문에 이론 교육과 실습에 많은 시간이 걸리지 않으며, 통상 10일 이내에 교육을 받고, 캐디가 부족한 곳에 투입된다. 캐디피는 6만원~7만 원 정도로 저렴하다. 참고로, 마샬 캐디에게는 무료 라운드 등의 혜택을 주기도 한다.

참고로 골프장에는 마샬(Marshall)이라는 직종이 있다. 주로 아마추어 대회가 열리는 골프장에 가면 만나게 되는데, 마샬은 주로 프로골퍼 지망생이거나 캐디였다가 경기과 업무를 배우기 위해서 거치는 과정이라고 보면 될 듯하다. 마샬은 골프장에서 골프를 자유롭게 칠 수 있는 대신에 적은 보수를 받으면서 코스에서 경기를 진행하고 관리하는 진행요원을 말한다.

캐디들의 고충 중 가장 큰 부분은 바로 날씨다. 실외근무 특성상 폭염에도, 우천에도 라이를 봐주기 위해 앉았다 일어나기를 수십 번, 볼을 찾기 위해 오르막과 내리막을 오가야 하는 날도 많다. 물론 사고 발생의 위험도 많다. 자칫 캐디들의 근무시간을 고객과 라운드 하는 시간만 생각할 수 있지만 보통 티오프 시간 1시간 전까지 출근해 준비, 경기시간(4시간~5시간 30분), 클럽 확인과 골프백 전달, 카트 정리를 해야 한다.

골프장이 외곽에 있기 때문에 출퇴근 시간까지 포함한다면 하루 최대 7시간 30분 정도 걸린다. 즉, 2라운드를 할 경우 12시간이 넘어간다. 쉬운 일이 아니다. 150m~600m 되는 다양한 코스를 계속 걸어 다니지는 않지만, 상황에 따라서 많이 걷거나 뛰어야 되는 경우도 있다. 18홀 동안 한 팀의 클럽을 전달하는 것도 보통 운동 수준이 아니다.

1) 옛날 캐디와 요즘 캐디

캐디는 골퍼를 보조하는 역할을 하는 사람이다. 크게는 카트를 운전하고, 골프백을 운반하고, 골프채를 건네는 일을 한다. 골퍼가 친 공의 위치를 확인하고, 찾아내는 일도 하며 골프채와 골프공을 닦고 관리하는 일도 한다.

공이 떨어진 지점에서부터 홀컵까지의 거리를 안내하며 공략법(攻略法)을 안내하기도 하고, 골프공이 그린 위에 올라갔을 때 공이 홀로 들어가기 쉽게 라이(lie, 골프에서 공이 멈춰 있는 위치나 상태)도 봐준다.

에이밍(aming, 목표물을 겨냥하는 일)을 돕기도 하고, 전문 캐디의 경우 스윙 교정을 해주기도 한다. 전문가는 "캐디가 4명의 동반자 중에서 도우미 역할을 해 줄 제2캐디를 지정해 운영을 하고 지연(遲延, 늦장) 플레이어 등 진상 골퍼에겐 더욱 신경써야 한다."고들 조언한다.

한편, 프로선수의 경기를 보면 캐디는 단순한 보조 이상으로 경기장의 지형과 기후 등을 고려해 선수에게 경기 전략을 제시하는 등 전문가답게 매우 중요한 역할을 한다.

프로선수 캐디의 경우 "억" 소리 나는 연봉을 받기도 하고 담당하는 선수가 경기에서 우승하게 되면 우승 상금의 10% 가량을 인센티브로 받기도 한다. 박인비 선수(1988~)의 남편 남기협 골프코치의 경우처럼 일부 프로선수의 경우 배우자나 가족이 캐디를 자처하기도 한다.

그런데 연덕춘(1916~2004) 선수는 한국프로골프협회장을 역임했으며 1958년 제1회 한국프로골프선수권 대회에서 우승한 프로골퍼다. 그런 그가 우리나라 최초의 캐디였다.

현재 '여성 캐디의 수가 남자 캐디보다 훨씬 많다'는 점을 토대로 우리나라 최초의 캐디가 여성이었을 거라고 예상했다면 의외라는 생각이 들 수도 있을 것이다.

한국 프로골프사에 한 획을 그었던 프로골퍼 한장상(1938~), 최상호(1953~)도 캐디 출신이다. 골프 선수가 아닌 캐디로 1호가 된 최갑윤(1940~) 역시 남성이다.

1960년대를 지나면서 골프장 건설이 증가하고 캐디 수요가 늘어나고 여성 캐디가 많아지면서 어느 순간 여성의 직업으로 인식되어 왔을 뿐이다.

캐디 제도와 관련해 우리나라 골프 역사에 있어 가장 달라진 점 중의 하나로 꼽을 수 있는 부분은 골프 카트로 인해 1인 1백에서 '1인 4백이 가능한 시스템이 되었다'는 것이다.

지금이야 카트의 무인주행, 원격주행, 자율주행까지 가능할 정도로 개발이 되었지만 불과 30년 전만 해도 캐디가 직접 골프가방(백)을 메고 다녀야 했다.

골프가 발전한 미국의 경우 전동카트로 인해 캐디 수요가 줄어들었지만, 우리나라에서는 오히려 캐디 수요가 늘어났다. 이젠 단순 노동자에서 '전문 직업인'으로 거듭나야 한다.

과거 골프를 '사치성 스포츠'로 인식하고, 골퍼들의 경기를 보조하는 캐디는 전문성보다는 그저 카트를 운전하고 거리를 알려주며 클럽을 전달하는 단순 노동자의 개념으로 생각했던 시절이 있었다.

더구나 이왕이면 다홍(多紅)치마라는 생각으로 20대 여성을 위주로 캐디를 채용했었다. 또 캐디라는 직업에 대해 좋지 않은 인식이 있어 드러내놓고 주변에 알리지 못하기도 했다. 허나 시대는 변했다.

2) 캐디 갑(甲)질 논란

2022년 12월 보도를 보면, 술에 취해 골프를 치던 고객이 경기 진행을 돕는 캐디에게 "무릎을 꿇으라."고 폭언하는 등 갑(甲) 질을 저질러 논란이 된 바 있다. 당시 술에 취한 일행들이 캐디에게 '경기 진행을 재촉한다'는 이유로 막말을 했고 '이 캐디는 얼마 지나지 않아 퇴사했다'고 한다.

몇 년 전 한 배우의 캐디 갑 질 논란 사건도 있었다. 그 배우는 플레이를 하면서 매너 없이 행동한 캐디 때문에 기분이 나빠 골프장에 캐디피(캐디 봉사료) 환불을 요청하고 골프장 홈페이지와 SNS 등에 골프장과 캐디를 비하하는 글을 올렸다.

반면 캐디는 그 배우가 플레이가 진행되지 않을 만큼 홀마다 사진을 찍어대고 일행과 대화를 나누느라 '늑장 플레이를 했다'고 항변했다. 이에 그 배우는 기자회견까지 열며 본인의 억울함을 호소했고 시비를 가리고자 했다.

하나의 시선으로 보기 힘든 두 사건이지만 캐디 갑 질 논란은 잊을 만하면 되풀이되는 해묵은 논란이다. 현장에 없었던 사람으로 잘잘못을 따지기엔 적절하지 않지만 캐디의 역할에 대해 생각해본다.

매너 없는 캐디 때문에 불쾌했던 경험도 있고, 안하무인 플레이를 하는 골퍼도 본 경험이 있다. 경기 운영을 돕기는커녕 캐디 눈치를 봐야 하는 상황이었고, '캐디 때문에 기분이 상하는 걸 넘어 플레이 자체를 망쳤다'고 한다. 길지 않은 초보골퍼의 라운딩 경험 중 캐디 때문에 불쾌했던 경우는 이렇다고들 한다.

골퍼의 샷이나 행동을 보고 '한숨을 쉰다'거나 '무시'하는 식이다. 자신의 불편한 컨디션과 심기를 티 내 분위기를 해치는 경우도 있다. 카트를 자신이 유리하게 이용하고, 골프채를 잘못 가져다주거나 스코어를 잘 못 적은 뒤 적반하장(賊反荷杖)으로 나오는 경험도 해봤다는 불만이다.

물론 늦장 플레이어나 무례한 골퍼도 많다. 어찌 보면 국내 캐디 문화는 골프라는 스포츠가 뿌리 깊은 접대 문화와 기득권자들의 과시용 목적에서 시작했기 때문일 수도 있겠다. '반말', '욕설', '성희롱' 등의 발언을 일삼는다.

"야", "너"라고 부르며 "채 갖고 와", "이거 해" 하는 식이다. 자신의 샷이 잘못되거나 플레이가 잘 안 될 때 캐디 탓을 한다. '캐디 들으라'는 식으로 화끈거리는 성희롱 발언을 거침없이 하는 경우도 있다.

대다수의 평범한 캐디는 적당히 친절하고, 골퍼의 요청에 성실히 임한다. 좋은 기억을 남긴 캐디는 초보 골퍼가 무안하지 않도록 티 안 나게 라운드에 잘 섞일 수 있게 돕고, 적당한 유머와 센스로 분위기를 만든다. 이름도 재치 있게 소개한다.

초보 골퍼입장에서 경기를 진행하면서 잘 모르는 걸 물어보면 잘 답해주고 (요청이 있을 시) '에이밍'을 봐주고, '라이'를 잘 봐주는 캐디도 좋다. 캐디 덕분에 플레이가 즐거운 걸 넘어 스코어가 좋아지면 더할 나위 없다.

초보 골퍼 시절엔 온갖 눈치가 보이기 마련인데 캐디라는 존재도 그랬다. 동반자만 해도 충분히 부담스러운데 시누이가 한 명 더 있는 기분. 최근에는 '캐디가 굳이 필요하지 않다'는 의견도 많다.

이미 외국 골프장에서는 골퍼들이 직접 카트를 운전해서 다니는 골프장이 많고, 아예 '캐드 없이 이용하는 경우도 있다'고 한다. 캐디가 필요했던 가장 큰 이유는 캐디백을 이동해야 했기 때문인데 무인주행, 원격주행이 가능한 카트를 이미 대다수 골프장에서 이용할 수 있어서다.

한편, 골프장에서의 팁은 여러 가지가 있지만 보통 라운드가 끝난 후에 '서비스에 만족했다'며 주는 팁을 오버피라고 한다. 잃어버린 공을 잘 찾아주었거나 거리와 방향을 제대로 알려준 경우, 그린에서 라인을 잘 알려줘서 한 번의 퍼팅으로 홀에 공을 넣으면 골퍼들도 기분이 좋을 수밖에 없다. 또는 내기를 해서 돈을 딴 골퍼는 오버피를 챙겨주기도 하는데 이때 정해진 금액은 없다.

중간에 버디를 했을 때도 기분이 좋아 버디피를 주는 경우도 있고, 흔하게 나오는 건 아니지만 이글을 하면 이글피, 홀인원을 하면 홀인원피를 주는 골퍼도 있다. 사이클버디나 알바트로스 같은 건 거의 나오지 않기 때문에 이런 걸로 오버피를 받는 경우는 거의 없다고 봐도 될 것 같다.

캐디팁은 의무가 아니니 서비스에 만족하면 그때 주면 될 것 같다. 어느 정도 주는 것이 좋을지는 각자 판단이며, 금액은 받은 서비스의 만족도에 따라 주고 싶은 만큼 주면 된다.

3) 캐디피 인상 속사정

캐디피(캐디 수고비)는 코로나19 이전만 해도 12만 원 정도가 평균이었지만 14만 원으로 인상한 골프장이 많아지고 심지어는 15만 원까지 인상한 곳도 있다. 캐디피는 왜 계속 오를까?

캐디피 인상요인으로 캐디 부족을 꼽을 수 있다. 골프장에서는 자체적으로 캐디를 양성하기보다는 주변 골프장에서 성실하거나 책임감 있는 캐디를 영입 또는 스카우트하는 경우도 있어 골프장 측의 영업이익과는 관계가 없는 캐디피임에도 불구하고 오를 수밖에 없다.

인접한 지역의 신설 골프장에서 캐디 수급을 하고자 특혜를 주며 인상을 하게 되면 연쇄적으로 캐디 수급난 탓에 인상을 하게 되며, 캐디들이 종합소득세를 납부하도록 변경된 것도 하나의 요인으로 꼽힌다.

사실 그린피나 카트비(카트 사용료), 캐디피를 지속적으로 인상할 경우 골퍼들의 부담이 가중된다면 국내 골프장은 외면당할 수 있다. 더구나 코로나19 확산이 진정되면 해외 골프를 떠나는 사람들도 많아지게 될 것이어서 합리적 방안도 모색되어져야 한다.

한편, 2021년 경상북도의 한 골프장은 외국인을 '드라이빙 캐디'로 고용했다가 적발돼 '영업정지 처분'을 받았다. '외국인은 서비스업인 골프장에 취업할 수 없다'

는 것을 알면서도 지방에 위치한 탓에 캐디 수급에 어려움을 겪다가 불법을 행한 것이다.

정부는 2022년 H-2(방문 취업) 비자 소지자에 한해 외국인에게도 골프장 캐디와 디봇(떠 낸 잔디) 관리 등 분야에 대한 일용직 채용을 허가했지만 '골프장 구인난을 해소하기에는 턱없이 부족하다'는 지적이 나온다.

H-2 비자 소지자는 중국 교포와 고려인 등 동포들인데 이들 역시 고령화 등으로 국내 근로 규모가 급격히 줄어들고 있기 때문이고, 골프장 업계에서는 골프 산업이 발달한 베트남 등 동남아 근로자에게도 채용 문호를 열어야 한다고 요구한다.

전문가들은 동포들을 위해 중국 교포와 중앙아시아 지역 고려인 등의 국내 취업을 돕기 위해 만들어진 H-2 비자가 신설됐던 2000년대 초반과 달리 중국 교포와 고려인 등이 고령화된 만큼 개방되지 않았던 서비스업 등에 대한 외국인 채용을 정부가 서둘러야 한다고 지적했다.

조건은 출생 당시 대한민국 국적이거나 이들의 직계존비속 등 혈연관계가 있어야 한다. 당연히 이들이 고령화될수록 H-2 비자 보유자는 자연 감소할 수밖에 없고 국내 인력 부족의 대체재가 되기에도 불충분하다. 실제 2018년 25만 명을 상회했던 H-2 비자 인구는 점차 줄어들어 2021년 12만 명, 지난해 10만 명 선으로 급격히 감소했다.

정부도 최근에서야 E-9(비전문취업) 허가 업종을 서비스업으로 확대하고 있지만 개방 속도는 더디다. 제조업과 농촌 위주로 구성된 E-9 근로자의 경우 올해 서비스업에 배정된 쿼터는 전체 11만 명 중 1,000명에 불과하다. 다만 정부는 올해부터 일부 서비스업의 상하차 직종에 대해 E-9 외국 인력 도입을 허용하고 향후 인력 수급 현황을 살펴 허용 업종을 조정하기로 했다.

4) 노(No) 캐디 골프장

요즘은 국내에도 '노 캐디 플레이가 가능한 골프장이 늘고 있다'고 한다. 골프장 입장에서는 캐디가 없으면 진행이 느려져서 꺼리기도 하지만, 캐디 인력 관리가 어려운 일부 골프장은 이에 동참하고 있다. 골퍼 입장에서는 캐디피를 안내도 되니 비용을 줄일 수 있다.

캐디가 없으면 카트도 직접 운전하고 채도 알아서 꺼내 써야 한다. 당연히 에이밍도 라이도 직접 봐야 한다. 플레이하기에도 몸과 마음이 바쁜 마당에 이것저것 신경 쓸 게 많다. '아, 이래서 캐디가 필요하구나' 싶으면서도 캐디 없는 플레이도 충분한 곳도 늘었다.

심지어 요즘엔 로봇캐디도 등장했다. 로봇캐디는 골프백을 싣고 이용자를 쫓아 코스 정보와 홀까지 남은 거리를 안내하는 등 캐디의 역할을 대신한다. 시누이가 부담스러운 초보골퍼는 노 캐디 플레이가 좀 더 확산했으면 하고 바라본다.

골프장은 캐디 관리 비용을 절감할 수 있고 골퍼는 요금 인하 효과를 누릴 수 있다는 이유로 노 캐디 골프장이 늘어나면서, 안전문제 역시 수시로 도마 위에 오르고 있다.

노 캐디 골프장의 가장 큰 위험으로 꼽히는 카트 사고는 골프장과 골퍼가 합심해 위험을 줄일 수 있다. 골프장은 카트 관리를 철저히 하고, 상해보험 등도 확실히 가입하며, 카트가 다니는 길을 '노 캐디' 기준으로 좀 더 안전하게 만들고, 의무적으로 이용자에게 카트 작동법을 자세히 설명할 필요가 있다.

골퍼는 본인이 카트를 운전할 수 있는 능력이 있는지 냉정히 판단해 보고, 또 카트 작동법 등도 성실하게 듣고 운전대를 잡아야 한다. 이외의 안전문제도 골프장과 고객 모두의 노력이 필요하다.

골프장은 '노 캐디' 기준에 맞춰 보다 안전한 골프장 운영, 그리고 사고가 발생한 경우를 대비한 매뉴얼 등을 개발할 필요가 있다. 골퍼 역시 스스로 노 캐디 골프장을 택한 이상, '본인이 직접 챙겨야 할 부분이 많아진다'는 사실, 그리고 '책임 또한 커진다'는 사실을 기억해야 한다.

한편, 2023년 1월 22일 "전동카트로 알아보는 취득세" 관련 보도가 났다.

A법인은 요구르트 배달용 전동카트를 샀고, B법인은 골프장에서 사용할 전동카트를 매입했다. 이후 취득세 고지서를 받아든 A법인과 B법인 모두 취득세를 납부하지 않겠다고 주장했다.

그런데 조세심판원 결정에 따라 요구르트 배달을 위한 전동카트에는 취득세가 부과되지 않았고, 골프장 전동카트에는 취득세가 부과됐다.

취득세는 재산을 취득할 때 부과하는 세금이다. 우리가 자동차나 부동산을 취득할 때 취득세를 납부하는 게 대표적이다. 이런 취득세는 지방자치단체의 주요 세원이다. 현실에서는 각종 정책적 목적으로 활용된다.

요구르트 배달은 오래전부터 일반 국민의 실생활과 밀접한 관련을 맺어왔다. 전동카트 사용을 통해 직접적인 편익을 누리는 사용자는 서민이라고 할 수 있는 요구르트 배달원이다. 반면 골프장 전동카트는 서민의 실생활과 다소 동떨어져 있는 것이 현실이다.

지방세법과 그 시행령은 취득세 과세 대상으로 '차량'을 규정한다. 여기에는 원동기로 움직이는 차량이 포함된다. 다만 '배기량 50cc 미만의 이륜자동차'는 취득세 과세 대상에서 제외된다.

문제는 이륜(二輪)자동차라는 말이다. 이륜은 한자어 그대로 '두 바퀴'를 뜻한다. 말 그대로 보면 바퀴가 두 개여야만 이륜자동차가 될 수 있다. 실제 과세관청의 주요 논리는, 바퀴가 네 개고 냉장고가 대형이어서 이륜자동차로 볼 수 없다는 취지였다.

이 논리를 토대로 과세관청은 요구르트 배달용 카트가 취득세 부과 대상이 아니라며 세금을 부과했다.

요구르트 배달용 전동카트에 있는 냉장고가 크고 무거운 것이 사실이고, 이런 이유로 구조상 바퀴가 네 개인 것도 사실이다. 하지만 그렇다고 해서 이를 화물자동차로 구분하기도 어렵다.

또한, 자동차관리법 시행규칙에서는 조향 장치의 조작 방식, 동력 전달 방식 등이 이륜의 자동차와 유사한 구조로 돼 있는 사륜자동차도 이륜자동차에 해당하는 것으로 규정한다. 요구르트 배달용 전동카트에는 동그란 핸들이 아니라 오토바이와 유사한 막대형 조향 장치가 달려 있다.

그런 막대형 조향 장치에 속도 조절 장치가 부착돼 있어 조작 방식도 오토바이와 유사한 면이 있다. 조세심판원은 이 같은 내용을 종합해 요구르트 배달용 전동카트는 지방세법이 규정한 취득세 부과 대상에 해당하지 않는다고 내다봤다.

하지만, 골프장 카트는 통상 캐디 한 명과 골프장 이용객 네 명, 총 다섯 명이 탑승한다. 상대적으로 출력도 높고, 운전석에는 자동차 핸들과 유사한 동그란 핸들이 달려 있다. 자동차와 비슷하게 브레이크 페달과 가속 페달로 조작된다. 이런 면에서 골프장 전동카트를 취득세 면제 대상이 되는 '이륜자동차'가 아니라고 판단했다.

5

골프 산업

5장 | 골프 산업

1 골프산업 흐름

2021년 기준 국내 골프 활동 인구는 1,176만 명으로 2017년 대비 16.4% 증가했다. 코로나19 장기화로 해외여행이 제한되며, 사회적 거리두기 제약 등 이른바 '코로나19 팬데믹 시대'가 대한민국 골프 산업을 바꾸었다.

국내 골프장 매출도 전반적으로 급성장했고, 또 골프 연령대도 낮아지는 추세다. 여성 골프 인구도 늘고 있으며, 젊은 세대들이 골프에 많은 관심을 두고 관련 장비나 의류에 관한 관심도 커지고 있다.

한국골프산업백서에 따르면 2022년 기준 국내 골프 콘텐츠(용품·의류) 시장 규모는 14조원에 달한다. 2019년 10조원이었던 국내 시장 규모는 3년 만에 14조원까지 확대됐다.

골프용품이 8조원, 의류를 비롯한 골프웨어가 6조원 상당 비중을 차지하고 있다. 이는 전 세계 골프용품 시장의 40%를 차지하는 규모다. 미국 시장보다는 4배, 일본 시장보다는 약 8배 크다.

K-Golf 한류 속에 골프 흥행 지속 마케팅이 펼쳐지고 있으며, 세계 3대 골프 브랜드 중 2곳인 '타이틀리스트'와 '테일러메이드'도 한국 소유이고, 우리나라 교민 소유의 해외 골프장 수도 무려 200개 이상으로 추산되고 있다. 세계 골프 콘텐츠 시장 전체 40%를 차지하는 1위도 한국이다.

전문가들은 골프 산업의 주요 성장 요인으로 경제 성장, 인프라 확대, 콘텐츠 증가 등을 꼽는다. 골프가 대중화되는 데 선진국에서는 1인당 국내총생산(GDP)이 3만 달러를 넘어서면서 주52시간제가 불 붙였다.

해외에서의 선전에 힘입어 이전엔 거부감이 컸던 골프장 개발에도 탄력을 받아 2000년대 들어 많은 골프장이 세워졌다. 골프장 개발을 주도한 것은 기업들이다. 국내 기업들은 남다른 골프 사랑을 바탕으로 골프장 사업에 진출했고 우리나라가 골프 강국으로 발돋움할 수 있는 배경으로 자리매김했다.

동·서양을 막론하고 과거 골프는 부유층만 누릴 수 있는 '고급 스포츠'라는 인식이 강했지만 최근에는 인식이 많이 달라졌다. 남녀노소를 막론하고 누구나 즐기는 '대중 스포츠'로 자리매김했다. 그 배경에는 골프장, 골프용품 등 골프인프라 확대가 자리하고 있다.

1) 코로나(COVID-19)의 영향, 골프장 활황

국내 골프시장은 코로나(COVID-19)의 영향으로 해외 골프여행이 제한되고, 야외 스포츠로의 관심이 증가함에 따라 2020년 즈음부터 폭발적인 성장세를 유지하고 있다.

지난해 상반기 골프 예약 서비스업체의 골프장 예약 건수는 2020년과 비교해 약 13.2% 늘었다. 특히 코로나 19 영향이 본격화된 2021년 3월 이후 예약 건수는 2020년 같은 기간과 비교해 약 8.1% 증가했다.

골프장 예약 건수가 늘면서 골프장, 스크린골프장 방문객 역시 2020년 대비 크게 늘었다. 카카오 모빌리티가 분석한 전국 이동데이터에 따르면 골프장, 스크린골프장 방문객 수는 같은 기간과 비교해 각각 20%, 46% 증가했다.

한국 프로 골퍼들은 지난 40여 년간 국제대회에서 세계 최정상에 오르며 국내 골프 산업 성장 제고에 긍정적인 역할을 하고 있다. 한국 프로골퍼들이 국제대회에서 이 같은 성과를 낼 수 있었던 배경에는 세계 상위권 수준인 한국 골프장 인프라가 있다.

영국왕립골프협회(R&A)의 세계 골프장 현황에 따르면 2020년 기준 한국의 골프장 인프라는 코스 수 기준 209개국 중 8위 수준으로 평가된다. 그리고 여가 활동으로 골프 선택 인구 급증해 주 52시간 근무 확산 등으로 여가시간이 증가하면서 생활체육 및 스포츠 활동으로서 골프 수요가 확대되고 있다.

국내 연평균 총 근로시간은 2015년 2,082시간에서 2019년 1,829시간으로 해마다 감소 추세를 보였다. 총 근로시간이 감소하면서 상대적으로 여가는 2016년 1,310시간에서 2019년 1,456시간으로 매년 증가하는 추세를 보였다.

여가가 늘어나면서 생활체육으로 골프 활동에 대한 수요가 확대됐다. 문화체육관광부 조사에 따르면 여가시간에 체육동호회에 가입해 활동하는 인구 중 골프 동호회에서 활동하는 인구는 약 7.7%다. 축구(15.9%), 수영(10.6%), 보디빌딩(9.9%), 등산(8.2%) 다음으로 인기를 얻고 있다.

그리고 골프장 이용객 역시 매년 증가 추세다. 골프장 운영업 매출액 기준 시장규모가 2019년 4.5조원으로 이런 성장세가 2023년까지 지속된다면, 골프장 및 골프 연습장 운영 기준 골프산업의 시장규모는 2019년 6.7조원에서 2023년 9.2조원까지 성장할 것이라는 전망을 내놨다.

현대경제연구소는 이로 인한 내수 진작 경제적 효과는 최소 2.2조원에서 최대 3.1조원에 달할 것이란 분석을 내놨다.

2) K-골프 산업, 대한민국 골프의 현주소

'K-골프' 산업 부분도 큰 성장을 해나가고 있다. 골프로 인한 관련 산업 규모는 2020년 기준 14조 2,342억 원에 달한다.

K-Golf 한류 속에 골프 흥행 지속 마케팅이 펼쳐지고 있으며, 세계 3대 골프 브랜드 중 2곳인 '타이틀리스트'와 '테일러메이드'도 한국 소유이고, 우리나라 교민 소유의 해외 골프장 수도 무려 200개 이상으로 추산되고 있다.

'한국골프산업백서 2020'에 따르면 한국골프시장 규모는 13조원에 육박한 가운데 최근 2년간 6,000억 원 이상 성장했다.

토종사모펀드(PEF) 운용사인 센트로이드인베스트먼트 파트너스(센트로이드)는 2021년 테일러메이드를 사상 최대인 17억 달러(1조 9,000억 원)에 인수했다. 그리고 미국, 한국뿐 아니라 유럽, 캐나다, 호주 등 글로벌 골프 시장에서 골프공 및 골프가방 등 신제품 출시로 실적이 빠르게 개선되자 회사는 인수 6개월 만에 차환에 성공했다.

투자은행(IB)업계에 따르면 테일러메이드의 2022년 현재 EV는 센트로이드가 지난해 8월 인수할 당시 기업가치(17억 1,000만 달러)보다 약 2배 늘어난 33억 달러(한화 약 3조 9,600억 원)로 추산되는 것으로 알려졌다.

또 지난 2011년 미래에셋그룹과 휠라코리아 컨소시엄이 타이틀리스트를 자회사로 둔 세계 1위 아쿠쉬네트를 10억 달러로 인수했다. 휠라홀딩스에 따르면 아쿠쉬네트의 지난해 3분기까지 매출은 1조 9,532억 원으로 전년 동기보다 37% 증가했다.

골프 매출이 휠라 전체 매출에서 차지하는 비중은 63%로 절반 이상이다. 아쿠쉬네트는 골프 브랜드 타이틀리스트 · 풋조이 등을 운영하며 MZ세대를 겨냥한 마케팅을 펼치며 상승세를 이어가고 있다. 한국 골프 산업이 폭발적으로 성장하고 있다는 것을 증명하는 대목이다.

세계 3위 골프용품 시장인 우리나라가 골프 호황 속에서 골프용품의 수출도 늘어났지만, 골프 시뮬레이터와 같은 한정된 품목에 한하기 때문에 다른 골프용품에서는 아쉬움이 있다.

최대 수입 품목은 골프클럽으로 64.7%에 달하고, 일본의 비중이 강하다. 골프채를 만드는 부품은 중국에서 가장 많이 수입하고 있으며, 골프공 재료는 태국, 골프장갑 재료는 인도네시아에서 대부분을 수입한다.

골프 의류 및 용품 렌털 사업 부문도 활발하다. 또 국내 골프장은 해외에서 보기 드물게 이미 다양한 세대들의 패션 경연장이 되고 있다.

골프웨어의 시장 규모는 5조 7천억 원에 이를 정도로 증가했으며, 작년에 수입한 골프용품은 이전 해에 비해 약 33% 증가한 7억 2,000만 달러(한화 약 9천 300억 원)로 역대 최대치를 갱신했다.

코로나 영향에 골프 연관 사업들도 호황을 누리는 분위기다. 특히 패션업계에선 국내 골프 시장의 반사이익을 제대로 누리면서 일제히 골프의류 시장 공략에 분주하다. 주요 패션기업들은 신규 브랜드를 잇달아 론칭하며 다양한 프로모션 등을 내놓고 있다.

대한민국의 대표 브랜드 중 하나인 K-Golf. '이젠 대중화를 넘어, 이미 골프 종주국 수준에 이르렀다'는 다소 성급하고 근거가 미흡한 단정적인 견해가 있는 것도 현실이다. 하지만 그럴만한 근거는 여러 군데서 발견할 수 있다.

먼저 골프 인구를 보면, 2021년 기준 국내 골프 활동 인구는 1,176만 명으로 2017년 대비 16.4% 증가했다. 우리나라 20세 이상 인구 가운데 10명 중 3명꼴인 31.5%로 나타났으며 이중 지속 골프 활동 인구는 23.2%, 신규 골프 활동 인구는 8.3%이다.

그리고 스크린골프를 처음 시작한 것도, 애용하는 것도 우리나라다. 특히 전 홀 라이트 시설로 세계 유일 야간 골프를 활성화한 것도 바로 대한민국이고, 한국 여자골프 선수들의 실력은 세계 최강이다.

여성 골퍼 비율이 전체 여성의 40% 정도로 이렇게 높은 나라도 없다. 약 10% 정도인 이웃나라 일본과 비교해도 특이한 사항이다. 이를 증명하듯, 최근엔 MZ세대, 여성 골퍼들이 골프 붐을 주도하고 있다.

골프장 코스 관리 운영 능력도 세계 최고다. 18홀 당 내장객 수를 살펴보면 한국은 7만 명, 일본은 3.5만 명, 미국은 2.5만 명 정도로 한국의 그린키퍼 능력은 실로 대단하다.

골프 수요가 넘치다 보니 골프코스 진행을 위해 거의 대부분 캐디 시스템을 도입해 코스 내 진행 관리가 철저하며 캐디 능력도 가히 세계 최강이다. 우리나라 캐디만큼 1명의 캐디가 4인 플레이어를 능수능란하고도 완벽하게 관리하는 캐디는 세계 그 어디에도 없다.

골프 문화도 다양하고 활발하다. 지상파 방송에서 골프 예능프로그램이 넘쳐나고 있고, 골프 케이블 채널도 다양하다. 참고로 미국, 일본의 골프 전문 케이블은 각 1개씩 정도밖에 없다. 그에 비해 우리나라의 경우 골프 유튜브 콘텐츠도 차고 넘친다. 골프 선수는 물론이고 여러 스타들도 유튜브 채널을 운영 중이다.

이젠 우리나라 골프는 '승부'와 '재미'를 모두 갖춘 스포츠로 진화 중이며, 어느 나라도 우리처럼 재미있게 골프를 즐기는 국민은 없을 것으로 본다. 우리 국민의 높은 사회성과 경쟁심, 승부욕이 작용해 골프라는 스포츠를 좋아하는 것으로 분석되고 있다.

'스크린골프 시장이 커지고 있다'는 점 역시 골프가 미래 먹거리 산업으로 부상할 수 있을 것이란 전망의 긍정적인 신호탄으로 작용하고 있다. 스크린골프 시장 성장 배경에는 젊은 연령층이 있기 때문이다.

서울대 스포츠산업 연구센터, 유원골프재단 골프산업백서에 따르면 스크린골프 연습장 시장규모는 약 1조 3,000억 원에 달한다. 특히 20~40대 젊은 연령층을 중심으로 스크린골프연습장 이용률이 높아지며, 스크린골프 시장의 성장을 뒷받침하고 있다.

대한골프협회가 발표한 자료를 보면 40대 스크린골프연습장 이용은 전 연령대 중 가장 높은 27.3%로 평가됐으며, 20~30대 역시 다른 연습장 대비 가장 선호하는 장소로 분석됐다.

'코로나로 인해 국내 골프시장은 호황을 누렸다'는 것이고, 스크린골프 역시 실내 스포츠의 대명사로 자리를 잡았다. 골프존이 독점했던 시장에 프렌즈가 도전장을 내밀고 있는 양상이다. 골프는 이제 각종 스포츠 중의 '왕 중 왕' 종목으로 TV 예능프로 뿐 아니라 조 단위 산업으로 자리를 잡았다.

한편, 한국 게임 산업 시장 규모가 처음으로 20조원을 넘어섰다. 콘솔을 제외한 전 플랫폼에서 고른 성장을 보였고, 수출 다변화에 성공하며 세계 시장 점유율을 끌어올린 결과다.

문화체육관광부와 한국콘텐츠진흥원이 2023년 1월 2일 발표한 '2022년 대한민국 게임백서'에 따르면 2021년도 국내 게임 산업 매출액은 전년 대비 11.2% 증가한 20조 9,913억 원으로 집계됐다. 백서는 2022년 국내 게임시장 규모가 22조 7,000억 원에 달할 것이라 전망했다.

플랫폼별 매출액은 모바일 게임이 12조 1,483억 원(57.9%)으로 전체 게임산업 매출액에서 가장 큰 비중을 차지했다. 이어 PC게임은 5조 6,373억 원(점유율 26.8%), 콘솔게임은 1조 520억 원(점유율 5.0%), 아케이드 게임은 2,733억 원(점유율 1.3%) 순이었다.

게임 플랫폼별 매출 성장률은 PC 게임이 15.0%, 모바일 게임이 12.2%, 아케이드 게임이 20.3%로 3.7% 감소한 콘솔을 제외하면 모두 두 자릿수 성장에 성공했다. 코로나19 거리두기 완화에 힘입어 PC방(2.4%)과 아케이드 게임장(8.6%) 매출도 소폭 성장했다.

3) 골프예능 개선점

2022년 7월 16일 미디어오늘에 "골프 예능 프로 넘쳐나고 신문사 '골프부' 신설까지" 기사에서 '지난해 쏟아졌던 골프예능, 올해도 유행 계속될까'를 다뤄 게재한다.

민주언론시민연합 방송모니터위원회의 모니터보고서에 따르면 2021년 방송된 스포츠예능은 총 20편인데 그 중 8편이 골프 예능이었다. 2021년 6월부터 연말까지 방송된 JTBC '세리머니 클럽'은 박세리 선수와 김종국, 양세찬이 함께 출연하며 다양한 게스트들이 나와 골프를 하며 기부도 하는 골프 토크쇼 포맷이다. 1~2%대 시청률을 유지했고 최고 시청률은 2.4%였다.

MBN '그랜파'(2021년 11월 6일~2022년 1월 8일, 10부작)는 이순재, 박근형, 백일섭, 임하룡이 출연하고 '인생 경력 80년, 연기 경력 60년, 골프 구력 40년'이라는 슬로건을 가지고 tvN '꽃할배'의 컨셉을 가지고와 골퍼 4인방 중고령 배우들을 중심으로 보여줬다. 1부는 3% 시청률로 시작했으나 1%대의 시청률로 마감했다.

SBS '편먹고 공치리' 시리즈는 2021년 7월 16일부터 10월 23일까지 16부작으로 시즌1이 종영했지만 계속해서 시즌3까지 이어졌다. 이경규가 진행하고 이승엽, 이승기, 골퍼 유현주가 나오는 예능으로 다양한 게스트들이 편을 먹고 골프로 게임을 한다. 2~4%시청률을 유지했고 시즌2와 시즌3까지 제작, 시즌3 '랜덤박스'편은 지난 7월 2일 종영했다. 2~3%의 시청률을 유지했다.

지난해 5월 시즌1을 시작한 TV조선 '골프왕'도 시즌3까지 제작됐고 현재도 방영중이다. 라오스로 원정 경기를 떠나는 등 호화로운 분위기를 보였다. 골프선수 김미현, 김국진, 윤태영, 김지석, 양세형, 장민호 등이 출연하며 닉쿤, 이지훈 등 게스트들이 나온다. 1~2% 시청률을 기록하고 있다.

그 외에도 KBS '찐친골프', MBC에브리원 '전설끼리 홀인원', 티빙 '골신강림', 카카오TV '골프전야' 등 지난해와 올해 골프 관련 프로그램들이 제작됐다.

지난해 10월 국감에서 우상호 민주당 의원은 '방송의 상업성 실태와 공공성 회복 방안'이라는 정책 자료집을 통해 "2021년 트로트 예능과 관찰 예능, 골프 예능, 이혼 예능 등이 경쟁적으로 쏟아지고 있다"며 "같은 출연자들이 비슷한 소재와 포맷으로 출연하는 경우도 다수"라고 지적한 바 있다.

골프 예능에 대해 모니터링 보고서를 2차례 발간한 민주언론시민연합 역시 보고서를 통해 △ 너무 많은 골프 예능이 유행처럼 쏟아지는 것 △ 골프 예능에서 남성 출연자가 80%를 차지하는 것 등 성비가 불균형한 것 △ 골프 예능 특성상 호화로운 풍광을 자랑하는데 PPL이나 협찬 등이 과도한 회차가 있었다는 점 △ 골프 예능을 통해 골프 비용 증가로 이어질 수 있다는 점을 문제로 꼽았다.

민언련은 해당 보고서에서 "여전히 골프는 대다수 국민에게는 값비싼 스포츠이며 골프 비용 역시 나날이 증가하고 있다"며 "골프 예능이 골프에 대한 올바른 이해와 건강한 웃음을 전달하기 위해 (모니터 보고서에서) 지적된 문제들이 개선되길 기대한다."고 전했다.

시즌4 격인 SBS 〈편먹고 공치리4 진검승부〉부터 TV조선 〈골프왕〉, JTBC 〈세리머니클럽〉, MBN 〈그랜파〉, KBS 〈찐친골프〉, tvN 〈스타골프빅리그〉, 티빙 〈골신강림〉, MBC every1 〈전설끼리 홀인원〉 등등. 지난해부터 방영됐거나 방영 중인 이른바 '골프 예능' 프로그램들이다.

주말 오후 이러한 골프 예능이 지상파와 케이블을 점령한 건 이제 흔한 풍경이 됐다. 여기에 '김구라의 뻐꾸기 골프 TV', '홍인규 골프TV', '김국진TV 거침없는 골프' 등 수십만 구독자를 보유한 골프 유튜브 채널도 다수다. 지난달 여성 인플루언서들을 대상으로 개최된 '2022 골플루언서 챌린지'도 유튜브를 통해 관심을 모았다.

그야말로 '골프 예능' 전성시대다. 지난해 상반기 예능이 '연애 리얼리티'와 '골프 예능'으로 양분됐다는 분석이 지배적이다. '골프 예능이 대세'라는 주제의 각종 분석 보도나 칼럼들도 넘쳐난다.

지난해 연말, 민주언론시민연합조차 '골프예능 ① 2021년 스포츠예능의 중심, 골프예능 여성프로 활용법, ② 비매너 플레이 부각에 과도한 PPL까지, 이대로 괜찮나'라는 연속 리포트를 내보냈을 정도다.

골프 예능의 형식은 사실 천편일률이라 할 수 있다. 박세리·김미현·유현주 등 전·현직 여성 프로골퍼를 내세우거나 주로 남성 위주의 유명 예능인 및 배우들이 출연해 골프실력을 겨루는 형식이다. 골프장의 풍광과 유명인 및 연예인들의 토크, 경기 자체가 주는 박진감과 긴장감을 조화시키기에 안성맞춤인 형식이 아닐 수 없다.

지난 3월 '한국생활체육뉴스' 보도에 따르면, 2021년 전국 6홀 이상 505개 골프장 이용객 수도 사상 처음 5,000만 명을 넘겼다고 한다.

이 같은 골프 예능의 유행이 골프의 저변화를 반영하는 것인지 도리어 그 저변화를 선도하는 것인지에 대해선 의견이 분분할 수 있다. 분명한 것은 누군가는 TV를 점령한 이 골프 예능을 보며 상대적 박탈감을 느끼는 이 들도 존재하리라는 사실이다. 이들 중 농민들을 추가해야 할 듯싶다.

골프의 인기와 더불어 골프 예능이 우후죽순으로 생겨나며 우려의 목소리가 뒤따르고 있다. 특정한 프로가 흥행에 성공하면 어떤 채널에서든 결국은 비슷한 컨셉의 프로그램을 보게 된다는 아쉬움이 꾸준하게 제기되어 왔기 때문이다.

유명 연예인들이 대거 등장하는 골프 예능 프로그램이 급속도로 양산됨으로 인해서 발생할 수 있는 문제점은 어떤 것들이 있는지, 프로그램을 제작하는 제작진과 출연진을 비롯한 일반 시청자 모두 한 번쯤은 깊이 생각해봐야 하는 시점임을 고민해볼 필요가 있다.

최근 그야말로 광풍처럼 많은 사람이 즐기는 골프의 인기에 힘입어 몇몇 TV 방송에서 연예인들이 출연하는 골프 예능을 방영하고 있다. 하지만 그 프로그램이 시청자나 골퍼들에게 어떤 감동을 주고 무엇을 보여주려고 하는지 때론 의문이 든다.

골프를 단순히 오락이나 개그의 소재로 삼는 것인지 진지하게 플레이하는 모습은 볼 수 없고 그저 소리 지르며 웃기고, 이상한 행동으로 동반자들의 플레이를 방해해서 엉뚱한 샷이 나오면 좋다고 박장대소를 하는 모습만 자주 보인다.

미스 샷이 나오면 클럽을 던져버리거나 모자를 벗어 내동댕이치는가 하면 옆에서 방해 한 사람을 쫓아가 주먹질 모션을 취하기도 한다.

인기 있는 유명 여자 프로골퍼들이 출연해 같이 플레이를 하거나 곁에서 조언을 해주기도 하지만 그들도 잘못된 골프용어를 자주 사용해 빈축을 사기도 한다. 어려운 퍼트가 성공하면 그린에서 이리저리 뛰고, 상대편 퍼트라인 앞에서 방해하는 동작을 취하는 출연자들의 모습에서 골프라는 스포츠에 임하는 진지함을 찾아보기 힘들다.

물론 그 프로그램이 프로 골프 선수들처럼 멋진 샷이나 플레이를 기대하고 기획된 것이 아니라는 것은 이해하지만 그래도 그 정도가 좀 지나친 것 같다.

골프를 잘하진 못해도 플레이를 하는 동안은 정해진 규칙에 따라 진정성을 갖고 열심히 하고, 그 외의 시간에 그들이 의도한 오락적인 요소를 가미하는 것은 어떨까 생각해 본다.

출연자나 제작진들 또한 자신들의 프로그램에 애정을 갖고 최소한의 골프 규칙이라도 공부해 지금처럼 틀린 골프용어 사용이나 자막을 내보내는 실수는 하지 말았으면 한다.

오락도 아니고 그렇다고 볼만한 골프 게임도 아닌 연예인 골프 방송이 시청자들과 골퍼들에게 보다 확실하고 긍정적인 메시지를 전달하는 프로그램으로 발전했으면 좋겠다.

스포츠 중 가장 신사의 스포츠라는 골프를 마치 동네 놀이터에서 친구들과 장난치는 놀이 정도로 생각해 연출하고 출연자들 역시 넓은 잔디밭에서 하루 종일 장난치며 노는 마음으로 플레이를 한다는 의심이 들지 않도록 조금 진지했으면 좋겠다.

그린에서 이리저리 뛰어다니고 남이 샷을 할 때 떠들며 방해하는 행동을 아무 거리낌 없이 하는 골퍼들이 요즘 자주 있어 뭐라 하면 'TV에서도 그렇게 하는데 왜 그러냐고 한다'니 이들 프로그램이 부정적 영향은 끼치지 않았는지 걱정스러운 마음이 앞선다.

무엇을 하던 진심과 열정이 보일 때 가장 아름답고 진심이 느껴질 때 박수를 치게 되는 것인데 요즘 골프 예능 방송에서는 그런 느낌을 받을 수 없어 못내 아쉽기만 하다.

한편, 2022년 12월 8일 네이버(대표 최수연)는 스포츠와 패션 주제 키워드 관련 스마트블록 비중을 대폭 늘린 검색 결과를 선보인다고 밝혔다.

네이버는 기존에 공개한 여러 유형의 스마트블록을 집대성해 다양한 사용자 의도에 부합하는 검색 결과를 제공하고, 추가 정보 탐색까지 이어지는 검색 환경을 구축할 계획이다.

스포츠 주제에선 '골프' 키워드에 우선 개편된 검색 결과를 볼 수 있다. 골프 주제에는 용어, 룰, 매너 등 기초 지식부터 대회와 프로 선수 정보 등 심화 정보도 확인 가능하다. 직접 골프를 즐기는 사용자를 위한 용품·자세까지 주제를 세분화했다.

3D모델과 증강현실(AR) 기술을 통해 스윙 자세를 익힐 수 있는 서비스도 제공된다. 골프 입문자를 위해 레슨 정보, 자세, 라운딩 후기 등 다른 사용자들이 직접 남긴 콘텐츠를 중점 제공하는 '어서와 골프는 처음이지' 블록도 특징이다.

또 ▲ 라운딩을 위한 골프 필수템 ▲ 인기 골프 웨어 ▲ 내돈내산 골프용품 후기 등 블록을 통해 사용자들에 선호도 높은 골프 용품 정보와 사용자 후기를 확인할 수 있다. 골프 하이라이트 숏폼, 함께 보는 골프 예능 등 골프 관련 미디어 콘텐츠를 즐길 수 있는 블록도 지원된다.

전국 골프장 검색결과도 고도화됐다. 골프장 명칭을 입력하면, 네이버플레이스에 축적된 사용자 리뷰 데이터와 골프장이 위치한 지역 날씨 정보가 직관적으로 구성돼 함께 노출된다. '코스 정보 지식베이스'를 통해 골프장 평균 스코어와 난이도, 코스별 맵 정보도 확인할 수 있다.

현재 전국 520개 골프장 데이터가 연동돼 있으며 제공 범위는 순차 확대될 예정이다. 한 번의 검색으로 코스 정보, 사용자 리뷰, 날씨 등을 확인할 수 있고, 네이버예약 서비스가 연동된 골프장은 검색 결과에서 예약도 가능하다.

네이버에 따르면 현재까지 약 240만개 이상 스마트블록이 생성됐고, 일평균 약 120만개 검색 질의어에 약 5,800만 건 이상 노출되고 있다. 올해 1월 대비 11월 사용자가 검색 결과 다양한 콘텐츠를 탐색하며 머무른 시간이 20%가량 늘었고, 같은 기간 검색 의도에 파생될 수 있는 추가 정보를 스마트블록으로 제공해 사용자가 이를 탐색한 비율도 14% 증가했다.

2 골프용품(공과 장비)

최근 여성 골퍼의 비중은 점점 높아지며, 구매력 역시 낮지 않다. 실제로 여성용 골프용품, 골프웨어의 성장세는 남성용 제품 시장의 성장세 이상이다.

글로벌 마켓 인텔리전스 기업 GfK에서 발표한 2022년 1~4월 국내 골프클럽의 오프라인 시장 매출 금액에 따르면, 이 시기 골프클럽 전체 매출은 지난해 같은 기간보다 45% 성장한 2,591억 원으로 집계됐다.

2021년 같은 기간에 기록된 41%의 성장률을 뛰어넘은 것이다. 또 여성용 골프클럽 시장의 성장세가 남성용 클럽 시장을 넘어선 것으로 나타났다.

여성 골프클럽 시장 규모는 2021년 대비 64% 성장했는데, 이는 남성용 시장 성장률인 36%를 가볍게 뛰어넘은 수치다. 여성용 시장의 비중 또한 2021년 1~4월 32.8%에서 2022년에는 37%를 기록해 4.2%p 상승했다.

1) 장비 규정

최근 USGA(미국골프협회)와 R&A(영국왕립골프협회)가 기존 룰의 업데이트 측면에서 가장 큰 변화는 아무래도 장비에 관한 것이다. 외부의 힘으로 손상된 클럽의 교체를 어느 정도 허용했던 2019년의 변화에서 한 걸음 더 나아간 것이다.

올해부터 라운드 중에 어떠한 이유로든 클럽이 손상되었다면, 분노를 참지 못했거나 일부러 망가뜨린 경우를 제외하곤 클럽을 교체할 수 있다.

이제 카트 도로에서 샷을 하다가 클럽헤드가 긁혔거나 나무 근처에 놓인 볼을 맞히려다가 샤프트가 구부러졌을 경우, 클럽을 고쳐서 다시 사용하거나 아예 플레이에서 제외시킨 후 다른 것으로 대체할 수 있다.

손상된 클럽의 대체와 관련된 변화가 혼란의 가능성을 제거한 것이라면, 자연의 힘으로 움직인 공에 예외 조항을 도입한 것은 상식의 차원이다.

흔히 골프채라고 부르는 골프클럽은 공식경기에서 14개를 넘겨서는 안 된다. 14개를 넘기면 실격이다. 1930년대 미국 골퍼들은 골프클럽을 20~30개를 가지고 다니는 게 일반적이었다. 드라이버도 슬라이스용, 훅용이 따로 있었고, 웨지 역시 50야드용, 60야드용, 러프용 등이 있었다.

그러나 1934년 미국 아마추어 선수권대회에서 한 캐디가 '23개의 클럽이 든 백은 무겁다'며 특별요금을 청구했다. 이를 계기로 1936년 R&A와 USGA는 격론 끝에 "클럽 수를 14개로 제한한다"는 규칙을 제정했다.

클럽은 크게 우드와 아이언, 퍼터로 구분된다. 그러나 14개 이하만 가지고 다니면 어떤 채를 가지고 다니든 상관없다.

또 하나 골프의 장비가 발달히면서 반발계수(Coefficient of Restitution, 클럽페이스에서 일으키는 반발의 크기)에 대한 제한도 생겼다. 임팩트 순간 변형이 일어난 클럽페이스가 복원되는 정도가 클수록 공은 페이스에서 빨리 이탈되고 더 멀리 나간다.

'거리가 곧 성적'인 현대 골프에서 반발계수가 크면 클수록 유리한 게 사실. 하지만 R&A와 USGA는 클럽의 반발계수를 0.83까지 인정한다. 이를 넘으면 부적격 클럽으로 공식대회에서 사용을 금지하고 있다.

골프계의 기술 도핑 논란은 다른 종목보다도 역사가 깊다. 지금은 모두가 쓰는 장비도 과거에는 기술 도핑 논란거리였다. 지금은 시대에 뒤처지는 것으로 여겨지는 스틸 샤프트만 해도, 처음 등장해 인기를 끌 땐 지나치게 성능이 뛰어나 '골프의 묘미를 줄일 수 있다'는 이유로 금지되기도 했다.

현재 골프계의 기술 도핑 논란에서 가장 큰 화두는 '비거리'다. 이외에도 골프계의 기술 도핑 논란은 '클럽페이스 반발력 논란', '거리측정기 논란' 등 다양하게 전개되고 있다.

스포츠 과학의 발전과 함께 각종 골프 장비의 기술도 나날이 발전하고 있기에 골프계의 기술 도핑 논란 역시 계속 이어질 것이다.

과학적이고 섬세한 스포츠인 골프는 타 종목에 비해 골프공을 비롯한 장비가 매우 중요하다. 때문에 세계의 골프 룰을 관장하는 USGA와 R&A는 장비에 대한 규정도 엄격하다.

한편, 골프공을 살펴보면, 직경은 42.67㎜까지 허용한다. 무게 역시 45.93g을 초과해서는 안 된다. 공의 표면은 울퉁불퉁하다. 딤플(dimple, 보조개)이라고 부르는 자그마한 홈은 공기저항을 줄여 비거리 향상에 도움을 준다. 보통 딤플은 개당 300~400개 정도다. 하지만 딤플의 개수에 대한 제한은 없다.

'1486년 네덜란드에서 스코틀랜드로 페더리 볼이 수입됐다'는 기록이 있어서 약 400년에 걸쳐 사용한 볼이 바로 페더리 볼(Featherie Ball)이다.

그런데 스포츠에서 가장 많이 사용하는 단어의 하나가 '볼(Ball)'이다. 축구, 야구, 농구, 배구 등 구기 종목들은 말 그대로 볼을 갖고 하는 운동이다. 구기 종목에서 사용되는 볼에 대한 말은 대부분 종목과 함께 '공'이라는 우리말을 붙여 사용한다. 축구공, 야구공, 농구공, 배구공, 럭비공 등으로 말이다.

'볼'이라는 말이 종목과 상황에 따라 원어 그대로 쓰기도 하고, '공'이라는 우리말을 쓰기도 한다. 이는 구한말 미국에서 선교사를 통해 들어왔거나 일본을 통해 들어오면서 스포츠 종목들이 일반 대중들에게 점차 익숙해지며 필요에 따라 사용됐을 것으로 추정해본다.

일본 강점기 때인 1930년 발간된 '신어대사전'을 보면 골프에 대해 설명을 하면서 "이 편에서 치는 공이 수가 가장 많이 그리고 순서 있게 그 구멍 속에 들어가는 편이 이기게 되는 경기"라고 서술하고 있다. 이미 그 당시에도 '공'이라는 말을 분명히 썼다는 것을 확인할 수 있다. 필자도 가급적 볼보다는 공으로 고쳐 쓴다.

2) 골프공 품질

골프는 기본적으로 '공기 저항'과의 싸움이다. 제조사들은 지름 42.67㎜ 이상, 무게 45.93g 이하의 원형에 다양한 기술을 접목해 골프공이 공기 저항을 이겨내고 비행할 수 있도록 돕는다.

골프공은 라운딩에서 거리나 방향에 관계없이 한 제품을 일관되게 사용한다. 보다 멀리, 정확하게 목표한 지점에 다다르려면 공의 특성을 이해하고 내게 맞는 구종을 골라야 한다.

골프공 표면에 움푹 팬 '딤플(보조개)'이 있어서 클럽으로 샷을 하면 골프공은 역회전하며 날아간다. 이때 역회전하는 공의 아래쪽 공기는 마찰 때문에 압력이 증가하고 위쪽 공기는 압력이 낮아진다. 고압에서 저압으로 이동하는 공기 흐름을 따라 골프공도 위로 솟구친다.

딤플은 마찰과 압력을 증가시켜 골프공의 비거리와 체공시간을 늘리는 역할을 한다. '골프공에 딤플이 없으면 비거리는 20% 가량 감소'하는 것으로 알려졌다. 제조사들은 원형이나 다각형 등 다양한 디자인으로 딤플의 차별화를 꾀한다.

특허청에 따르면 골프공 관련 특허는 2002년부터 2010년까지 연간 20개 안팎이 출원됐으나 2011년부터 10년간 연평균 42개(누적 415개)로 크게 늘었다.

한편, 연간 2,000억 원 규모의 국내 골프공 시장을 놓고 전운이 감돌고 있다. 타이틀리스트가 휘어잡고 있는 시장을 빼앗기 위해 토종 대기업(코오롱)에 이어 요즘 가장 '핫'한 골프용품 · 패션 브랜드인 PXG도 뛰어들어서다.

골프클럽 강자인 스릭슨과 골프공 전문기업인 볼빅도 시장점유율을 끌어올리기 위해 신제품을 내놓는 등 전열을 가다듬고 있다. 업계에선 '골프공 마진율이 높을 뿐만 아니라 해당 브랜드의 인지도 · 선호도에 큰 영향을 미친다'는 점에서 '골프공 전쟁'은 갈수록 심화될 것으로 내다보고 있다.

2023년 1월 29일 국내외 골프용품업계에 따르면 PXG는 이르면 다음 달 자체 골프공을 처음 내놓는다. 미국 본사와 함께 PXG가 큰 인기를 끌고 있는 한국에도 이른 시일 안에 선보일 계획이다.

PXG는 그동안 골프채와 의류 등에서 쌓은 프리미엄 이미지에 걸맞게 골프공 가격을 타이틀리스트의 'Pro V1' 수준(12개 7만원)으로 책정한 것으로 알려졌다. 공의 피스(piece) 수나 소재로 상품 라인을 다각화하는 기존 용품사들과 달리 1개 제품만 내놓을 것으로 전해졌다.

골프공 시장에서 타이틀리스트는 '라면시장의 농심처럼 국내시장 절반가량을 점유'하고 있다. 수많은 골프용품 업체가 도전장을 내밀었지만 '챔피언'은 빈틈을 내주지 않았다.

하지만 작년부터 변화의 조짐이 조금씩 일기 시작했다. 스릭슨이 두 가지 색깔을 반반씩 섞은 '반반볼'로 돌풍을 일으키면서다. 스릭슨은 '한국프로골프(KPGA) 소속 선수들이 가장 많이 사용하는 공'이라고 광고하며 타이틀리스트를 자극했다.

여기에 국내 대기업도 뛰어들었다. 코오롱은 합금 신소재 아토메탈로 만들어 일반 공보다 멀리 나가는 '아토맥스'를 지난해 내놨다. 국내 대기업이 골프공 시장에 뛰어든 건 이때가 처음이다.

골프업계에선 골프공이 주목받는 이유로 두 가지를 꼽는다. '낮은 진입 장벽, 높은 마진율'이 첫 번째다.

골프공은 자체 생산시설이 없어도 중국 업체에 제조자개발생산(ODM) 방식으로 손쉽게 만들 수 있다. 비용은 개당 1,000원도 안 된다. '프리미엄 제품으로 판매할 경우 몇 배의 마진을 거둘 수 있다'는 얘기다.

두 번째는 골프공이 브랜드 인지도와 선호도를 끌어올리기 좋은 아이템이란 점이다. 업계 관계자는 "타이틀리스트는 첫 번째 드라이버를 1984년 출시하는 등 클럽 후발주자였다"며 "타이틀리스트가 이른 시일 내에 클럽 강자가 될 수 있었던 배경에 골프공으로 쌓은 프리미엄 이미지가 크게 작용했다"고 말했다.

스릭슨은 작년의 여세를 몰아 골프공 점유율을 끌어올린다는 목표를 세웠다. 프리미엄 공인 '반반볼' 업그레이드 버전을 출시하는 동시에 중저가 시장을 겨냥한 2피스 브랜드(소프트 필)를 내놓는다.

볼빅도 올해 컬러볼 신제품과 반반볼 신제품을 선보이며 지난 몇 년간 '잃어버린 영토'를 되찾는다는 전략을 짰다.

타이틀리스트는 '한발 앞선 기술'로 맞선다는 구상이다. 타이틀리스트 관계자는 "타이틀리스트 공이 명품으로 인정받는 건 그 안에 오랜 노하우가 녹아 있기 때문"이라며 "'하이그래 디언트 코어'를 적용한 2023년형 Pro V1 · V1x를 써 보면 왜 투어프로들이 타이틀리스트를 찾는지 알 수 있을 것"이라고 말했다.

또한, 골프공 구조도 직합힌 제품을 선택할 때 고려해야 할 요소다. 보통 종류에 따라 2~4피스로 구분된다. 피스는 골프공을 구성하는 소재의 겹수를 뜻한다.

2피스는 주로 합성고무 소재인 코어(공의 핵심부)와 단단한 성질의 설린으로 감싼 외피 등 두 겹으로 이뤄진 공이다. 구조가 단순하고 반발력이 강해 여성이나 시니어 골퍼, 초급자에게 적합하다.

3피스는 우레탄 외피와 코어 사이 맨틀이라고 불리는 중간층이 있는 골프공이다. 2피스에 비해 반발력은 떨어지지만, 회전량이 많아 목표한 지점에 공을 세우는 데 유리하다. 적절한 비거리와 회전량을 원하는 골퍼에게 적합하며 상급자나 선수들이 주로 쓴다.

4피스는 코어와 외피 사이 맨틀이 두 겹이거나 코어가 2개 들어간 공이다. 비거리와 회전량 모두 최고치를 낸다. 헤드 스피드가 빠르고 정확한 샷을 구사하는 최상급자에게 적합하다.

3) 국산 골프공 볼빅

골프공 시장점유율은 현재 절반을 타이틀리스트가 차지하고 있으며 30%는 볼빅, 나머지는 스릭슨, 테일러메이드, 브리지스톤 등이 경쟁을 펼치고 있다.

여러 국산 골프용품 업체들이 어려움을 겪은 가운데 글로벌 브랜드로 성장한 업체도 있다. 1980년 설립해 42주년을 맞은 볼빅은 특허와 기술 개발 끝에 국산 골프공 국내 판매 1위, 국내 제작 골프공 수출 1위를 기록한 바 있다.

특히 문경안 회장 취임 후 컬러 골프공을 출시하고 공격적인 마케팅을 펼치면서 한때 시장점유율 30%를 넘기기도 했다. 2016년에는 세계 최초로 '무광 컬러 볼'을 출시하는가 하면 컬러 셔틀콕으로 배드민턴 시장까지 진출했다.

또한, 토털 골프용품 브랜드로 나아가기 위해 고 반발 드라이버, 우드, 유틸리티, 퍼터를 개발하고, 골프용품 브랜드로는 최초로 GS리테일과 전략적 제휴를 맺고 편의점 진출까지 선언했다.

글로벌 브랜드로 나아가기 위해 노력하던 볼빅도 아픔을 겪었다. 코로나19로 인한 수출 부진, 공격적인 마케팅과 사업영역의 확장으로 인해 재무구조가 나빠져 결국 경영권은 TS인베스트먼트에 넘어갔으며 정기 주주총회에서 문 회장이 퇴임하고 신임 대표를 선임하기에 이르렀다.

'볼빅이 지나치게 제품군을 다양화하면서 오히려 경쟁력을 잃었다'는 지적을 받아들여 우선적으로 '볼빅이 잘할 수 있는 컬러 볼 마케팅과 판매에 집중하고 브랜드 가치를 활용한 용품 시장 전략을 재정비하겠다'는 것이다. 신임 볼빅 대표는 프리미엄 제품군을 강화해 타이틀리스트를 잡아 골프공 분야에서 명실상부한 1위가 되는 것을 목표로 하고 있다.

4) 골프경기력에 가장 큰 영향을 주는 '클럽'

2007년 5월 3일 스포츠조선의 [골프는 진화 중] 장비의 변천 "절반의 무게, 두 배의 거리" 기사를 참고하여 소개한다.

15세기 스코틀랜드의 골프채는 전부 나무로 만들어졌다. 조잡하고 헤드는 무거웠으며 손잡이는 가축의 가죽을 덧댄 수준이었다. 중세 골프채는 무거운 과수목(果樹木)으로 만든 우드 3~4개가 한 세트였다.

1800년대 중반 호두나무의 일종인 히코리 나무로 만든 샤프트가 개발됐다. 샤프트는 '클럽의 척추'다. 히코리 샤프트는 유연성과 내구성으로 인기가 좋았다. 유연성 때문에 최고의 재료로 200년 이상 각광받았다.

1891년에 가운데가 빈 스틸 샤프트가 개발됐다. 1926년 미국골프협회가 스틸 샤프트를 합법적으로 인정한 뒤 페어웨이는 전부 스틸샤프트가 점령하기 시작했다.

1969년 합성수지로 만든 그라파이트 샤프트가 선을 보여 시장은 이등분됐다. 값이 비싼 대신 치기 쉽고 가벼운 그라파이트(Graphite)와 값이 싸지만 무거운 스틸 샤프트가 경쟁하게 됐다. 카본 그라파이트라고도 하며, 카본을 가공해 만든 재료로 가볍고, 탄성이 강한 것이 특징이다. 또한, 다양한 무게의 실현과 토크나 강도를 만들어낼 수 있다는 장점, 때로 고가의 제품에서는 그라파이트의 탄성을 더욱 높이기 위해 표면에 티타늄을 소량 덧씌움을 하기도 한다.

최근에는 그라파이트 샤프트의 가격이 많이 내리고, 스틸 샤프트는 경량 스틸이 개발됐다. 그라파이트 샤프트는 일본 브랜드를 최고로 친다.

클럽헤드 역시 20세기 초반까지는 전부 나무였다. 아이언이 일반화 되지 않아 크고 작은 우드로 클럽세트가 구성됐다. 점차 시간이 흐르면서 강철과 스테인리스 스틸, 티타늄 등 첨단 소재가 클럽에 적용되었다. 주로 무게는 가벼워지고 내구성과 반발력은 좋아지는 소재로 발전 중이다.

드라이버는 다른 말로 '1번 우드'라고 한다. '우드클럽 중 가장 멀리 날아가는 채'라는 뜻이다. 우드라는 명칭은 골프 초기에 클럽의 헤드를 나무를 깎아 만든 데서 유래한다.

그러나 장비가 급속도로 과학화되고 있는 현재 우드는 우드가 아니다. 최근 드라이버의 헤드 자질은 대부분 티타늄이다. 티타늄의 특성상 헤드의 무게는 더 가볍고 반발력은 더 크다.

그만큼 볼을 멀리 날릴 수 있다. 골프규정상 반발계수는 0.83을 넘어서면 안 되지만, 최근 개발된 '비공인 드라이버는 반발계수가 0.87까지 나온다'고 한다.

골프 클럽은 골퍼에겐 군인의 '무기'와 마찬가지다. 반짝이는 금속성 아이언, 티타늄과 합성 그라파이트의 드라이버가 일반적이지만 여전히 골프에는 '우드'라는 단어가 존재한다. 이젠 골프에서 나무 소재는 '티'밖에 없는데 말이다.

티는 처음에는 모래를 모아 사용했으나 미국의 로웰이 나무못 모양을 고안해내 지금에 이르렀다. 캐디 가방(백) 역시 나무→가죽→합성수지로 변신을 거듭하고 있다.

어떤 면에서 보면 골프가 장비의 영향을 가장 많이 받는 스포츠다. 자신에게 적합한 클럽을 선택하는 것은 프로와 아마추어 모두에게 매우 중대한 문제이다.

제각기 다른 형상과 디자인(라이앵글과 로프트앵글, 크기, 솔과 토우 등)을 갖는 클럽헤드와 다양한 성능지수(토크, 강도, 킥 포인트, 길이, 무게 등)를 갖는 샤프트들이 결합된 14개의 클럽은 골퍼가 자신 있는 스윙을 하는데 있어 직접적인 영향을 미치기 때문이다.

그러나 이처럼 다양한 형태와 성능 요인을 갖고 있는 골프 장비들 가운데 본인에게 적합한 클럽을 선택하고 기술적 조건을 세팅하는 것은, 분명 쉬운 일이 아닐 것이다. 따라서 선수마다 어떤 조합으로 피팅(고정시키거나 끼워 맞춤)한 클럽이 자신의 경기에서 최고의 성능을 발휘하는지를 고민한다.

인체는 매년 변할 수 있고 그에 따라 스윙 스피드와 스윙 궤적 또한 고정된 것이 아니기 때문에 자신의 신체조건 변화와 스윙에 대해 인지하고 적합한 클럽을 선택하는 것 또한 훌륭한 선수가 되기 위한 조건 중 하나로 보아야 한다.

클럽의 성능은 골프 역사와 함께 지속적으로 향상되어 온 것이 사실이다. 클럽페이스의 반발계수 등을 규제하기 시작한 이후 조사한 USGA와 R&A의 2017년 공동 보고서에 따르면, PGA 투어의 2003년도 드라이버 평균 거리는 285.9야드인데 2017년에는 292.5야드로 약 7야드 증가했다.

같은 기간 유럽 투어는 5.4야드 증가했으며, PGA 2부인 웹닷컴투어는 무려 10.5야드나 증가했다. 드라이브의 성능과 함께 선수들의 평균 비거리도 향상되어 왔음을 보여준다.

개인에 따라서 경기력을 구성하는 조건이 다르기 때문에 다양한 14개의 클럽 가운데 특정 클럽이 경기력에 가장 큰 영향을 미친다고 일반화해서 단정할 수는 없지만, 분명히 프로와 아마추어 사이에는 차이가 있다.

5) 골프 클럽업체

2022년 9월 14일 아웃소싱타임스에 게재된 [전대길 CEO칼럼] "미국산 골프용품 브랜드(Brand)"에 따르면, "타이틀리스트 골프공과 테일러메이드 골프 브랜드가 대한민국 기업 제품임에 자긍심(自矜心)을 느낀다"고 했다.

① 캘러웨이(Callaway)

미국 조지아주 출신 일리 캘러웨이는 방직회사 회장에서 퇴임 후 64세이던 1982년에 골프사업에 투신했다. 1988년에 상호를 '캘러웨이 골프(Callaway Golf Company)'로 바꾸고 아이언과 우드를 출시, 돌풍을 일으켰다.

1991년, 혁신적인 스테인리스 소재의 골프클럽 '빅 버사(Big Bertha)'가 캘러웨이로 성공했다. 이를 계기로 캘러웨이는 골프계의 정상에 올랐다. 1996년 골프공

사업에도 진출, 골프용품 종합 제조업자로서의 위상을 갖추었다. 1997년에는 세계 최대의 퍼터 메이커인 '오디세이'를 인수했다.

② 타이틀리스트(Titleist)

세계 골프인구 4명 중 3명이 사용할 정도의 골프업계 1위의 골프공이다. 지금은 골프공을 넘어 클럽, 액세서리, 어패럴까지 영역을 넓혔다. 'Champion'이란 뜻의 '타이틀리스트(Titleist)' 골프공이 탄생한 유래다.

1930년, 고무(Rubber) 제조업체 CEO인 '필 영(Phil Young)'이 골프를 치다가 Green 위에서 퍼팅(Puttig)이 홀 컵을 돌고 비켜나갔다. 그러자 그는 골프공 성능에 문제점이 있을 거라고 의심했다.

라운드 후 그 골프공을 X-레이로 촬영해 보았더니 치명적인 결함을 발견했다. 그 골프공 속에는 코어(core/核)의 크기와 위치가 제각각이었다. 그래서 그와 MIT 대학 동문인 '프레드 보머'에게 새로운 골프공 개발을 맡겼다. 1935년 드디어 그가 첫 타이틀 골프공을 탄생시켰다.

타이틀리스트 골프공은 선풍적인 인기를 끌었다. 골프클럽 개발에도 착수하여 1990년대부터 웨지와 퍼트, 드라이버와 아이언 등을 순차적으로 출시했다. 그런데 골프 브랜드 'Titleist'가 대한민국 상표임을 잘 모르는 사람들이 있다. 'Titleist'란 상표는 우리나라의 자랑스러운 골프용품 브랜드다.

2011년 한국의 휠라코리아와 미래에셋 PEF 등이 컨소시엄을 구성해서 타이틀리스트를 인수했다. 2016년 윤 윤수 휠라코리아 회장이 뉴욕 주식거래소(NYSE)에 성공적으로 상장시켰다. 그 후 주식 지분을 추가로 인수, 휠라코리아 자회사(子會社)가 되었다. '타이틀리스트(Titleist)' 공은 우리나라 제품이다.

③ 테일러메이드(TAYLOR MADE)

1979년 토털 골프용품 브랜드 테일러메이드가 설립되었다. 설립 초기에는 재빠르게 신제품을 출시하며 탄탄대로를 걷는 듯했다. 그러나 신 모델 출시가 너무

빨라서 골퍼들로부터 외면 받았다. 오랜 슬럼프를 거쳐 2016년 출시한 우드 M시리즈가 골퍼들로 호평을 받았다,

1970년대 후반 어느 날, 골프광 '개리 아담스'에게 한 클럽 개발자가 찾아와서 '메탈헤드 드라이버'를 제작하자며 투자를 제안했다. 이에 개리 아담스는 일리노이주 멕 헨리에 공장을 세우고 본격적으로 개발했다.

그는 생산제품을 골프 대회장마다 찾아다니며 프로 선수들에게 마케팅을 했으나 프로 선수들은 메탈 소재 클럽에 거부감을 나타냈다.

그러던 중 일부 프로 선수들이 이 클럽을 사용해 보고서 메탈 헤드 클럽의 성능에 놀랐다. 그 이전의 클럽과는 비교가 안 될 정도였다. 이런 소식은 풍문으로 퍼져나갔다. 그리고 개리 아담스는 본격적인 클럽 생산에 몰입했다.

클럽 디자인 작업을 도와주고 성원해준 일리노이州 프로 골프 선수인 '헤리 테일러'의 이름에서 '테일러 메이드'란 브랜드가 탄생했다.

테일러메이드는 PGA투어의 간판스타인 미국의 '타이거우즈', '로리 매킬로이', '톰 왓슨', '더스틴 존슨' 등의 선수가 테일러메이드 클럽을 사용하면서 선풍적인 인기를 끌었다. 'Burner시리즈'가 크게 유행하며 세계적인 주목을 받았다.

1997년 아디다스가 테일러메이드를 인수했다가 2017년 미국 투자회사 KPS캐피털에 약 5,000억 원에 되팔았다.

그리고 2021년 우리나라의 사모펀드인 '센트로이드 인베스트먼트'가 약 2조원에 가까운 자금을 투입해서 테일러메이드를 인수했다. 우리나라에서 타이틀리스트에 이어 테일러메이드까지 인수하면서 골프용품 브랜드 빅3 중 2개를 보유하는 골프 강국으로 올라섰다.

④ 핑(PING)

1911년 노르웨이에서 출생, 미국 뉴욕에 이민 온 '카스텐 솔하임'이 창립한 골프 브랜드다. 그는 전통을 중시하는 발명가였다. 아버지처럼 구두 수선공을 시작으로 세일즈맨, 항공사 직원, GE의 엔지니어로 일했다.

그는 불혹(不惑)의 나이에 PING 회사를 설립했다. 골프계의 '트랜드 메이커'로 불리며 '미국에서 가장 성공한 기업인'에 선정되기도 했다.

그런데 핑 골프의 탄생은 카스텐의 취미에서 시작됐다. 골프 마니아였던 그는 자신의 골프 실력 향상을 위해서 색다른 골프클럽 제작에 나섰다. 직장생활을 하면서도 매일 밤마다 집 차고에서 설계도를 그리며 개발에 전념했다.

1959년 첫 번째 퍼터(Putter)를 개발하였다. 이 퍼터는 볼을 칠 때, '핑(Ping)~!' 하는 청명한 소리가 났다. 이를 토대로 Ping이란 골프 브랜드가 탄생했다. 1966년 출시한 퍼트(ANSER)는 잭니클라우스, 아놀드 파머 등 세계적인 골퍼가 사용했는데 PGA 투어 우승으로 선풍적인 인기를 얻었다.

따라서 핑 골프는 퍼터의 대명사가 됐다. 헤드의 양 끝에 무게를 분산시켜 임팩트 때 비틀림을 줄였다. 그리고 골퍼 개개인의 체형과 스윙에 맞는 '피팅 클럽'의 개념을 처음으로 도입했다.

당시 수많은 프로 골퍼가 자신에게 적합한 피팅 클럽을 장착, 우승 트로피를 들어 올리며 피팅의 중요성을 알렸다. 1982년에는 세계에서 가장 많이 팔린 아이언으로 기네스북에 올랐다.

⑤ 나이키(Nike) 골프

미국 오레곤 대학의 육상선수인 '필 나이트(Phil Knight)'와 코치 '빌 바우어만(Bill Bowerman)'이 1964년에 만든 'BRS(Blue Ribbon Sports)'가 나이키의 전신이다.

'BRS'는 일본의 스포츠화 메이커인 '오니츠카 타이거'의 제품 유통으로 돈을 번다. 오니츠카와 계약이 끝난 후 그들은 자신들만의 제품을 생산하기로 결심하고, 1971년 새로운 브랜드인 '나이키'라는 이름으로 새롭게 출발한다. '나이키'는 그리스 신화에 나오는 승리의 여신 '니케(Nike)'의 이름을 영어식으로 발음한 것이다.

1984년에는 '나이키골프'를 설립하고 본격적인 골프 사업을 시작한다. 1996년에는 주위의 만류에도 불구하고 당시 아마추어였던 '타이거 우즈'와 계약을 맺었다.

그런데, 타이거 우즈는 마스터스 경기에서 최연소 챔피언으로 등극하며 나이키골프를 전 세계에 알린다. 그때부터, 타이거 우즈는 나이키골프의 상징으로 자리 잡는다.

2002년에는 골프클럽을 출시하여, 타이거 우즈가 승리를 거듭할수록 매출도 크게 증가했다. 미국 골프화 시장 2위(2003년)와 골프의류 시장 1위(2006년)로 도약하며, 골프용품 시장에 선풍적인 인기를 몰고 왔다.

그 후, 타이거 우즈를 비롯한 재미교포 '미쉘 위', '최 경주', '로리 맥킬로이' 등의 선수들과도 계약을 맺어 골프 시장의 판도를 흔들었다.

그런데, 2016년 어느 날. 나이키는 성명을 통해 골프클럽과 골프공, 골프가방 등 골프 용품의 생산을 완전히 중단하고 의류와 신발에만 집중하겠다고 밝혔다. 당대 최고의 슈퍼스타와 함께 했던 나이키 골프는 스타의 부진과 함께 결국 20년 만에 골프용품에서 완전히 철수했다.

⑥ 파슨스 익스트림 골프(PXG)

'PXG'는 '파슨스 익스트림 골프(Parsons Extreme Golf)'의 약자(略字)다. 억만장자 골프광인 '봅 파슨스(Bob Parsons)'는 기존 골프클럽에 불만이 컸다. 좀 더 뛰어난 클럽을 만들어야겠다는 결심을 하고 2014년 9월, 미국 애리조나州 스코츠데일에 '파슨스 익스트림 골프(PXG)'를 설립했다.

봅은 개발자들을 영입하면서 막대한 자금을 쏟아 부었고, 개발자들은 비용과 시간제한 없이 연구를 거듭하여 기존 클럽과는 차별화된 클럽을 만드는데 주력했다. 그 결과, 2년 만에 꿈에 그리던 클럽 개발에 성공했다.

칼날처럼 샤프한 디자인은 젊은 골퍼들의 사랑을 한 몸에 받았다. 얼마 지나지 않아 PXG가 선보인 클럽 세트는 클럽에 대한 골퍼들의 인식을 송두리째 바꿨으며 골프 시장에서 큰 인기를 끌었다.

봅 파슨스는 PXG 클럽 론칭과 함께 세계적인 선수들을 영입했다. PGA투어의 잭 존슨, 제임스 한, 팻 페레즈, 찰스 하웰 3세, 찰 슈어젤, 그리고, LPGA투어의 리디아 고, 크리스티 커, 안나 노르드크비스트, 브리타니 랭, 제리나 필러 등이 PXG와 스폰서 계약을 체결했다.

6) 국산 골프 클럽

대부분의 스포츠에서 어떤 브랜드의 용품을 갖추었는지는 과시용이 될 수 있지만 유독 골프에서만큼은 그 강도가 더욱 세다. 그런데 국산 골프 브랜드의 얼굴에서는 미소를 찾아볼 수가 없다.

기술력이 좋고 사후 관리가 철저하다고 해도 국산이라는 이유로 외면당하고 있는 것이 현실이다. 품질이 우수해도 골퍼들에게는 선택되지 않기 때문에 투자와 노력은 물거품이 되고 쓸쓸히 퇴장하게 된다.

삼성, LG 등 대기업도 골프클럽 시장에 도전했다가 철수했을 만큼 골퍼들의 수입 골프채 선호 현상은 유독 강한 편이다.

그나마 해외에서 기술력을 인정받아 유명 브랜드에 샤프트나 헤드를 납품하고 완제품이 되어 역수입하는 경우도 있다. 저스틴 로즈, 리키 파울러, 이안 폴터, 넬리 코다, 리디아 고, 박인비, 전인지, 이미향, 김시우 등이 사용하는 클럽의 샤프트는 국산이다.

① 랭스필드

랭스필드는 한때 해외시장에서도 호평을 받으며 골프채 100만 세트를 수출하기도 했으나 무리한 투자, 확장과 더불어 '5년간 유예했던 특별소비세를 일시에 납부하라'는 세무당국의 조치로 인해 2002년 흑자 부도를 맞았다.

랭스필드 측에 따르면 '당시 세금을 모두 납부했으나 영수증을 찾지 못했으며 외상 매출로 인해 특별소비세를 납부할 자금이 없었다'고 한다. 특별소비세는 매출이 발생하면서 납부해야 하지만 실제 수금은 아직 이뤄지지 않은 상태였기 때문에 오히려 많았던 매출이 악재로 작용한 것이었다.

② 맥켄리

1996년 '수입 골프채의 절반 가격으로 맞춤 클럽'이라는 파격적인 마케팅을 펼쳤던 국산 골프클럽 업체 맥켄리도 골프클럽 출시 이후 점유율을 끌어올리며 성장했지만 2006년 초 골프클럽에 대한 특별소비세 부과로 인해 세무조사와 함께 59억원의 세금을 추징당하면서 부도로 마감하게 되었다.

억울했던 맥켄리 대표는 주위의 만류에도 불구하고 무려 4년간 혼자 소송을 진행하며 행정법원과 서울고등법원을 거쳐 대법원에서도 '맥켄리에 부과했던 세금을 취소하라'는 확정판결을 받았다.

③ 반도골프

1992년 반도스포츠에서 독립한 국산 골프클럽 브랜드 반도골프는 일본 마루망 골프클럽 개발에 참여하고 다이와골프의 기술을 국내에 도입해 에어로다트, 체이서, 다트프로, 비렉스 등의 클럽을 개발하며 국산 골프클럽 발전에 많은 기여를 했다.

그러나 랭스필드, 맥켄리 등 국산 클럽 브랜드들의 부도로 신뢰도가 동반 하락하면서 로드 숍에서 조차 국산 제품을 꺼려했기 때문에 쇠락의 길을 걸을 수밖에 없었다.

부도 후 3년 뒤인 2005년에 재기에 성공한 랭스필드는 과거에 비해 골프용품 시장에서의 존재감은 적지만 꾸준히 국산 골프클럽을 만들어왔으며 드라이버, 아이언, 퍼터 등 단품부터 풀세트까지 다양한 골프클럽을 선보이고 있다.

반도골프는 피팅에서 돌파구를 찾았다. '클럽 피팅'이라는 개념이 생소했던 2010년부터 개인별 맞춤 골프채를 선택할 수 있도록 피팅 전문업체로 탈바꿈하여 현재는 '반도골프피팅스튜디오'를 운영하고 있다.

더구나 골프채에 대한 연구를 꾸준히 하여 퍼터 전용 무진동 비너스 라이징 샤프트를 개발하고 수입 퍼터의 총판권까지 확보했다. 반도골프는 국내 골프클럽 피팅

기술을 업그레이드하고, 자체 브랜드 샤프트 출시, 드라이버 헤드 개발 등을 통해 과거 반도골프의 명성을 재현하겠다는 목표를 가지고 있다.

7) 골프클럽의 발전

2021년 1월 11일 골프저널 김태연의 "골프클럽 제조 기술, 어디까지 왔나? 4차 산업혁명과 골프클럽"을 아래 소개한다.

AI가 골프클럽 설계와 제조에 적극적으로 개입하고, 3D 프린터까지 적극적으로 클럽 제조에 동원되는 등 4차 산업혁명은 골프클럽의 발전에도 큰 영향을 미치고 있다.

여기서 AI(Artificial Intelligence, 인공지능, 人工知能)는 일반적으로 인간의 학습능력, 추론능력, 지각능력이 필요한 작업을 할 수 있도록 컴퓨터 시스템을 구현하려는 컴퓨터과학의 세부분야 중 하나이다. 인간을 포함한 동물이 갖고 있는 지능 즉, natural intelligence와는 다른 개념이다.

지능을 갖고 있는 기능을 갖춘 컴퓨터 시스템이며, 인간의 지능을 기계 등에 인공적으로 구현한 것이다. 일반적으로 범용 컴퓨터에 적용한다고 가정한다. 이 용어는 또한 그와 같은 지능을 만들 수 있는 방법론이나 실현 가능성 등을 연구하는 과학 기술 분야를 지칭하기도 한다.

또, 3D 프린터(printer)란 2D 프린터가 활자나 그림을 인쇄하듯이 입력한 도면을 바탕으로 3차원의 입체 물품을 만들어내는 기계다.

잉크젯프린터에서 디지털화된 파일이 전송되면 잉크를 종이 표면에 분사하여 2D 이미지(활자나 그림)를 인쇄하는 원리와 같다. 2D 프린터는 앞뒤(x축)와 좌우(y축)으로만 운동하지만, 3D 프린터는 여기에 상하(z축) 운동을 더하여 입력한 3D 도면을 바탕으로 입체 물품을 만들어낸다.

입체 형태를 만드는 방식에 따라 크게 한 층씩 쌓아 올리는 적층형(첨가형 또는 쾌속조형 방식)과 큰 덩어리를 깎아가는 절삭형(컴퓨터 수치제어 조각 방식)으로 구분한다.

적층형은 파우더(석고나 나일론 등의 가루)나 플라스틱 액체 또는 플라스틱 실을 종이보다 얇은 층(레이어)으로 겹겹이 쌓아 입체 형상을 만들어내는 방식이다. 레이어가 얇을수록 정밀한 형상을 얻을 수 있고, 채색을 동시에 진행할 수 있다.

절삭형은 커다란 덩어리를 조각하듯이 깎아내 입체 형상을 만들어내는 방식이다. 적층형에 비하여 완성품이 더 정밀하다는 장점이 있지만, 재료가 많이 소모되고 채색 작업을 따로 해야 하는 것이 단점이다.

제작 단계는 모델링(modeling), 프린팅(printing), 피니싱(finishing)으로 이루어진다. 모델링은 3D 도면을 제작하는 단계로, 3D CAD(computer aided design)나 3D 모델링 프로그램 또는 3D 스캐너 등을 이용하여 제작하는 것이다.

프린팅은 모델링 과정에서 제작된 3D 도면을 이용하여 물체를 만드는 단계로, 적층형 또는 절삭형 등으로 작업을 진행하는 것이다. 이때 소요시간은 제작물의 크기와 복잡도에 따라 다르다. 피니싱은 산출된 제작물에 대해 보완 작업을 하는 단계로, 색을 칠하거나 표면을 연마하거나 부분 제작물을 조립하는 등의 작업을 진행하는 것이다.

하여, 골프클럽의 발전은 크게 두 가지 측면에서 살펴볼 수 있다. 하나는 '재질의 발전'이며 또 하나는 '설계와 제작 방식의 발전'이다.

이중 '재질의 발전은 다소 정체'하고 있는 게 사실이다. 클럽 제조사들이 조금이라도 성능이 뛰어난 합금을 찾거나 클럽에 들어가는 재질의 품질을 높이는 방식으로 개선을 꾀하고 있지만, '티타늄'이나 '카본' 이후 '눈에 띄는 수준의 재질 발전은 없었다'는 게 업계의 통설이다.

클럽 재질의 발전은 티타늄, 카본, 마레이징, 스틸 등 이미 널리 쓰이고 있는 재질들을 좀 더 개선하는 수준에서 크게 나아가지 못하고 있다. '골프클럽의 발전이 재질에만 초점을 맞춘다면 더뎌지고 있다'고 할 수 있을지 모른다.

하지만 설계와 제작 방식으로 초점을 돌리면 그렇다고 할 수 없을 것 같다. AI가 클럽 설계와 제조에 적극적으로 개입하고, 3D 프린터까지 적극적으로 클럽 제조에 동원되고 있기 때문이다. 4차 산업혁명의 쌍두마차로 불리는 AI와 3D 프린터가 골프클럽에 본격적으로 손을 뻗친 것이다.

골프클럽과 AI의 동거는 어제오늘 일이 아니다. 2019년 1월 골프 업계는 캘러웨이 골프의 '에픽 플래시'에 주목했다. 세계 최초로 AI가 클럽의 플래시 페이스를 디자인한 제품이었기 때문이다.

당시 캘러웨이 골프는 보통 디자인 공정은 5~7회가 소요되지만 에픽 플래시는 AI의 연산 능력과 학습능력 등을 사용해 '1만 5,000회 공정을 반복했다'는 점을 강조했다.

인간의 손으로 같은 공정을 따랐다면 34년이 걸렸을 일을 AI의 능력으로 빠르게 마치며 기념할 만한 '최초의 AI 설계 클럽'이 화려하게 데뷔한 순간이었다.

이후 캘러웨이 골프의 '매버릭' 블랙애로우 골프의 '수프리모 플러스'처럼 AI가 설계에 참여한 제품들이 발매되며 눈길을 끌었다.

2020년 11월, 최초의 AI 설계 클럽에 견줄만한 제품이 등장했다. 코브라골프에서 내놓은 '킹 슈퍼스포트-35' 퍼터다. 골프용품 업체 코브라골프와 IT 업체 HP 협업의 결과물인 이 퍼터는 HP사의 금속 3D 프린터 '메탈 젯'을 활용해 만들어졌다.

메탈 젯은 복셀 수준의 접착제 분사 기술을 기반으로 하여 다양한 금속 부품의 제조가 가능한 3D 프린터이며 세계적인 자동차 기업인 폭스바겐, 세계적인 펌프 기업인 윌로 등과 협업해 산업 현장에서 큰 활약을 펼치고 있다. 그 검증된 기술력으로 골프 업계에 화려하게 데뷔한 것이다.

'킹 슈퍼스포트-35'가 3D 프린터로 만들어진 최초의 골프클럽은 아니다. 개인적으로 혹은 기업 차원에서 시제품으로 만든 사례는 여러 번 있었다.

하지만 골프 업계와 IT 업계 모두가 킹 슈퍼스포트-35에 주목하고 있는 건 3D 프린터로 만든 퍼터를 상품용으로 판매하는 첫 번째 사례이기 때문이다. 코브라골프와 HP 측에서는 '3D 프린터로 만들어진 골프클럽이 차후 업계의 대세가 될 것이라' 장담하고 있다.

사실 3D 프린터를 이용해 클럽 등 골프 장비를 만드는 건 예전부터 시도되었지만, 현실적인 문제가 컸다. 초창기 3D 프린터로 뽑아낼 수 있는 재질은 대개 플라스틱 등 무른 재료에 한정되었고, 따라서 내구성이 중요한 골프클럽을 만드는 건 거의 불가능했다.

하지만 메탈 젯으로 대표되는 금속 3D 프린터의 성능이 점점 높아지면서 3D 프린터로 골프클럽을 '출력'하는 게 가능해진 것이다.

킹 슈퍼스포트-35는 1,000세트 한정으로 제작됐다. 꽤 적게 만들어진 셈이지만, 이것은 끝이 아니라 시작이다. 코브라골프에서는 차후에도 계속 3D 프린터로 만들어진 퍼터를 내놓을 계획이며, 관련 기술도 발전시킬 계획이다.

골프클럽 시장에 3D 프린터 시대가 찾아왔다고 섣불리 말할 수는 없다. 아직 개선해야 할 점들이 남아있기 때문이다.

킹 슈퍼스포트-35는 처음부터 끝까지 3D 프린트 공정으로 만들어지지는 않았다. 복잡한 설계가 적용된 제품 마감도를 높이기 위해 대부분 과정을 3D 프린트 공정으로 처리하면서도 마지막에는 CNC 가공을 거쳐야 했다.

이는 제조 시간과 비용이 올라감을 의미한다. 코브라골프에서도 아직은 제조비용이 일반 공정에 비해 비싸지만, 일반적인 가공보다 정밀하게 만들 수 있으며 '대량생산이 가능한 수준까지 올라왔다'는 점에 의의를 두고 있다고 밝혔다. 킹 슈퍼스포트-35는 하나의 완성된 상품이라고 볼 수도 있겠지만, 일종의 과도기적 상품이라고 볼 수도 있는 것이다.

캘러웨이 골프에서 AI가 페이스를 설계한 클럽을 처음 내놓았을 때 사람들은 그것을 '혁명'이라 불렀다. 이후 AI가 헤드 대부분을 설계한 클럽이 나왔고, 타 회사에서도 AI의 도입을 서두르고 있다.

이런 상황에서 '3D 프린터로 제조해 상품화에 성공한 클럽까지 등장했다'는 건 시사하는 바가 크다. 킹 슈퍼스포트-35가 시장에서 성공적인 평가를 받을 수 있을지는 미지수지만 'AI 설계'에 이어 3D 프린터까지 본격적으로 골프클럽 시장에 진입했다는 사실만으로도 주목할 만한 일이다.

AI와 더불어 4차 산업혁명의 쌍두마차인 3D 프린터가 마침내 골프클럽에 본격적으로 발을 들여놓은 것이다.

아직 AI 설계 클럽이 소수에 불과하듯, 3D 프린터로 만들어진 골프클럽 역시 순식간에 업계의 대세가 되기는 어려울 수도 있다. AI 설계 클럽이나 3D 프린터 클럽이 업계의 대세가 되는 데 몇 년이 걸릴지, 몇 십 년이 걸릴지는 누구도 장담하기 어렵다.

하지만 '골프클럽 시장에 4차 산업혁명의 물결이 몰아치기 시작했다'는 건 의심의 여지가 없다. AI와 3D 프린터로 대표되는 4차 산업혁명이 '골프클럽', 나아가 '골프'라는 스포츠 전체에 어떤 영향을 미칠지 주목된다.

3 골프의류

2023년 1월 30일 매일경제 "세계 골프의류 절반, 한국인이 입었다" 기사를 보면, 조사결과에 일부는 '놀라움'을, 또 일부는 '자료가 잘못된 것 아니냐'며 목소리를 높였다.

2023년 1월 25일(한국시간) 세계 최대 골프종합전시회인 'PGA쇼'가 열린 미국 플로리다주 올랜도의 오렌지카운티 컨벤션센터에 위치한 미디어센터 312호 발표장에서 2022년 세계 골프 시장분석 자료가 발표되었다.

이날 미국에 기반을 둔 골프 데이터테크와 일본의 야노리서치 연구소는 2019년 이후 3년 만에 '세계 골프시장 분석 자료'를 발표했다. 정식 자료는 오는 3월 1일 발표될 예정이지만 PGA쇼를 통해 연구 자료의 핵심 데이터를 먼저 공개했다.

이들은 세계 1·2위 골프산업 분석 연구회사로 2015년 이후 2년마다 세계 골프 시장을 분석한 보고서를 발표하고 있는데, 지난해 세계 골프의류 시장에서 한국의 점유율 자료로 무려 45%. "세계 골프의류 시장의 절반 가까이가 한국에서 소비됐다"는 것이다.

톰 스타인 골프 데이터테크 연구원은 "세계 주요 국가들의 골프공, 클럽, 기타 장비 등 '용품'과 의류 시장이 코로나19 팬데믹 기간 얼마나 성장했는지 알 수 있었다"고 설명한 뒤, "골프용품 시장은 팬데믹 기간에 무려 30% 성장했다. 아쉽게도 2022년 시장은 2021년에 비해 5%가량 성장세가 꺾였다"고 설명했다.

일단 세계 골프용품 시장은 팬데믹 이전인 2019년에 비해 무려 30%나 성장했다. 2019년 세계 골프용품 시장 규모는 85억 3,800만 달러(약 10조 5,000억 원)였지만 2021년 114억 9,300만 달러로 급등한 뒤 2022년에는 110억 8,200만 달러로 소폭 하락했다.

한국은 세계 3위 시장으로 자리를 굳혔다. 2019년 한국의 골프용품 시장 점유율은 6.9%로 영국(4.9%)과 크게 차이가 나지 않았다. 하지만 2022년 한국은 10.2%로 점유율을 끌어올리며 4.5%로 하락한 영국과 격차를 두 배 이상으로 벌렸다.

역시 골프용품 시장 점유율 1위는 미국이다. 2019년 43.5%를 차지한 미국 또한 호황기를 맞으며 2022년 세계 골프용품 시장 점유율이 48.1%로 급등했다. 반면 일본은 2위 자리를 지켰지만 2019년 23.6%에서 2022년 18.4%로 점유율이 하락했다.

가장 큰 놀라움을 안겨준 분석 결과는 '골프의류 시장 점유율'이다. 세계 골프의류 시장 규모는 2019년 63억 7,700만 달러에서 2022년 88억 7,900만 달러로 급성장했다. 앞서 골프의류 시장은 2018년 63억 4,500만 달러, 2020년 62억 1,100만 달러 등 정체기를 맞았다.

하지만 2021년 89억 5,800만 달러로 무려 43%나 급등하며 세계 골프가 호황을 맞았음을 한눈에 보여줬다. 모두를 놀라게 한 것처럼 세계 1위 골프의류 시장은 한국이다. 2019년에도 한국은 39%의 점유율을 보이며 1위를 달렸지만 2022년에는 무려 45%로 지배력을 확장했다.

2022년 골프용품 시장에서 절반가량을 차지한 미국의 골프의류 시장 점유율은 26.6%에 불과했다. 일본은 골프의류 시장에서 2019년 19.2%, 2022년 13.5%로

3위를 지키긴 했지만 기세가 밀렸다. 4위 캐나다가 1.9%에 불과할 정도로 한국과 미국, 일본의 시장 점유율은 압도적이다.

하지만 이번 보고서에서 주목할 점은 2022년 하락세다. 스타인 연구원은 "세계 골프 관련 시장 규모는 팬데믹 이후 50억 달러 이상 증가했다. 하지만 2022년 4분기부터 성장세가 꺾이며 하락세를 맞았고 2021년에 비해 4% 감소했다"고 말한 뒤 "세계적인 골프 성장세는 순간일 수 있다. 인플레이션과 전쟁, 그리고 에너지 비용 증가 등으로 코로나 이전으로 시장 규모가 축소될 수 있다"고 덧붙였다.

1) 골프의류(웨어) 시장 흐름

2023년 1월 7일 백화점 업계에 따르면, 현대백화점의 2022년 1~11월 골프웨어 매출액은 전년 대비 38.8% 늘었다. 2021년 1~11월 골프웨어 매출액이 전년 대비 65.5% 증가했음을 고려하면 1년 만에 성장률이 20% 넘게 꺾인 셈이다.

같은 기간 신세계백화점의 골프웨어 매출 신장률 역시 크게 떨어졌다. 신세계백화점의 지난해 1~11월 골프웨어 매출액은 전년 대비 37.2% 늘어 2021년 신장률(56.3%)과 비교해 20% 가까이 떨어졌다.

국내 골프웨어 시장의 성장세가 둔화하면서 기업들이 신 성장 동력을 찾아 해외로 눈길을 돌리고 있다. 'K-패션' 수요가 높은 일본과 중국뿐 아니라 골프의 본고장인 미국으로까지 시야를 넓히는 모양새다.

성장 환경이 악화하자 국내 주요 기업들은 해외에서 돌파구를 찾고 있다. 코오롱인더스트리FnC(이하 코오롱FnC)가 운영하는 골프웨어 브랜드 '왁(WAAC)'의 움직임이 적극적이다.

코오롱FnC는 지난해 5월 신규 법인 슈퍼트레인을 설립하고 왁 사업부를 자회사로 분리했다. 이를 계기로 일본과 중국 내 현지 매장을 추가로 개설했고, 지난해 처음 미국으로 보폭을 넓혔다. 올해 1월 말 세계 최대 골프 박람회인 'PGA 쇼'에 출전했다.

아이디룩의 '아페쎄 골프(A.P.C)' 역시 지난해 일본 론칭에 이어 유럽으로 몸집을 불린다. 아직 구체적인 진출 계획을 논의하기엔 이르지만, 액세서리를 중심으로 발을 들인 이후 골프웨어로 점차 규모를 키워간다는 전략이다.

아페쎄 골프는 기존에 아페쎄가 지켜온 클래식함에 자유로운 분위기를 더해 MZ세대(밀레니얼+Z세대) 골퍼들의 감성을 자극해 시장을 공략했다. 지난해 2월 신세계 백화점 강남점에 첫 매장을 오픈한 이후, 당일 기준 골프 브랜드 역대 최고 매출을 기록했다.

같은 해 3월에도 4억 원 초반대의 매출을 올리며 목표 대비 30% 이상의 실적을 거뒀다. 현재는 MZ세대뿐 아니라 중·장년층까지 타깃을 넓혀 안정적인 실적 흐름을 보인다.

'볼빅 어패럴'도 첫 해외 진출을 적극적으로 검토하고 있다. 미주, 유럽, 아시아, 동남아 등 다양한 국가를 대상으로 시장 테스트를 시행한 후 최종적으로 목표 국가를 선정할 계획이다. 목표 진출 시기는 2024년이다.

'까스텔바작'은 주요 파트너사들과 라이선스 계약을 체결하는 방식으로 해외 진출을 고려중이다. 우선은 중화권이 목표다. 현재 까스텔바작은 중국의 '100 골프'와 대만의 'King Bon'과 계약이 체결된 상태다. 100 골프는 중국 최대 골프용품 전문 온라인 몰 중 하나로, 미국골프브랜드인 'PGA 투어'의 중국 현지 브랜드 사업권을 보유한 것으로 알려졌다.

2) 프리미엄 골프웨어 양극화 심화

골프웨어 시장 성장세가 지난해 하반기 들어 둔화하고 있는 가운데 프리미엄 골프웨어들은 약진했다. 최근 신규 골프웨어 브랜드가 우후죽순 생겨나면서 브랜드 간 양극화 현상이 더욱 심화하는 모습이다.

국내 프리미엄 골프웨어 대표 브랜드는 PXG, 지포어 등이 꼽힌다. 명품 골프 브랜드 PXG를 운영하는 로저나인은 브랜드 론칭 5년 만에 지난해 연 매출 1,000억 원을 넘었다.

지포어는 코오롱FnC가 지난 2020년 국내에 첫 선을 보인 미국 프리미엄 골프 브랜드다. 현재 오프라인 21개 매장을 운영하며, 2022년 연매출 1,000억 원을 무난히 넘길 것으로 전망됐다. 그랜드 하얏트 서울, 독일 명품 '라이카 카메라'와 이색 협업을 진행해 프리미엄 고객층을 집중 공략하기도 했다.

어메이징크리는 에이엠씨알이 선보인 국산 프리미엄 골프웨어 브랜드다. 론칭 3년째인 2022년 미국여자프로골프(LPGA) 스폰서십과 TV광고 등 공격적인 마케팅을 전개하며 성장세에 탄력이 붙었다.

미국 LA기반의 스트리트 캐주얼 골프웨어 브랜드 말본골프는 하이라이트브랜즈가 지난 2021년 8월 국내 론칭했다. 이후 약 1년 만에 백화점 기준 골프웨어 매출 상위권에 안착하는 성과를 이뤘다.

발리스틱골프는 지난해 2월 국내 상륙한 미국 클럽 기반의 프리미엄 골프 브랜드로, 글로벌 최초로 어패럴과 기어를 론칭했다. 블랙 앤 화이트를 기본으로 스윙에 최적화된 절개와 소프트한 터치감, 고기능성 소재를 적용한 고감도 퍼포먼스 골프웨어를 지향한다. 지난해 백화점 유통채널을 중심으로 출점했으며, 예상 매출은 150% 초과 달성했다.

레저산업연구소에 따르면 국내 골프웨어 시장은 2018년 4조 2,000억 원에서 2019년 4조 6,000억 원으로 소폭 상승했지만 '코로나19 팬데믹'으로 대부분의 레저 활동이 막힌 이후 급격하게 성장했다.

2020년 5조 1,250억 원으로 커진 골프웨어 시장은 2022년 6조 3,000억 원에 이르고 2023년이면 7조원에 육박할 것이라는 전망도 나온다. 업계에서는 2023년부터 골프웨어 시장 거품이 빠질 것으로 보고 '옥석 가리기'가 시작될 것으로 관측한다.

2021년 신세계백화점 골프웨어 전체 매출은 전년 대비 56.3% 성장했는데 이중 2030 고객 매출 비중은 64.6%나 뛰었다. 롯데백화점의 지난해 2030 골프 매출도 50% 늘었다. 올 1~6월 매출은 전년 동기 대비 55%가 또 올랐다.

확 꽂힌 브랜드나 아이템에 돈을 아끼지 않는 플렉스 소비가 한 축이라면 다른 한 축은 합리적 가격을 최우선 가치로 두는 실속 소비다. 이마트의 2022년 2월 기준 2030 골프 부문 구매 비중이 20.1%로 2년 전 2월의 12.5%와 비교해 크게 늘어난 것이나 최근 6개월 간 2030 골프 구매 실적이 62.1% 증가했다는 이 회사 데이터도 실속 소비 인기를 증명한다.

한 브랜드에서 지난해 6월 내놓은 중저가 골프화는 6 · 7월 두 달 간 판매율이 전년 동기의 이전 모델 판매율과 비교해 1,042%나 치솟기도 했다.

3) 9조원 규모 예상도 나오는 국내 골프의류

한국경제연구원에 따르면 국내 골프 시장 규모는 2019년 6조 7,000억 원에서 올해 말 9조 2,000억 원까지 확대될 것으로 전망된다.

또한 최근 문화체육관광부가 전국 17개시·도 만 10세 이상 국민 9,000명을 대상으로 시행해 발표한 '2022년 국민생활체육조사'를 보면 골프 참여율은 2019년 5%에서 지난해 7.8% 늘었다. 특히 금전적 여유가 생길 경우 가장하고 싶은 운동으로 1위(16.5%)를 차지했다.

실제로 모두투어에 따르면 지난해 12월부터 올 2월까지 골프여행 예약률(2023년 1월 16일 기준)은 코로나19 이전인 2019년 대비 12월(131%), 1월(126%), 2월(122%) 각각 증가했다.

오는 3월 골프 성수기 시즌을 앞두고 패션기업들이 골프웨어 브랜드 경쟁력 강화에 한창이다. 코로나19 사태 이후 고성장한 골프 시장이 거리두기 해제 및 해외여행 증가 등으로 둔화세를 보이고 있지만 여전히 골프를 즐기는 이들이 많은 만큼 적극 공략해 나가겠다는 각오다.

2023년 1월 17일 데일리안의 "곧 성수기…패션업계, 골프웨어 브랜드 힘주기"라는 기사에 따르면, "특히 신상품 출시 등 공격적인 마케팅에 나서며 전 방위적인 매출 확대에 나서려는 모습이다."고 전한다.

삼성물산 패션부문의 빈폴골프는 최근 전인지 선수와 의류 협찬 계약을 맺었다. 이에 따라 전인지 프로는 향후 2년간 모든 대회에 참가 시 빈폴골프가 제공한 의류를 착용한다. 상의 왼쪽 어깨 부분에 빈폴골프가 지난해 새롭게 공개한 로고가 붙는다.

코오롱FnC의 왁은 올해 1월 말 개최되는 세계 골프 박람회 'PGA SHOW'에 출전해 북미 시장 브랜드 홍보 및 현지 세일즈를 강화할 계획이다. 또한 와키 캐릭터 정체성 확립 및 세계관 확장을 통한 캐릭터 비즈니스 확대에도 적극 나설 방침이다.

LF의 닥스골프는 골프 시즌 개막에 맞춘 두잉용 경량 스트레치 바람막이와 필드룩으로도 손색없는 편안한 착용감을 선사하는 컴포트 데님 시리즈(스트레치 데님 라이크 소재), 스트레치 소매 하이브리드 등의 활동성이 우수한 소재의 아우터 상품을 주력으로 선보일 예정이다.

LF의 헤지스골프도 브랜드 특유의 디자인 감성을 살리면서도 활동성을 극대화한 골프웨어를 선보이며 골프를 취미로 즐기는 2030 세대 골퍼들의 입맛을 공략한다는 구상이다.

데상트코리아가 전개하는 르꼬끄골프 역시 자연스러우면서도 세련되고 우아한 라인업을 강화한다. 특히 올해는 골프화 벌키로 인스타그래머블(SNS에 올릴만한 사진) 트렌드에 부응해 '젊은 여성골퍼를 공략한다'는 복안이다.

이처럼 패션업계가 골프웨어 브랜드 경쟁력 강화에 공을 들이는 이유는 골프 시장이 예년만큼 폭발적인 성장세를 보이기는 어려워도 계속 성장할 것으로 예상되기 때문이다.

패션업계 관계자는 "골프 시장이 코로나19 재 유행 때에 비해 성장률이 다소 둔화된 모습이지만 여전히 수요가 높은 편이고 해외로 골프여행을 가는 이들도 많아지고 있는 추세"라며 "골퍼들을 겨냥한 업계 간의 경쟁이 한층 더 치열해질 전망"이라고 말했다.

한편, MZ세대와 여성을 중심으로 골프를 즐기는 이들이 늘면서 골프웨어 시장은 유례없는 호황을 누리고 있다. 골프웨어를 명품처럼 소비하는 트렌드가 형성되면서 끝없이 확대되고 있는 골프웨어 시장에 일반 패션 브랜드들이 골프웨어 브랜드를 론칭하거나 골프라인을 선보이며 앞 다퉈 뛰어들고 있다.

'빚을 내서라도 골프를 친다'는 봄가을에는 골프 용품사들과 의류사들이 이 기회를 놓칠 수 없다. 특히 세계에서 가장 큰 '골프의류 시장'이 된 한국은 본격적인 의류 전쟁을 앞두고 전운이 감돌고 있다.

20대부터 30대까지 일명 'MZ세대'들이 적극적으로 골프를 즐기면서 특히 골프의류 시장은 급속도로 성장했다. 규모로는 세계 1위(?)다. 이는 골프의 본고장인 미국보다 4배 이상 큰 규모다.

전 세계에서 이렇게 뜨거운 골프의류 시장을 갖고 있는 것은 한국뿐이다. 전 세계 골프장의 8%를 보유한 일본의 골프의류 시장 규모는 9,400억 원에 불과하다. 이에 반해 한국 골프장 수는 전 세계의 2% 수준이다.

무려 150개가 넘는 브랜드가 생기면서 이제는 한 시즌을 아우르는 '트렌드'는 사라졌다. 각 브랜드만의 고유한 콘셉트와 디자인, 컬러로 골퍼들을 잡기 위한 움직임이 본격화되고 있다.

게다가 봄가을 골프의류는 업체들에 가장 중요한 시기다. 상의와 하의뿐만 아니라 조끼, 바람막이 등 큰 일교차에 대비해 어느 때보다 많은 의류가 필요하다.

'골프의류는 15번째 클럽'이라고 표방하는 타이틀리스트는 프리미엄 퍼포먼스의 투어핏(TOUR-FIT) 라인과, 색다른 컬러와 디자인으로 다양한 스타일을 보여주는 플레이(PLAY) 라인으로 구성돼 열정적인 골퍼들에게 풍성한 선택 옵션을 제공하기로 했다.

특히 투어핏S는 투어 선수들의 피드백을 바탕으로 설계해 더 고급스러워진 디자인과 엄선된 소재, 디테일한 기능 설계로 한층 더 업그레이드된 프리미엄 제품이다.

투어핏 제품에는 '보디 서포트' 기능이 적용돼 스윙 시 서포트가 필요한 특정 부위에 컴프레션을 줘 견고한 스윙을 제공하는 것이 특징이다. 또 플레이 라인은 트렌디한 감성과 골프의 클래식한 무드를 겸비해 조금 더 캐주얼하고 다양한 룩으로 선보인다.

4) 골프용품 수입물가 고공행진

2023년 1월 23일 한국은행 경제통계시스템(에코스)을 보면 골프채와 골프공을 포함한 골프용품 수입 물가는 지난해 12월 기준 전년 동월대비 12.7% 상승했다(원화기준).

이는 2016년 5월(13.3%) 이후 6년 7개월 만에 최고치다. 작년 7월 4.5%에서 8월 12.7%로 급등한 이래 고공행진을 이어가고 있다. 수입물가 상승세가 한풀 꺾였음에도 불구하고 골프용품 · 핸드백 · 위스키 수입 물가는 고공행진을 이어가고 있는 것으로 나타났다.

원 재료값 상승과 신종 코로나바이러스 감염증(코로나19) 이후 거리두기 종료 영향도 있지만, MZ세대(20대 후반에서 40대 초반에 해당하는 밀레니얼세대와 10대 초반에서 20대 중반에 해당하는 Z세대를 묶어 부르는 말)를 중심으로 한 선호 변화 내지는 과시욕도 한몫했다는 분석이다.

이름을 대면 다 알만한 9개 명품 브랜드를 포함한 핸드백 수입물가도 10.3% 올랐다. 역시 2016년 6월(11.5%) 이래 최고치를 경신했다.

반면, 전체 수입 물가는 9.1% 오르는데 그쳤다. 이는 작년 5월(36.5%) 이후 7개월 연속 오름세가 둔화한 것이며, 2021년 3월(9.0%) 이후 1년 9개월 만에 최저치를 경신한 것이다.

이와 관련해 한은 관계자는 "골프의 경우 골프채 주재료인 티타늄 가격이 오른데다, 거리두기 종료 이후 젊은 층을 중심으로 소위 골린이(골프+어린이)들이 늘면서 수요가 증가한 때문이다."이라고 설명했다.

4 스크린 골프

2023년 1월 23일 코트라(KOTRA)에 따르면 글로벌 시장조사 기관 '스트레이츠 리서치'는 최근 보고서에서 전 세계 골프 시뮬레이터 시장 가치가 2021년 13억 1,550만 달러(약 1조 6,300억 원)에서 연평균 10.1%씩 성장해 2030년 33억 8,000만 달러(약 4조 1,800억 원)에 이를 것이라고 내다봤다.

2023년 1월 24일(현지시간)부터 나흘간 미국 올랜도에서 열리는 세계 최대 골프 전시회 'PGA 쇼(PGA Show) 2023'에 참가한 LG전자가 골프 전시회에 참가한 것은 이번이 처음이다.

LG전자는 스크린골프 시뮬레이터 제작 전문기업 케이골프(KGOLF)와 함께 프리미엄 상업용 프로젝터 'LG 프로빔(ProBeam)'을 앞세워 공간 맞춤형 실내 골프 솔루션을 선보이며, 국내에 이어 해외 실내 골프 시장을 공략한다.

LG 프로빔 레이저 4K는 최대 300형(대각선 약 7.6미터) 화면에 4K UHD 해상도를 지원하고, 촛불 5,000개를 동시에 켜는 것과 유사한 5,000안시루멘(ANSI lumen) 밝기를 갖췄다.

고급 주택의 실내 공간을 연상시키는 레지덴셜(residential)존에서는 LG 프로빔의 초대형 화면으로 스크린골프뿐만 아니라 홈 시네마도 즐길 수 있다.

전 세계적으로 골프 애호가들이 늘면서 스크린골프 수요도 지속 성장하고 있다. 미국골프재단(National Golf Foundation)에 따르면 2021년 미국 골프 인구 약 3,750만 명 중 3분의 1 이상이 스크린골프, 인도어 연습장 등 야외 골프장 외 장소에서 골프를 즐기는 것으로 나타났다.

골프 인구가 빠르게 늘면서 '스크린 골프'로 불리는 '골프 시뮬레이터' 분야도 '필드 골프' 못 지 않게 규모를 키우고 있다. 신기술 개발과 참여 인구 증가로 향후 4조 원대 시장이 열릴 것이라는 전망이 나왔다.

코로나19 시기 호황기를 누린 골프 시장에 3고(高, 고물가·고환율·고금리) 위기가 불어 닥쳤다. MZ세대의 사회관계망서비스(SNS) 인증샷 성지로 떠오르며 인기를 모았던 골프장으로 몰리는 사람이 크게 줄었다. 비용부담에 이용 고객이 줄어든 것으로 골프장과 달리 저렴하게 즐길 수 있는 스크린골프장을 찾는 사람은 더 늘어나는 모습이다.

한편, 타이거 우즈(미국)와 로리 매킬로이(북아일랜드)가 공동으로 창설하는 스크린 골프 리그 TGL에 미국프로골프(PGA) 투어 스타 애덤 스콧(호주)과 콜린 모리카와(미국)도 합류한다.

TGL은 우즈와 매킬로이가 공동으로 설립한 회사 TMRW스포츠가 만드는 새로운 스크린 골프 리그로, 회사 설립과 TGL 창설 소식을 지난해 여름 공식 발표했고 내년 2024년 1월 출범할 예정이다.

2023년 1월 24일 TGL은 "스콧과 모리카와가 우즈와 매킬로이, 욘 람(스페인)과 저스틴 토머스(미국)에 이어 TGL에 참가하기로 계약을 맺었다"고 밝혔다.

TGL은 PGA 투어 선수 3명씩 한 팀을 이뤄 총 6팀으로 구성된다. 이 중 두 팀이 돌아가면서 매주 월요일 밤 2시간 동안 미국 플로리다주의 경기장에서 스크린 골프로 18홀 매치플레이 맞대결을 벌인다. 경기는 황금 시간대에 TV로 생중계되며, 현장에도 관중석이 마련된다.

정규 시즌은 15개 대회로 치러지고, 포스트 시즌이 이어진다. 우즈는 TGL에 대해 "프로 골프의 진화"라고 설명했다. 매킬로이는 "지난 2년간 이 일을 추진해 왔다"며 "PGA 투어 선수들이 자신의 또 다른 면을 보여줄 좋은 기회"라고 했다.

현재까지 TGL에 합류한다는 사실이 알려진 선수 6명은 모두 최정상급 스타들이고, "PGA 투어 선수 10여 명이 이미 TGL과 계약을 체결했다"고도 한다.

2013 마스터스 챔피언이자 투어 통산 14승의 스콧은 "우즈가 참여하는 것은 무엇이든 영향력을 갖는다."며 "수퍼 스타들과 겨룰 수 있다는 점이 매우 좋다"고 했다. "특히 아시아 지역에서 스크린 골프는 성장세에 있다"며 "젊은 세대는 게임을 좋아하는데 스크린 골프는 골프와 게임의 하이브리드와 같다"고 했다.

1) 스크린 골프는 '활황'

2023 1월 25일 골프존에 따르면 지난해 4분기 기준 통합회원 수는 436만 명이다. 골프존 통합회원 수는 지난해 10월 420만 명을 돌파했다. 두 달 만에 16만 명이 늘었다. 지난해 1~4분기 신규 가입한 회원 수의 평균치는 15만 명이다.

골프존파크 가맹점 수는 지난해 3분기 기준 2,133개로 전년 동기 대비 25%(426개) 증가했다. 같은 기간 가맹점이 늘고 이용자가 증가하면서 게임라운드 수도 2,276만회로 전년 대비 약 12% 많아졌다.

인기에 힘입어 개업 점포수도 늘어났다. 행정안전부의 지방행인허가데이터에 따르면 지난해 동안 개업한 골프연습장업 점포수는 304개소로 전년(172개소) 대비 76.7% 늘어났지만 폐업 점포는 3개소로 전년(19곳) 대비 대폭 줄었다.

반면 필드 인기는 사그라진 분위기다. 빅데이터 전문기업 TDI가 자동차 내비게이션 티맵 이용자들의 월별 국내 주요 골프장 차량 도착수를 비교한 결과, 10월 대비 11월 차량 도착수가 줄어들었다.

골프장 회원권 시세도 주춤하다. 에이스회원권에 따르면 국내 회원권 시세 표준화 지수인 '에이스회원권지수'는 지난해 7월 1,357에서 12월 1,186로 12% 떨어졌다.

경기 광주시 이스트밸리CC 회원권 가격은 지난해 6월 23억 원에서 12월 15억 5,000만 원대까지 떨어졌다. 용인시 남부CC는 2022년 6월 24억 6,000만원에서 12월 19억 5,000만 원대가 됐다. 남촌CC도 2022년 6월 21억 원이었으나 12월에는 16억 원에 머물렀다.

골프장 매물도 늘어나고 있다. 이달 기준 강원 홍천 골프장 클럽모우CC, 마이다스CC, 전북 김제 스파힐스CC, 경기 곤지암 큐로CC, 충북 청주 떼제베CC 등이 새 주인을 찾고자 시장에 나왔다.

경기 침체가 골프 산업 내에서도 영향을 미친 것으로 풀이된다. 그린 · 캐디피에 부담을 느낀 골프 인구가 레저 문화로 정착한 스크린 골프로 유입됐다.

지난해 그린피 인상률은 최대 30%이며 캐디피는 2021년 13만 원선에서 지난해 14만~15만원까지 올랐다. 스크린 골프 비용은 인당 1만 5,000원에서 2만 5,000원대다. 가격 차이가 워낙 커 스크린 골프가 골프장 대체 시장으로 부상했다.

한편, 골프존은 2023년 1월 28일 대전 골프존 조이마루에서 열리는 '2023 신한투자증권 GTOUR 남자대회 1차' 결선을 시작으로 총상금 13억 원 규모의 2023시즌 GTOUR 남녀 정규투어를 시작한다고 밝혔다.

골프존은 2023년부터 GTOUR를 SPOTV채널 TV, OTT 서비스를 통해 홍콩, 인도네시아, 필리핀, 싱가포르, 태국 등 동남아시아 8개국에 글로벌 송출을 진행할 예정이다. 골프존은 지난해 모든 경기를 스크린골프존 채널과 네이버, 다음 스포츠 및 유튜브 골프존 채널에서 생중계했다.

GTOUR 웹사이트도 론칭했다. 대회 토너먼트부터 선수 정보, 역대 기록, 사진·영상, 이벤트 등 GTOUR와 관련한 다양한 정보들을 더욱더 편리하게 확인할 수 있다.

대회 생중계 영상과 리더보드를 한눈에 확인할 수 있는 모니터링 기능을 마련해 스크린 골프 대회 관람에 대한 접근성도 높였다. 새롭게 단장한 GTOUR 웹사이트는 골프존 공식 홈페이지 또는 모바일 앱을 통해 확인 가능하다.

1차 결선은 총상금 7,000만원과 우승 상금 1,500만원 규모로 치러진다. 2022시즌 GTOUR 대상 포인트 상위 5명, 전 시즌 우승자를 비롯한 예선 상위 60명과 신인 중 예선 통과자 외 상위 4명, 경기위원회가 선정한 초청 선수까지 최대 68명의 프로가 출전한다.

1라운드 종료 후 컷오프 방식을 적용해 통해 2라운드 진출 인원 40명을 선발한다. 대회 코스는 가상 골프장인 GTOUR 밸리 코스로 치러지며 2라운드 4인 플레이 방식으로 36홀 스트로크 성적을 합산해 가린다.

2022 시즌 대상 수상자 금동호와 마지막 챔피언십에서 아쉽게 역전으로 대상을 양보하고 상금왕을 차지한 이성훈의 팽팽한 대결이 기대된다.

2023 GTOUR 남자 1차 대회의 메인스폰서는 신한투자증권이며 던롭스포츠코리아, 골프버디, 롤링롤라이가 서브 후원에 나선다. 대회는 경기 당일 스크린골프존 채널과 네이버 스포츠, 다음 스포츠, 골프존 유튜브 채널을 통해 1라운드는 오전 9시, 2라운드는 오후 1시 30분부터 생중계된다.

한편, 2023년 1월 24일 카카오VX에 따르면 카카오VX 매출액은 2017년 261억 원에서 2021년 1,159억 원으로 증가했다. 같은 기간 연평균성장률(CAGR)은 45%였다. 지난해 매출은 1,800억 원을 기록할 것으로 예측됐다. 이를 달성하면 전년대비 55%, 2017년에 비해 무려 590% 늘어난 규모다.

주요 캐시카우는 스크린 골프 브랜드다. 카카오VX는 지난해 12월 말 기준 전국에 약 2,600여개 '프렌즈 스크린' 골프 연습장을 운영하고 있다. 직접 운영 업체와 가맹점을 합한 수치로 2021년 같은 시점보다 25% 늘었다. 카카오VX는 전신인 스크린 골프 업체 '마음골프' 설립 당시부터 10년 넘게 해당 사업을 전개하고 있다.

카카오VX가 '올해를 국민 스포츠 플랫폼 도약의 원년'으로 삼고 사업 확대에 적극 나선다. IT기술을 접목한 스마트 운동시설 예약 서비스가 핵심 축이다. 코로나19 확산 시기 등을 거치며 국내 골퍼들이 급증한 가운데, 메신저 '카카오톡', 택시 호출 '카카오T'를 잇는 국내 대표 운동 플랫폼으로 거듭날지 주목된다.

프렌즈 스크린 연습장은 카카오프렌즈 캐릭터 지식재산권(IP)을 활용해 연습 화면을 귀엽게 연출했고 게임 하듯 재밌게 즐길 수 있도록 과정을 구성했기 때문에 인기가 높다. 이용자는 '카카오골프예약' 애플리케이션(앱)에서 본인 카카오 계정 로그인만으로 손쉽게 골프장을 예약할 수 있다.

카카오VX는 올해 카카오골프예약 플랫폼 이용 확대에 주력한다. 이를 위해 '전사 임직원이 관련 역량을 집중하고 있다'는 설명이다. 이를 위해 플랫폼 이용 편리성 강화에 초점을 맞춘다. 이미 도입된 필드 골프장 내 '셀프 체크인' 기능에서 더 나아가 조만간 '셀프 체크아웃' 기능도 도입한다.

이와 더불어 카카오VX는 홈 트레이닝 서비스와 운동용품 판매 등 스포츠 전 분야에 걸쳐 사업을 지속 추진한다. 홈 트레이닝 서비스 제공 앱 '스마트홈트'는 현재 기능 개선을 위해 업데이트를 진행하고 있는 단계다.

또한, 카카오VX가 작년 12월 31일 준공 목표로 건설하기로 한 용인 필드 골프장 사업은 현재 잠정 중단된 상황이다. 앞서 카카오VX는 용인시와 2021년부터 기흥구 공세동 산1-1번지 일원에 대중골프장 건설을 위한 '신갈CC 조성사업'을 추진해왔다. 하지만 같은 해 국정감사에서 카카오VX 임원의 사업 인근 부지 투기 등 의혹이 불거지며 사업 전개에 어려움을 겪었다.

2) 스크린 골프용 스윙

2022년 9월 19일 골프한국의 황환수 칼럼 "스크린 골프용 스윙이 따로 있을까?"를 소개한다. 그에 따르면, 골프에서 스코어는 곧 실력으로 가늠되고 실력은 좋은 골프 스윙과 게임 운영의 노련미에서 생겨난다.

그러나 동일한 스윙으로 스크린에서 펼쳐지는 게임은 또 다른 변수가 존재한다고 얘기하는 골퍼들이 드물지 않다. 즉 스크린 스윙은 따로 있다는 주장이다.

이에 대해 지난 몇 달 동안 본인 나름대로 검증한 결과에 따르면 스크린 스윙의 노하우는 분명하게 있지만 이와 반대로 '골프스윙의 완성도가 높은 골퍼는 크게 영향을 받지 않는다'는 점도 확인했다.

스크린 골프에서 터득한 독창적인 임팩트 기술이 분명하게 존재하지만 '일반 필드에서 활용하는 스윙은 스크린에서도 그 가치를 확인할 수 있었다'는 점이다. 다시 말해 이와 반대되는 상황인 '스크린에서만 활용 가능한 스윙은 필드에서 스윙으로 완벽하게 재연되기 어렵다'는 사실도 더불어 확인 가능했다.

'스크린 왕자'가 자연물인 필드의 잔디에서 왕자가 될 가능성이 높지 않다는 것이며, '필드의 왕자'는 스크린에서 왕자로 군림할 가능성이 매우 높다는 의미다.

비디오 게임과 흡사한 스크린 골프에서 난이도를 가장 높게 설정한 뒤 게임을 운영한다. 손치더라도 '자연적인 필드와 비견할 때 난이도의 한계를 뛰어넘지 못한다'는 것이 핵심적인 대비가 될 듯하다. 인위적인 설정의 한계를 스크린에서 확인하는 셈이다.

그렇다면 스크린 골프에서 연마한 실력은 필드에서 전혀 무용지물인지 정확한 데이터 값이 존재하지 않은 탓에 섣부른 답을 얻는 것은 어렵지만 '상당한 효과를 발휘할 수 있다'는 결론이다.

구체적으로 설명한다면, '첫째 스크린 화면이 실제 필드의 모습과 매우 유사한 탓에 근육 긴장도가 필드와 별반 다를 바 없다'는 것이다.

이 사실은 스크린 화면을 통해 근육의 긴장도를 이완하는 연습이 가능하다는 역설이 성립되는 것이다. 물론 '스크린에서 존재하는 고유한 스윙을 재연하지 않는다'는 전제가 필수적이다.

그리고 좀체 연습량이 없는 골퍼의 경우 '스크린을 통해 자신이 지닌 모든 클럽을 다양하게 만져볼 수 있는 기회로 활용할 수 있다'는 점도 장점에 속한다.

물론 어프로치나 러프, 벙커가 실제 필드와 다소간 감각의 차이를 드러내지만, 이 또한 '스크린 전자기술의 발전으로 많은 부분 개선이 이뤄졌다'는 점에서 활용도가 점점 높아지고 있는 것도 사실이다.

골프 스윙의 기술적 개선은 단순 연습에서 필드와 유사한 환경의 기기 발달로 매우 다양하고 과학적 접근성이 높아지고 있다. 퍼팅 연습만 하더라도 단순한 방식에서 여러 가지 감각을 익힐 수 있는 전자화면이나 퍼팅연습기의 발달로 보다 정밀해졌다.

최근 들어 미국에서 프로선수들이 장타를 날린 후 티샷 지점에서 자신의 볼에 대한 비거리를 확인할 수 있는 기기가 국내에서 골프장 실내 연습 기기로 활용되고 있는 것도 골프 전자기기의 비약적인 발달로 여겨진다.

단순 연습에서 복잡한 기기의 도움이 반드시 긍정적인 효과를 가져 오는 것은 아닐지라도 정밀한 자신의 구질을 확인하는 바로미터가 될 수 있음은 분명하다.

그러나 골프계의 과학적 비약에도 불구하고 '골퍼의 끈기와 정확한 연습량을 대신할 기기는 향후에도 나오지 않는다'는 팩트를 부인하기는 어렵다. '노력은 배신하지 않는다'는 고전적인 문구가 새삼 조명되는 것이 골프스윙에서도 유효한 까닭이다.

한편, 스크린골프와 론치 모니터 때문에 MZ들은 샷 데이터 관련 용어, 숫자들과 친하다. '헤드 스피드' '볼 스피드'부터 '스매시 팩터' '페이스 앵글' '다이내믹 로프트'까지.

샷 직후 스크린골프 화면에 뜨는 숫자들을 허투루 넘기지 않고 비교 분석하고 연습장도 타구 분석용 론치 모니터가 설치된 곳을 선호한다. 야구로 치면 과거에는 생소했던 개념인 WAR(대체선수 대비 승리 기여), wRC+(조정 득점 생산력) 등이 요즘 팬들 사이에 자주 언급되듯 골프도 그렇게 가고 있다.

스크린 골프 예약 애플리케이션 김캐디에 따르면 올 들어 7월까지 이 앱을 통한 연령별 예약률에서 2030 비중은 34.4%나 됐다. 40대 비율(35.9%)을 넘볼 기세다.

BC카드 AI빅데이터본부 조사로는 올 4월까지 1년 간 스크린 골프 매출이 이전 1년과 비교해 48% 올랐고 회원 수도 37.4% 늘었다.

'골린이'라 해도 요즘은 골프라는 게임의 흐름을 스크린 골프로 어느 정도는 익힌 골퍼가 많다. 한 번도 필드 경험이 없는 4명이 같은 조로 머리를 올리는 광경이 심심찮게 보이는 이유다.

경험자 없는 첫 필드 라운드는 과거에는 상상도 못할 일이었지만 최근에는 스크린 골프의 대중화로 초보들도 용감해졌다.

스크린 골프 화면을 필드로 옮겨 놓은 듯한 시도도 데이터를 중시하는 MZ골퍼들에게 호응을 얻고 있다. 필드에서 티샷을 하면 레이더 센서가 이를 포착해 스윙을 분석해주는 스마트 자동영상촬영서비스다.

헤드 스피드·볼 스피드·구질·최고 높이·날아간 거리 등을 전용 앱을 통해 즉시 확인할 수 있다. 각자 체형과 운동 능력에 따라 낼 수 있는 최적의 데이터를 목표로 삼고 체계적으로 연습하는 골퍼도 많다.

3) 스크린 골프 저작권 분쟁

2023년 2월 1일 골프저널에 실린 "이어지는 스크린 골프 저작권 분쟁"을 소개한다.

최근 스크린 골프 업계 1위인 골프존이 저작권(著作權) 분쟁에 휘말렸다. 국내외의 골프장을 그대로 재현해 골프코스 영상을 사용했다가 저작권 분쟁에 휘말린 것이다.

'저작권'은 창작물을 만든 이가 본인이 만든 저작물에 대해 가지는 배타적인 법적 권리로 정의된다. 저작권은 거의 모든 산업 분야에서 중요하게 취급되며, 특히 콘텐츠와 관련이 깊은 산업에서는 그 무엇보다 중요하게 취급된다.

골프계도 예외는 아니다. '골프'와 '콘텐츠'가 연계된 모든 분야에서 저작권은 결코 무시할 수 없다. 골프 게임에서 저작권을 생각하지 않고 마구잡이로 '복사 붙여넣기'를 하거나, 골프 예능에서 무작위로 타 저작물을 베껴 만들면 안 된다.

매우 높은 확률로 저작권 소송에 휘말려 꼼짝없이 손해배상금을 지급하거나, 기껏 만든 콘텐츠를 폐기해야 하는 사태가 벌어질 가능성이 크다. 스크린 골프처럼 '콘텐츠'의 비중이 높은 업계라면 더더욱 저작권을 신경 써야 할 이유다.

스크린 골프 업계 1위인 골프존이 국내외의 골프장을 그대로 재현해 골프 코스 영상을 사용했다가 저작권 분쟁에 휘말렸다. 골프존은 골프장 소유주와 이용협약을 체결해 영상을 사용했는데, 문제의 골프코스를 설계한 미국의 골프코스 설계사인 '골프플랜'이 자사의 저작권 침해를 주장한 것이다.

골프플랜은 골프코스의 설계 도면의 저작권은 설계자인 자신들에게 있음을 들어 '골프존이 자사의 저작권을 침해했다'고 주장했다.

이에 골프존은 "골프코스는 배열이나 조합이 매우 제한적이어서 창작적 표현이 가능하지 않은 만큼 창작성이 없어 저작물에 해당하지 않는다."고 반론했다. 또한, 골프코스의 설계 도면과 골프존이 재현한 골프코스 영상을 비교해 보면 실질적인 유사성이 없으므로 저작권 침해가 아니라는 주장도 폈다.

1심 재판부는 골프플랜의 손을 들어 주었다. 재판부는 먼저 "각 골프코스의 설계 도면은 제작자의 창조적 개성이 발현돼 있어 저작물에 해당하며, 골프코스 영상은 설계 도면에 새로운 창작성을 더했다고 보기 어려워 실질적 유사성이 있다고 봄이 상당하다"고 지적했다.

또한, "이용자들이 코스를 공략하며 느끼는 재미와 난이도, 풍경 등을 고려해 코스를 설계한 것으로 보인다.", "페어웨이, 러프, 그린 등의 형태나 배치에 있어 다른 코스와 구별되는 특색을 갖고 있다", "골프존의 사업은 실제 골프장과 유사한 환경을 구현하는 것을 특성으로 하고, 각 골프코스와 각 골프코스 영상의 유사성은 골프존이 스스로 경쟁력으로 내세우는 요소"라고 보았다.

즉, 문제의 설계 도면에 저작권이 인정되며, 골프존과 설계도면 사이에 유사성도 인정한 것이다.

다만 재판부는 골프플랜이 청구한 손해배상액 일부만 인정했다. 문제가 된 골프코스 설계 도면이 골프코스 영상과 완전히 같지는 않다는 점. 그리고 골프존이 재현한 골프장의 코스 일부가 리모델링으로 변경된 점 등을 고려해 골프플랜이 청구한 72억여 원의 손해배상금 중 4억 2,000만원만 배상할 것을 명령했다.

다만 골프플랜과 골프존 모두 항소할 것으로 알려져 최종 결과는 2심이나 대법원에서 결정될 것으로 보인다. 사실 스크린 골프 저작권 분쟁은 처음 있는 일이 아니다. 특히 업계 1위를 차지하고 있는 골프존은 이미 여러 번 저작권 분쟁에 시달린 바 있다.

과거의 판례를 살펴보면, 이 사건은 회원제 골프장을 운영하는 4개사가 '자신들이 소유한 골프장 코스에 대한 종합적인 이미지를 골프존이 무단으로 사용하고 있다'며 소송을 낸 경우였다.

주된 논란은 골프존이 '저작권 침해' 혹은 '성과물 도용 부정경쟁행위'를 저질렀다는 것이었고, 재판부의 판단은 엇갈렸다.

1심 재판부는 저작권 침해를 인정했고, 2심 재판부는 저작권 침해는 인정하지 않는 대신 '골프존의 행위가 성과물 도용 부정경쟁행위에 속한다'고 보고 3억여 원의 배상을 명령했다. 대법원에서도 2심 판결을 인정하며, 결국 골프존은 원고 측에 총 3억여 원을 배상하게 되었다.

2022년에도 비슷한 사건이 있었는데, 바로 2개 회사가 골프존을 상대로 저작권 침해금지 및 손해배상 소송을 건 케이스다.

소송을 건 원고 측에서는 '골프존이 사용한 골프코스 영상이 자신들의 저작권을 침해했다'고 주장했고, 골프존은 '문제가 된 골프코스는 저작권이 인정되지 않거나, 실질적 유사성이 인정되지 않는다'고 주장한 가운데 1심 재판부는 원고 측의 손을 들어주었다.

"골프장의 골프코스는 인간의 사상 또는 감정이 표현된 것으로서 그 창작성도 갖추고 있으므로 저작권의 보호대상인 저작물에 해당한다.", "피고들이 이 사건 각 골프장의 골프코스의 모습을 거의 그대로 재현해 영상으로 제작, 스크린 골프장 운영업체에 제공한 것은 저작권을 침해한 행위로 봄이 상당하다"라며 골프존에 총합 28억 원 상당의 손해배상을 명령한 것이다.

이후 골프존이 상고심을 준비하고 있는 만큼 최종 결과는 좀 더 지켜봐야 알 수 있을 것이다.

어떤 업계든 법정 다툼의 승패와는 별개로 저작권 분쟁이 계속되는 건 바람직하지 않다. 특히 스크린 골프의 코스 영상은 스크린 골프에서 가장 중요한 컨텐츠 중 하나이며, 이를 둘러싼 법적 분쟁은 그 자체로도 커다란 악재일 수밖에 없다.

저작권 분쟁의 복잡성을 고려하면, 저작권 분쟁에 휘말린 기업이 잘못했다고 단언할 수는 없다. 하지만 한 번도 아닌 여러 번 비슷한 유형의 분쟁이 이어지고 있다는 건 아쉬움이 남는 부분이다.

2023년 1월 17일 서울중앙지법 민사62부는 "골프장 골프코스를 스크린 골프 영상에 무단으로 사용한 골프존이 한국관광공사 등 3개 골프장 운영사에 총 6억여 원을 배상해야 한다."고 1심에서 원고 일부승소 판결했다.

앞서 골프존은 스크린 골프 시스템에 평산투자개발의 프리스틴밸리CC, 한국관광공사의 중문CC, 스카이72의 스카이72CC(현재 운영사 변경)의 각 골프코스를 재현한 영상을 포함했다. 재판부는 "한국관광공사엔 1억 3,700만 원, 평산투자개발엔 6,200여만 원, 스카이72엔 4억 3,900만 원을 배상하라"고 밝혔다.

운영사들은 2015년 골프존의 저작권 침해 및 불법행위 등을 문제 삼으며 손해배상을 청구했다. 이들은 "골프장 설계자와 용역계약에 따라 각 골프코스의 저작권은 운영사 측에 있다"며 "운영사들이 이룩한 성과물인 골프코스 명칭 등 종합적 이미지를 피고(골프존)가 무단으로 사용해 경제적 이익을 침해했다"고 주장했다.

재판부는 운영사들의 '저작권 침해' 주장은 받아들이지 않았다. 각 골프코스는 '건축저작물'에 해당하지만, 설계용역계약에 따라 운영사들이 아닌 설계자가 저작권자라고 판단했기 때문이다.

하지만 "각 골프코스 영상을 제작·사용하고, 동일·유사한 명칭을 사용한 것은 운영사들의 성과를 무단으로 사용한 것"이라며 불법행위·부정경쟁행위에 따른 손해배상 책임은 인정했다.

재판부는 "피고의 2020년도 3분기 분기보고서에 기재된 바에 따르면, 피고의 사업은 실제 골프장과 유사한 환경을 구현하는 것을 특성으로 한다. 관련 유사성은 피고가 스스로 경쟁력으로 내세우는 요소"라며, "스크린 골프는 실제 골프와 비슷한 경험을 제공한다. 필드 골프보다 이용료가 저렴하고 접근성이 좋아 시간적, 경제적 비용과 계절·기후 변화 등을 고려해 스크린 골프를 이용하는 경우가 적지 않았을 것"이라고 지적했다.

다만 재판부는 "피고의 기술력과 영업 노하우, 마케팅 활동으로 인한 부분도 영업이익 상당 부분을 차지할 것"이라며 배상책임 범위를 한정했다.

아울러 "시뮬레이션 골프를 접한 이후 필드에 나갈 의향이 생겨 필드 골프장을 이용하는 이용자가 발생하는 등 간접적 이용 확대 효과가 생기고, 골프장 소개·홍보 효과가 생기는 등 피고의 행위가 운영사들에 일부 유리하게 작용한 측면도 있어 보인다"고 덧붙였다.

한편 골프존은 2020년 매출 2,985억 원에 영업이익 516억 원, 2021년 매출 4,403억 원에 영업이익 1,077억 원을 기록했다. 2022년 3분기에는 누적 기준 영업이익 1,077억 원을 기록, 작년 한해 영업이익을 넘어섰다. 2022년 연간 매출과 영업이익은 각각 6,325억 원, 1,667억 원으로 전망되었다.

4) 오프 코스와 온 코스

미국골프재단(NGF) 조사에 따르면 실내 골프 시뮬레이터를 포함해 '오프코스'만을 선호하는 미국 골퍼는 약 1,240만 명이고 필드 골프인 '온 코스'만 즐기는 이들은 1,260만 명으로 격차가 크지 않았다.

차이점은 선호하는 연령대다. 오프코스만 즐기는 골퍼의 평균 연령은 30세, 온 코스만 택하는 골퍼의 평균 연령은 45세다. KOTRA는 "MZ세대(밀레니얼+Z세대)와 여성 골퍼들이 기성세대보다 더 많이 오프코스를 통해 골프에 입문하고 즐기는 것으로 보인다"고 했다.

스크린 골프는 먹으면서 액티비티를 즐기는 '이터테인먼트(Eatertainment)'와도 잘 맞는다. 음식과 음료가 제공되는 볼링장이나 영화관, 드라이빙 레인지처럼 실내에서 골프를 하면서 남녀노소 먹고 마실 수 있는 놀이 문화가 가능하기 때문이다.

KOTRA 디트로이트 무역관에 따르면 최근 미국 이터테인먼트는 셰프가 만든 식사와 칵테일, 크래프트 맥주 등이 있는 활기찬 스포츠 바 분위기에서 골프를 즐기고 미국프로골프(PGA) 전문가에게 레슨까지 받을 수 있게 진화했다.

글로벌 시장조사기관 아이비스 월드(IBIS World)에 따르면 코로나19로 주춤했던 미국 골프연습장과 가족 엔터테인먼트 센터 산업 시장 규모는 지난해 175억 7,000만 달러(약 21조 7,000억 원)를 기록했다. 최근 3년간 연평균 11.6%씩 성장한 결과다.

이 같은 흐름에 맞춰 국내를 대표하는 스크린 골프업체 골프존도 미국 시장 진출에 속도를 내고 있다. 1월 24~27일 미국 플로리다주 올랜도에서 열리는 2023 PGA 머천다이즈 쇼에 참가해 골프 시뮬레이터 관련 제품을 선보인다.

이달 초에는 미국 라스베이거스에서 열린 세계 최대 전자·IT 전시회 CES 2023에서 휴대용 골프샷 모니터 '웨이브(WAVE)'를 소개했다. 이는 골프존이 처음 선보이는 레이더 센서 제품으로 이용자들이 휴대폰이나 태플릿PC 등 다양한 기기에서 자신의 골프 샷을 점검할 수 있게 해준다. 개인용 골프 시뮬레이터 시장이 성숙한 미국에 올해 이 제품을 처음 출시할 계획이다.

5) 미국 골프 시뮬레이터의 성장

미국 내 골프의 인기는 한때 '골프 황제'라 불러던 타이거 우즈의 등장과 더불어 급상승한 후, 그의 몰락(Post-Tiger effect)과 함께 하락세를 보였다.

경제 전문지 The Business Journals에 따르면, 2003년부터 2018년까지 15년 동안 미국에서 골프를 즐기는 사람의 수는 680만 명 감소했다. 같은 기간 동안 미국 전역에 걸쳐 1,200개 이상의 골프 코스가 문을 닫았고, 골프 관련 산업 전반적인 매출 감소를 경험했다.

골프 시장은 어떻게 하면 새로운 골퍼들을 유입 할 수 있을지 고민하기 시작하던 와중에 세계적인 유행병이 발병을 했고, 사회적 거리 두기와 소규모 모임이 장려되던 분위기 속에 골프는 '비교적 안전한' 야외 활동으로 인식되며 다시 관심을 받기 시작했다.

2020년, 특히 하반기에 골프를 즐기는 사람의 숫자가 큰 폭으로 증가했고, 그 증가세는 계속되고 있는 것으로 나타났다. 미국골프재단(NGF)의 조사에 따르면 2021년 만 6세 이상의 미국인 중 골프를 친 사람은 3,750만 명으로 2020년 대비 60만 명이 증가했다.

특별히 눈 여겨 봐야할 점은 골프 연습장, 실내 골프 시뮬레이터, 탑 골프(Top golf)와 드라이브 쉑(Drove Shack)과 같은 오프 코스(off-course)에서 골프를 경험해 본 사람의 수가 급격하게 증가하고 있다는 것이다.

오프 코스를 통해 골프에 입문 하는 사람이 증가하자, 미국골프재단은 이들을 두 그룹인 온 코스(on-course only)와 오프 코스(off-course only)만을 선호라는 골퍼)로 나누어 추적해왔다. 두 그룹의 숫자 차이는 점점 줄어 2021년에 온 코스만을 즐기는 골퍼는 1,260만 명, 오프 코스만을 즐기는 골퍼는 1,240만 명으로 조사됐다.

골프 시뮬레이터(Golf simulator)는 가상으로 설정된 골프 환경에서 골프를 연습할 수 있는 첨단 시스템이다. 실제 경기를 모방하여 설계된 골프 세팅으로, 코스(course)에 직접 가지 않고도 골프 게임을 즐길 수 있을 뿐만 아니라 스윙을 분석하고 약점을 파악하며 경기력을 향상 시킬 수 있게 하는 시스템을 말한다.

골프 시뮬레이터는 실제 골프 경기와 유사하게 시각과 청각 자극을 전달하기 위해 큰 스크린과 스피커를 동반하는데, 이러한 이유로 한국에서는 "스크린 골프"라는 명칭으로 더 잘 알려져 있다.

골프 전문지 GolfStead에 따르면, 골프 시뮬레이터가 처음 시장에 소개된 시점은 놀랍게도 1970년대이지만, 초기에는 큰 관심을 받지 못했다.

그러나 카메라, 적외선, 레이다 센서 등 기술의 발전과 더불어 시뮬레이터를 통한 가상 골프가 실제 온 코스 골프와 유사한 경험을 제공함에 따라 골프 시뮬레이터의 인기 또한 지속적으로 증가했다.

특히, 인공지능을 탑재한 센서는 스윙을 정밀하게 분석하여 구력 향상을 위해 노력하는 전문 골프 선수들이 훈련의 도구로 채택하고 있다.

또한, 실제 세계 각 지의 유명한 골프 코스를 가상현실로 체험해 볼 수 있고 골프 지형에 맞춰 움직이며 실제 골프를 치는 듯한 느낌을 생생히 구현해 내는 다양한 골프 시뮬레이터가 시장에 출시되며 골프 애호가들 사이에 관심이 급증했다.

골프 시뮬레이터에 대한 수요가 최근 몇 년 동안 증가하며, 겨울은 골프와 골프 관련 산업의 '비수기'라고 생각하던 사실이 흔들리고 있다. 시장조사, 분석 및 자문 서비스 기관 인 Straits Research 보고서에 따르면, 전 세계 골프 시뮬레이터 시장 가치는 2021년에 13억 1,550만 달러에서 2030년에 33억 8,000만 달러로 연평균 10.1% 성장세가 예상된다.

초기 실내 골프 시뮬레이터는 연중 꾸준히 스윙 연습을 해야 하는 골프 프로들과 계절의 한계를 넘어 일 년 내내 골프를 즐기고 싶어 하는 골프 애호가들을 중심으로 수요가 증가했다.

그러나 전 세계 골프 코스의 절반이 위치한 골프장 최대 보유국인 미국에서도 '오프 코스로만' 골프를 즐기는 사람이 지속적으로 늘며, 전통적인 골프 시장에 변화가 보이기 시작했다.

레이더 기반의 골프 스윙 분석기 제조 판매 기업인 트랙맨(Trackman)의 북미지역 영업 부장인 Cody Miller는 "처음 시뮬레이터의 가장 큰 시장은 1년 내내 골프를 칠 수 없는 미국 북동부, 중서부 및 캐나다였지만, 최근 애리조나, 플로리다, 캘리포니아와 같이 연중 골프를 칠 수 있다고 고려되는 지역에서도 지속적인 성장을 보이고 있다"고 언급한 바 있다.

골프존 아메리카(GolfZon America)의 CEO인 Tommy Lim은 골프 전문지 Links와의 인터뷰에서 "최근 골프를 즐기는 소비자의 행동이 변화하는 것을 관찰했는데, 디지털 의존도가 높고, 골프 실력을 향상시키기 위해 데이터를 적극적으로 사용한다."고 말했다.

"소비자의 행동 변화와 기술의 발전이 결합되면서 골프 시뮬레이터 시장의 성장 속도가 느려질 기미가 전혀 보이지 않는 인기를 누리게 되었다"고도 덧붙였다.

또한, 전통적인 골프보다 시간과 비용 측면에서 진입 장벽을 낮추어 운동 이상의 '즐길 거리'로서 골프 엔터테인먼트 시장을 확대 시키는데 주요동인 역할을 하였다.

6) 탑 골프

탑 골프(Top golf)란 '골프에 볼링과 양궁의 경기 방식을 혼합한 실내 레저 스포츠'이다. 레인 끝에 서서 골프 클럽으로 공을 쳐 앞쪽에 설치된 양궁 과녁에 맞춘 뒤 볼링식으로 계산하는 경기로 실내에서 골프·양궁·볼링의 재미를 한꺼번에 즐길 수 있는 신종 레저 스포츠이다.

일반적으로 실내골프가 단순히 스윙 연습에 그치고 있는데 반해 스코어골프는 골프의 정확한 샷을 연마할 수 있을 뿐만 아니라 게임도 즐길 수 있다. 4명이 한 조로 구성되며, 한 사람이 1라운드 당 3개의 공을 쳐 10라운드까지 경기를 진행한다.

골프공으로 표적을 맞추면 표적 판 둘레에 설치된 적외선 광센서가 이를 감지해 볼링처럼 타석 위의 컴퓨터 단말기에 개인별 점수가 나타난다. 표적 판의 점수는 양궁과 마찬가지로 과녁의 한가운데가 10점이고, 바깥 원으로 나가면서 8, 6, 4, 2, 1점으로 낮아진다.

미국 골프 엔터테인먼트 시장의 선두 주자 탑 골프(Top Golf)는 반 실내 드라이빙 레인지 형태에 볼링장의 특징을 결합한 형태로 '골프 볼링장(Golf bowling alley)'이라는 말이 등장하게 했다.

다양한 색상의 골프공에 내장된 마이크로 칩으로 목표물에 도달하는 정도를 자동으로 추적하여 점수를 매기는 게임의 형태로 골프에 관심이 없던 젊은 세대들이 쉽고 즐겁게 골프를 시작하는데 큰 역할을 했다.

탑 골프의 2019년 수익은 10억 6,000만 달러로 6억 3,000만 달러의 수익을 기록했던 2017년부터 연평균 29.71%의 성장세로 인상적인 성장을 이루어냈다.

2020년 전통 골프 브랜드 캘러웨이(Callaway)가 탑 골프를 인수 했고, 캘러웨이 CEO 올리버 브루어(Oliver Brewer)는 "앞으로 탑 골프는 골프 입문자를 가장 많이 만들어내는 플랫폼이 될 것이다"라고 언급한바 있다.

이터테인먼트(Eatertainment)는 '먹다'라는 의미의 'Eat'과 '즐기다'라는 뜻의 'Entertainment'가 합성된 용어로 '먹으면서 즐기는 문화'를 의미한다. 미국에서 '이터테인먼트'는 완전히 새로운 컨셉은 아니다.

1970년대 후반에 처키치즈(Chuck E. Cheese)와 데이브 앤 버스터스(Dave and Buster's)와 같은 오락실(Arcade)에서 식·음료까지 판매하는 개념으로 처음 등장했다. 2000년대 '체험경제'가 성장하면서 그 인기가 높아졌다.

최근 몇 년 동안, 음식과 음료가 제공되는 볼링장, 영화관, 드라이빙 레인지와 같은 새로운 개념들이 등장하며 이터테인먼트 시장을 새로운 버전으로 끌어올렸다.

골프 시뮬레이터는 최근 명실상부한 대세 스포츠인 골프가 이터테인먼트의 새로운 강자로 남녀노소 먹고 마시고 즐길 수 있는 문화로 자리 잡게 했다.

글로벌 조사기관 아이비스 월드(IBIS World)에 따르면 코로나19로 주춤했던 미국 골프연습장 및 가족 엔터테인먼트 센터 산업 시장 규모가 2022년 175억 7,000만 달러를 기록하며 지난 3년간 연평균 11.60%의 성장세를 보인다.

미시간주에 골프 시뮬레이터를 갖춘 실내 골프 시설인 티타임스(Tee Times)를 오픈한 브랜든 샤야(Brandon Shaya)는 지역에 이미 두개의 전통 스포츠 바를 운영하고 있던 중, "소셜라이팅, 다이닝과 골프를 결합해 골프 애호가뿐만 아니라 비 골퍼들까지 함께 즐길 수 있는 실내 골프 시설"을 시작하게 되었다고 했다.

최근 미국 '이터테인먼트'의 핫한 트렌드로 셰프가 만든 식사 메뉴, 칵테일, 크래프트 맥주 등이 특징인 활기찬 스포츠 바 분위기에서 골프를 즐길 수 있을 뿐만 아니라 PGA 전문가들에게 지도와 레슨까지 받을 수 있는 공간을 제공한다.

최근, 타이거 우즈(Tiger Woods)와 로리 매킬로이(Rory McIlroy)가 주축이 되어 TMRW스포츠(TMRW Sports)라는 벤처 기업을 출범했다. 미국 프로골프(PGA)투어와 파트너십으로 새로운 가상현실 골프 리그 TGL를 만들겠다고 발표했다.

CBS에 따르면, 2024년 1월에 처음 시작하는 정규 TGL시즌은 골프 시뮬레이터를 사용한 18홀의 가상 코스에서 2시간 동안 진행될 예정이다. 3명의 선수가 한 팀을 이뤄 총 18명의 선수들이 6개의 팀으로 나뉘어 경쟁하는 방식이 될 것이라고 한다.

현재 세계 공식 골프 랭킹 1위인 로리 매킬로이와 골프 황재 타이거 우즈가 주최하는 골프 시뮬레이터를 도입한 새로운 가상 골프 경기는 어떤 모습일지 관심을 받고 있다.

새로운 골프 역사의 시작일 것이라는 분위기 속에 골프 시뮬레이터 시장은 골프 드라이빙 레인지 외에도 호텔, 리조트 및 일반 가정에까지 더 다양하게 보급되며 지속적으로 성장할 것으로 보인다.

5 마무리

지난해 골프장이야기 1권과 2권을 낸 이후 골프 관련도서를 더 읽고자 나서면서도, 골프의 본령인 '파 앤드 슈어'(Far·Sure, 멀리 그리고 확실히)로 스윙과 샷을 다루는 실기 레슨교본 위주에서는 탈피하려고 했습니다.

국내 40여 곳 대형서점에 반복해 들러 2백 65권의 골프 관련 서적을 구입해 이미 1백 89권을 완독하면서 골프 관련 전문성을 더 높였고, 아래 별책으로 그 2백 65권 목록도 게재합니다.(책 출간 후 클럽하우스 책방에 비치함)

골프 역사나 정책 그리고 설계에 대한 관심이 높았고 골프현상이나 원천적인 내용을 탐구하려고 힘썼는데, 구한 책 중에서는 범람하는 골프관련 레슨 교습서가 그래도 20% 이상은 차지합니다.

우선 발간 순서나 저자 중심으로 하여 구입한 책들도 아니었고, 다닌 서점마다 구색이 달라 모두 함께 확보하기도 어려웠지만, '멘탈 골프'와 '비즈니스 골프' 관련 책이 많고 입문서, 여행기, 에세이, 소설 등 골프관련 책들입니다.

다양한 관련 서적을 계속해 읽어나가자 차차 용어에 대한 개념이 정립되었고, 나름 식견도 늘어 골프 현상도 더 알고 되어 나름 판단도 가능해 지면서, 골프장이야기 3권을 제 생애 10번째로 냅니다.

골프 역사나 정책, 프로골프 경기와 산업 특히 골프코스 설계에 큰 방점을 뒀던 골프장이야기 3권은 심화도서로서, 앞 책이 입문서와 해설서에 준할 터 가급적 중복되지 않는 내용입니다.

흔히 사람들이 '골프를 즐긴다'고 하면 이는 '하는 골프'와 '보는 골프'를 가리키는 말일 것이나 '읽는 골프'의 즐거움도 그에 못지않습니다. '런던 대영도서관에는 골프 관련 서적이 12만권 넘게 꽂혀 있다'고 하나 우리나라에는 '읽는 골프'의 욕구를 충족시켜줄 만한 도서관이 부족합니다.

이런 현상은 우리나라 골퍼들이 '하는 골프', 그중에서도 스코어에 집착할 뿐, '읽는 골프'를 통해 그 진수를 느끼는 데에는 별로 관심을 가지지 않기 때문일 것인데, 더케이(The-K) 소피아그린CC 객장에서 만나 보십시오.

필자는 올해 1월 제주도에 직무연수를 갔을 때에도 습관처럼 저녁시간에 제주시청 부근 서점에 들릴 정도로 골프 관련 책을 항시 찾아 구입했는데 앞으로도 지속할 것입니다.

1백 89권의 독서로 골프에 대한 지식을 터득하며 최신 보도를 따라 '많은 골퍼들에게 도움을 주겠다'는 의도로 집필하게 되었고, 흔하게 숟가락 하나 더 얹는 책 발간만은 아닐 것입니다.

특히 일일이 그 출처를 함께 밝히며 실었던 책 몇 곳에 게재된 사진과 표는 도움 주는 이미지로서 인용 기사와 함께 구했던 것을 게재한 것이나, 학위 취득서적도 아닌 만큼 모든 내용마다 출처와 인용을 다 밝히지 못했음을 양해바랍니다.

필자가 5.18 민주유공자로 한 평생 세 번이나 난경을 당하며 꿋꿋하게 '깨어있는 삶'으로 '길 찾기'를 해 오는 것을 지켜보면서도, 흔연스레 도왔던 배우자 이순영 박사에게 먼저 경의를 표하며, 새로운 인터넷 관련 책 발간도 축하드립니다.

아울러 한국전력공사에 다니는 큰 딸 효정, 공학박사로 삼성전자에 다니는 큰 아들 경훈, 뉴욕에서 엑센츄어 컨설팅에 근무하는 막내 경민 모두 건승하기를 기원하며, 감사드립니다.

이 책을 펴내는데 큰 도움을 주신 여러 지인들과 특히 디자인세창 김충수 대표님을 비롯한 출판인들에게도 거듭 고맙습니다.

부록

골프관련 책 목록

부록 | 골프관련 책 목록

『1994년』

- 데이비드 리드베터 지음, “골프 스윙”(1994년 9월 25일) 박형태 옮김, 삼호미디어 발행.

『1996년』

- 피터 발링걸 지음, “주말에 배우는 골프“(1996년 1월 10일) 신현규 옮김, 하서출판사 발행.

『1997년』

- 신세이 지음, “골프대사전“(1997년 7월 10일) 김상일 옮김, 하서출판사 발행.

『1998년』

- 최영정 지음, “골프는 세상을 바꾼다.”(1998년 2월 12일) 삶과 꿈 발행.
- 김교창 지음, “골프의 법률상식 모든 것”(1998년 7월 10일) 청림출판 발행.

『1999년』

- 김진영 지음, “골프, 쉽고 재미있게 보는 법”(1999년 3월 15일) 국일미디어 발행.
- 데이비드 리드베터 지음, “골프 스윙 완성“(1999년 8월 20일) 박형태 옮김, 삼호미디어 발행.
- 제임스 도드슨 지음, “마지막 라운드”(1999년 10월 15일) 정선이 옮김, 아침나라 발행.

『2000년』

- 방민준 지음, “달마가 골프채를 잡은 까닭은?”(2000년 6월 26일) 도서출판 서해문집 발행.

『2001년』

- 묵현상 지음, “내기 골프에서 이기는 노하우”(2001년 3월 15일) 바이오프레스 발행.
- 고영분 지음, “골프일기”(2001년 4월 14일) 한국능률협회 발행.
- 박유희 지음, “멋진 골퍼 행복한 스윙”(2001년 6월 25일) ㈜아침나라 발행.
- 정기인 지음, “氣골프로 싱글되는 법”(2001년 11월 28일) 조선일보사 발행.

『2002년』

- 정기인 지음, "氣골프 건강법"(2002년 1월 17일) 조선일보사 발행.
- 존 안드리사니 지음, "타이거 우즈 스윙의 비밀"(2002년 3월 20일) 김홍구 옮김, 한국경제신문 발행.
- 마츠이 이사오 지음, "골프 新이론"(2002년 4월 15일) 바이오프레스 발행.
- 타이거우즈 지음, "나는 어떻게 골프를 치는가."(2002년 4월 27일) 원형중·지현 옮김, 황금가지 발행.
- 이상무 지음, "만화로 보는 골프 테크닉, 싱글로 가는 길"(2002년 5월 1일) 자유시대사 발행.
- 앤드류 우드 지음, "비지니스 골프 라이프"(2002년 5월 8일) 홍정희 옮김, 한국능률협회 발행.
- 데이비드 리드베터 지음, "데이비드 리드베터의 100% Golf"(2002년 8월 30일) 삼호미디어 발행.
- 존 안드리사니 지음, "이것이 골프 경영이다"(2002년 11월 5일) 한익수 옮김, 도서출판 큰나무 발행.
- 마이클 앤드류 스미스 지음, "비즈니스 골프"(2002년 11월 10일) 한정은 옮김, 인북스 발행.
- 트래이시 섬너 지음, "핑 골프클럽 50년 이야기"(2002년 11월 10일) 참솔 발행.
- 비비엔 손더스 지음, "골프 핸드북"(2002년 11월 20일) 김승태 옮김, 보성출판사 발행.

『2003년』

- 데이비스 러브3세 지음, "인생과 아버지의 사랑을 전해주는 골프 레슨"(2003년 3월 5일) 원형중 옮김, 아침나라 발행.
- 에이스회원권거래소 지음, "전국 골프장 가는 길"(2003년 6월 15일) 골프다이제스트 발행.
- 김재화 지음, "골프가 즐거워지는 55가지 이유"(2003년 6월 15일) 무한 발행.
- 송상용 펴냄 "도전은 아름답다"(2003년 9월 1일) 렉스필드CC 발행.
- 돈 반 나타 주니어 지음, "백악관에서 그린까지"(2003년 9월 30일) 정승구 옮김, 아카넷 발행.
- 조셉 페런트 지음, "젠 골프"(2003년 10월 9일) 강주헌 옮김, 한문화멀티미디어 발행.
- 조지 페퍼 지음, "위대한 게임"(2003년 12월 24일) 양영주 옮김, 대한교과서 발행.

『2004년』

- 이상무 지음, "싱글로 가는 원 포인트 레슨1"(2004년 3월 10일) 삼호미디어 발행.
- 잭 니클라우스 · 존 티켈 지음, "골프와 나의 인생"(2004년 4월 10일) 정미나 옮김, 김영사 발행.

- 노수성 지음, "7번 아이언을 위하여"(2004년 8월 5일) 바다출판사 발행.
- 토니 디어 지음, "골프의 모든 것"(2004년 9월 7일) 김재열 옮김, 고려닷컴 발행.
- 최종구 지음, "스스로 깨우치는 골프"(2004년 10월 8일) 도서출판 동인 발행.
- 박영진 지음, "베스트 스코어를 위한 스윙과 골프 클럽"(2004년 11월 10일) 아카데미북 발행.
- 톰 캘러한 지음, "타이거 우즈의 비밀"(2004년 12월 10일) 장근종 옮김, 한국경제신문 발행.

『2005년』

- 임승준 지음, "핸디를 낮추는 멘탈 골프"(2005년 4월 15일) 아카데미북 발행.
- 로버트K 윈터스 지음, "마인드 파워골프의 10계명"(2005년 5월 7일) 안종섭 옮김, 고려닷컴 발행.
- 스티브 윌리암스·휴 그 레이시 지음, "골프의 심리학"(Hitting the Zone, 2005년 6월 27일) 임경빈·조건진 옮김, 네모북스 발행.
- 정영호 지음, "아마골프 가이드"(2005년 9월 10일) 가림출판사 발행.

『2006년』

- 김성수·이영승 지음, "무의식으로 스윙하라"(2006년 2월 15일) 전원문화사 발행.
- 유응렬 지음, "신나는 골프세상"(2006년 3월 15일) 가림출판사 발행.
- 마이클 허잔 지음, "골프코스 설계 및 시공"(2006년 3월 15일) 황원 옮김, 도서출판 조경 발행.
- 최민아 지음, "위풍당당 오감자의 유쾌한 골프세상"(2006년 3월 24일) 중앙교육진흥연구소 발행.
- 김덕상 지음, "당신은 이제 골프 왕 2"(2006년 4월 10일) 집사재 발행.
- 이노우에 토오루 지음, "실력 향상을 위한 아이언 레슨"(2006년 5월 30일) 이근택 옮김, 삼호미디어 발행.
- 조준동 지음, "세계 골프 명사들의 살아있는 현장 레슨 108"(2006년 8월 25일) 아카데미북 발행.
- 스티브 윌리엄스 · 휴드 레이시 지음, "골프 정신력의 게임"(2006년 8월 25일) 네모북스 발행.
- T.J.토머시 지음, "토탈 골프"(2006년 10월 20일) 김재홍 옮김, 국일미디어 발행.
- 이삼선 지음, "잘 먹고 잘사는 법 골프"(2006년 12월 25일) 김영사 발행.

『2007년』

- 한희성 지음, "감칠 맛 나는 골프이야기"(2007년 1월 15일) 화남 발행.

- 박영진 지음, "주니어 골프"(2007년 2월 5일) 가림출판사 발행.
- 김 헌 지음, "내 안의 골프 본능"(2007년 2월 10일) 예문당 발행.
- 마크 피셔 지음, "골퍼와 백만장자"(2007년 3월 7일) 김 호 옮김, 디자인하우스 발행.
- 윤재우 지음, "장타가 뭐 길래"(2007년 6월 29일) 남강기획 발행.
- 나이토 유지 지음, "나이스 벙커 샷"(2007년 6월 29일) 유웅열 옮김, 국일출판사 발행.
- 방민준 지음, "초원의 길 골프"(2007년 7월 6일) 화남 발행.
- 김종욱 지음, "파워 여성골프입문"(2007년 7월 10일) 삼호미디어 발행.
- 박경호 지음, "126타에서 70타까지1·2권"(2007년 10월 10일) 골프앤라이프 발행.
- 임형진 지음, "Three Putt은 없다"(2007년 10월 18일) 동화 발행.
- 묵현상 지음, "내기 골프에서 돈 따는 법"(2007년 10월 20일) 매경출판㈜ 발행.
- 박순표 지음, "골프가 뭐 길래"(2007년 10월 25일) 리얼북 발행.
- 매일경제 스포츠레저부 지음, "주말 골퍼 10타 줄이기"(2007년 10월 30일) 매경출판㈜ 발행.

『2008년』

- 현세용·서주석 지음, "10타 줄여주는 클럽 피팅"(2008년 3월 20일) 가림출판사 발행.
- 데이비드 리드베타 지음, "포인트 레슨"(2008년 3월 28일) 김승환 옮김, 삼호미디어 발행.
- 사이토 마사시 지음, "골프가 내 몸을 망친다."(2008년 6월 17일) 김숙이 옮김, 에스에이엠티유 발행.
- 김재화 지음, "골프 없이는 못살아"(2008년 7월 20일) 미래지식 발행.
- 김진혁 지음, "골프 시크릿"(2008년 9월 25일) 북오션 발행.
- 한은구 지음, "골프장 주변 맛 집"(2008년 9월 30일) 클라이닉스 발행.
- 매일경제 스포츠레저부 지음, "스크린 골프 바이블"(2008년 10월 15일) 매경출판㈜ 발행.
- 이학오 지음, "골프에서 길을 묻다"(2008년 10월 24일) 쌤앤파커스 발행.
- 존 안드리사니 지음, "미셸 위의 원 포인트 레슨"(2008년 11월 1일) 현윤진 옮김, ㈜행간 발행.
- 김영안 지음, "나이스 샷! 굿 비즈니스"(2008년 11월 10일) 새빛에두넷 발행.
- 이승철 지음, "골프 닥터의 몸 살리고 장타 치고"(2008년 11월 10일) 동아일보사 발행.
- 전현지 지음, "전현지의 자신만만 골프"(2008년 11월 20일) 매경출판㈜ 발행.

『2009년』

- 스티브 뉴엘 지음, "골프 바이블"(2009년 2월 20일) 최대혁·최희남·김동진 옮김, 대한미디어 발행.

- 김 헌 지음, "스윙과 삶을 다스리는 마음골프"(2009년 6월 10일) 위즈덤하우스 발행.
- 이상무 지음, "만화로 보는 골프 테크닉, 싱글로 가는 길 2"(2009년 6월 26일) 아키온 발행.
- 크리스토퍼 오베츠 지음, "싱글로 가는 골프 클레식 100"(2009년 6월 26일) 설정덕 옮김, 살림출판사 발행.
- 제임스 라고넷 지음, "18홀에서 나를 이기는 마음의 기술"(2009년 9월 15일) 박주민 옮김, 가람문화사 발행.
- 김장우 지음, "골프 입문에서 싱글까지"(2009년 9월 18일) 글로세움 발행.
- 아드리안 프라이어·칼 모리스 지음, "골프 인 더 존"(2009년 9월 25일) 도서출판 아카데미북 발행.
- 류석무·남화영 지음, "한국의 골프장 이야기 제1권"(2009년 9월 25일) 구름서재 발행.

『2010년』

- 콜린 하우 지음, "PLAY BETTER GOLF"(2010년 2월 10일) 도레파 예경 발행.
- 신제섭 지음, "파이널 퀸 신지애, 골프로 비상하다"(2010년 3월 15일) 민음인 발행.
- 길문섭 지음, "김 과장! 골프는 알고 치는 거야?"(2010년 4월 14일) 타임스퀘어 발행
- 밥 미첼 지음, "천국에서의 골프"(2010년 5월 13일) 김 성 옮김, 문학동네 발행.
- 김 헌 지음, "골프 내공"(2010년 5월 17일) 다산북스 발행.
- 김흥구 지음, "골프란 무엇인가"(2010년 5월 20일) 개정판 한국경제신문 발행.
- 진영수·권오영 지음, "장타치는 몸만들기"(2010년 6월 25일) 비타북스 발행.
- 김영안 지음, "골프 단숨에 100타 깨기"(2010년 8월 9일) 새빛에듀넷 발행.
- 김흥구 지음, "주말골퍼 80대서 70대로"(2010년 8월 13일) YJ GOLF 발행.
- 오태식 지음, "주말골퍼 실전비법"(2010년 8월 20일) 매경출판㈜ 발행.
- 옥 광 지음, "골프의 이론과 실제"(2010년 8월 31일) 충북대학교출판부 발행.
- 전현지 지음, "자신만만 골프, 퍼펙트 스윙"(2010년 10월 5일) 매경출판 발행.

『2011년』

- 서경현 지음, "재미있는 골프심리"(2011년 1월 10일) 학지사 발행.
- 김동민 지음, "조조처럼 스윙하고 유비처럼 라운딩 하라. - 상대의 마음을 얻는 골프삼국지"(2011년 2월 4일) 가디언 발행.
- 롤랜드 메럴로 지음, "신과 함께한 골프"(2011년 3월 20일) 김문호 옮김, 팩컴북스 발행.
- 오태식 지음, "그래, 난 골프에 미쳤다"(2011년 4월 18일) 매경출판㈜ 발행.
- 나니토 유지 지음, "파 세이브를 노리자(스윙편)"(2011년 5월 4일) 박미영 옮김, 영진닷컴

- 한은구 지음, "한국의 골퍼들 1."(2011년 6월 22일) 프롬북스 발행.
- 한은구 지음, "한국의 골퍼들 2."(2011년 6월 25일) 프롬북스 발행.
- 진영수·권오영 지음, "장타치는 몸만들기"(2011년 6월 25일) 비타북스 발행.
- 김기홍·최창욱 지음, "골프 산업론"(2011년 7월 15일) 대왕사 발행.
- 김선웅·이근춘 · 임진한 지음, "골프 문제집"(2011년 8월 25일) 대경북스 발행.
- 비비엔 손더스 지음, "골프 핸드북"(2011년 9월 15일) 김승태 옮김, 보성출판사 발행.
- 김 헌 지음, "골프 천재가 된 홍 대리"(2011년 11월 6일) 다산북스 발행.
- 박영수 지음, "지도 없이 떠나는 101일간의 축구와 골프"(2011년 12월 20일) 영교출판 발행.

『2012년』

- 박순표 지음, 이현세 그림 "까치 이현세의 골프가 뭐 길래"(2012년 2월 13일) 새론P&B 발행.
- 김현덕·박남환·신홍범 지음, "골프의 기본이론과 실제"(2012년 3월 15일) 녹문당 발행.
- 안용태 지음, "골프장 C E O"(2012년 4월 12일) 한국골프인재개발원 발행.
- 양용은 지음, "초보 골프 레슨"(2012년 4월 30일) 경향미디어 발행.
- 승효상 지음, "삼백 육십도 이야기"(2012년 5월 14일) 수류산방 발행.
- 조셉 페런트 "골프, 멘탈 게임의 예술"(2012년 5월 22일) 조윤경 옮김, 고려닷컴 발행.
- 야마구치 신고 지음, "평범한 샐러리맨, 2년 만에 싱글 되는 법"(2012년 6월 27일) 최성욱·이영미 옮김, 도서출판 제니북스 발행.
- 정아름 지음, "왕초보를 위한 친절한 골프교과서"(2012년 7월 15일) 북오션 발행.
- 페트라 힘멜 지음, "쉽고도 쉬운 골프"(2012년 7월 15일) 매경출판 발행.
- 김 헌 지음, "골프도 독학이 된다."(2012년 8월 14일) 양문 발행.
- 이광희 지음, "오른손으로 왼쪽 무릎을 쳐라"(2012년 8월 20일) 집사제 발행.
- 톰 독 지음, "알기 쉬운 골프코스 디자인"(2012년 9월 12일) 한국골프학회 옮김, 도서출판 보문당 발행.
- 고덕호 지음, "고덕호 실전 골프 레슨"(2012년 10월 25일) 삼호미디어 발행.
- 박지은·정제원 지음, "내 인생 최고의 경기는 지금부터 – 메이저 퀸 박지은의 골프 에세이"(2012년 11월 27일) 중앙북스 발행.
- 윤선달 지음, "알까기 골프"(2012년 12월 5일) 도서출판 선암사 발행.
- 강명식 지음, "레드재킷 – 강명식 골프 장편소설"(2012년 12월 7일) 스마트비즈니스 발행.
- 화장실독서가협회 지음, "화장실에서 읽는 골프 책"(2012년 12월 24일) 문은실 옮김, 보누스 발행.
- 김성헌·이남주 지음 "주부9단, 골프9단 되다"(2012년 11월 25일) 매경출판사 발행.

『2013년』

- 윤성규 지음, “골프의 달인”(2013년 1월 13일) 스카이출판사 발행.
- 최혜영·김재화 지음, “골프가 안 되는 108가지 이유”(2013년 4월 16일) 맛있는책 발행.
- 박종율 지음, “절대 90 넘지 않는다.”(2013년 4월 16일) 도미노북스 발행.
- 골프존 마켓인텔리전스팀 지음, “대한민국 골프백서”(2013년 7월 10일) 백산출판사 발행.
- 오태식 지음, “주말골퍼 똑바로 멀리치기”(2013년 8월 2일) 매경출판㈜ 발행.
- 마이클 머피 지음, “내 생애 최고의 골프”(2013년 8월 30일) 민훈기·강영열 옮김, 미래를 소유한 사람들 발행.
- 성호준 지음, “한국 여자골프, 맨발의 투혼에서 그랜드슬럼까지”(2013년 10월 15일) 나남 발행.
- 박세규 지음, “스크린 골프 정복하기”(2013년 11월 15일) 오성출판사 발행.
- 남경우 지음, “수다 골프, 수다 인생”(2013년 12월 10일) 이서원 발행.

『2014년』

- 론 카스프리스코 지음, “골프 다이제스트 레슨”(2014년 3월 19일) 김해천 옮김, 싸이프레스 발행.
- 김종업 지음, “골프, 道를 만나다”(2014년 3월 28일) 대한미디어 발행.
- 김흥구 지음, “사랑과 골프”(2014년 4월 5일) 글로세움 발행.
- 이영숙 지음, “느낌 아는 이여사의 골프이야기”(2014년 4월 10일) 타래 발행.
- 김태균 지음, “스윙하지 말고 플레이하라”(2014년 4월 20일) 도서출판 아름다운사람들 발행.
- 홍사중 지음, “골프는 인생이다”(2014년 5월 7일) 이다미디어 발행.
- 이범주·최응선 지음, “아마추어 골퍼가 자주하는 골프 실수”(2014년 5월 22일) 그리고책 발행.
- 김 헌 지음, “골프 천재가 된 홍 대리”(2014년 7월 1일) 다산북스 발행.
- 장복덕 지음, “장고의 쪼루인생 골프이야기”(2014년 7월 19일) 도서출판 징검다리 발행.
- 이종철 지음, “골프 생각이 스윙을 바꾼다.”(2014년 8월 20일) 예문당 발행.
- 라이프 엑스퍼트 지음, “굿바이 쓰리 퍼팅”(2014년 8월 20일) 이명희 옮김, 도서출판이아스 발행.
- 장복덕 지음, “장고의 쪼루인생 골프이야기 2”(2014년 8월 20일) 도서출판 징검다리 발행.
- 김선웅·김창국·이근춘·김태윤 “원리를 알면 나도 골프 황제”(2014년 11월 1일) 대경북스 발행.
- 정재용 지음, “죄송합니다. 운동부입니다”(2014년 12월 3일) 레인보우북스 발행.
- 최금호외 3인 지음, “60일간의 미국 골프횡단”(2014년 12월 25일) 푸른영토 발행.

『2015년』

- 이기윤 지음, "상식으로 정복하는 골프"(2015년 1월 30일) 워드스토리 발행.
- 김덕상 지음, "골퍼를 살리는 캐디 골퍼를 죽이는 캐디"(2015년 4월 15일) 집사재 발행.
- 황숙희 지음, "황 교수의 열정 골프"(2015년 5월 30일) 순정아이북스 발행.
- 정헌순·홍준희 지음, "골프, 당신은 멘탈을 볼 수 있는가?"(2015년 7월 25일) 대한미디어 발행.
- 김범진 지음, "져도 이기는 비즈니스 골프"(2015년 10월 15일) 유아이북스 발행.
- 이석광·황복주 지음, "영혼이 있는 골프 인문학"(2015년 12월 1일) 유원북스 발행.
- 안문석 지음, "대통령과 골프"(2015년 12월 17일) 인물과사상사 발행.

『2016년』

- 이종철 지음, "골프, 마음의 게임"(2016년 1월 5일) 예문당 발행.
- 박성훈·황용오 지음, "부부골프 통통통"(2016년 1월 20일) 퍼블리터 발행.
- 홍정균 지음, "골프 토너먼트 마케터 도전하기"(2016년 3월 18일) 시대에듀 발행.
- 박노승 지음, "더 골퍼"(2016년 7월 18일) 예문당 발행.
- 조영경 지음, "116년만의 올림픽 금메달을 딴 골프여제 박인비"(2016년 10월 18일) 스코프 발행.
- 김홍현 지음, "골퍼의 계급"(2016년 11월 20일) 인터북스 발행.

『2017년』

- 신동주 지음, "아빠랑 골프 치러 가자"(2017년 2월 6일) 커리어북스 발행.
- 심규열 외 지음, "2017 골프코스 관리 단기교육"(2017년 2월 14일) 한국잔디연구소 발행.
- 김정하 지음, "골프, 이렇게 시작한다."(2017년 2월 15일) 레인보우북스 발행.
- 다이애나 홍 지음, "골프 싱글이 비즈니스 싱글이다"(2017년 5월 1일) 일상이상 발행.
- 이경원 지음, "진짜 멋진 캐디, 진짜 평범한 캐디"(2017년 6월 15일) 집사재 발행.
- 남화영 지음, "골프, 나를 위한 지식플러스"(2017년 6월 20일) ㈜넥서스 발행.
- 김 헌 지음, "김헌의 골프 행복 레슨법"(2017년 6월 20일) 도서출판 골통 발행.
- 박세규 지음, "스크린골프 정복하기"(2017년 8월 25일) 오성출판사 발행.
- 이다겸·최영묵 지음, "골프의 정신을 찾아서 - 유럽 골프 인문 기행"(2017년 8월 28일) 수류산방 발행.

『2018년』

- 라종억 지음, "내 골프채가 어떻게 아프리카 초원에 갔을까?"(2018년 1월 22일) 맑음북스 발행.
- 김영선·박광현 · 장상록 지음, "골프장 지방세 어떻게 할 것인가"(2018년 3월 14일) ㈜북랩 발행.
- 이기윤 지음, "유머와 상식으로 정복하는 골프"(2018년 3월 20일) 워드스토리 발행.
- 이봉철 지음, "골프 독학의 모든 것"(2018년 4월 20일) 글로북스 발행.
- 강상범 지음, "한글골프"(2018년 6월 8일) 바른북스 발행.
- 도범스님 지음, "골프공과 선사"(2018년 6월 30일) 조계종출판사 발행.
- 김기태 지음, "골프 상식사전"(2018년 8월 10일) 도서출판 길벗 발행.
- 닉 브래들리 지음, "골프스윙의 정석"(2018년 8월) 박건호 옮김, 샘터 발행.
- 황인선 지음, "동심경영 - 한국을 깬 골프장, 스카이72 이야기"(2018년 9월 21) ㈜태일소담출판사 발행.
- 이봉철 지음, "골프가 인문학을 만나다"(2018년 9월 27일) 지상사 발행.
- 라이프 엑스퍼트 지음, "어프로치만으로 90타, 80타의 벽을 깨는 방법"(2018년 10월 15일) 윤광섭 옮김, 집사재 발행.
- 전순용 "골프 경기력 분석과 이해"(2018년 10월 29일) 진샘미디어 발행.
- 이민중 지음, "오버 피가 2배 오르는 캐디의 서비스 전략서"(2018년 11월 14일) 북스타 발행.
- 백국선 지음, "행복한 골프 수업"(2018년 12월 21일) 지식과감성 발행.

『2019년』

- 김준식 지음, "골프, 이 책을 미리 알았더라면"(2019년 3월 8일) 도서출판 좋은땅 발행.
- 이용희 지음, "FIND YOUR TEMPO"(2019년 3월 8일) 한국리더스포럼 발행.
- 김중영 지음, "탄탄한 기초를 위한 골프 입문서"(2019년 4월 25일) 오성출판사 발행.
- 김동균 지음, "골프 허슬러"(2019년 5월 13일) 책나무출판사 발행.
- 이광희 지음, "골프전도사 이광희의 골프사랑 40년"(2019년 6월 25일) 집사제 발행.
- 이경원 지음, "브라보 마이 라이프"(2019년 8월 14일) ㈜양문 발행.
- 유충경 지음, "골프, 멘탈로 승부한다."(2019년 9월 1일) 필미디어 발행.
- 김덕상 지음, "당신은 이제 골프 왕"(2019년 10월 22일) 집사재 발행.
- 박찬희·이원태·임병무·조수현 "최신 개정 골프규칙"(2019년 3월 19일) 도서출판 의학서원 발행.

『2020년』

- 이정근 지음, "나는 골프가 즐겁다"(2020년 2월 27일) 군자출판사 발행.
- 박종업 지음, "골프 용어 해설"(2020년 3월 일) 스월컨 발행.
- 오츠키 요시히코 지음, "프로골퍼도 몰래 보는 골프 책"(2020년 3월 20일) 이용택 옮김, 봄봄스쿨 발행.
- 박환문 지음, "골프영어"(2020년 4월 15일) 행복에너지 발행.
- 박경호 지음, "79타의 비밀"(2020년 5월 1일) KPGS(케빈박골프스쿨) 발행.
- 오상준 지음, "골프로 인생을 설계할 수 있다면"(2020년 6월 5일) 시간여행 발행.
- 밥 로텔라 지음, "쇼트 게임 심리학"(2020년 6월 25일) 이종철 옮김, 예문당 발행.
- 이 경 지음, "힘 빼고 스윙스윙 랄랄라"(2020년 7월 20일) 세움출판사 발행.
- 방민준 지음, "방민준의 골프오디세이"(2020년 11월 7일) 도서출판 어젠다 발행.
- 류석무 지음, "한국의 골프장 이야기 제2권"(2020년 11월 17일) 구름서재 발행.
- 이규승·이산복·정학범·박진봉 지음, "ing, 스윙 멈추지 마라."(2020년 12월) 브레이커 발행.
- 김순희 "프로골퍼는 이런 교육을 받는다."(2020년 2월 28일) 레인보우북스 발행.

『2021년』

- 오상민 지음, "일본 열도를 흔드는 한국의 골프 여제들"(2021년 2월 20일) 소명출판 발행.
- 성호준 지음, "골프는 인생이다"(2021년 3월 11일) 중앙북스 발행.
- 문강순 지음, "골프 바르게 알고 치자"(2021년 3월 20일) 글터 발행.
- 손 환 지음, "한국 골프의 탄생"(2021년 4월 10일) 민속원 발행.
- 김대중 지음, "캐디학 개론"(2021년 4월 15일) 조세금융신문 발행.
- 이형일 지음, "김 대리는 어떻게 한 달 만에 골프 백돌이를 탈출했지?"(2021년 5월 21일) 부크크 발행.
- 안용태·김명락 "골프장업계의 경영혁명, 반전 마케팅"(2021년 6월 1일) 대한골프전문인협의회 한국골프인재개발원 발행.
- 황형철 지음, "상위 1% 프로골퍼의 하이멘탈 수업"(2021년 6월 7일) 헤세의서재 발행.
- 권동극·김영식·박익수 지음, "골프 캐디 매뉴얼"(2021년 6월 30일) 기문사 발행.
- 김정락 지음, "이토록 골프가 좋아지는 순간 - 30년 골프를 통해 삶과 인생이 바뀌는 관계 심리학"(2021년 8월 10일) 설렘 발행.
- 이주호 지음, "골프에 미치다. 우선 100타는 치고 보자"(2021년 8월 20일) ㈜박영사 발행.
- 서경 지음, "젊어지는 골프"(2021년 9월 7일) 아주좋은날 발행.
- 박세리 지음, "세리, 인생은 리치하게"(2021년 10월 14일) 위즈덤하우스 발행.

- 한성진 지음, "골프 백과사전"(2021년 10월 15일) 좋은땅 발행.
- 강천욱 지음, "골프의 기쁨"(2021년 10월 15일) 끌리는책 발행.
- 이종달 지음, "한 뼘 골프"(2021년 10월 15일) 아이디어스토리지 발행.
- 김동기 지음, "골프의 기본과 연습방법"(2021년 10월 25일) 백만문화사 발행.
- 이순숙 지음, "2021, 이제는 골프도 한류다"(2021년 11월 5일) 골프헤럴드매거진 발행.
- 강천욱 지음, "나쁜 골프"(2021년 11월 25일) 끌리는책 발행.
- 심짱 지음, "골프 초보자가 가장 알고 싶은 최대질문 TOP 63"(2021년 11월 25일) 메이트북스 발행.
- 김형국 지와수 지음, "오늘부터 골프 99"(2021년 12월 10일) 출판사 발행.

『2022년』

- 제프 베네딕트 · 아먼 케디언 지음, "타이거우즈"(2022년 1월 20일) 강한서 옮김, 1984 발행.
- 김영상 지음, "필드 위의 전쟁 – 골프는 어떻게 사람들을 긍정적으로 변화 시키는가"(2022년 1월 21일) 북오션 발행.
- 김준식 지음, "골프, 신이 주신 노하우"(2022년 2월 25일) 좋은땅 발행.
- 피아 닐슨·린 메리엇·수전리드 지음, "골프 멘탈의 정석"(2022년 3월 10일) 윤희영 옮김, 샘터사 발행.
- 정현권·김명선 지음, "천사골퍼 악마골퍼"(2022년 3월 15일) 매경출판㈜ 발행.
- 곽해용 지음, "홀인원보다 행복한 어느 아빠의 이야기"(2022년 3월 25일) 도서출판지식공감 발행.
- 스가와라 다이치 지음, "골프 라운드 전에 꼭 읽어야 할 책"(2022년 4월 1일) 신희라 옮김, 싸이프레스 발행.
- 한상석 지음, "골프장 이야기"(2022년 4월 29일) 세창문화사 발행.
- 서천범 지음, "레저백서 2022"(2022년 5월 18일) 한국레저산업연구소 발행.
- 이승헌 지음, "나는 100세 골퍼를 꿈꾼다."(2022년 5월 26일) 한문화멀티미디어 발행.
- 한상석 지음, "골프장 이야기 2"(2022년 5월 29일) 세창문화사 발행.
- 벤 호건 지음, "골프의 기본"(2022년 5월 31일) 김일민 옮김, 한국경제신문 발행.
- 윤종만 지음, "나 자신을 속이지 않는 게임"(2022년 6월 2일) 양문 발행.
- 하비 페닉·버드슈레이크 지음, "하비 페닉의 리틀 레드북"(2022년 7월 15일) 김원중 옮김, 문예춘추사 발행.
- 류석무 지음, "한국의 골프장 이야기 제3권"(2022년 8월) 구름서재 발행.
- 이강웅 지음, "골프 이론과 실제(제2판)"(2022년 9월 15일) ㈜박영사 발행.

- 강찬옥 지음, "진심골프"(2022년 10월 3일) 끌리는책 발행.
- 김 헌 지음, "골프교본"(2022년 10월 10일) 다산북스 발행.
- 시리어스 골퍼(김태훈) 지음, "성공을 부르는 비즈니스 골프 수업"(2022년 10월 21일) 웅진윙스 발행.
- 박세연 지음, "골프에 비즈니스적 해석을 담다"(2022년 10월 18일) ㈜북랩 발행.
- 박인호·방호일·박해건 지음, "명랑골프는 없다"(2022년 10월 20일) ㈜박영사 발행.
- 서혜진·문성모 지음, "시작해!! 골프"(2022년 10월 28일) 브레인스토아 발행.
- 유응렬 지음, "손자병법에서 배우는 100세까지 즐기는 골프의 기본"(2022년 11월 10일) 가림출판사 발행.
- 나승복 지음, "공자와 골프 즐기기"(2022년 11월 30일) 박영사 발행.
- 골프잡지, "CLUB HOUSE" 사단법인 골프장경영협회 발행.
- 골프잡지, "The-K" 한국교직원공제회 발행.

『2023년』

- 김 헌 지음, "99타여 100타를 가르쳐라"(2023년 1월 17일) 다산북스 발행.
- 이종철 지음, "퍼펙트 멘탈"(2023년 2월 24일) 예문당 발행.

"깨어있는 삶, 길 찾기"

한상석의 골프장 이야기 3

발행일 2023년 2월 28일
지은이 한상석
펴낸곳 세창문화사
주소 | 경기도 수원시 장안구 천천로 233. 5층
전화번호 | 1544-1466
팩스 | 031-269-6366

가 격 19,000원